나홀로
채권추심

- 건설산업부분 실무사례-

김병수·주희응·최명칠

공 편저

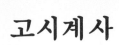

고시계사

Preface

나홀로 채권추심을 출간하면서

경제규모가 커지고 사회활동이 빈번함에 따라 개인간, 개인과 회사간, 회사와 회사간의 채권이 발생하는 것은 다반사 입니다.

현행법에 의한 채권관리에 대하여 법을 전혀 모르는 개인이 쉽게 할 수 있도록 서식과 예문, 절차를 상세히 수록하여 도표화 하여 구성하고, 채권발생의 예방적 조치를 시작으로 채권이 발생시 법적인 절차를 통하여 회수 하는 방법을 세분화 체계화하여 책에 서술된 과정을 따라 누구나 쉽게 채권회수를 할 수 있도록 하는데 그 목적이 있습니다.

나 홀로 채권회수 실무 사례집은 건설업계에 만연되어 있는 발주자, 원사업자, 하도급사업자, 수급사업자 간의 채권발생을 근본적으로 줄이는 방법을 시작으로 채권보전, 소송, 채권회수, 세금처리 등의 사례를 소개하는 것입니다.

채권추심 방법은 우호적인 방법(Amicable Collection)과 법적인 조치(Legal Action)로 구분할 수 있으며, 그것의 해결과정은 융통성과 결단력 창의성이 요구됩니다.

열심히 일한 사람이 그 대가를 확실히 받을 수 있도록 하는 것이 본 사례집 발행의 최고의 목적이며 변호사, 법무사, 채권추심회사등의 높은 수수료를 줄이고 스스로 채권을 추심하면서 재발을 방지하는 방법을 얻을 수 있도록 관련 양식 및 그 예문을 중심으로 실질적인 절차 과정을 담아내는데 최선을 다 하였습니다.

여기에 수록된 실무사례는 건설업을 중심으로 채권 회수시 구체적 사안을 전제로 한 것이며 유사 회수 사례에 참고는 될 수 있으나, 일반적으로 적용하는 것은 반드시 재차 확인이 필요하며 관련법규의 제·개정 등에 따라 달라질 수 있음을 생각하고 참고하시기 바랍니다.

건설업의 특성상 다소 어색한 표현과 용어의 적합성등에 대한 문제가 제기 될 수 있겠으나 가능한 기초적으로 초보자가 할 수 있는 방법으로 서술하였는바 부족한 부분에 대하여는 많은 이해와 지도 편달을 바라오며, 필자들이 이 책을 발간하게 된 것은 건설업부분의 채권추심 실무를 접하면서 문제해결을 위하여 관련법규를 조금이라도 이해하고 실무에 도움이 되기를 바라는 마음에서입니다.

관련법규 표시를 하는 것보다는 현실에서 실질적인 서류작성과 제출,그 과정에 대한 흐름을 설명하는데 중점을 두어 일반인이 쉽게 이해 할 수 있도록 하였습니다.

관련서식은 대법원 대국민서비스(http://www.scourt.go.kr/portal/main.jsp)와

대한법률구조공단 법률지원센터 법률서식(https://www.klac.or.kr/content/list.do?code=8),

대법원 경매정보 (http://www.courtauction.go.kr/)에서 다운로드 받아 사용하실 수 있습니다.

본 책자에 수록된 내용도 대법원 홈페이지 및 대한법률구조공단홈페이지, 대법원 경매정보 홈페이지를 참고하였고, 책에 수록되지 않는 부분과 부족한 부분은 대법원, 대한법률구조공단 홈페이지, 대법원 경매정보 홈페이지에서 보충하실 수 있습니다.

이 책을 읽는 독자분들께 큰 도움이 되었으면 합니다.

2018. 8.

편저자 일동

Contents

III

건설기계 대여대금 지급보증서 발행교부

채권추심(가압류, 가처분, 소송)에 필요한 서류

XI 소송절차

XII 강제집행절차

건설기계임대 요청

1 건설기계임대 발주요청서 작성

(1) 건설기계임대 요청

굴삭기를 포함한 건설기계는 지입사나 관리사무실에서 배차를 통하여 임대하는 과정을 거치고 있는 특성상 배차담당자가 현장의 운영 상황을 정확히 파악하지 못한 체 배차를 함으로서 채권문제가 가장 많이 발생되고 있는 것이 현실이며, 배차 담당자가 임차인에 대하여 최소한의 서류를 요구시 채권발생을 줄일 수 있고 채권이 발생시 해결하는데 결정적인 역할을 할 수 있다.

배차를 담당하는 사람은 건설기계의 임대를 요청하는 개인, 회사 등에 대하여 인적사항 및 연락처를 반드시 기재하는 배차 일보를 작성하는 것이 기본이며 최초 거래시는 반드시 건설기계임대 발주요청서를 작성 팩시, 사진, 문자, 이메일을 통하여 접수를 하고 배차를 하는 것이 습관화 하여야 한다.

1. 공사현장, 건설기계 임차인- 건설기계 임대요청을 하게 되면

2. 배차담당자 - 임차인의 인적사항 및 임대요청서, 사업자등록증사본(사진),주민 등록증사본(사진)요구하여 팩시 또는 이메일, 문자, 사진으로 해당서류를 접수하고 확인 후 보관하여야 한다.

3. 배차전 건설공제조합, 전문건설공제조합, 기계설비건설공제조합 홈페이지에서 회원가입여부를 조회하여 확인하고 배차를 실시한다.

4. 국세청 홈택스홈페이지에서 임차인의 사업자등록번호를 이용 사업계속 여부 및 폐업여부를 확인하고 배차한다.

5. 법인사업자의 경우 대법원홈페이지에서 대국민서비스-인터넷등기소에서 법인에 대한 등기사항전부증명서를 열람하여 출력하여 보관한다.

6. 운전기사는 현장확인 및 현장의 공사현황표(도) 휴대폰으로 사진촬영하여 보관하고 배차 및 회사 사무실로 전송하여 보관한다.

7. 배차담당자 현장에 대한 발주자, 원청사, 하도급사에 대한 정보를 정리 보관한다.

8. 운전기사는 표준임대차계약서 작성하여 사무실 전송 필히 복사하여 별도 복사본을 3년간 보관한다.

9. 세금계산서 발급 및 수금

10. 임대 후 3개월 경과시 까지 수금이 되지 않을 경우 반드시 채권문제가 발생할 확률 95%이상인바 즉시 법적인 조치를 통한 채권회수를 하여야 회수가능성이 높다

(2) 양 식

건설기계임대발주요청서

시 행 사(발주처) :

원도급사(시공사) :

하 도 급 사 :

모 작 공 사 :

현 장 주 소 :

현 장 명 :

공 사 명 :

임 대 기 한 : 2018. 1 . . ~ 2018. . . (일(월)간)

투 입 일 자 : 2018년 월 일

(발주내역)

품 명	규 격	M 급	수 량	중 량	비 고
굴삭기					

※기타사항〈공정거래위원회 표준약관 제10059호 건설기계임대차표준계약서〉에 의한 임대료 사용자 부담

(착지)

(담당자) 성   명:

　　　　전 화 번 호:

　　　　주민등록번호:

　　　　　상기와 같이 건설기계 임대를 발주하오니 점검 후 납품바랍니다.

사업자번호 : 상　　호 : 대　　표 :　　　　　　(인) 주　　소 : 사 무 실 : F A X NO :

1. 첨부서류:사업자등록증 사본(사진)1부,
　　　　　담당자(임대요청자)주민등록증(운전면허증) 앞뒤 사본(사진)1부

2018년 월 일

중기 귀중

2 공제조합 회원 등록 확인

(1) 건설공제조합

건설공제조합 홈페이지 http://www.cgbest.co.kr/

※ 건설업체 이름을 입력하여 검색결과가 없다는 것은 조합원이 아니고 출자증권이 없다
   는 것으로 위험부담이 크다는 것을 의미한다(검색시 "동북건영", "동북건영주식회사",
   "주식회사 동북건영" 등으로 모두 검색해볼 것).

※ 검색된 업체의 주소와 대표이사가 맞는지 확인하고 반드시 사진을 찍어서 보관하거
   나 스크랩을 하여 보관하여두면 도움이 된다.

'재영종합건설'에 대하여 총 6건이 검색되었습니다.   ◉ 최근등록일 ○ 정확도 ○ 조회순 정렬

조합원 총 6건   더보기

(유)재영종합건설

조합원번호: 07347   전화번호: 063-561-5995   fax: 063-561-5996

거래지점명: 전주지점   거래지점 전화번호: 063-276-2031

조합원 주소: 전북 고창군 고창읍 천변북로 41-1

(주)재영종합건설

조합원번호: 24870   전화번호: 031-693-7929   fax: 031-693-7928

거래지점명: 수원지점   거래지점 전화번호: 031-253-1501

조합원 주소: 경기도 용인시 기흥구 청마로 12 (청덕동, 한스빌)

재영종합건설(주)

조합원번호: 10637   전화번호: 064-747-2027   fax: 064-747-2017

거래지점명: 제주지점   거래지점 전화번호: 064-744-1961

조합원 주소: 제주 제주시 원노형8길 2 ,2층 (노형동, 재형샤르빌)

재영종합건설(주)

조합원번호: 06117   전화번호: 031-984-6611   fax: 031-984-6631

거래지점명: 인천지점   거래지점 전화번호: 032-439-7197

조합원 주소: 경기도 김포시 사우로 34-1 (사우동)

효남종합건설(주)

조합원번호: 16059   전화번호: 051-581-9800   fax: 051-581-9802

거래지점명: 부산지점   거래지점 전화번호: 051-463-8147

조합원 주소: 부산 금정구 금샘로 398 ,401호 (구서동, 재영빌딩)

백승종합건설(주)

조합원번호: 17917   전화번호: 051-759-9738   fax: 051-759-9728

거래지점명: 부산지점   거래지점 전화번호: 051-463-8147

조합원 주소: 부산 금정구 금샘로 398 ,3층 (구서동,재영빌딩)

가. 출자증권

우리 조합에 출자한 조합원의 출자지분을 표창하는 유가증권을 말하는 것으로, 건설산업기본법에 의한 건설업을 등록한자만이 출자증권을 보유할 수 있습니다.

● 확인서 발급에 필요한 업종별(출자) 예치좌수 ●

업 종	자본금	C등급 이상 (기존)	D등급(기존)
토목건축, 산업설비	12억	200좌	225좌
토목, 조경	7억	117좌	131좌
건축	5억	83좌	94좌
철강재설치, 준설	10억	166좌	187좌
시설물, 삭도설치, 강구조물, 포장, 철도, 궤도	3억	50좌	57좌
실내건축, 토공사, 석공사, 도장, 비계 구조물 해체, 철근·콘크리트, 상·하수도, 보링	2억	34좌	38좌

나. 자본금확인서

자본금확인서란 문화재수리업을 하고자 하는 조합원이 우리 조합에 업종별 자본금기준금액의 20%이상을 출자하고, 그 사실을 증명하는 확인서를 발급받아 등록관청에 제출하도록하는 제도를 말합니다(문화재수리등에 관한 법률시행령 제12조 제1항 제2호).

자본금확인서 제도는 2011.02.05에 도입되었으며, 2013.07.30. 문화재수리등에 관한 법률시행령 개정으로 우리 조합이 자본금확인서 발급기관에 포함되었습니다.

자본금확인서 발급대상

문화재수리업을 등록한 조합원 또는 등록하고자 하는 조합원에 한하여 발급가능합니다.

일반건설업	법정자본금		신용등급별 예치좌수	
			CC등급 이상	C등급 이하
토목건축 /산업설비	법인	12억원	266좌	333좌
	개인	24억원	532좌	665좌
토목/조경	법인	7억원	155좌	194좌
	개인	14억원	310좌	388좌
건축	법인	5억원	111좌	139좌
	개인	10억원	222좌	277좌

● 자본금확인서 발급에 필요한 업종별 (출자)예치좌수 ●

구 분	업 종	법정자본금	출자좌수
종합문화재수리업	보수단청업	2억	34
전문문화재수리업	조경업	5천만원	9
	보존과학업	5천만원	9
	식물보호업	5천만원	9
	단청공사업	5천만원	9
	목공사업	5천만원	9
	석공사업	5천만원	9
	번외공사업	5천만원	9

※ 1좌당 금액은 매분기 변동되므로, 정확안 (출자)예치금액은 관할 지점에 문의하시기 바랍니다.

※ 건설업종에 대한 보증가능금액확인서 최소기준좌수를 초과하는 좌수가 해당 문화재 수리업에 대한 기준좌수를 충족해야 합니다.

※ 개인사업자인 경우 보수단청업을 등록하기 위해서는 법인사업자의 2배를 출자하여 야 합니다.

(2) 전문건설공제조합

전문건설공제조합 홈페이지 http://www.kscfc.co.kr

※관할지점 및 상호조회가 가능하다.

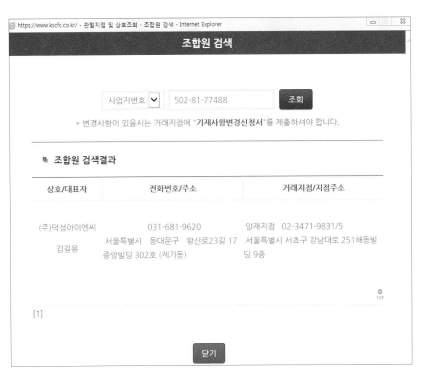

※ 검색된 업체의 주소와 대표이사가 맞는지 확인하고 반드시 사진을 찍어서 보관하거
나 스크랩을 하여 보관하여두면 도움이 된다.

전문건설업	법정자본금		신용등급별 예치좌수	
			CC등급 이상	C등 이하
실내건축공사업/토공사업/석공사업/습식·방수공사업/도장공사업/수중공사업/비계·구조물해체공사업/금속구조물·창호공사업/지붕판금·건축물조립공사업/조경식재공사업/상·하수도설비공사업/철근·콘크리트공사업/보링·그라우팅공사업/조경시설물설치공사업/승강기설치공사업/가스시설시공업(제1종)	법인 및 개인	2억원	44좌	55좌
철도·궤도공사업/포장공사업/강구조물공사업/삭도설치공사업	법인	3억원	66좌	82좌
	개인	6억원	131좌	164좌
철강재설치공사업/준설공사업	법인	10억원	219좌	273좌
	개인	20억원	437좌	546좌
시설물유지관리업	법인 및 개인	3억원	66좌	82좌

※ 2018.07.30 현재 1좌당 출자지분액은 916,230원이며, 이 금액은 향후 조합의 가결산·결산결과에 따라 변동됩니다.

*예시 : 철근콘크리트 공사업을 등록하고자 하는 경우 좌수 및 출자금액
 ·CC등급 이상인 경우 : 44좌 X 916,230원 = 40,314,120원
 ·C등급 이상인 경우 : 55좌 X 916,230원 = 50,392,650원

(3) 기계설비건설공제조합

기계설비건설공제조합 홈페이지 http://www.seolbi.com/

※ 검색된 업체의 주소와 대표이사가 맞는지 확인하고 반드시 사진을 찍어서 보관하거나 스크랩을 하여 보관하여두면 도움이 된다.

건설업등록 및 조합가입 절차

■ 건설업 등록기준

· 자본금 : 2억원 이상
· 기술자 : 기계설비공사업 2인 이상, 가스시설시공업
· 보증가능금액확인서(설비조합 발급)

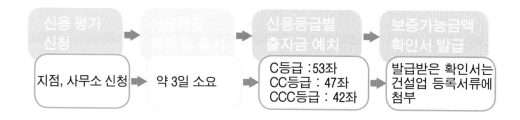

신용 평가 신청	신용등급 확정 및 통지	신용등급별 출자금 예치	보증가능금액 확인서 발급
지점, 사무소 신청	약 3일 소요	C등급 : 53좌 CC등급 : 47좌 CCC등급 : 42좌	발급받은 확인서는 건설업 등록서류에 첨부

3 사업자등록 여부 확인

국세청 – 홈텍스 활용

국세청 홈페이지 http://www.nts.go.kr/

– 홈택스 홈페이지 www.hometax.go.kr

4 법인사업자등록 확인

대법원·인터넷등기소 활용

대법원 홈페이지 http://www.scourt.go.kr

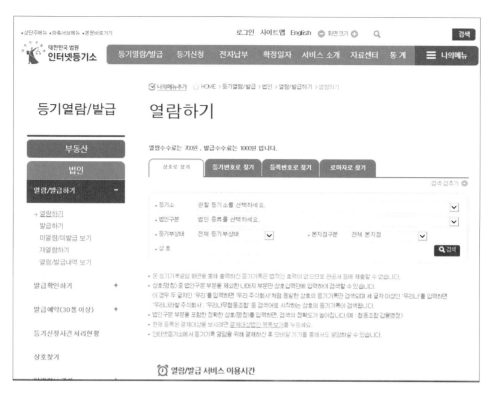

광주지방법원 순천지원 보성등기소	주식회사	본점	000295	대한		N	본점전출	선택
광주지방법원 영광등기소	주식회사	본점	001874	대한		N	본점전출	선택
울산지방법원 양산등기소	주식회사	본점	004250	대한		N	본점전출	선택
서울중앙지방법원 등기국	주식회사	본점	028641	대한		N	청산종결	선택
수원지방법원 동수원등기소	주식회사	본점	001806	대한		N	청산종결	선택
대구지방법원 포항지원 등기과	주식회사	본점	002257	대한		N	청산종결	선택
대구지방법원 칠곡등기소	주식회사	본점	000432	대한		N	청산종결	선택
창원지방법원 거제등기소	주식회사	본점	000158	대한		N	청산종결	선택
광주지방법원 등기국	주식회사	본점	005261	대한		N	청산종결	선택
광주지방법원 순천지원 등기과	주식회사	본점	000223	대한		N	청산종결	선택
서울중앙지방법원 등기국	주식회사	지점	060595	대한		N	기타폐쇄	선택
서울중앙지방법원 등기국	주식회사	지점	459113	대한		N	기타폐쇄	선택
대전지방법원 세종등기소	주식회사	지점	001973	대한		N	기타폐쇄	선택
대구지방법원 칠곡등기소	주식회사	지점	002322	대한		N	기타폐쇄	선택
전주지방법원 익산등기소	주식회사	지점	002726	대한		N	기타폐쇄	선택
의정부지방법원 고양지원 파주등기소	주식회사	지점	008476	대한		N	기타폐쇄	선택
수원지방법원 안성등기소	주식회사	본점	005374	대한		N	해산간주	선택
춘천지방법원 양양등기소	주식회사	본점	000629	대한		N	해산간주	선택
청주지방법원 충주지원 등기계	주식회사	본점	003965	대한		N	해산간주	선택
창원지방법원 통영지원 등기계	주식회사	본점	000809	대한		N	해산간주	선택
제주지방법원 등기과	주식회사	본점	006311	대한		N	해산간주	선택
울산지방법원 등기과	주식회사	본점	012482	대한		N	해산간주	선택
울산지방법원 양산등기소	주식회사	본점	005698	대한		N	해산간주	선택
인천지방법원 등기국	주식회사	본점	008319	대한		Y	청산종결간주	선택
인천지방법원 부천지원 등기과	주식회사	본점	015395	대한		N	청산종결간주	선택
수원지방법원 평택지원 등기과	주식회사	본점	003624	대한		N	청산종결간주	선택
수원지방법원 이천등기소	주식회사	본점	001704	대한		N	청산종결간주	선택
수원지방법원 안산지원 광명등기소	주식회사	본점	001364	대한		N	청산종결간주	선택
청주지방법원 보은등기소	주식회사	본점	000715	대한		N	청산종결간주	선택
대구지방법원 의성지원 등기계	주식회사	본점	000805	대한		N	청산종결간주	선택
대구지방법원 봉화등기소	주식회사	본점	000099	대한		N	청산종결간주	선택
대구지방법원 구미등기소	주식회사	본점	004296	대한		N	청산종결간주	선택
창원지방법원 김해등기소	주식회사	본점	001940	대한		N	청산종결간주	선택
전주지방법원 김제등기소	주식회사	본점	000502	대한		N	청산종결간주	선택

Ⅱ 건설기계 임대차 계약서 작성

반드시 건설기계 임대차 표준 계약서를 작성한다.

건설기계관리법 제22조(건설기계 임대차 등에 관한 계약)

① 건설기계임대차 등에 관한 계약의 당사자(건설산업기본법 제22조에 따른 도급 계약은 제외한다)는 건설기계임대차 등에 관한 계약서를 작성하여야 한다.

② 제1항에 따른 계약의 당사자는 대등한 입장에서 합의에 따라 공정하게 계약을 체결하고, 신의에 따라 성실하게 계약을 이행하여야 한다.

③ 제1항에 따른 계약의 당사자는 그 계약을 체결할 때 임대료, 임대차 기간, 그 밖에 대통령령으로 정하는 사항을 계약서에 명시하여야 하며, 서명 날인한 계약서를 서로 주고받은 후 이를 보관하여야 한다.

④ 약관의 규제에 관한 법률 제19조의2에 따라 공정거래위원회의 심사를 거친 표준약관을 사용하는 경우에는 제1항부터 제3항까지에 따른 계약으로 본다.

⑤ 국토교통부장관 또는 시·도지사는 제1항에 따른 계약의 당사자가 그 계약을 체결할 때에는 제4항에 따른 표준약관의 사용을 권장할 수 있다.

⑥ 국가, 지방자치단체 또는 대통령령으로 정하는 공공기관이 건설산업기본법 제2조제10호에 따른 발주자인 경우 해당 발주자는 대통령령으로 정하는 바에 따라 제1항에 따른 건설기계임대차 등에 관한 계약서 작성 여부를 확인하여야 한다. [시행일 : 2016.7.20.]

1 건설기계 임대차 표준 도급계약서 작성

건설기계임대차표준계약서

공정거래위원회
FAIR TRADE COMMISSION
표준약관 제10059호

1. 목적물의 표시
가. 건설기계

건설기계명	등록번호	형 식	보험(공제) 가입현황	정기검사 여부	비고

나. 현 장

현 장 명	현장 소재지	발 주 자 (원수급인)	건설업자 (임차인)	건설기계대여 대금지급보증 여부	비고
		※ 원수급인이 있는 경우에는 함께기재			

2. 사용기간 : 201 년   월   일부터 201 년   월   일까지
3. 사용금액 : 당 금   원, 총 금액   원
　　　　　　(단, 대여거래 중 정산요인이 발생한 경우 사후 정산, 부가가치세 별도)
4. 가동시간 : 1일 8시간 기준, 월 200시간 기준
5. 지급시기 : (제6조 제2항이 적용되지 않는 경우 적용)
　　·대여기간이 1개월 초과하는 경우에는 매월 종료하는 날부터 (   )일 이내
　　·대여기간이 1개월 이하인 경우에는 그 기간이 종료하는 날부터 (   )일 이내

　건설기계임대인과 건설기계임차인은 합의에 따라 붙임서류에 의하여 계약을 체결하고, 신의에 따라 성실히 계약상의 의무를 이행할 것을 확약하며, 이 계약의 증거로 계약서를 2통 작성하여 서명·날인 후 각 1부씩 보관한다.

붙임서류 : 1. 건설기계임대차 표준계약 일반조건 1부
　　　　　　2. 건설기계임대차계약 특수조건 1부(필요시)

년   월   일

임대인 (건설기계 사업자)　　　　　임차인
　상 호 :　　　　　　　　　　　　　상 호 :
　사업자등록번호 :　　　　　　　　사업자등록번호 :
　성 명 :　　　　　　　(인)　　　　성 명 :　　　　　　　(인)
　주 소 :　　　　　　　　　　　　　주 소 :

건설기계임대차 표준계약 일반조건

제1조(총 칙) 건설기계임대인(이하 "갑"이라 한다)과 건설기계임차인(이하 "을"이라 한다)은 대등한 입장에서 서로 협력하여 신의에 따라 성실히 계약을 이행한다.

제2조(사용기간) 사용기간은 계약서에 명시된 일자로 한다. 다만, 사용기간을 연장하고자 하는 경우에는 "갑"과 "을"이 협의하여 연장할 수 있다.

제3조(건설기계의 가동시간) ① 건설기계의 가동시간은 1일 8시간, 월 200시간을 기준으로 한다.

② "갑"의 귀책사유로 인해 제1항의 기준시간에 미달한 경우에는 연장작업을 제공하거나 대여료에서 이를 공제하고, "을"의 귀책사유로 인해 제1항의 기준시간에 미달하는 경우에는 기준시간을 가동한 것으로 간주한다.

③ 야간작업과 기준시간 초과 작업에 의한 시간당 대여료는 주간작업에 의한 시간당 대여료에 관련법령이 정한 시간당 건설기계 손료 및 건설기계조종사(조수 포함, 이하 같다) 임금을 다음의 산식에 적용하여 산출된 율을 곱하여 산정한 금액으로 하되, 별도 정산 처리한다. 다만, 야간작업시간에 대한 건설기계조종사의 인건비는 근로기준법 제56조 규정에 따른다.

$$\text{조정율} = \frac{(\text{시간당기계손료} \times 8) + (\text{건설기계조종사임금} \times 1.5)}{(\text{시간당기계손료} \times 8) + (\text{건설기계조종사임금} \times 1.0)}$$

  * 건설기계의 시간당 손료 : 실적공사비 및 표준품셈 관리규정(국토해양부 훈령)에 따라 산출
  * 건설기계 조종사 임금 : 통계법 제17조에 따라 대한건설협회가 발표

④ 작업시간은 "갑"과 "을"이 서로 확인한 작업일보에 의한다.

제4조(대여료 등) ① 대여료는 계약서에 명시된 금액으로 한다.

② 제1항의 규정에 의한 대여료에는 건설기계조종사의 급여액, 기계손료(상각비, 정비비 및 관리비)가 포함된 금액으로 한다.

③ 분해·조립비는 원칙적으로 "을"이 부담하되, 그 금액은 "갑"과 "을"이 합의하여 정한다. 다만, 제9조 제2항, 제10조 제2항에 규정된 갑의 책임있는 사유로 건설기계를 대체하거나 계약을 해지하는 경우에는 "갑"이 분해·조립비를 부담한다.

④ 1개월 이상 임차하는 경우로서 사용기간 중 건설기계의 고장, 천재지변 등으로 1개월 중 5일 이상 가동하지 못하였을 경우 당월 대여료에서 공제한다.

제5조(경비 등의 부담) ① 건설기계 가동에 필요한 유류비 및 운반비는 "을"이 부담하는 것을 원칙으로 하되, 기종별, 현장여건을 고려 "갑"과 "을"이 합의하여 정한다.

② 건설기계조종사의 숙식제공, 소모품, 수선비 등 그 밖의 소요비용은 "갑"과 "을"이 합의하여 정한 바에 의한다.

제6조(대여료 지불조건) ① "을"은 건설기계 대여기간이 1개월을 초과하는 경우에는 매월 종료하는 날부터, 대여기간이 1개월 이하인 경우에는 그 기간이 종료하는 날부터 각각 60일 이내의 가능한 짧은 기한으로 정한 지급기일까지 "갑"에게 대여료를 지급하여야 한다.

② "을"은 "을"에게 건설공사를 도급(하도급을 포함한다)한 자(이하 "병"이라 한다)로부터 준공금을 받은 때에는 대여료를, 기성금을 받은 때에는 건설기계를 임차하여 시공한 분에 상당하는 대여료를 각각 지급받은 날(공사대금을 어음으로 받은 때에는 그 어음만기일을 말한다)부터 15일 이내에 "갑"에게 현금으로 지급하여야 한다.

③ "을"이 대여료를 "갑"에게 지급하지 아니한 다음 각 호의 경우에는 "갑"은 "병"에게 대여료의 직접지급을 요청할 수 있다.

1. "병"과 "을"이 대여료를 "갑"에게 직접지급 할 수 있다는 뜻과 그 지급의 방법·절차를 명백히 하여 합의한 경우

2. "갑"이 "을"을 상대로 "갑"이 시공한 분에 대한 대여료의 지급을 명하는 확정 판결을 받은 경우

3. 국가·지방자치단체 또는 정부투자기관이 발주한 건설공사 중 "을"이 "갑"이 시공한 분의 대여료를 1회 이상 지체한 경우

4. "을"의 파산 등으로 인하여 "을"이 "갑"의 대여료를 지급할 수 없는 명백한 사유가 있다고 "병"이 인정하는 경우

④ "병"은 다음 각 호의 경우에는 "갑"에게 대여료를 직접 지급하여야 한다.

1. "병"이 대여료를 "갑"에게 직접 지급하기로 "갑", "을" 및 "병"이 그 뜻과 지급의 방법·절차를 명백히 하여 합의한 경우

2. "을"이 제2항의 규정에 의한 대여료의 지급을 2회 이상 지체한 경우로서 "갑"이 "병"에게 대여료의 직접지급을 요청한 경우

3. "을"의 지급정지·파산 그 밖에 이와 유사한 사유가 있거나 건설업의 등록 등이 취소되어 "을"이 대여료를 지급할 수 없게 된 경우로서 "갑"이 "병"에게 하도급대금의 직접지급을 요청한 경우

⑤ 제2항 내지 제4항에서 규정한 사항 이외의 사항에 대해서는 건설산업기본법 제32조 제4항에 따른다.

제7조(전대 및 사용목적 이외의 사용금지) ① "을"은 당해 건설기계를 임대차 목적 외로 사용하거나 타인에게 전대할 수 없다.

② "갑"은 이 계약으로부터 발생하는 권리 또는 의무를 제3자에게 양도하거나 처분할 수 없다. 다만, 상대방의 서면에 의한 승낙을 받았을 때에는 그러하지 아니하다.

제8조("갑"의 권리와 의무) ① "갑"은 건설기계가 정상적으로 가동될 수 있도록 예방정비를 철저히 하여야 한다.

② "갑"은 "을"의 요구가 있는 경우에는 건설기계등록증·보험(공제)가입증명서·건설기계조종사 면허증 등을 제시하여야 한다.

③ "갑"은 건설기계가 관계법령에 의하여 의무적으로 보험[자동차보험(건설기계공제) 또는 산재보험]에 가입하여야 하거나 정기검사 대상 건설기계인 경우에는 그 사실을 증명할 수 있는 증빙서류를 "을"에게 제시하여야 한다.

④ "갑"의 건설기계조종사는 "을"의 현장책임자의 지휘·감독에 따라 작업을 수행한다. 만일, "갑"의 건설기계조종사가 "을"의 현장책임자의 작업지시에 불응하거나 조종미숙, 태만으로 효율적 작업진행에 지장을 초래된다고 인정되어 "을"이 건설기계조종사 교체를 요구할 경우에는 "갑"은 "을"과 협의하여 교체하여야 한다.

제9조("을"의 권리와 의무) ① "을"은 현장내 지하매설물, 지상위험물 등에 대하여 건설기계조종사에게 작업전 충분히 고지하여야 하며, 건설기계가 안전하게 작업을 진행할 수 있도록 하여야 한다.

② "을"은 계약기간 중 "갑"의 건설기계가 정기검사 등에 해당하는 경우에는 "갑"이 그 검사 등을 받을 수 있도록 조치하여야 하며, "갑"은 검사기간이 1일을 초과하는 경우 계약조건과 동일한 장비로 대체하여 작업에 지장이 없도록 조치하여야 한다.

제10조(계약해제 및 해지) ① 당사자 일방이 계약조건을 위반하여 계약의 목적을 달성할 수 없다고 인정되는 경우에는 상대방은 서면으로 상당한 기간을 정하여 이행을 최고하고, 기한 내에 이행하지 아니하는 경우에는 계약을 해제 또는 해지할 수 있다.

② "을"은 "갑"의 건설기계가 5일 이상의 정비를 필요로 하는 경우 "갑"과 합의하여 계약을 해지할 수 있다. 다만, 동일한 건설기계를 대체하였을 경우에는 그러하지 아니한다.

제11조(분쟁의 해결) ① 이 계약서에 별도로 규정된 것을 제외하고는 계약에서 발생하는 문제에 관한 분쟁은 "갑"과 "을"이 쌍방의 합의에 의하여 해결한다.

② 제1항의 합의가 성립하지 못할 때에는 당사자는 건설산업기본법에 의하여 설치된 건설분쟁조정위원회에 조정을 신청하거나 다른 법령에 의하여 설치된 중재기관에 중재를 요청할 수 있다.

제12조(기타) 본 계약서에 명시하지 않은 사항에 대하여는 일반 상관례 및 제반 법률규정에 따라 처리하기로 한다.

제13조(특약사항) 기타 이 계약에서 정하지 아니한 사항에 대하여는 "갑"과 "을"이 합의하여 별도의 특약을 정할 수 있다.

2 도급계약서 작성 불가시 대처방법

작업확인서, 중기작업 및 사용계약서, 일보등을 받을 때 기입내용

① 임대장비에 관한사항 (건설기계명, 등록번호, 형식, 보험가입 여부, 정기검사 여부)

② 임차인에 관한 사항(현장명, 현장소재지, 발주자, 원수급인, 건설업자(임차인), 임대일자, 임대기간, 임대금액, 임대료 지급일자) 등을 정확하게 기입함.

③ 아래 항의 임대인(건설기계 사업자)란 에도 상호, 성명, 사업자번호, 주소를 기입함.

④ 임차인 란에 상호(건설사명), 성명, 사업자번호, 주소를 기입 하면 체불예방에 도움이 됨.

⑤ 특히 임차인 란에 사인 받을 때 주의 할 점은 사인만 받지 말고 건설사 명을 기입하고 사인을 받을 것.

⑥ 사용시간 및 금액 분명히 명시할 것.

⑦ 작업내용을 구체적으로 명시할 것.

⑧ 임차인 상호, 성명, 사업자등록번호, 주민등록번호, 전화번호 명시하고 서명이 누구인지를 표시할 것.

⑨ 종류가 중요 한 것이 아닌 기록이 중요하다는 것을 명심할 것.

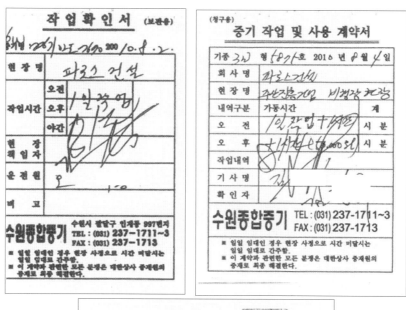

※ 김OO 파로스건설 대리라 별도로 명시하여 제3자가 알아볼 수 있도록 기재하여 놓을것

※ 1.작업비를 기록할 것.
  2. 현장책임자의 서명도 중요하지만 그 사람이 누구인지 이름과 직위를 기입하여 서
    명받을 것.
  3. 현장주소를 구체적으로 기입할 것.
  4. 현장 책임자 연락처를 기입할 것

3 공사계약서 작성시 주의사항

1. 우리나라 법 체계하에서는 계약의 효과가 미치는 주체인 법인과 사람은 별개의 주체라는 점을 분명히 인식하고 있어야 한다.

2. 법인의 경우에는 실제 그 대표자를 통하여 거래행위를 하게 되는데, 계약서에 'A주식회사 대표이사 홍길동'이라고 법인만이 표시된 경우, 원칙적으로 그 계약의 당사자는 법인이고 그 대표자 개인은 계약의 효력이 미치지 않는다는 점이다. 그래서 현실거래에서는 이러한 법인격을 남용하여 계약을 체결하는 사례가 많고, 이에 계약상 책임을 궁극적으로 대표자 개인에게 물을 수 있는 방법(법인격 남용 또는 법인 형해화 이론)을 많이 찾게 되는데, 이러한 사후적인 방법보다 계약을 체결할 때 이러한 점을 분명히 인식하고 법인 이외에 개인에게 책임을 지울 수 있는 방법(계약서에 별도 보증인으로 개인의 서명날인을 받아 두는 방법 등)을 마련하는 것이 좀 더 효율적인 분쟁의 사전예방책이라고 할 수 있다.

3. 계약서의 작성자가 대표자가 아닌 경우, 예를 들면 A주식회사의 직원인 '김갑동'이 'A주식회사 대표이사 홍길동'의 명의로 계약서를 작성하고 홍길동의 직인으로 서명·날인하는 경우 주의해야 할 점이 있다. 이러한 경우 가장 확실한 방법은 대표이사 홍길동이 김갑동에게 본 건 계약체결의 권한을 위임하여 김갑동에게 그 대리권한이 있음을 증명할 수 있는 위임장 등 문서(그 문서에는 홍길동의 회사 인감과 인감증명서를 첨부)를 제출하도록 하여 이를 계약서에 첨부하는 방법이다.

4. 우리 상법 제395조에는 대표이사가 아닌 이사가 사장, 부사장, 전무, 상무 기타 회사를 대표할 권한이 있는 것으로 인정될 만한 명칭을 사용하는 사람이 계약을 체결한 경우 사장, 부사장, 전무, 상무 기타 회사를 대표할 권한이 있는 것으로 인정될 만한 명칭을 사용한 이사의 행위에 대하여는 그 이사가 회사를 대표할 권한이 없는 경우에도 회사는 선의의 제3자에 대하여 그 책임을 진다(상법 제395조)는 표현대표이사 제도가 있다. 즉 위 사례에서 대표이사가 아닌 김갑동이 A주식회사 명의의 계약을 체결하는 경우에도 위 표현대표이사라는 것이 인정되면 A주식회사에게 그 계약의 책임을 물을 수 있는 경우가 있는데, 실무상 그 요건이 비교적 엄격하고, 이는 분쟁이 발생한 이후 사후적인 해결책에 불과하므로 계약 체결 당시 사전적으로 예방하는 것이 더 바람직한 방법이라고 할 것이다.

5. 계약의 작성자가 사업자 또는 대표자로 등록된 사람이 아닌 사업체의 직원인 경우, 사업자 또는 대표자로 등록된 사람은 그 실질적인 권한이 없는 명목상 사업자에 불과하여 그 사업체 경영의 실질적 권한이 있는 다른 사람과 계약을 체결하는 경우이다.

6. 이 경우에도 계약의 작성자와 명의자가 다른 경우 반드시 위임장 등을 통하여 작성자에게 본 건 계약체결 권한이 있음을 확인해 두는 것이 필수적이며, 신고 된 사업자의 인감과 인감증명서를 첨부해야 하고, 특히 실질적인 경영자가 있는 경우에는 그 사람을 계약의 공동 당사자로 기재하는 것이 바람직하다.

7. 사업자등록 상으로는 그 사업자가 김철수로 되어 있지만, 홍길동이 실질적인 경영 권한을 행사하고 있는 'A토건'과 계약을 체결할 경우, 계약서의 상대방 표시란에 'A토건 대표자 김철수'와 '홍길동'을 같이 명시하고, 계약 내용 란에 위 둘이 계약상의 연대책임을 진다는 취지를 분명히 명시해 두는 방법이다.

※ 참고사항
연대채무란

1. 연대채무의 의의

여러명의 채무자가 채무 전부를 각자 이행할 의무가 있고 채무자 1인의 이행으로 다른 채무자도 의무를 면하게 되는 채무를 연대채무라고 한다(민법 제413조). 연대채무도 보증채무와 함께 채권담보의 기능을 하게 된다. 다만 보증채무의 경우는 채무자 사이에 주종의 구별이 있는데 대하여, 연대채무의 경우는 각 채무자의 지위가 주종의 구별 없이 독립하여 있다는 점에서 양자는 구별되며, 이 때문에 채권담보의 작용에 있어서는 연대채무가 보증채무보다 강력하다고 할 수 있다.

2. 연대채무의 특징

연대채무가 한 개의 법률행위에 의하여 발생한 경우에, 채무자 중의 1인에 관하여 법률행위의 무효 또는 취소의 원인이 있더라도, 다른 채무자의 채무의 효력에는 영향을 미치지 않는다(민법 제415조).

각 채무자의 채무는 그 대상을 달리 할 수 있다. 즉 채무자의 채무가 각각 조건이나 기한을 달리할 수 있고, 이행기나 이행지를 달리하는 것도 무방하며, 또한 어떤 채무자의 채무는 이자부이나 다른 채무자의 채무는 무이자라는 것도 무방하다. 채무자 중의 어느 1인에 관하여서만 보증채무를 성립시킬 수 있으며(민법 제447조), 채무자 중의 어느 1인에 대한 채권만을 분리해서 양도하는 것도 가능하다. 여러 명의 연대채무자는 각자 채무의 전부를 이행할 의무를 부담한다. 그러나 각 채무자의 채무는 개관적으로 단일한 목적을 달성하기 위한 여러 개의 수단에 지나지 않는다. 따라서 채무자 중에서 누구라도 채무의 전부를 이행하면 모든 채무자의 채무가 소멸하게 된다. 각 채무자의 채무는 주관적으로도 공동의 목적에 의하여 연결되어 있다. 따라서 어느 1인의 채무자에 관하여 생긴 사유는 일정한 범위에서 다른 채무자에게도 영향을 미치며(민법 제416조~제422조), 또한 채무자 상호간에는 부담부분이 있어서 자기의 출재로 공동의 면책으로 가져온 채무자와 다른 채무자와의 사이네는 구상관계가 생기게 된다(민법 제424조~제427조).

건설기계 대여대금 지급보증서 발행교부

1 건설기계 대여대금 지급보증서

건설산업기본법 제68조의3(건설기계 대여대금 지급보증)

① 수급인 또는 하수급인은 건설기계 대여업자와 건설기계 대여계약을 체결한 경우 그 대금의 지급을 보증하는 보증서를 건설기계 대여업자에게 주어야 한다. 다만, 발주자가 건설기계 대여대금을 직접 건설기계 대여업자에게 지불하기로 발주자·건설업자·건설기계 대여업자 간에 합의한 경우 등 국토교통부령으로 정하는 경우에는 건설기계 대여대금 지급보증서를 주지 아니할 수 있다.

② 수급인이 제68조의2 제1항에 따른 포괄대금 지급보증서를 발주자에게 제출한 경우에는 제1항에 따른 건설기계 대여대금 지급보증서를 준 것으로 본다〈2016. 2. 3. 삭제〉.

③ 건설공사의 도급계약(하도급계약을 포함한다) 당사자는 제1항에 따른 건설기계 대여대금 지급보증서 발급에 드는 금액을 대통령령으로 정하는 바에 따라 해당 건설공사의 도급금액 산출내역서(하도급금액 산출내역서를 포함한다)에 분명하게 적어야 한다.

④ 제54조에 따라 설립된 공제조합 또는 다른 법령에 따라 보증업무를 담당할 수 있는 기관이 제1항에 따른 건설기계 대여대금 지급보증서를 발급(변경발급을 포함한다)하거나 보증계약을 해지한 경우에는 국토교통부령으로 정하는 바에 따라 즉시 발주자, 수급인(하수급인과 건설기계 대여업자 간 계약에 따른 보증에 한한다), 건설기계 대여업자 등에게 그 내용을 통보하여야 한다.

⑤ 제1항에 따른 건설기계 대여대금 지급보증의 보증금액과 보증 관련 당사자 등의 이행사항 및 그 밖의 사항은 국토교통부령으로 정한다.

⑥ 발주자가 국가, 지방자치단체 또는 대통령령으로 정하는 공공기관인 경우에는 건설기계 대여대금이 보호될 수 있도록 건설업자가 건설기계 대여업자에게 제1항에 따른 보증서를 교부하였는지 여부를 확인하여야 한다. [시행일 : 2016.8.4.]

2 건설기계 대여대금 지급보증서 발행요령

이론적으로 제일 좋은 것은 건설기계대여계약을 할 때 갑이 을에게 건설산업기본법 상의 건설기계 대여대금 지급보증서를 발행하는 것이다. 이 제도는 2012.12.18.일자로 건설산업기본법이 개정 신설되어 2013.09.19.일 이후 체결된 건설기계대여계약에 적용 된다. 만약 하도사가 건설기계대여대금지급보증서를 교부하지 않을 경우 영업정지 2개 월 또는 4천만원 이하 과징금이 추징된다. [시행 2018. 8. 7.] [대통령령 제29086호, 2018. 8. 7., 일 부개정]

단, 건설기계대여대금이 2백만원 이하인 경우는 이제도가 적용되지 않는다. 문제는 대 부분 건설기계대여대금계약은 월대 또는 일대로서 계약서에 총 대여금액이 표시되지 않 아 일할정산으로 계약을 하기 때문에 최초 계약시점에는 건설기계대여대금이 얼마가 될 지 예상 할 수 없어서 대여대금 지급보증서의 발급 대상에 해당되는지 여부가 불투명 해 지는 문제가 있다.

건설기계 대여대금 지급보증제도 란 공사현장에서 건설기계를 임대하여 단일 기종 의 건설기계 임대료가 200만원이 넘었을 때 4개월 범위 안에 건설기계 임대료 체불을 방지 하기 위하여 건설기계 대여대금 지급보증증권을 발행하는 것으로 보험 성격의 건설기계 임대료 체불을 예방 하는 제도이다.

이 제도는 모든 건설기계에 적용 되며 건설기계 대여대금 보증 증권을 발행하지 않으려면 200만 원이하의 건설기계 임대료, 건설 산업 기본법 제68조 2 포괄보증증권 발행, 발주자, 수급인, 하수급인 이 하도급대금(건설기계 임대료) 직불동의서를 작성하면 건설기계 대여 대금 지급보증 증권을 발행 하지 않아도 된다.

3 건설기계 대여대금 지급보증서 발급금액 적용기준

(1) 적용기준

① 발주자와 종합건설업자가 계약하는 원도급 산출내역서 반영 기준
 (종합건설업자가 종합건설업자에게 하도급하는 경우 포함)

　○ 보증서발급금액 : (재료비+직접노무비+산출경비) × 요율

　○ 적용요율

　 – 토목공사(토목·건축공사 포함) : 0.41%

　 – 건축공사 : 0.07%

　 – 산업·환경설비공사 및 조경공사 : 0.13%

② 발주자와 전문건설업자가 계약하는 원도급 산출내역서 반영 기준

　○ 보증서발급금액 : (재료비+직접노무비+산출경비) × 요율

　○ 적용요율

구 분		요 율
A그룹	준설공사, 토공사,	0.56%
B그룹	시설물유지관리, 도장공사, 포장공사, 상·하수도설비공사,	0.49%
C그룹	비계·구조물해체공사, 보링·그라우팅공사, 수중공사, 가스시설시공 1종	0.39%
D그룹	석공사, 철근·콘크리트공사	0.28%
E그룹	A그룹~D그룹 이외의 공사	0.11%

③ 하도급 산출내역서 반영기준

　○ 보증서발급금액 : 하도급공사비 × 요율

○ 적용요율

구 분		요 율
A그룹	준설공사, 토공사,	0.43%
B그룹	시설물유지관리, 도장공사, 포장공사, 상·하수도설비공사,	0.4%
C그룹	비계·구조물해체공사, 보링·그라우팅공사, 수중공사, 가스시설시공 1종	0.31%
D그룹	석공사, 철근·콘크리트공사	0.23%
E그룹	A그룹~D그룹 이외의 공사	0.09%

※ 하도급내역서 작성시, 원도급내역서상의 보증서 발급금액이 ①, ③의 기준에 의해 산출한 보증서 발급금액 합계액 보다 적은 경우, 해당 부족분은 원·하수급인이 부담하는 보증서 발급금액의 비율에 따라 각각 부담하며, 하도급내역서상의 보증서 발급금액은 하수급인이 부담하여야 할 부족분을 제외한 금액만 반영한다.

※ 하도급자가 실제 부담한 건설기계보증 수수료가 하도급내역서에 반영된 수수료 보다 많은 경우, 추후 원도급자는 원도급내역서의 보증수수료 범위내에서 추가 지급할 수 있다. 다만, 실제 보증수수료는 기준요율을 기준으로 산정한다.

(2) 건설기계대여자금 보증보험 세부내용

보험계약자인 수급인 도는 하수급인이 주계약에서 정한 건설기계 대여대금을 지급하지 아니함으로써 피보험자인 건설기계 대여업자가 입은 손해를 부담함.

① 보험계약자 : 수급인 또는 하수급인

② 피보험자 : 건설기계 대여업자

③ 보험가입금액 : 피보험자가 요구하는 금액(최대 4개월에 해당하는 건설기계 대여금액)

④ 보험기간 : 주계약상의 건설기계 임대차기간

⑤ 보증내용 : 건설기계 대여대금담보특별약관

⑥ 주계약명 : 건설기계 임대차계약

⑦ 보증요율 : 2.371% (200만원시 한달에 4,000원정도로 저렴합니다)

(3) 건설기계 대여자금 보증보험 구비서류

① 도급(하도급)계약서

② 건설기계임대차 표준계약서

③ 사업자등록증

④ 건설기계대여금 지급보증 원도급 공사내용 확인서(첨부파일 참조)

⑤ 기타서류(필요시)

(4) 면제대상

① 건설산업기본법 제68조의2 제1항에 따른 포괄대금지급보증서를 발주자에게 제출한 경우

② 발주자가 건설기계대여금을 직접 건설기계 대여업자에게 지급하기로 발주자, 건설업자 및 건설기계 대여업자가 그 뜻과 지급의 방법, 절차를 명백하게 하여 합의한 경우

③ 1건의 건설기계 대여계약금액이 200만원 이하인 경우

(건설산업기본법 시행규칙 제34조의4 제2항 2호)

※ 동일한 건설기계 대여업자와 2건 이상의 계약으로 분할하여 계약하는 경우에는 각각의 계약금액을 합산하여야 합니다.

4 건설기계 대여대금 지급보증(전문건설공제조합)

(1) 적용대상

① 2013. 6. 19부터 체결하는 건설기계임차 계약

② 면제 대상 : 1건 계약금액이 2백만원이하인 경우

　　　　　발주자 · 건설업자 · 건설기계대여업자가 직불 합의한 경우

※ 건설기계업자 : 건설기계관리법시행령 제13조에 의거 건설기계대여업을 등록한 건설기계임대업자

※ 건설기계 : 건설기계관리법시행령 별표1의 굴삭기, 덤프트럭 등 27종 건설기계

※ 건설기계대여대급 지급보증서 미발급시에는 행정제재(영업정지 또는 과태료)가 부과됩니다.

(2) 보증금액

전체 건설기계 임차금액 중 4개월에 해당하는 건설기계대여대금

（예, 임차기간이 5개월이면 4개월분만 보증대상임)

(3) 보증신청 및 발급절차

① 건설공사 계약 체결 시

② 건설공사 내역서 상에 건설기계대여대금을 산출하여 각 현장별 포괄 보증서를 신청 · 수수료 납부 · 보증서 발급(소속지점 방문 또는 팩스로도 가능)

③ 건설기계임차 계약 체결 시

(i) 조합홈페이지의 인터넷 업무서비스에서 건설기계 전자계약시스템을 통해 전자계약서 작성 및 공인인증 (ii) 전자계약서를 건설기계대여업자에게 송부 · 도장 날인 요청 (iii) 소속지점에 전자계약서 팩스 송부 (iv) 조합 인터넷 업무서비스를 이용하여 보증신청 및 발급

(4) 보증수수료

① 신용등급별 요율

신용 등급	AAA	AA	A	BBB	BB	B	CCC	CC	C
요율 (%)	2.5	2.79	2.81	2.83	2.85	2.87	2.89	2.91	2.93

② 계산 방법 : 보증급액 × 수수료율

(5) 건설기계 작업 내역을 매일 입력

① 조합원이 조합의 건설기계대여대금관리시스템에서 작업내역 입력

② 조합원은 건설기계사용작업확인서 출력

③ 조합원은 건설기계사용작업확인서를 건설기계대여업자에게 교부

(6) 대급지급기일에 대금지급 내역 입력

① 조합원이 조합의 건설기계대여대금관리시스템에서 대금지급기일에 대금지급액 및
지급방법(현금, 어음) 입력

② 조합원이 입력한 내용을 조합이 건설기계대여업자에게 문자(SMS)발송

※ 대금지급 내역을 입력하지 않으면 업무거래가 정지됨.

기타 건설기계대여대금 지급보증 관련해서는 조합홈페이지(www.kscfc.co.kr)를 참고하시고 추가적인 문의사항은 소속지점.

(7) 양식

건설기계대여대금포괄보증신청서

담당	과장	부지점장	지점장

포괄보증관리번호　　　　　호　　　　　　　　　　　　조합원번호 _____

귀 조합과　　년　　월　　일 체결한 약정서의 각 조항에 따라 아래와 같이 건설기계대여대금지급
보증포괄보증서 발급을 신청합니다.

보 증 가 능 금 액	₩
신 청 기 계 대 여 금 액	₩
총 기 계 대 여 금 액	₩
공 사 계 약 금 액	₩
공 사 명	
공 사 현 장 주 소	

발 주 자		발주자 식별정보	(개인의 경우 미기재)
발 주 자 주 소			
원 수 급 인	(원수급의 경우 미기재)	원수급인식별정보	
원 수 급 인 주 소			
계 약 일	년　월　일	준 공 일	년　월　일
공 사 기 간	년　월　일부터 년　월　일까지	보증기간	년　월　일부터 년　월　일까지
			년　월　일

　　　　　　　신청인　주　소
　　　　　　　　　　　상　호
　　　　　　　　　　　대표자　　　　　　　　　(인)

	인감대조

전문건설공제조합　귀중

※ 심 사 란		※ 담 보 내 용			※ 해 제 란		
보증일수	보증수수료	종 류	금 액	사 유	해 제 일	해제금액	(추징,환불) 수수료

주채무자 및 연대 보증인 관리사항	확 인 자 :

우측 세로 텍스트: 보증가능금액·감액 또는 보증기간연장·단축으로 인한 추가보증임
년월일 발급한 포괄보증서 번호 제　호 보증분에 대한

1. 건설기계대여대금지급보증포괄보증은 각 공사현장별로 각 건설기계대여계약에 대한
   건설기계대여대금지급보증서를 발급받기 위한 한도를 정하기 위한 가보증이며
   실제 보증책임을 부담하지 않습니다.
2. 건설기계대여대금지급보증포괄보증의 보증금액은 각 현장별로 투입되는
   건설기계대여계약금액을 총한도로 하며 신청인이 총한도 내에서 나누어 신청할 수 있습니다.
3. 보증수수료는 건설기계대여대금지급보증포괄보증 발급시에 선납하고
   각 건설기계대여계약에 의한 건설기계대여대금지급보증서를 발급할 때 정산하며
   보증수수료 요율은 각 건설기계대여대금지급보증서 발급시의 수수료 요율을 따릅니다.
4. 제3호에 의거 각 건설기계대여대금지급보증서 발급시 부족한 수수료는 추징이 이루어질 수 있습니다.
5. 금액은 아라비아숫자로 기재하고 발주자 및 원수급인의 식별정보는
   공공기관일 경우 공공기관코드, 민간일 경우 법인번호, 사업자번호 등을 기재하여야 합니다.

※ 신청 시 구비서류 등
1. 계약서사본(원본제시)과 표준협정서(공동도급의 경우)사본.

건설기계대여대금지급보증 취소동의서

귀하(사)가 당사와 체결한 계약에 대하여 아래와 같이 전문건설공제조합이 보증한 건설기계대여대금지급을 취소하고자 하오니 동의하여 주시기 바랍니다.

아   래

□ 보증서 번호 :

보 증 금 액			
총 계 약 금 액			
보 증 기 간			
공 사 명			
공 사 현 장 주 소			
계 약 일		계 약 종 료 일	
건 설 기 계 명		등 록 번 호	

년   월   일

신 청 인 (임 차 인)   주   소
                    상   호
                    대 표 자   ㉑
                귀중

전문건설공제조합이 보증한 건설기계대여대금지급보증서에 대하여 건설기계를 동 현장에 투입하지 않아 귀사 및 전문건설공제조합의 대금지급 의무가 없음을 확인하며 건설기계대여대금 보증취소에 동의합니다.

년   월   일

보증채권자(임대인)   주   소
                    상   호
                    대 표 자   ㉑

주) 원인감(인감증명서 첨부) 또는 계약서에 날인된 인영(인감)으로 확인하여야 합니다.

전문건설공제조합 귀중

건설기계대여대금지급보증책임(일부)소멸확인(원)

귀하(사)가 당사와 체결한 계약의 대금수령(어음수령의 경우 결제된 금액을 포함함)으로 인하여 아래와 같이 전문건설공제조합이 보증한 건설기계대여대금지급 보증책임이 소멸(전부, 일부)되었음을 확인·증명하여 주시기 바랍니다.

아   래

□ 보증서 번호 :

보 증 금 액			
총 계 약 금 액			
보 증 기 간			
공 사 명			
공사현장 주소			
계 약 일		계 약 종 료 일	
건 설 기 계 명		등 록 번 호	

건설기계대여대금 수령내역

건설기계 작업 기간	작업 기계 대금	대금수령금액	대금수령일
년 월 일 ~ 년 월 일			년 월 일
년 월 일 ~ 년 월 일			년 월 일
년 월 일 ~ 년 월 일			년 월 일
미수령기계대여대금 (어음 미결제 금액 포함)			

건설기계대여대금 수령 어음 미결제 내역

발 행 일	발 행 금 액	지 급 기 일	발 행 인	비 고
년 월 일		년 월 일		
년 월 일		년 월 일		
년 월 일		년 월 일		

※ 용도 : 전문건설공제조합 보증해제용

년   월   일

신청인(임차인)   주   소
             상   호
             대 표 자   ㉑
     귀   중

위 사항은 사실과 다름이 없음을 확인·증명합니다.

년   월   일

인감대조

보증채권자 주   소
(임 대 인)
         상   호
         대 표 자   (인)

* 원인감(인감증명서 첨부) 또는 계약서에 날인된 인영(인감)으로 확인하여야 합니다.

전문건설공제조합 귀중

5 보증보험과 공제조합의 요율비교

구분	보증보험	공제조합
보증요율	2.371%(업체상이)	1.33%
장점	간편가입/신용승인 공제한도 차감없음	보증요율
단점		공제한도 차감

채권추심(가압류, 가처분, 소송)에 필요한 서류

1. 건설기계임대요청서 사본
2. 건설기계임대차표준계약서 사본(작업확인증, 일보 등)
3. 거래명세서 사본(거래내역서, 청구서, 사실확인서 등)
4. 세금계산서 사본(계산서, 지불각서, 양도양수계약서, 직불동의서 등)
5. 입금통장사본(입금한부분, 통장거래내역서 등)
6. 채권자 사업자등록증 사본
7. 채권자 건설기계 등록증, 검사증사본
8. 채무자 사업자등록증사본
9. 현장에 대한 발주처(사, 자), 원청사, 하도급사 명칭, 주소, 전화번호
10. 현장: 명칭, 주소, 공사현황사진
11. 임대자의 성명, 주민등록번호, 주소, 연락처

※ 1. 모두 갖추었다면 채권회수가 잘 될 것입니다.
  2. 존재하는 부분을 가지고 회수절차에 착수 하십시오.

V

건설기계 하도급 대금 지급에 대한 관련법률

1 건설산업기본법

(1) 건설산업기본법

제34조(하도급대금의 지급 등)

① 수급인은 도급받은 건설공사에 대한 준공금 또는 기성금을 받으면 다음 각 호의 구분에 따라 해당 금액을 그 준공금 또는 기성금을 받은 날(수급인이 발주자로부터 공사대금을 어음으로 받은 경우에는 그 어음만기일을 말한다)부터 15일 이내에 하수급인에게 현금으로 지급하여야 한다.

1. 준공금을 받은 경우: 하도급대금

2. 기성금을 받은 경우: 하수급인이 시공한 부분에 해당하는 금액

② 수급인은 하도급계약을 할 때 하수급인에게 국토교통부령으로 정하는 바에 따라 적정한 하도급대금의 지급을 보증하는 보증서를 주어야 한다. 다만, 국토교통부령으로 정하는 경우에는 하도급대금 지급보증서를 주지 아니할 수 있다.

③ 건설공사의 도급계약 당사자는 제2항에 따른 하도급대금 지급보증서 발급에 드는 금액을 대통령령으로 정하는 바에 따라 해당 건설공사의 도급금액 산출내역서에 분명하게 적어야 한다.

④ 수급인이 발주자로부터 선급금을 받은 때에는 하수급인이 자재를 구입하거나 현장노동자를 고용하는 등 하도급공사를 시작할 수 있도록 수급인이 받은 선급금의 내용과 비율에 따라 선급금을 받은 날(하도급계약을 체결하기 전에 선급금을 지급받은 경우에는 하도급계약을 체결한 날)부터 15일 이내에 하수급인에게 선급금을 지급하여야 한다. 이 경우 수급인은 하수급인이 선급금을 반환하여야 할 경우에 대비하여 하수급인에게 보증을 요구할 수 있다.

⑤ 제54조에 따라 설립된 공제조합 또는 다른 법령에 따라 보증업무를 담당할 수 있는 기관은 수급인에게 제2항에 따른 하도급대금의 지급을 보증하는 보증계약의 보증서를 발급(변경발급을 포함한다)하거나 보증계약을 해지한 경우에는 국토교통부령으로 정하는 바에 따라 즉시 발주자 및 하수급인에게 그 내용을 통보하여야 한다.
⑥ 발주자는 제5항에 따라 통보받은 하도급대금 지급보증내용을 확인하여야 하고, 확인 결과 보증내용이 적정하지 아니할 경우에는 수급인에게 시정을 요구할 수 있다.
⑦ 발주자가 국가, 지방자치단체 또는 대통령령으로 정하는 공공기관인 경우에는 하도급대금이 보호될 수 있도록 수급인이 하수급인에게 제2항에 따른 보증서를 교부하였는지 여부를 확인하여야 한다. [시행일 : 2016.8.4.]

제35조(하도급대금의 직접 지급)

① 발주자는 다음 각 호의 어느 하나에 해당하는 경우에는 하수급인이 시공한 부분에 해당하는 하도급대금을 하수급인에게 직접 지급할 수 있다. 이 경우 발주자의 수급인에 대한 대금 지급채무는 하수급인에게 지급한 한도에서 소멸한 것으로 본다.
1. 국가, 지방자치단체 또는 대통령령으로 정하는 공공기관이 발주한 건설공사가 다음 각 목의 어느 하나에 해당하는 경우로서 발주자가 하수급인을 보호하기 위하여 필요하다고 인정하는 경우
   가. 수급인이 제34조제1항에 따른 하도급대금 지급을 1회 이상 지체한 경우
   나. 공사 예정가격에 대비하여 국토교통부령으로 정하는 비율에 미달하는 금액으로 도급계약을 체결한 경우
2. 수급인의 파산 등 수급인이 하도급대금을 지급할 수 없는 명백한 사유가 있다고 발주자가 인정하는 경우
② 발주자는 다음 각 호의 어느 하나에 해당하는 경우에는 하수급인이 시공한 부분에 해당하는 하도급대금을 하수급인에게 직접 지급하여야 한다.
1. 발주자가 하도급대금을 직접 하수급인에게 지급하기로 발주자와 수급인 간 또는 발주자·수급인 및 하수급인이 그 뜻과 지급의 방법·절차를 명백하게 하여 합의한 경우
2. 하수급인이 시공한 부분에 대한 하도급 대금지급을 명하는 확정판결을 받은 경우

3. 수급인이 제34조제1항에 따른 하도급대금 지급을 2회 이상 지체한 경우로서 하수급인이 발주자에게 하도급대금의 직접 지급을 요청한 경우

4. 수급인의 지급정지, 파산, 그 밖에 이와 유사한 사유가 있거나 건설업 등록 등이 취소되어 수급인이 하도급대금을 지급할 수 없게 된 경우로서 하수급인이 발주자에게 하도급대금의 직접 지급을 요청한 경우

5. 수급인이 하수급인에게 정당한 사유 없이 제34조제2항에 따른 하도급대금 지급 보증서를 주지 아니한 경우로서 발주자가 그 사실을 확인하거나 하수급인이 발주자에게 하도급대금의 직접 지급을 요청한 경우

6. 국가, 지방자치단체 또는 대통령령으로 정하는 공공기관이 발주한 건설공사에 대하여 공사 예정가격에 대비하여 국토교통부령으로 정하는 비율에 미달하는 금액으로 도급계약을 체결한 경우로서 하수급인이 발주자에게 하도급대금의 직접 지급을 요청한 경우

③ 제2항 각 호의 어느 하나에 해당하는 사유가 발생하여 발주자가 하수급인에게 하도급대금을 직접 지급한 경우에는 발주자의 수급인에 대한 대금 지급채무와 수급인의 하수급인에 대한 하도급대금 지급채무는 그 범위에서 소멸한 것으로 본다.

④ 수급인은 제1항제1호 각 목의 어느 하나에 해당하는 경우로서 하수급인에게 책임이 있는 사유로 자신이 피해를 입을 우려가 있다고 인정되는 경우에는 그 사유를 분명하게 밝혀 발주자에게 발주자가 하수급인에게 하도급대금을 직접 지급하는 것을 중지할 것을 요청할 수 있다.

⑤ 발주자는 제2항에도 불구하고 수급인으로부터 하도급계약과 관련하여 하수급인이 임금, 자재대금 등의 지급을 지체한 사실을 증명할 수 있는 서류를 첨부하여 그 하도급대금의 직접 지급을 중지하도록 요청받은 경우에는 하수급인에게 하도급대금을 직접 지급하지 아니할 수 있다.

⑥ 제1항이나 제2항에 따라 하수급인이 발주자로부터 하도급대금을 직접 지급받기 위하여 하수급인이 시공한 부분의 확인 등이 필요한 경우에는 수급인은 지체 없이 이에 필요한 조치를 하여야 한다.

⑦ 제1항 각 호의 어느 하나, 제2항제3호 또는 제4호에 따라 하도급대금을 직접 지급하는 경우에 그 지급 방법 및 절차는 국토교통부령으로 정한다.

(2) 건설기계관리법

제34조(건설기계임대료 등 체납신고센터의 설치 등)

① 제32조에 따라 건설기계사업자가 설립한 협회는 건설기계사업자가 건설기계 임차인 등으로부터 건설기계 대여에 따른 임대료 등을 받지 못하거나 지연되는 경우 이의 회수를 지원하기 위하여 건설기계임대료 등 체납신고센터(이하 이 조에서 "신고센터"라 한다)를 설치할 수 있다.

② 신고센터의 설치와 운영에 필요한 사항은 대통령령으로 정한다.

③ 국가는 신고센터의 설치와 운영에 필요한 자금 등을 지원할 수 있다.

2 하도급거래 공정화에 관한 법률 제15612호

제13조(하도급대금의 지급 등)

① 원사업자가 수급사업자에게 제조등의 위탁을 하는 경우에는 목적물등의 수령일(건설위탁의 경우에는 인수일을, 용역위탁의 경우에는 수급사업자가 위탁받은 용역의 수행을 마친 날을, 납품등이 잦아 원사업자와 수급사업자가 월 1회 이상 세금계산서의 발행일을 정한 경우에는 그 정한 날을 말한다. 이하 같다)부터 60일 이내의 가능한 짧은 기한으로 정한 지급기일까지 하도급대금을 지급하여야 한다. 다만, 다음 각 호의 어느 하나에 해당하는 경우에는 그러하지 아니하다.

1. 원사업자와 수급사업자가 대등한 지위에서 지급기일을 정한 것으로 인정되는 경우

2. 해당 업종의 특수성과 경제여건에 비추어 그 지급기일이 정당한 것으로 인정되는 경우

② 하도급대금의 지급기일이 정하여져 있지 아니한 경우에는 목적물등의 수령일을 하도급대금의 지급기일로 보고, 목적물등의 수령일부터 60일이 지난 후에 하도급대금의 지급기일을 정한 경우(제1항 단서에 해당되는 경우는 제외한다)에는 목적물등의 수령일부터 60일이 되는 날을 하도급대금의 지급기일로 본다.

③ 원사업자는 수급사업자에게 제조등의 위탁을 한 경우 원사업자가 발주자로부터 제조·수리·시공 또는 용역수행행위의 완료에 따라 준공금 등을 받았을 때에는 하도급대금을, 제조·수리·시공 또는 용역수행행위의 진척에 따라 기성금 등을 받았

을 때에는 수급사업자가 제조·수리·시공 또는 용역수행한 부분에 상당하는 금액을 그 준공금이나 기성금 등을 지급받은 날부터 15일(하도급대금의 지급기일이 그 전에 도래하는 경우에는 그 지급기일) 이내에 수급사업자에게 지급하여야 한다.

④ 원사업자가 수급사업자에게 하도급대금을 지급할 때에는 원사업자가 발주자로부터 해당 제조등의 위탁과 관련하여 받은 현금비율 미만으로 지급하여서는 아니 된다.

⑤ 원사업자가 하도급대금을 어음으로 지급하는 경우에는 해당 제조등의 위탁과 관련하여 발주자로부터 원사업자가 받은 어음의 지급기간(발행일부터 만기일까지)을 초과하는 어음을 지급하여서는 아니 된다.

⑥ 원사업자가 하도급대금을 어음으로 지급하는 경우에 그 어음은 법률에 근거하여 설립된 금융기관에서 할인이 가능한 것이어야 하며, 어음을 교부한 날부터 어음의 만기일까지의 기간에 대한 할인료를 어음을 교부하는 날에 수급사업자에게 지급하여야 한다. 다만, 목적물등의 수령일부터 60일(제1항 단서에 따라 지급기일이 정하여진 경우에는 그 지급기일을, 발주자로부터 준공금이나 기성금 등을 받은 경우에는 제3항에서 정한 기일을 말한다. 이하 이 조에서 같다) 이내에 어음을 교부하는 경우에는 목적물등의 수령일부터 60일이 지난 날 이후부터 어음의 만기일까지의 기간에 대한 할인료를 목적물등의 수령일부터 60일 이내에 수급사업자에게 지급하여야 한다.

⑦ 원사업자는 하도급대금을 어음대체결제수단을 이용하여 지급하는 경우에는 지급일(기업구매전용카드의 경우는 카드결제 승인일을, 외상매출채권 담보대출의 경우는 납품등의 명세 전송일을, 구매론의 경우는 구매자금 결제일을 말한다. 이하 같다)부터 하도급대금 상환기일까지의 기간에 대한 수수료(대출이자를 포함한다. 이하 같다)를 지급일에 수급사업자에게 지급하여야 한다. 다만, 목적물등의 수령일부터 60일 이내에 어음대체결제수단을 이용하여 지급하는 경우에는 목적물등의 수령일부터 60일이 지난 날 이후부터 하도급대금 상환기일까지의 기간에 대한 수수료를 목적물등의 수령일부터 60일 이내에 수급사업자에게 지급하여야 한다.

⑧ 원사업자가 하도급대금을 목적물등의 수령일부터 60일이 지난 후에 지급하는 경우에는 그 초과기간에 대하여 연 100분의 40 이내에서 「은행법」에 따른 은행이 적용하는 연체금리 등 경제사정을 고려하여 공정거래위원회가 정하여 고시하는 이율에 따른 이자를 지급하여야 한다. 〈개정 2010.5.17〉

⑨ 제6항에서 적용하는 할인율은 연 100분의 40 이내에서 법률에 근거하여 설립된 금융기관에서 적용되는 상업어음할인율을 고려하여 공정거래위원회가 정하여 고시한다.

⑩ 제7항에서 적용하는 수수료율은 연 100분의 40 이내에서 법률에 근거하여 설립된 금융기관에서 적용되는 어음대체결제수단에 대한 수수료율 또는 대출이자율 등을 고려하여 공정거래위원회가 정하여 고시한다.

제13조의2(건설하도급 계약이행 및 대금지급 보증)

① 건설위탁의 경우 원사업자는 수급사업자에게 다음 각 호의 구분에 따라 해당 금액의 공사대금 지급을 보증하고, 수급사업자는 원사업자에게 계약금액의 100분의 10에 해당하는 금액의 계약이행을 보증하여야 한다. 다만, 원사업자의 재무구조와 공사의 규모 등을 고려하여 보증이 필요하지 아니하거나 보증이 적합하지 아니하다고 인정되는 경우로서 대통령령으로 정하는 경우에는 그러하지 아니하다.

1. 공사기간이 4개월 이하인 경우: 계약금액에서 선급금을 뺀 금액

2. 공사기간이 4개월을 초과하는 경우로서 기성부분에 대한 대가의 지급 주기가 2개월 이내인 경우: 다음의 계산식에 따라 산출한 금액

$$보증금액 = \frac{하도급계약금액 - 계약상\ 선급금}{공사기간(개월\ 수)} \times 4$$

3. 공사기간이 4개월을 초과하는 경우로서 기성부분에 대한 대가의 지급 주기가 2개월을 초과하는 경우: 다음의 계산식에 따라 산출한 금액

$$보증금액 = \frac{하도급계약금액 - 계약상\ 선급금}{공사기간(개월\ 수)} \times \frac{기성부분에\ 대한\ 대가의}{지급주기(개월수)} \times 2$$

② 제1항에 따른 원사업자와 수급사업자 간의 보증은 현금(체신관서 또는 「은행법」에 따른 은행이 발행한 자기앞수표를 포함한다)의 지급 또는 다음 각 호의 어느 하나의 기관이 발행하는 보증서의 교부에 의하여 한다. 〈개정 2010.5.17〉

1. 「건설산업기본법」에 따른 각 공제조합

2. 「보험업법」에 따른 보험회사

3. 「신용보증기금법」에 따른 신용보증기금

4. 「은행법」에 따른 금융기관

5. 그 밖에 대통령령으로 정하는 보증기관

③ 원사업자는 제2항에 따라 지급보증서를 교부할 때 그 공사기간 중에 건설위탁하는 모든 공사에 대한 공사대금의 지급보증이나 1회계연도에 건설위탁하는 모든 공사에 대한 공사대금의 지급보증을 하나의 지급보증서의 교부에 의하여 할 수 있다.

④ 제1항부터 제3항까지에서 규정한 것 외에 하도급계약 이행보증 및 하도급대금 지급보증에 관하여 필요한 사항은 대통령령으로 정한다.

⑤ 원사업자가 제1항 각 호 외의 부분 본문에 따른 공사대금 지급보증을 하지 아니하는 경우에는 수급사업자는 계약이행을 보증하지 아니할 수 있다.

제14조(하도급대금의 직접 지급)

① 발주자는 다음 각 호의 어느 하나에 해당하는 사유가 발생한 때에는 수급사업자가 제조·수리·시공 또는 용역수행을 한 부분에 상당하는 하도급대금을 그 수급사업자에게 직접 지급하여야 한다.

1. 원사업자의 지급정지·파산, 그 밖에 이와 유사한 사유가 있거나 사업에 관한 허가·인가·면허·등록 등이 취소되어 원사업자가 하도급대금을 지급할 수 없게 된 경우로서 수급사업자가 하도급대금의 직접 지급을 요청한 때

2. 발주자가 하도급대금을 직접 수급사업자에게 지급하기로 발주자·원사업자 및 수급사업자 간에 합의한 때

3. 원사업자가 제13조제1항 또는 제3항에 따라 지급하여야 하는 하도급대금의 2회분 이상을 해당 수급사업자에게 지급하지 아니한 경우로서 수급사업자가 하도급대금의 직접 지급을 요청한 때

4. 원사업자가 제13조의2제1항에 따른 하도급대금 지급보증 의무를 이행하지 아니한 경우로서 수급사업자가 하도급대금의 직접 지급을 요청한 때

② 제1항에 따른 사유가 발생한 경우 원사업자에 대한 발주자의 대금지급채무와 수급사업자에 대한 원사업자의 하도급대금 지급채무는 그 범위에서 소멸한 것으로 본다.

③ 원사업자가 발주자에게 해당 하도급 계약과 관련된 수급사업자의 임금, 자재대

금 등의 지급 지체 사실을 입증할 수 있는 서류를 첨부하여 해당 하도급대금의 직접 지급 중지를 요청한 경우, 발주자는 제1항에도 불구하고 그 하도급대금을 직접 지급하지 아니할 수 있다.

④ 제1항에 따라 발주자가 해당 수급사업자에게 하도급대금을 직접 지급할 때에 발주자가 원사업자에게 이미 지급한 하도급금액은 빼고 지급한다.

⑤ 제1항에 따라 수급사업자가 발주자로부터 하도급대금을 직접 받기 위하여 기성부분의 확인 등이 필요한 경우 원사업자는 지체 없이 이에 필요한 조치를 이행하여야 한다.

⑥ 제1항에 따라 하도급대금을 직접 지급하는 경우의 지급 방법 및 절차 등에 관하여 필요한 사항은 대통령령으로 정한다.

VI 체불금 주체 및 처벌 사항

1 체불금의 책임주체

- 하수급인 또는 업무집행권한이 있는 사업경영담당자
- 실질적으로 업무집행권이 있는 자 (명의상의 사업주를 내세운 경우라도 실제사업 주가 책임 있음)
- 정리회사의 관리인

2 체불금의 일부면책

- 하수급인이 임금지급을 위하여 최선의 노력을 다하였으나 경영부진으로 인한 자금 사정의 악화 등으로 도저히 건설기계 대여대금 지급기일을 지킬 수 없었던 불가피 한 사정이 인정되는 경우에는 체불의 죄책을 물을 수 없다.
- 하지만 건설기계 대여업자의 체불신고에 의해 그 사실이 확인되면 비록 당사자간 에 대여대금을 주고받을 채권문제는 해소되어 민사상의 책임은 면할 수 있지만 범 죄행위에 대한 형사상의 처벌을 면하기는 어렵다.

건설기계 임대료 체불 유형 Ⅶ

1 부도(도산), 법정관리로 인한 체불

① 부도는 어음이나 수표를 가진 사람이 기한이 되어도 어음이나 수표에 적힌 돈을 지급받지 못하는 일이며 즉, 재산을 모두 잃고 망함을 뜻한다.

② 법정관리는 부도를 내고 파산 위기에 처한 기업이 회생 가능성이 보이는 경우에 법원의 결정에 따라 법원에서 지정한 제3자가 자금을 비롯한 기업 활동 전반을 대신 관리하는 제도로 모든 자금이 막혀 건설기계 임대사업자들의 체불이 발생된다. 부도의 종류는 무면허 업자들의 고의부도, 잠적 등 여러 가지 사례가 있다.

건설산업기본법

건설기계 대여업자 및 건설공사용 부품을 제작하여 납품하는 자는 건설산업기본법 제32조(하수급인 등의 지위) 4항에 의거하여 하수급인의 지위를 인정하여 같은법 제34조(하도급 대금의 지급 등) 및 제35조(하도급 대금의 직접지급)를 적용 받는다.

– 수급인 : 건설기계 대여업자 또는 제작납품업자와 계약을 체결한 건설업자

– 하수급인 : 건설기계 대여업자 또는 제작납품업자

따라서 건설기계 대여업자 등과 계약을 체결한 걸설업자는 건설기계 대여와 관련된 기성금 또는 준공금을 받을때에는 15일 이내에 건설기계 대여업자에게 대여금을 현금으로 지급해야 한다.

건설업자가 이를 위반한 경우 건설산업기본법 제81조(시정명령 등), 제82조(영업정지 등)에 의거하여 시정명령 및 영업정지 또는 과징금 대상이 되며, 시정 명령을 응하지 않을 경우 제99조(과태료) 8호에 의거하여 과태료 처분을 받는다.

---

2 수급인과 하수급인의 다툼으로 인한 체불

공사 중 원도급사에서 설계변경, 작업기일 연장 축소, 수급인의 중대, 고의 과실로 인한 손실, 수급인의 불법 행위, 하수급인의 불공정 거래 강요 등 수급인과 하수급인간의 자금거래가 차단되어 건설기계 임대사업자들의 체불이 발생한다.

특히, 원도급사의 설계변경 경우 건설기계 임대차 계약서를 다시 작성해야 하나, 번거롭다는 핑계로 하수급인의 강요와 부탁에 의해 설계 변경전의 계약서 유지로 체불이 발생되는 사례가 많다.

3 자금의 부족(적자현상)으로 인한 체불

전체 공사의 공개입찰과 낙찰 후 공사 부분별, 항목별 공개입찰 방식과 최저가 낙찰에 따라 공사 중 하수급인이 자금난이 발생되는 사례가 많다. 특히 하수급인의 경우 영세 사업자로 자금이 넉넉하지 못하며, 이로 인해 공사기간 단축 등 부실공사를 불러오며 마침내 자금부족이라는 악제가 겹쳐 끝내는 건설기계 임대료 체불이 발생된다.

4 공사금액 유용으로 인한 체불

일부 악덕업자들의 계획적 고의적으로 원청사의 공사대금을 개인적으로 유용하는 사례가 빈번히 발생되고 있다. 즉, 개인의 부동산 투자, 타 사업에 자금 투입 등 개인영리를 위한 목적으로 사용되어 영세한 건설기계 사업자들은 하수급인의 공사금액 유용에 따른 피해를 고스란히 안아 체불이 발생된다.

건설기계 임대사업자로서 공사도중 이를 확인 할 방법이 없으며, 장기적인 일감으로 인해 체불 발생 즉시 빠져 나오지 못하고 지속적으로 체불이 누적되는 구조다.

5 건설기계 관련법 위반 법률적인 근거

▶ 하도급대금 자재, 장비포함 미지급 및 지급보증서 미발급 (건설산업기본법 제34조 위반)
 – 수급인이 건설공사에 대한 준공금 또는 기성금을 받아 15일 이내에 하수급인에게 현금으로 지급하지 않은 행위
 – 수급인이 하도급계약을 할 때 하수급인에게 적정한 하도급대금 지급을 보증하는 보증서를 발급하여야 하나 이를 위반한 행위

▶ 건설기계대여대금 지급보증서 미발급 (건설산업기본법 제68조의3)
 – 수급인 또는 하수급인은 건설기계 대여계약을 할 때 건설기계 대여사업자에게 건설기계 대여대금의 지급을 보증하는 보증서를 발급하여야 하나 이를 위반한 행위

▶ 설계변경 등에 따른 하도급대금의 조정 미 이행 (건설산업기본법 제36조)
 – 설계변경 또는 물가변동 등에 의해 발주자로 부터 조정을 받은 비율에 때라 하도급대금을 지급하여야 하나 이를 위반한 행위

▶ 불공정행위 금지 위반 (건설산업기본법 제38조)
 – 수급인이 하도급공사 시공과 관련하여 자재구입처의 지정 등 하수급인에게 불리하다고 인정되는 행위를 강요
 – 수급인은 하수급인에게 하자보수 및 설계변경 등과 관련하여 하수급인의 계약상 이익을 부당하게 재한하는 특약을 요구하는 행위
 – 보험료 미지급, 추가공사비 등 공사 관련 비용 전가, 도급계약으로 정한 기간을 초과한 하자담보책임, 설계변경금액 미반영 및 선급금 미지급 등

▶ 하도급 제한 위반 (건설산업기본법 제29조 위반)
- 도급받은 건설공사의 전부 또는 주요부분 · 대부분을 하도급하거나, 발주자의 승인없이 동일 업종에 하도급한 행위
- 하수급인이 하도급 받은 건설공사를 예외사항에 해당하지 않는데도 다른 사람에게 다시 하도급한 행위

※ 예외사항 : 하도급 받은 전체 공사금액 중 20% 이내에서 특허, 신기술 등이 반영되어 품질이나 시공상 능률을 높이기 위해 발주자가 승인한 경우

채권확보

1 채권확보

1. 공사를 하는 도중 원도급자나 하도급자가 부도가 나거자 압류,가압류,가처분에 의하여 공사현장이 문제가 될 경우 계속하여 공사를 하여야 한다면 반드시 직불동의서를 작성하여 발주자,원도급사,하도급사 수급자가 동시에 날인을 받고 관련 인감증명서(개인,법인)를 첨부하고 날인시 인감도장 여부를 확인하여야 한다.
2. 계약서 작성이 되지 않았을 경우 채권확보를 위하여 내용증명 우편을 통한 채권확인을 해두는 것도 필요하다.
3. 반드시 공사 현황판 및 공사과정을 카메라로 찍어 보관해 놓은 면 채권 발생시 회수에 도움이 된다.
4. 담당자의 확인서를 받고 명함과 주민등록증(또는 운전면허증)을 사진 찍어 놓을 것.
5. 담당자로부터 지불각서를 받아 놓을 것.
6. 확인서, 지불각서 등을 요구시 상대와의 대화를 녹음하여 보관한다. (당사자간 대화내용이나 전화통화 내용을 녹음하는 것은 법에 저촉되지 않으며 제3자가 녹음하는 것은 법률에 위배됩니다.)

(1) 양 식

지불각서

각서인은 2018년 4월 1일부터 동년8월 30일까지 서울시 영등포구 신00로2500(영등포동 5800-1000) 좋은타운아파트 신축 공사현장에서 발생한 건설기계 굴삭기(덤프트럭) 사용료 5개월분 총 일금 30,000,000원을 2018년 9월 15일까지 지급할 것을 약속드립니다.

2018년 9월 10일

서울시 영등포구 신00로2500(영등포동5800-1000)
각서인 (주)OO토건 대표이사 건 설사 (인)
연락처 : 010-0000-0000
현장대리인 현장소장 : 홍 길동 (인)
연락처 : 010-0000-0000
연대보증인 공사감독 : 홍 동동 (인)
연락처 : 010-0000-0000

건 설기   귀하

※1. 법인은 반드시 법인인감도장 또는 사용인감을 첨부한 사용인감도장을 날인할 것.
  2. 현장대리인 및 연대보증인은 자필로 이름을 기재하고 서명 및 우무인 또는 도장을 날인 할 것.
  3. 현장대리인 및 연대보증인의 명함 및 주민등록증,운전면허증 앞,뒷면 사진을 촬영하여 함께 보관 할 것.

직불동의서

1. 현   장   명:
2. 업 체 명 (차량번호) :
3. 법인(사업자)등록번호:
4. 성   명 :

본인은 상기 현장의 2018년 1 - 8월 공사비(노무비, 식대, 굴삭기, 경비)를
(   )에게 지불 받겠으니, 2018년 8월 굴삭기 임대료를   에게 지불하여 주시
기 바랍니다.
이로 인해 발생되는 민, 형사상 모든 책임이 (   ) 에 없음을 약속합니다.

    첨 부 :
      사업자등록증 사본   1부
      인감증명서   1부
      건설기계등록(검사)증   1부
      건설기계임대차표준계약서   1부
      공사계약서 사본   1부

2018년 월 일
확 인 자   인
귀 하

위 확인함
발 주 자: 인
원도급사: 인
하도급자   인
수 급 자: 인

발신: ㅇㅇㅇ(520000-1000000)   (우-00000)
　　　서울시 관ㅇ구 쑥고개로ㅇ가길 10
　　　010-0000-0000
수신: ㅇㅇ건설주식회사   (우-00000)
　　　서울시 서초구 서초대로
　　　대표이사 ㅇㅇㅇ

제목: 공사대금(건설기계 사용료) 지급최고 및 법적절차착수 예정통고서

1. 귀사의 무궁한 발전과 귀사 임직원 및 그 구성가족들의 건강과 행복을 기원드립니다.
2. 2018년7월15일 본인(사)과(와) 귀사간의 체결한 공사계약에 의하여 발생된 공사대금(장비 사용료)10,000,000원이 미지급되고 있습니다.
3. 2018년8월31일까지 미지급시 법적인 절차에 착수하겠습니다
4. 법적인 절차진행시 발생되는 법적인 비용 및 변호사 선임비용의 책임은 귀사에 있음을 인 지 시켜드립니다.
5. 귀사의 현명한 판단을 바랍니다.
6. 아울러 본 통고서가 송달되고 10일이 경과시 본인에 대한 귀사의 공사대금(장비사용료) 미 지급금에 대하여 귀사가 인정하는 것으로 간주하며 공사대금(장비사용료) 지급에 대한 일 체의 권리와 의무가 귀사에 있음을 확인하며 귀사가 이에 동의하는 것으로 간주하며 본 통 고서를 법적증거자료로 제출하는데 동의하시는 것으로 간주하겠습니다.
7. 감사합니다.

- 첨부서류 -
1. 공사계약서 사본1부

2018.8.20.
ㅇㅇㅇ드림

※ 3부 출력하여 봉투1매와 함께 우체국에 가셔서 빠른등기 <u>내용증명우편</u>으로 발송해주 십시오 하면 1부는 상대방, 1부는 우체국보관, 1부는 발송자에게 주게 됩니다.

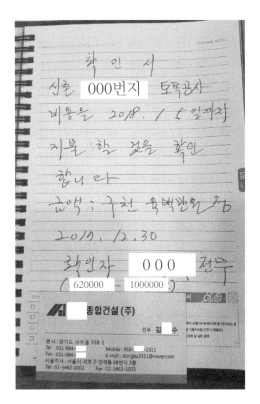

건축허가표지

허가번호 :				
건축주	성명			
	주소			
설계자	성명			
	사무소명			
공사감리자	성명			
	주소			
공사시공자	성명			
현장관리인	성명			
허가일자				
대지위치				
건축면적		연면적		
주용도		층수		
공사기간				
비고				

확인서

1. 현   장   명:
2. 업 체 명 (차량번호) :
3. 법인(사업자)등록번호:
4. 성   명:

본인은 상기 현장에서 2018년7월1일–2018년8월20일까지 51일간 김굴삭의 건설기계를 임차하여 사용하고 발생된 장비사용료15,000,000원에 대하여 2018년8월31일 까지 지급할 것을 확인 합니다.
이로 인해 발생되는 민, 형사상 모든 책임이 (   ) 에 없음을 약속합니다.

    첨 부 :
    사업자등록증 사본   1부
    인감증명서   1부
    건설기계등록(검사)증   1부
    건설기계임대차표준계약서   1부
    공사계약서 사본   1부

2018년 월   일
확 인 자   인
귀 하

위 확인함
발 주 자: 인
원도급사: 인
하도급자: 인
수 급 자: 인

2 공증제도 활용

(1) 공증이란

공증(公證)이란 말 그대로 우리의 법률생활에서 생기는 여러 상황을 공적으로 증명하는 것으로서, 이를 이용하면 당사자 간의 불필요한 소모적 분쟁을 예방하거나 분쟁 발생 시 유력한 증거로 활용할 수 있고 나아가 재판절차를 거치지 않고 간편하게 권리를 실행할 수도 있다.

(2) 공증의 기능

가. 추후 분쟁 예방적 기능

당사자 간에 합의한 문서를 공증해 놓으면 나중에 다른 주장을 할 수 없기 때문에 다툼을 예방할 수 있다. 아주 흔한 예로서 근로자가 사용자에게서 지불각서를 받은 경우 사용자가 재판에서 자기는 임금을 체불한 바도 없고 그 지불각서는 자기가 작성한 것도 아니며 위조된 것이라고 강변할 수도 있는데 이때 지불각서를 미리 공증해 놓으면 당해 문서의 작성사실이 공적으로 증명되므로 나중에 이런 위조주장이 불가능하게 되어서 분쟁을 사전에 예방할 수도 있다.

나. 강력한 증거자료

공증된 문서는 소송에서 진정한 공문서로 추정이 되어 증거로서 강한 증명력을 가진다. 따라서 분쟁에 대비한 증거자료로서 미리 확보할 필요성이 있다.

다. 분실위험의 해소

공증한 문서는 공증사무실에서 25년간을 보관하기 때문에 당해 문서를 분실할 경우 공증사무실에 공증번호를 제시하면 새로운 정본을 부여 받을 수 있다. 따라서 분실로 인한 위험을 분산시킬 수 있다.

라. 집행력 있는 채무명의

민사소송법상 사용자의 재산에 대해 강제집행을 위해서는 채무명의(예를들어 판결문)가 필요하다. 소송을 제기한 근로자가 판결문을 부여받은 후에는 법원에 강제집행증서부여 신청을 하고 법원으로부터 집행증서를 부여받은 이후에 강제집행을 할 수 있습니다. 공증된 문서는 이렇듯 소송, 판결문 부여, 집행문 부여신청, 집행문수령, 강제집행 신청이라는 복잡한 절차를 대폭 줄일 수 있다.

즉, 사용자가 약속한 임금을 지급하지 않을 때 소송을 제기하여 승소판결을 받아야하고 이를 채무 명의로 강제집행을 해야 하지만 이는 매우 복잡하고 시일이 오래 걸리는 단점이 있다. 그렇기 때문에 지불각서의 공증을 받아 놓는다면 상대방이 돈을 갚지 않을 경우 재판 없이 바로 상대방의 재산에 강제집행을 할 수가 있는 것이다.

이렇게 공증한 것이 강제집행의 효력효력을 발생하기 사용자가 강제집행을 승낙한다. 는 취지의 사항을 기재하여야 합니다. 이렇게 강제집행 승낙조항이 삽입된 공증문서는 민사소송법상의 복잡한 절차 없이 집행력을 가진다.

(3) 공증하는 방법

공증은 법원 주변의 공증인가 합동법률사무소나 법무법인등 공증인 사무실에 가면 공증을 할 수가 있는데 원칙적으로 양당사자가 직접 주민등록증이나 운전면허증, 도장, 수수료 등을 준비하면 되고, 건설사가 법인회사인 경우에는 대표자의 법인인감증명서와 등기부등본을 준비해야 한다.

대리인이 가는 경우에는 본인의 인감증명서1통과 위임장1통, 대리인의 주민등록증과 인장 등을 가지고가야 한다.

공정증서에 의해 강제집행을 하기위해서는 공증된 문서를 가지고 공증사무실에 가면 집행문을 부여해주므로 이에 기해서 강제집행을 할 수 있다. 공증비용은 대체로 비용이 저렴하다.

(4) 공증을 받을 약속어음공증이 아닌 금전소비대차 이자와 지연손해금을 분명히 명시하여야 한다.

증서 20   년 제   호

금전소비대차계약공정증서

본직은 당사자들의 촉탁에 따라 다음의 법률행위에 관한 진술을 취지를 성취하여 이 증서를 작성한다.

제1조(목적) 채권자는   년   월   일

금   원정을 채무자에게 대여하고 채무자는 이를 차용하였다.

제2조(변제기한과 방법)

제3조(이자) 이자는

제4조(변제의 장소) 채무의 변제장소는

제5조(지연손해금) 채무자가 원금 또는 이자의 변제를 지체한 때에는 지체된 원금 또는 이자에 대하여 연   의 비율에 대한 지연손해금을 채권자에게 지급한다.

제6조(기한 이익의 상실) 채무자가 다음 각호의 1에 해당하는 때에는 채권자로부터 달리 통지 또는 최고가 없더라도 당연히 위 차용금 채무에 관한 기한의 이익을 상실하고 즉시 나머지 채무금 전부를 변제해야 한다.

1. 채무자에 대하여 파산, 화의개시 또는 회사정리절차 개시의 신청이 있었을 때
2. 채무자가 거래은행으로부터 거래정지처분을 받은 때
3. 채무자가   금의 지급을 지체한 때

제7조(위와 같다) 채무자가 다음 각호의 1에 해당하는 때에는 채권자의 청구에 따라 위 차용금 채무에 관한 기한의 이익을 상실하고 즉기 나머지 채무금 전부를 변제하여야 한다.

1. 채무자가 제3자로부터 강제집행, 가압류, 가처분 또는 경매신청을 받은 때
2. 채무자가 조세의 체납으로 압류처분을 받은 때
3. 채무자가 이 계약조항을 위반한 때

제8조(연대보증) 보증인은 이 계약에 의한 채무자의 채무를 보증하고, 채무자와 연대하여 채무를 이행하기로 약정하였다.

제9조(강제집행의 인낙) 채무자 및 연대보증인이 이 계약에 의한 금전채무를 이행하지 아니할 때에는 즉시 강제집행을 당하여도 이의가 없음을 인낙하였다.

	법률행위의 목적 또는 어음 또는 수표상의 가액	공증수수료
1	200만원 이하	11,000원
2	500만원 이하	22,000원
3	1,000만원 이하	33,000원
4	1,500만원 이하	44,000원
5	1,500만원 초과	초과액의 3/2000 가산
6	19억 8,300만원 초과	3,000,000원 (상한액)

	사서증서의 종류 또는 가액	공증수수료
1	거래가액이 없는 경우	확인서, 진술서는 12,500원 각서, 차용증은 27,750원 계약서, 합의서, 협약서는 40,750원
2	거래가액이 있는 경우	{(가액X0.0015)+21,500}X1/2
3	6억5천2백만원 초과시	500,000원 (상한액)
4	영문사서증서 인증	위 각 수수료의 2배
5	번역인증	영문을 한글로 번역할 때는 12,500원 한글을 영문으로 번역할 때는 25,000원
6	정관 (5,000만원까지)	80,000원
7	정관 (5,000만원 초과시)	(출자금액X0.0005)+55,000원
8	의사록인증	30,000원
9	확정일자	10,000원
10	열람	회당 1,000원
11	집행문	10,000원~20,000원

세금계산서 발행

1. 법인은 2011년1월부터 전자세금계산서로 매월 발행.
   (1월1일–31일까지의 청구분은 2월10일까지 발행하여야 함)
   전자세금계산서는 공급일이 속하는 달의 다음달 10일까지 발급할 수 있습니다(부가세법 시행령 제54조 제1항 3호).
   ※ 발급기한이 공휴일 또는 토요일인때에는 해당일의 다음날로 연장됨(개정 부가세법 시행령 2012.2.2.공포 즉시 시행)

2. 발급기한을 경과하여 발급한 경우에는 공급자와 공급받는자 모두에게 가산세(공급가액의 1%)가 부과됩니다.
   ※ 다만, 과세기간을 경과하여 발급한 경우에는 - 공급자는 미발급가산세(공급가액의 2%),- 공급받는자는 매입세액 불공제(가산세 없음)

3. 세금계산서는 거래에 대한 청구일 뿐 증거서류는 될 수 없고 참고자료로 활용된다는 점을 주의.(세무신고가 모두 완료 되었다면 증거자료로 사용되나 담당판사에 따라 참고용으로 많이 판단하므로 주의가 요망됨.)

4. 세금계산서발행은 미발행시 불성실 가산세, 매출누락등으로 피해가 많이 발생할 수 있으니 반드시 청구로 표시하여 발행 할 것.

5. 세금계산서와 거래명세표, 입금표를 미리 건네주는 행위는 본인 스스로 대금을 받지 않겠다는 표현이니 절대 하지 말아야할 행동이며, 부득이하게 꼭 건네주어야 할 경우 입금표에 "은행계좌로 입금함" 이라 반드시 명시하여 교부할 것.

6. 세금계산서 발급이 거래를 입증하는 것이 아니므로 계약서,확인증,지불각서 등을 반드 받아야 채권회수에 도움이 됩니다.

X

채권보전 절차

1 가압류

(1) 가압류의 의의

가압류는 금전채권이나 금전으로 환산할 수 있는 채권에 대하여 장래에 그 집행을 보전(지급을 정지시키고 추후 추심,전부명령을 통하여 채권을 회수)하려는 목적으로 미리 채무자의 재산을 압류하여 채무자가 처분하지 못하도록 하는 제도입니다.

(2) 가압류의 대상목적물

가압류의 대상목적물은 집행권원에 기한 본 압류의 목적물과 동일하다. 따라서 압류가 금지되는 재산에 대하여는 가압류도 허용되지 않습니다.

압류가 금지되는 재산에는 압류금지부동산과 압류금지동산 및 압류금지채권이 있다. 압류금지부동산은 사립학교법 등의 특별법에 규정되어 있고, 압류금지동산은 민사집행법 제195조와 장애인복지법·의료법 등의 특별법에 규정되어 있으며, 압류금지채권은 민사집행법 제195조와 국민연금법·공무원연금법 등의 특별법에 규정되어 있습니다.

(3) 가압류의 소송절차

가. 가압류의 신청

① 가압류의 신청은 원칙적으로 가압류할 물건이 있는 곳 즉 강제집행의 대상이 되는 채무자 소유의 재산소재지 관할하는 지방법원이나 본안의 관할법원(지급명령,소송을 제기한 법원)에 가압류신청서를 제출하는 방법으로 하여야 합니다.

강제집행에 관하여는 당사자의 합의에 의한 합의관할은 인정되지 않습니다.

② 가압류신청서에는 당사자 및 법정대리인의 표시, 소송대리인의 표시, 신청의 취지, 신청의 이유, 법원의 표시, 소명방법의 표시, 년·월·일의 표시, 당사자 또는 대리인의 기명날인 또는 서명, 첨부서류의 표시, 목적물의 표시 여부을 하여야 합니다.

③ 신청서에는 10,000원(지급보증위탁문서의 제출을 동시에 신청하는 경우에도 10,000원)의 수입인지 및 송달료(당사자 수×3회분)를 납부하여야 합니다.

④ 부동산을 가압류하고자하는 신청인은 재산소재지를 관할하는 시·구·군청에서 가압류 할 금액의 2/1000에 해당하는 등록세와 등록세액의 20/100에 해당하는 교육세를 납부한 후 영수필증을 제출하여야 합니다.

등록세액이 3,000원 미만인 경우에도 3,000원을 납부하여야 하고, 부동산 1개당 3,000원 상당의 등기수입증지를 제출해야 합니다.

⑤ 건설기계,자동차,선박,항공기등의 등록세액은 자동차, 선박의 경우 1건당 7,500원, 건설기계의 경우 1건당 5,000원 항공기의 경우 1건당 6,000원이며, 교육세액은 등록세액의 20/100입니다.

⑥ 모든 가압류신청서시 반드시 가압류신청 진술서를 작성하여 첨부하여 제출하여야 합니다.

나. 가압류의 심리와 재판

가압류명령의 신청이 있으면 법원은 가압류명령을 하기 위한 요건 즉 신청의 적부, 보전하고자 하는 권리의 존부, 보전의 필요성의 존부 등을 심리합니다.

가압류신청에 대한 심리는 변론 없이 하는 심리 즉 채권자가 제출한 가압류신청서의 내용과 이에 첨부한 소명자료만으로 심리하는 서면심리를 원칙으로 하고 있다. 변론을 열면 채무자가 가압류 신청의 사실을 알게 되어 재산의 은익이나 처분 등을 꾀함으로써, 가압류의 집행불능을 가져올 염려가 있기 때문입니다.

심리결과 가압류신청이 이유 있으면 가압류명령을 인용합니다. 그러나 가압류신청이 소송요건을 갖추지 않는 등 형식적으로 부적법한 경우는 각하하고, 가압류의 피보전채권이 존재하지 않는 등 실체적 요건을 갖추지 않았을 경우는 기각합니다.

다. 소명과 담보제공

① 가압류채권자는 심리대상인 가압류의 요건 즉 보전하고자 하는 권리인 청구채권의 존재와 가압류의 필요성을 소명(증거서류제출)하여야 합니다.

② 법원에서 가압류신청을 인용하는 소송절차에 있어서 담보를 조건으로 하는 경우와 담보 없이하는 경우가 있는데 채권자의 소명을 보충하고, 청구채권이나 가압류의 이유를 소명한 때에도, 채무자의 손해를 담보하게 하는 의미에서, 법원은 채권자로 하여금 담보제공명령을 내려 현금 공탁이나 공탁보증보험증권을 제출하게하는데 이 경우 현금을 공탁 한 후 공탁서 사본을 제출하거나 공탁보증보험증권(서울보증보험(주)에서 증권발급)을 제출하여야 합니다.

구 분	담보액	현금공탁비율
부동산가압류·가처분	청구금액X1/10(10%)	담보액X1/10(10%)
채권가압류	청구금액X2/5(40%)	담보액X1/2(50%)
유체동산가압류	청구금액X4/5(80%)	담보액X4/5(80%)
부동산점유이전금지가처분	목적물가액X1/20(5%)	

적용대상	적용요율(%)
국가, 지방자치단체, 정부투자기관(재투자, 출연·보조기관 등 재정보조기관 포함), 금융기관	0.151
상장기업체, 비상장기업체 중 우대업체 A·B군	0.211
일반법인 및 기타 개인	0.302

(4) 가압류의 집행절차

가. 가압류집행의 의의

법원으로부터 가압류명령이 있었다 하더라도, 그 집행이 이루어지지 아니한 동안에는 그 내용에 따른 효력이 생기지 않으며, 집행이 완료된 후에야 비로소 이를 가지고 채무자와 제3자에게 대항할 수 있습니다.

나. 가압류집행의 방법

① 부동산에 대한 가압류의 집행은 가압류재판에 관한 사항을 등기부에 기입하는 방법으로 합니다.
가압류재판에 관한 사항의 등기부 기입은, 가압류채권자가 등기신청을 함으로써 이루어지는 것이 아니라, 가압류재판을 한 법원의 법원사무관 등이 등기촉탁을 함으로써 이루어집니다.(즉 부동산등기사항전부증명서에 등재되는 것이니 추후 발급하여 확인하시면 됩니다)

② 유체동산에 대한 가압류는 가압류하고자 하는 유체동산의 소재지를 관할하는 지방법원에 소속되어 있는 집행관에게 채권자가 서면으로 그 집행을 위임하면, 집행관이 대상 유체동산에 대한 채무자의 사실상의 지배를 박탈하여 집행관에게 옮기는 방법으로 합니다(일명 딱지를 붙여 표시를 해둡니다).

③ 지명채권에 대한 가압류집행은, 가압류명령을 한 법원이 스스로 집행법원이 되어, 제3채무자에 대하여 집행채무자(제3채무자에 대한 관계에 있어서는 채권자)에게 지급하여서는 아니 된다는 명령을 송달하는 방법으로 합니다.

④ 어음·수표 기타 배서로 이전할 수 있는 증권으로서, 배서가 금지된 증권채권에 대한 가압류집행은, 법원이 채권가압류명령을 제3채무자에게 송달하는 이외에, 가압류채권자가 채권가압류결정 정본을 첨부하여 집행관에게 집행을 위임하면, 집행관이 가압류채무자로부터 그 증권의 점유를 빼앗는 방법으로 합니다. 그리고 이상의 것 이외에 배서가 금지되지 아니한 유가증권은 가압류집행에 있어서 유체동산으로 간주되어 처리합니다.

다. 가압류집행의 시한

가압류명령은 채무자에게 송달되기 전이라도 집행할 수 있지만, 그 고지나 송달이 있은 날로부터 2주일을 넘긴 때에는 집행할 수 없게 됩니다.

라. 가압류집행의 효력

가압류명령의 집행이 있으면, 채무자는 가압류의 목적물에 대하여 이를 다른 데에 양도하거나, 담보로 제공하는 등 일체의 처분행위를 할 수 없게 됩니다. 다만 이러한 효력은 상대적인 것으로서, 채무자가 가압류 목적물을 다른 데에 양도하거나 담보로 제공하더라도 절대적으로 무효가 되는 것이 아니라, 가압류채권자에 대해서만 대항할 수 없을 뿐이다. 따라서 채무자의 처분행위가 있은 후에 가압류의 집행이 취소되면 그 처분행위는 완전히 유효한 것이 됩니다.

가압류명령이란 가압류채무자에 대한 처분금지효력발생을 목적으로 하는 것이지, 가압류채권자에 대한 우선변제권 부여를 목적으로 하는 것이 아니기 때문에 가압류채권자에게는 가압류목적물로부터 우선변제권이 인정되어 있지 않으며, 가압류집행 이전에 가압류 목적물에 대하여 선순위 담보권이 설정되어 있으면, 가압류채권자는 그 선순위 담보권자보다 후순위로 배당받게 되고 또, 다른 일반채권자의 배당참가가 있으면 채권자평등의 원칙에 따라 채권발생의 선후에 관계없이, 각자의 채권액에 안분한 금액으로 배당받게 됩니다.

(5) 가압류의 종류

가. 유체동산 가압류

회사 사무실의 집기, 건설기자재, 개인의 경우 개인 집의 살림살이(가재도구)

나. 부동산가압류

토지, 건물, 임야, 농지 등 부동산에 대한 가압류

다. 채권가압류

원청사에 대한 공사대금, 회사통장 등에 대한 채권가압류

라. 출자증권가압류

건설공제조합, 전문건설공제조합, 기계설비건설공제조합에 가입하고 출자한 출자증권에 대한 가압류

마. 자동차(건설기계)가압류

자동차, 건설기계, 선박, 비행기 등에 대한 가압류

(6) 양 식

유체동산가압류신청서

채 권 자 ○○○
　　　　○○시 ○○구 ○○길 ○○(우편번호 ○○○-○○○)
　　　　전화·휴대폰번호:
　　　　팩스번호, 전자우편(e-mail)주소:
채 무 자 ◇◇◇
　　　　○○시 ○○구 ○○길 ○○(우편번호 ○○○-○○○)
　　　　등기부상주소 : ○○시 ○○구 ○○길 ○○
　　　　전화·휴대폰번호:
　　　　팩스번호, 전자우편(e-mail)주소:

청구채권의 표시
금 18,500,000원
채권자가 채무자에게 지급 받아야 할 장비사용료 청구채권

신 청 취 지
채무자 소유의 유체동산을 가압류한다는 결정을 구함

청구채권(피보전권리)의 내용
청구금액　금　　　　원

신 청 이 유

1. 당사자들의 관계
　채권자는 경기 ○○시 ○○구 ○○동 ○○에 있는 "○○장비대여점"이라는 상호로 장비대여업을 운영하는 사람이고, 채무자는 경기 ○○시 ○○구 ○○길 ○○-○○에 있는 "◎◎사우나"를 운영하는 사람입니다.
2. 채권자는 20○○. ○. ○.경 채무자와 사이에 경기 ○○시 ○○구 ○○길 ○○-○○에 있는 채무자 소유의 "◎◎사우나"신축공사를 하는데 장비(포크레인, 레미콘 등)를 대여해주고 그 대가로 금 28,500,000원을 지급 받기로 하는 내용의 계약을 체결하였고, 계약 당일 위 장비를 대여해주면서 계약금조로 금 10,000,000원을 받았습니다.
3. 채무자는 위 신축공사가 마무리되면 나머지 잔금을 지불하기로 하였으나, 채무자는 위 공사가 20○○. ○○.경 마무리되었음에도 불구하고 계속 미루다가 20○○. ○○. ○. 채권자에게 잔금 18,500,000원을 20○○. ○○. ○○.까지 지불할 것을 약속하였습니다.

4. 그러나 채무자는 채무가 너무 많아 위와 같은 약속을 지킬 수 없으므로, 채권자는 채무자를 상대로 장비사용료청구소송을 준비중에 있으나, 도중에 채무자가 그 소유의 부동산을 처분하였을 경우에는 채권자가 채무자를 상대로 한 소송에서 승소한다고 하더라도 집행할 수 없으므로 집행보전의 필요상 긴급히 유체동산을 가압류하기 위하여 이 사건 가압류신청에 이르게 된 것입니다.

5. 한편, 채권자는 장기간 건설기계사용료를 받지 못하고 주유대금을 먼저 부담하는 등의 문제로 생계에 적지 않는 어려움이 있으므로 이 사건 담보제공은 무공탁으로 할 수 있도록 허가하여 주시거나, 민사집행법 제19조 제3항, 민사소송법 제122조에 의하여 보증보험주식회사와 지급보증위탁계약을 맺은 문서를 제출하는 방법으로 담보제공을 할 수 있도록 허가하여 주시기 바랍니다.

소 명 방 법

| 1. 소갑 제1호증 | 장비사용계약서 |
| 1. 소갑 제2호증 | 지불각서 |

첨 부 서 류

1. 위 소명방법	각 1통
1. 부동산등기사항전부증명서	2통
1. 가압류신청진술서	1통
1. 송달료납부서	1통

20○○. ○. ○.

위 채권자 ○○○ (서명 또는 날인)

○○지방법원 ○○지원 귀중

◇ 유의사항 ◇

1. 청구채권(피보전권리)의 내용란에는 채권의 발생일자와 발생원인 등을 기재한다.(예시) 2003. 1. 1.자 대여금

2. 신청인은 연락처란에 언제든지 연락 가능한 전화번호나 휴대전화번호(팩스번호, 이메일 주소 등도 포함)를 기재하기 바랍니다.

3. 이 신청서를 접수할 때에는 인지10,000원,당사자 1인당 3회분의 송달료를 수납은행에 납부하여야 합니다.

소송등 인지의 현금납부서 화면번호 : 001412 **은행보관용**

법원코드		관서계좌	
금 액		숫자금액	
성 명		주민(사업자) 등록번호	
전화번호			
주 소			
환급계좌(당사자)	은행 지점 계좌번호		
사건명		사건번호	
상대방			
관할법원			
심 급	① 1심 ② 단독사건 항소 ③ 합의사건 항소 ④ 행정사건 1심 ⑤ 상고심		

위와 같이 소송등 인지를 현금으로 납부합니다.

년   월   일

은행   지점

소송등 인지의 현금납부서(기관고객부 2015. 12 개정)   (3-1)

송달료 (예납·추납) **납부서**   **법원제출용** (3-1)

	법원명	사건번호	
납부 용 당 사 자	성 명	금 액	
	주 소		우편번호
	잔액환급 계좌번호	신한은행	지점 계좌번호
		은행	지점 계좌번호
		예 금 주	전화번호

법 원 사용란	사건번호	민 도	사건부호	진 행 번 호	
	전산등록	사건등록(인)	이송등록(인)	수이수등록(인)	재배당등록(인) 기타( )

위 사건에 관하여 송달료를 납부합니다.   년   월   일

법원   지원 귀중   납부자   (인)

※유체동산가압류결정이 인용되면 결정문을 받고 2주이내에 법원에서 채무자에 대한 송달증명원을 발급받아 유체동산을 압류할 주소지 관할 법원 집행관 사무실에 유체동산 가압류신청을 접수하고, 집행관과 함께 주소지를 방문 가압류절차를 진행하여야 됩니다.

가압류신청 진술서

　　채권자는 가압류 신청과 관련하여 다음 사실을 진술합니다. 다음의 진술과 관련하여 고의로 누락하거나 허위로 진술한 내용이 발견된 경우에는, 그로 인하여 보정명령 없이 신청이 기각되거나 가압류이의절차에서 불이익을 받을 것임을 잘 알고 있습니다.

20 ． ． ．

채권자(소송대리인) _____ (날인 또는 서명)

※ 채무자가 여럿인 경우에는 각 채무자별로 따로 작성하여야 합니다.

◇ 다 음 ◇

1. 피보전권리(청구채권)와 관련하여

가. 채무자가 신청서에 기재한 청구채권을 인정하고 있습니까?

　　□ 예　　　　□ 아니오 → 채무자 주장의 요지 :　　　□ 기타 :

나. 채무자의 의사를 언제, 어떠한 방법으로 확인하였습니까? (소명자료 첨부)

다. 채권자가 신청서에 기재한 청구금액은 본안소송에서 승소할 수 있는 금액으로 적정하게 산출된 것입니까? (과도한 가압류로 인해 채무자가 손해를 입으면 배상하여야 함)

　　□ 예　　　　□ 아니오

2. 보전의 필요성과 관련하여

가. 채권자가 채무자의 재산에 대하여 가압류하지 않으면 향후 강제집행이 불가능하거나 매우 곤란해질 사유의 내용은 무엇입니까?

나. 채권자는 신청서에 기재한 청구채권과 관련하여 공정증서 또는 제소전화해조서가 있습니까?

다. 채권자는 신청서에 기재한 청구채권과 관련하여 취득한 담보가 있습니까? 있다면 이 사건 가압류를 신청한 이유는 무엇입니까?

라. [채무자가 (연대)보증인인 경우] 채권자는 주채무자에 대하여 어떠한 보전조치를 취하였습니까?

마. [다수의 부동산에 대한 가압류신청인 경우] 각 부동산의 가액은 얼마입니까? (소명자료 첨부)

바. [유체동산 또는 채권 가압류신청인 경우] 채무자에게는 가압류할 부동산이 있습니까?

　　□ 예　　　　□ 아니오 → 채무자의 주소지 소재 부동산등기부등본 첨부

사. ["예"로 대답한 경우] 가압류할 부동산이 있다면, 부동산이 아닌 유체동산 또는 채권 가압류신청을 하는 이유는 무엇입니까?

□ 이미 부동산상의 선순위 담보 등이 부동산가액을 초과함 → 부동산등기부등본 및 가액소명자료 첨부

□ 기타 사유 → 내용 :

아. [유체동산가압류 신청인 경우]

① 가압류할 유체동산의 품목, 가액은?

② 채무자의 다른 재산에 대하여 어떠한 보전조치를 취하였습니까? 그 결과는?

3. 본안소송과 관련하여

가. 채권자는 신청서에 기재한 청구채권과 관련하여 채무자를 상대로 본안소송을 제기한 사실이 있습니까?

□ 예   □ 아니오

나. ["예"로 대답한 경우]

① 본안소송을 제기한 법원·사건번호·사건명은?

② 현재 진행상황 또는 소송결과는?

다. ["아니오"로 대답한 경우] 채권자는 본안소송을 제기할 예정입니까?

□ 예 → 본안소송 제기 예정일 :

□ 아니오 → 사유 :

4. 중복가압류와 관련하여

가. 채권자는 신청서에 기재한 청구채권(금액 불문)을 원인으로, 이 신청 외에 채무자를 상대로 하여 가압류를 신청한 사실이 있습니까? (과거 및 현재 포함)

□ 예   □ 아니오

나. ["예"로 대답한 경우]

① 가압류를 신청한 법원·사건번호·사건명은?

② 현재 진행상황 또는 결과(취하/각하/인용/기각 등)는? (소명자료 첨부)

다. [다른 가압류가 인용된 경우] 추가로 이 사건 가압류를 신청하는 이유는 무엇입니까? (소명자료 첨부)

① 신 청 서	신청인은 ●로 표시된 부분을 기재합니다

● 사 건	2018카단 0000 유체동산압류
● 채 권 자	000(500705-1005004)
● 채 무 자	00건설주식회사(120601-0060008,101-80-40009)

위 사건에(판결, 결정, 명령, 화해조서, 인낙조서, 조정조서, 기타 :   ) 에 대한 아래의 신청에 따른 제증명을 발급하여 주시기 바랍니다.

2018. 8 . 14 .

　전화번호 : 010-3007-1007

● 신청인 : 채권자.........0 00.............. (날인 또는 서명)

신청할 제증명 사항을 신청번호에 ○표하시고,
필요한 통수와 발급 대상자의 성명을 기재 합니다.

신청 번호	발급 통수	신청의 종류	발급 대상자의 성명 (※주) 재판서의 당사자 모두에 대하여 신청할 경우에는 기재하지 아니함)	인지 붙이는 곳
1		집행문 부여		수수료: 각 1통당 500원 (단 ,재판서·조서의 정본·등본·초본은 1통당 1,000원)
2	1	송 달 증 명		
3		확 정 증 명		
4		승계송달증명		
5		재판서·조서의 정본·등 본·초본		사무실 내에 위치한 신한은행에서 구입

○ ○지방법원　귀중

위 증명 문서를 틀림 없이 수령 하였습니다.	2018.8.0.	●수령인 성명:　　　　(날인 또는 서명)

[유의사항] 1. 집행문부여를 신청할 경우에는 법원에서 교부받은 재판서(판결, 결정 등) 정본을 첨부하여야 합니다. 만일, 분실하였거나 여러 통을 신청할 경우에는 재도·수통 부여 신청서에 기재하여 신청하시기 바랍니다.
2. 발급 대상자의 성명은 집행문부여 신청의 경우 집행대상 당사자를, 송달·확정증명의 경우 상대방의 성명을 각 기재하시기 바랍니다.
만일, 재판서의 당사자 모두에 대하여 신청할 경우에는 기재하지 아니하여도 됩니다.

○○지방법원 ○○지원

강 제 집 행 신 청 서

○○지방법원 ○○지원 집행관사무소 집행관 귀하

<table>
<tr><td rowspan="3">채 권 자</td><td rowspan="2">성 명</td><td rowspan="2">주민등록번호
(사업자등록번호)</td><td></td><td>전화
번호</td><td></td></tr>
<tr><td></td><td>우편
번호</td><td>□□□-□□□</td></tr>
<tr><td>주 소</td><td colspan="4"></td></tr>
<tr><td></td><td>대리인</td><td colspan="2">성명 (   )</td><td>전화번호</td><td></td></tr>
<tr><td rowspan="3">채 무 자</td><td rowspan="2">성 명</td><td rowspan="2">주민등록번호
(사업자등록번호)</td><td></td><td>전화
번호</td><td></td></tr>
<tr><td></td><td>우편
번호</td><td>□□□-□□□</td></tr>
<tr><td>주 소</td><td colspan="4"></td></tr>
</table>

집행목적물 소재지	□ 채무자의 주소지와 같음
	□ 채무자의 주소지와 다른 경우 소재지 :

집 행 권 원	

집행의 목적물 및 집 행 방 법	☑ 동산가압류 □ 동산가처분 □ 부동산점유이전금지가처분 □ 건물명도 □ 철거 □부동산인도 □ 자동차인도 □ 금전압류 □ 기타 ( )

청 구 금 액	원(내역은 뒷면과 같음)

위 집행권원에 기한 집행을 하여 주시기 바랍니다.
※ 첨부서류
1. 집행권원   1통   20 .   .   .
2. 송달증명서   1통   채권자   (인)
3. 위임장   1통   대리인   (인)

※ 특약사항

1. 본인이 수령할 예납금잔액을 본인의
   비용부담하에 오른쪽에 표시한 예금계
   좌에 입금하여 주실 것을 신청합니다.
   채권자   (인)

예 금 계 좌	개설은행	
	예 금 주	
	계좌번호	

2. 집행관이 계산한 수수료 기타 비용의 예납통지 또는 강제집행 속행의사 유무 확인 촉구
   를 2회 이상 받고도 채권자가 상당한 기간 내에 그 예납 또는 속행의 의사표시를 하지 아
   니한 때에는 본건 강제집행 위임을 취하한 것으로 보고 완결처분해도 이의 없음.
   채권자   (인)

* 굵은 선으로 표시된 부분은 반드시 기재하여야 합니다.(금전채권의 경우 청구금액 포함)

부동산가압류신청서

채 권 자 ○○○
        ○○시 ○○구 ○○길 ○○(우편번호 ○○○-○○○)
        전화·휴대폰번호:
        팩스번호, 전자우편(e-mail)주소:
채 무 자 ◇◇◇
        ○○시 ○○구 ○○길 ○○(우편번호 ○○○-○○○)
        등기부상주소 : ○○시 ○○구 ○○길 ○○
        전화·휴대폰번호:
        팩스번호, 전자우편(e-mail)주소:

청구채권의 표시

금 18,500,000원
채권자가 채무자에게 지급 받아야 할 장비사용료 청구채권

가압류할 부동산의 표시

별지 제1목록 기재 가압류할 부동산의 표시 기재와 같습니다.

신 청 취 지

채권자의 채무자에 대한 위 청구채권의 집행을 보전하기 위하여 채무자 소유의 별지 제1목록 기재 각 부동산을 각 가압류한다.
라는 결정을 구합니다.

신 청 이 유

1. 당사자들의 관계
   채권자는 경기 ○○시 ○○구 ○○동 ○○에 있는 "○○장비대여점"이라는 상호로 장비대여업을 운영하는 사람이고, 채무자는 경기 ○○시 ○○구 ○○길 ○○-○○에 있는 "◎◎사우나"를 운영하는 사람입니다.
2. 채권자는 20○○. ○. ○.경 채무자와 사이에 경기 ○○시 ○○구 ○○길 ○○-○○에 있는 채무자 소유의 "◎◎사우나"신축공사를 하는데 장비(포크레인, 레미콘 등)를 대여해주고 그 대가로 금 28,500,000원을 지급 받기로 하는 내용의 계약을 체결하였고, 계약 당일 위 장비를 대여해주면서 계약금조로 금 10,000,000원을 받았습니다.
3. 채무자는 위 신축공사가 마무리되면 나머지 잔금을 지불하기로 하였으나, 채무자는 위 공사가 20○○. ○○.경 마무리되었음에도 불구하고 계속 미루다가 20○○. ○○. ○. 채권자에게 잔금 18,500,000원을 20○○. ○○. ○○.까지 지불할 것을 약속하였습니다.

4. 그러나 채무자는 채무가 너무 많아 위와 같은 약속을 지킬 수 없으므로, 채권자는 채무자를 상대로 장비사용료청구소송을 준비중에 있으나, 도중에 채무자가 그 소유의 부동산을 처분하였을 경우에는 채권자가 채무자를 상대로 한 소송에서 승소한다고 하더라도 집행할 수 없으므로 집행보전의 필요상 긴급히 별지 1목록 기재 각 부동산을 각 가압류하기 위하여 이 사건 가압류신청에 이르게 된 것입니다.

5. 한편, 채권자는 장기간 건설기계사용료를 받지 못하고 주유대금을 먼저 부담하는 등의 문제로 생계에 적지 않는 어려움이 있으므로 이 사건 담보제공은 무공탁으로 할 수 있도록 허가하여 주시거나, 민사집행법 제19조 제3항, 민사소송법 제122조에 의하여 보증보험주식회사와 지급보증위탁계약을 맺은 문서를 제출하는 방법으로 담보제공을 할 수 있도록 허가하여 주시기 바랍니다.

소 명 방 법

| 1. 소갑 제1호증 | 장비사용계약서 |
| 1. 소갑 제2호증 | 지불각서 |

첨 부 서 류

1. 위 소명방법	각 1통
1. 부동산등기사항전부증명서	2통
1. 가압류신청진술서	1통
1. 송달료납부서	1통

20○○. ○. ○.

위 채권자 ○○○ (서명 또는 날인)

○○지방법원 ○○지원 귀중

◇ 유의사항 ◇

1. 청구채권(피보전권리)의 내용란에는 채권의 발생일자와 발생원인 등을 기재한다.(예시) 2003. 1. 1.자 대여금

2. 신청인은 연락처란에 언제든지 연락 가능한 전화번호나 휴대전화번호(팩스번호, 이메일 주소 등도 포함)를 기재하기 바랍니다.

3. 이 신청서를 접수할 때에는 인지10,000원,당사자 1인당 3회분의 송달료,등기신청수수료(부동산당 3,000원,등록세,교육세(부동산 관할시,군,구청 세무과발급)를 수납은행에 납부하여야 합니다.

부동산의 표시

1. 토지의 표시

  가. ○○시 ○○구 ○○동 ○○ 대 625㎡

  나. 위 같은 동 ○○○의 ○ 대 1,260㎡

2. 건물의 표시

  ○○시 ○○구 ○○동 ○○ 및 같은 동 ○○○의 ○ 양 지상 제1호

  철근콘크리트조 슬래브지붕 2층 근린생활시설 및 운동시설, 업무시설

    1층 1,030.58㎡

    2층 1,002.62㎡

    지층 1,403.62㎡

  용도 : 지층볼링장

    1층 주차장 263.95㎡

      사무실 767.63㎡

    2층 목욕탕, 대중음식점. 끝.

등기신청수수료 현금납부서	화면번호 : 001414	은행보관용

기 관	조직자	기금코	수납자	등기소	수 납 액	타행 수납코드	전결권자
							복수결재자
							작 성 자

등 기 소 명		관서계좌		실행확인
금 액		숫자금액		
납부의무재(납부인) 성 명		주민(사업자) 등록번호		작성자(책임자)
		연 락 처		

※ 납부 후 취소로 인한 환급 신청시에는 납부 당일은 은행수납 영업점에서, 이후에는 법원으로 환급 신청하셔야 합니다.

위와 같이 **등기신청수수료**를 현금으로 납부합니다.

           년   월   일

납부자   서명 또는 인   (수납인)

등기신청수수료 현금납부서 (2015. 07 개정)   (3-1)   3-108-0439(20.0×13.0) NCR용지74g/㎡

관리번호	—	등 록 세 신 고 서

시장·군수·구청장	귀하

신 고 인 (납세의무자)	성 명 (법인 및 단체명)		주 소 (법인 주소)	
	주민등록번호 (법인번호)			

과세대상 (과세대상이 1개 이상인 경우 별지 작성)	등기·등록물건				
	구 조		지 목		
	용 도				
	면 적	토 지	m²		
		건축물	m²		

등록세 신고세액	과세표준액		원	세율	%	세액①		원
감면세액	과세표준액		원	세율	%	세액②		원
등록세 납부할 세액(①-②)	과세표준액		원	세율	%	세액③		원
지방교육세 신고세액	과세표준액		원	세율	%	세액④		원
농어촌특별세 신고세액	과세표준액		원	세율	%	세액⑤		원
세액합계(③+④+⑤)	원							

　　　지방세법 제150조의2제1항, 제260조의4, 동법시행령 제104조의2제3항 및 농어촌특별세법 제7조의 규정에 의하여 위와 같이 신고합니다.

　　　　　　년　　　　　　월　　　　　일

	접수(영수)일자인
신고인　　　　　　(서명 또는 인) 대리인　　　　　　(서명 또는 인)	

※ 이 신고서는 등기·등록하기 전까지 납세지 지방자치단체의 장에게 제출하여야 합니다.

접수증(등록세 신고서)

신고인(대리인)	접수년월일	등기·등록 신고내용	접수번호	
지방세법 제150조의2, 제260조의4 및 농어촌특별세법 제7조의 규정에 의하여 신고한 접수증입니다.			접수자	접수일
			(서명 또는 인)	

채 권 가 압 류 신 청 서

채 권 자 ○○○
      ○○시 ○○구 ○○길 ○○(우편번호 ○○○-○○○)
      전화·휴대폰번호:
      팩스번호, 전자우편(e-mail)주소:
채 무 자 ◇◇◇
      ○○시 ○○구 ○○길 ○○(우편번호 ○○○-○○○)
      등기부상주소 : ○○시 ○○구 ○○길 ○○
      전화·휴대폰번호:
      팩스번호, 전자우편(e-mail)주소:
제3채무자 ◇◇◇
      ○○시 ○○구 ○○길 ○○(우편번호 ○○○-○○○)
      등기부상주소 : ○○시 ○○구 ○○길 ○○
      전화·휴대폰번호:
      팩스번호, 전자우편(e-mail)주소:

청구채권의 표시
금 18,500,000원
채권자가 채무자에게 지급 받아야 할 장비사용료 청구채권

신 청 취 지
채무자의 제3채무자에 대한 별지 목록 기재의 채권을 가압류한다.
제3채무자는 채무자에게 위 채권에 관한 지급을 하여서는 아니 된다.
라는 결정을 구함

청구채권(피보전권리)의 내용
청구금액 금   원

신 청 이 유
1. 당사자들의 관계
채권자는 경기 ○○시 ○○구 ○○동 ○○에 있는 "○○장비대여점"이라는 상호로 장비대여
업을 운영하는 사람이고, 채무자는 경기 ○○시 ○○구 ○○길 ○○-○○에 있는 "◎◎사우
나"를 운영하는 사람입니다.
2. 채권자는 20○○. ○. ○.경 채무자와 사이에 경기 ○○시 ○○구 ○○길 ○○-○○에 있

는 채무자 소유의 "◎◎사우나"신축공사를 하는데 장비(포크레인, 레미콘 등)를 대여해주고 그 대가로 금 28,500,000원을 지급 받기로 하는 내용의 계약을 체결하였고, 계약 당일 위 장비를 대여해주면서 계약금조로 금 10,000,000원을 받았습니다.

3. 채무자는 위 신축공사가 마무리되면 나머지 잔금을 지불하기로 하였으나, 채무자는 위 공사가 20○○. ○○.경 마무리되었음에도 불구하고 계속 미루다가 20○○. ○○. ○. 채권자에게 잔금 18,500,000원을 20○○. ○○. ○○.까지 지불할 것을 약속하였습니다.

4. 그러나 채무자는 채무가 너무 많아 위와 같은 약속을 지킬 수 없으므로, 채권자는 채무자를 상대로 장비사용료청구소송을 준비중에 있으나, 도중에 채무자가 그 소유의 부동산을 처분하였을 경우에는 채권자가 채무자를 상대로 한 소송에서 승소한다고 하더라도 집행할 수 없으므로 집행보전의 필요상 긴급히 별지 1목록 기재 각 부동산을 각 가압류하기 위하여 이 사건 가압류신청에 이르게 된 것입니다.

5. 한편, 채권자는 장기간 건설기계사용료를 받지 못하고 주유대금을 먼저 부담하는 등의 문제로 생계에 적지 않는 어려움이 있으므로 이 사건 담보제공은 무공탁으로 할 수 있도록 허가하여 주시거나, 민사집행법 제19조 제3항, 민사소송법 제122조에 의하여 보증보험주식회사와 지급보증위탁계약을 맺은 문서를 제출하는 방법으로 담보제공을 할 수 있도록 허가하여 주시기 바랍니다.

소 명 방 법

1. 소갑 제1호증	장비사용계약서
1. 소갑 제2호증	지불각서

첨 부 서 류

1. 위 소명방법	각 1통
1. 부동산등기사항전부증명서	2통
1. 가압류신청진술서	1통
1. 송달료납부서	1통

20○○. ○. ○.

위 채권자 ○○○ (서명 또는 날인)

○○지방법원 ○○지원 귀중

◇ 유 의 사 항 ◇

1. 청구채권(피보전권리)의 내용란에는 채권의 발생일자와 발생원인 등을 기재한다.(예시) 2003. 1. 1.자 대여금

2. 신청인은 연락처란에 언제든지 연락 가능한 전화번호나 휴대전화번호(팩스번호, 이메일 주소 등도 포함)를 기재하기 바랍니다.
3. 공무원 또는 대기업직원의 임금 또는 퇴직금채권에 대한 가압류를 신청할 때에는 채무자의 이름과 주소 외에 소속부서, 직위, 주민등록번호, 군번/순번(군인/군무원의 경우) 등 채무자를 특정할 수 있는 사항을 기재하시기 바랍니다.
4. 이 신청서를 접수할 때에는 인지대10,000원, 당사자 1인당 3회분의 송달료를 수납은행에 예납하여야 합니다.

가압류할 채권 (기재 예시)

○ 임금 및 퇴직금

금   원

채무자가 제3채무자로부터 매월 수령하는 급여채권(급료, 상여금, 그 밖에 이와 비슷한 성질을 가진 급여채권)에서 제세공과금을 뺀 잔액의 1/2씩 위 청구금액에 이를 때까지의 금액[다만, 국민기초생활보장법에 의한 최저생계비를 감안하여 민사집행법 시행령이 정한 금액에 해당하는 경우에는 이를 제외한 나머지 금액, 표준적인 가구의 생계비를 감안하여 민사집행법 시행령이 정한 금액에 해당하는 경우에는 이를 제외한 나머지 금액] 및 위 청구금액에 달하지 아니한 사이에 퇴직한 때에는 퇴직금에서 제세공과금을 뺀 잔액의 1/2 중 위 청구금액에 이를 때까지의 금액

○ 대여금

청구금액 :   원

채무자가 제3채무자에 대하여 가지는 20 . . . 대여한 금   원의 반환채권

○ 매매대금, 공사대금

청구금액 :   원

○ 채무자가 제3채무자에게 20 . . . 매도한 다음 물건에 대한 금   원의 매매대금채권

○ 채무자와 제3채무자 사이의 20 . . .자   택지조성공사 도급계약에 따른 채무자의 금   원의 공사대금채권 중 위 금액

○ 임대차보증금

> 청구금액 :   원
> 채무자가 제3채무자로부터 20 . . . 서울 ○○구 ○○동   번지(또는 도로명 주소)
> ○○아파트 ○동 ○호를 임차함에 있어 제3채무자에게 지급한 임대차보증금 반환채권 중
> 위 금액
> 단, 「주택임대차보호법」 제8조 및 같은 법 시행령의 규정에 따라 우선변제를 받을 수 있
> 는 금액이 있을 경우 이를 제외한 나머지 금액

○ 공탁금 출급·회수청구권

> ◇ 공탁금 출급청구권
> 청구금액 :   원
> 채무자가 제3채무자에 대하여 가지는 20 . . . 공탁자가 아래 물건의 매매대금으로
> 서 ○○지방법원 20 년 금제   호로 공탁한 금   원의 출급청구권(공탁 후 발생
> 한 이자 전부 포함) 중 위 금액
>
> ◇ 공탁금 회수청구권
> 청구금액 :   원
> ○ 채무자가 제3채무자에 대하여 가지는 20 . . . 피공탁자를 ○○○으로 하여 아
>   래 물건의 매매대금으로서 ○○지방법원 20 년 금제   호로 공탁한 금   원의
>   회수청구권(공탁 후 발생한 이자 전부 포함) 중 위 금액
> ○ 채무자가 ○○지방법원 20   카단(합)   가처분신청사건의 담보로서 ○○지방법원
>   20 년 금제   호로 공탁한 금   원의 회수청구권(공탁 후 발생한 이자 전부
>   포함) 중 위 금액
> ☞ 공탁금에는 이자가 발생하므로, 이자를 포함하여 압류하고자 할 경우 이를 명확히 표
>   시하여야 합니다. 이자를 명확하게 표시하지 아니할 경우, 이자는 (가)압류에서 제외될
>   수 있습니다.

○ 수용보상금

> ◇ 현금인 경우
> 청구금액 :   원
> 채무자가 제3채무자로부터 받을 아래 부동산에 대한 손실(또는 수용)보상금청구채권 중
> 위 청구금액에 이를 때까지의 금액

◇ 채권(債券)인 경우

청구금액 :   원

채무자가 제3채무자로부터 아래 부동산에 대한 손실(또는 수용)보상으로 지급받을 유가증권 중 위 청구금액에 이를 때까지의 유가증권에 대한 인도청구권

☞ 수용보상금은 기업자가 현금 또는 채권(債券)으로 보상하는데, 보상방법에 따라 압류 및 집행방법도 다름을 유의하시기 바랍니다.

○ 예 금

금   원
채무자가 제3채무자(지점)에 대하여 가지는 보통예금채권(제 번) 금   원 및 20   .   . . 만기의 정기예금채권(제 번) 금   원
금   원
채무자가 제3채무자에 대하여 가지는 채무자 발행의 아래 약속어음 1매에 대한 사취신고의 담보로 채무자가 별단예금한 금   원의 반환청구채권
금   원
채무자가 제3채무자에 대하여 가지는 정기예금·정기적금·보통예금·당좌예금·별단예금 중 적힌 순서로, 같은 종류의 예금에 있어서는 예금액이 많은 것부터 순차로(또는 계좌번호순으로, 만기가 빠른 것부터 순차로, 계약일이 빠른 것부터 순차로 등) 청구채권액에 달할 때까지, 다만 이미 압류 또는 가압류가 되어 있는 경우에는 그것이 되어 있지 아니한 것부터 순차로 청구채권액에 달할 때까지 금액(장래 입금되는 예금을 포함)
청구금액 :   원
채무자(–   )가 제3채무자에 대하여 가지는 아래 예금채권(장래 입금되는 예금을 포함) 중 위 청구 금액에 이를 때까지의 금액 1. 압류되지 않은 예금과 압류된 예금이 있을 때에는 다음 순서에 의하여 압류한다   가. 선행 압류, 가압류가 되지 않은 예금   나. 선행 압류, 가압류가 된 예금 2. 여러 종류의 예금이 있을 때에는 다음 순서에 의하여 압류한다. 가. 보통예금 나. 당좌예금 다. 정기예금 라. 정기적금 마. 저축예금 바. 자유저축예금 사. 기타 모든 예금 3. 같은 종류의 예금이 여러 계좌가 있을 때에는 계좌번호가 빠른 예금부터 압류한다. ※ 채무자의 주민등록번호 또는 사업자등록번호를 반드시 기재하여야 한다.

○ 압류가 금지된 채권

○ 민사집행법 제246조(압류금지채권) 제1항

1. 법령에 규정된 부양료 및 유족부조료(遺族扶助料)

2. 채무자가 구호사업이나 제3자의 도움으로 계속 받는 수입

3. 병사의 급료

4. 급료·연금·봉급·상여금·퇴직연금, 그 밖에 이와 비슷한 성질을 가진 급여채권의 2
   분의 1에 해당하는 금액. 다만, 그 금액이 국민기초생활보장법에 의한 최저생계비를
   감안하여 대통령령이 정하는 금액에 미치지 못하는 경우 또는 표준적인 가구의 생계
   비를 감안하여 대통령령이 정하는 금액을 초과하는 경우에는 각각 당해 대통령령이
   정하는 금액으로 한다.

5. 퇴직금 그 밖에 이와 비슷한 성질을 가진 급여채권의 2분의 1에 해당하는 금액

6. 「주택임대차보호법」 제8조, 같은 법 시행령의 규정에 따라 우선변제를 받을 수 있는
   금액

7. 생명, 상해, 질병, 사고 등을 원인으로 채무자가 지급받는 보장성보험의 보험금(해약
   환급 및 만기환급금을 포함한다). 다만, 압류금지의 범위는 생계유지, 치료 및 장애 회
   복에 소요될 것으로 예상되는 비용 등을 고려하여 대통령령으로 정한다.

8. 채무자의 1월간 생계유지에 필요한 예금(적금·부금·예탁금과 우편대체를 포함한
   다). 다만, 그 금액은 「국민기초생활보장법」에 의한 최저생계비, 제195조 제3호에서
   정한 금액 등을 고려하여 대통령령으로 정한다.

※ 7호 및 8호는 2011. 7. 6.부터 최초로 접수된 가압류명령 신청 및 취소사건부터 적용.

○ 기타 법률이 정하는 채권
 공무원연금법 제32조에 의한 급여(동법 제32조)
 국가유공자등 예우 및 지원에 관한 법률에 의한 보상금(동법 제19조)
 사립학교교직원연금법에 의한 급여(동법 제40조)
 국민연금법에 의한 각종 급여(동법 제58조)
 각종 보험법에 의한 보험급여(고용보험법 제38조 등)
 형사보상청구권(형사보상법 제22조)
 생명·신체의 침해로 인한 국가배상금(국가배상법 제4조) 등

출자증권가압류신청서

사   건   200○카단○○○호 출자증권가압류
채 권 자   ○○○(주민등록번호:)
            ○○시 ○○구 ○○길 ○○(우편번호 ○○○○○)
            전화·휴대폰번호:
            팩스번호, 전자우편(e-mail)주소:

채 무 자   ◇◇기업주식회사(법인등록번호: ,사업자등록번호:)
            ○○시 ○○구 ○○길 ○○(우편번호 ○○○○○)
            대표이사 ◇◇◇
            전화·휴대폰번호:
            팩스번호, 전자우편(e-mail)주소:
제3채무자   전문건설공제조합(건설공제조합,기계설비건설공제조합)
            ○○시 ○○구 ○○길 ○○(우편번호 ○○○○○)
            위 법률상의 대표 이사장 ■■■
            전화·휴대폰번호:
            팩스번호, 전자우편(e-mail)주소:

청구채권의 표시
금 7,000,000원(채권자가 채무자에 대하여 가지는 건설기계사용료 청구채권)

가압류하여야 할 출자증권의 표시
별지목록 기재와 같습니다.

신 청 취 지

1. 채권자가 채무자에 대하여 가지는 위 청구채권의 집행을 보전하기 위하여 채무자가 제3채무자에 대하여 가지는 별지목록 기재의 출자증권에 기초한 조합원지분을 가압류한다.
2. 제3채무자는 채무자에게 위 지분에 관하여 이익금의 배당, 출자금의 반환, 잔여재산의 분배를 하여서는 아니 된다.
3. 채권자의 위임을 받은 집행관은 채무자로부터 별자목록 기재 출자증권을 수취하여 보관하여야 한다.
   라는 판결을 구합니다.

신 청 이 유

1. 채무자는 토목공사사업을 하는 법인이고 채권자 ○○○는 20○○. ○. ○.부터 20○○. ○. ○○.까지 신청외 주식회사한강건설이 발주하고 채무자가 시공하는 ○○시 ○○구 ○○길 ○○ 신축공사현장에 채권자 소유 건설기계를 임대하여 사용하렸습니다.
2. 채권자 ○○○는 채무자로부터 건설기계사용료 합계 **금 7,000,000원**을 지급 받지 못하고 있습니다.
3. 채무자는 현재까지 건설기계사용료를 미지급하고 있는 상태입니다.
4. 채무자는 공사대금 수금이 되지 않는다는 등 이런 저런 핑계를 대면서 건설기계사용료를 지급하지 않고 있어 채권자는 건설기계사용료 청구의 소송을 제기하고자 하나 이는 많은 시일이 걸리고 채무자가 언제 이행할지 기대할 수 없고 별지목록 기재 출자증권을 가압류하지 않으면 강제집행의 목적을 달성할 수 없을 것이므로 우선 집행보전을 위하여 이 사건 신청에 이른 것입니다.
6. 한편, 채권자는 장기간 건설기계사용료를 받지 못하고 주유대금을 먼저 부담하는 등의 문제로 생계에 적지 않는 어려움이 있으므로 이 사건 담보제공은 무공탁으로 할 수 있도록 허가하여 주시거나, 민사집행법 제19조 제3항, 민사소송법 제122조에 의하여 보증보험주식회사와 지급보증위탁계약을 맺은 문서를 제출하는 방법으로 담보제공을 할 수 있도록 허가하여 주시기 바랍니다.

소 명 방 법

1. 소갑 제1호증   건설기계표준도급계약서
1. 소갑 제2호증   사실확인서

첨 부 서 류

1. 위 소명방법   각 1통
1. 법인등기사항증명서   2통
1. 송달료납부서   1통

20○○. ○. ○.

위 채권자 ○○○ (서명 또는 날인)

○○지방법원 귀중

〈별지목록〉 **가압류할 출자증권의 표시**

채무자가 제3채무자에 대하여 가지고 있는 출자금의 증권

1. 출자 1좌금 : ○○○원

2. 출자좌수 : ○○○좌. 끝.

건설기계가압류신청서

채 권 자 ○○○
      ○○시 ○○구 ○○길 ○○(우편번호 ○○○-○○○)
      전화·휴대폰번호:
      팩스번호, 전자우편(e-mail)주소:
채 무 자 ◇◇◇
      ○○시 ○○구 ○○길 ○○(우편번호 ○○○-○○○)
      전화·휴대폰번호:
      팩스번호, 전자우편(e-mail)주소:

청구채권의 표시

금 7,000,000원(채권자가 채무자에 대하여 가지는 건설기계사용료 청구채권)

가압류할 건설기계의 표시

별지 제1목록 기재와 같습니다.

신 청 취 지

  채권자가 채무자에 대하여 가지는 청구채권의 집행을 보전하기 위하여 채무자 소유의 별지 제1목록 기재 건설기계를 가압류한다.
라는 재판을 구합니다.

신 청 이 유

1. 채무자는 토목공사업을 하는 법인이고 채권자 ○○○는 20○○. ○. ○.부터 20○○. ○. ○○.까지 신청외 주식회사한강건설이 발주하고 채무자가 시공하는 ○○시 ○○구 ○○길 ○○ 신축공사현장에 채권자 소유 건설기계를 임대하여 사용하렸습니다.
2. 채권자 ○○○는 채무자로부터 건설기계사용료 합계 금 7,000,000원을 지급 받지 못하고 있습니다.
3. 채무자는 현재까지 건설기계사용료를 미지급하고 있는 상태입니다.
4. 채무자는 공사대금 수금이 되지 않는다는 등 이런 저런 핑계를 대면서 건설기계사용료를 지급하지 않고 있어 채권자는 건설기계사용료 청구의 소송을 제기하고자 하나 이는 많은 시일이 걸리고 채무자가 언제 이행할지 기대할 수 없고, 채무자는 별지 제1목록 기재의 건설기계 외에는 다른 재산이 없어, 채무자가 위 별지 제1목록 기재의 건설기계를 처분 또는 은닉할 경우 채권자가 나중에 본안소송에서 승소관결을 받아도 이를 집행할 수 없을 염려

가 있으므로 집행보전을 위하여 이 사건 신청에 이른 것입니다.

3. 한편, 채권자는 경제적 여유가 없으므로 이 사건 담보제공은 무공탁으로 할 수 있도록 허가하여 주시거나, 민사집행법 제19조 제3항, 민사소송법 제122조에 의하여 보증보험주식회사와 지급보증위탁계약을 맺은 문서를 제출하는 방법으로 담보제공을 할 수 있도록 허가하여 주시기 바랍니다.

소 명 방 법

1. 소갑 제1호증   건설기계표준도급계약서
1. 소갑 제2호증   사실확인서

첨 부 서 류

1. 위 소명방법   1통
1. 건설기계등록원부   1통
1. 가압류신청진술서   1통
1. 송달료납부서   1통

20○○. ○. ○.

위 채권자 ○○○ (서명 또는 날인)

○○지방법원 ○○지원 귀중

<별지목록>

건설기계의 표시

1. 중 기   명 : 덤프트럭
1. 중기등록번호 : 서울 ○○가○○○○
1. 형   식 : AM ○○○○
1. 중기차대번호 : ○○○○
1. 원동기형식 : DSC ○○○
1. 등록년월일 : 20○○. ○. ○.
1. 사용본거지 : ○○시 ○○구 ○○길 ○○
1. 소 유 자 : ◇◇◇. 끝.

2 가처분

(1) 의 의

　채권자가 금전채권이 아닌 특정계쟁물에 관하여 청구권을 가지고 있을 때 판결이 확정되어 그 강제집행시까지 방치하면 그 계쟁물이 처분되거나 멸실되는 등 법률적 사실적 변경이 생기는 것을 방지하고자 판결을 받기 전에 그 계쟁물의 현상변경을 금지시키는 집행보전제도로서 그 방법은 여러가지이므로 가처분의 형식도 일정하지 않으나, 일반적으로는 처분행위를 금지하는 처분금지가처분과 점유 이전행위를 금지하는 점유이전금지가처분이 있습니다.

　또한 당사자간에 현재 다툼이 있는 권리관계 또는 법률관계가 존재하고 그에 대한 확정판결이 있기까지 현상의 진행을 그대로 방치한다면 권리자가 현저한 손해를 입거나 목적을 달성하기 어려운 경우에 잠정적으로 임시의 조치를 행하는 보전제도로서 예컨대 건물의 명도청구권을 본안의 권리로 가지고 있는 자에게 임시로 그 건물 점유자의 지위를 준다든지, 해고의 무효를 주장하는 자에게 임금의 계속 지급을 명하는 따위의 가처분을 할 수 있습니다.

(2) 양식

가처분신청서

채 권 자 ○○○
   ○○시 ○○구 ○○길 ○○(우편번호 ○○○-○○○)
   전화·휴대폰번호:
   팩스번호, 전자우편(e-mail)주소:
채 무 자 ◇◇◇
   ○○시 ○○구 ○○길 ○○(우편번호 ○○○-○○○)
   전화·휴대폰번호:
   팩스번호, 전자우편(e-mail)주소:
목적물 가액

신청의 취지

신청의 이유

첨부 서류

20 . . .

위 채권자   (날인 또는 서명)

지방법원 귀중

◇ 유의사항 ◇

1. 신청인은 연락처란에 언제든지 연락 가능한 전화번호나 휴대전화번호(팩스번호, 이메일 주소 등도 포함)를 기재하기 바랍니다.

2. 이 신청서를 접수할 때에는 당사자 1인당 3회분의 송달료를 송달료 수납은행에 납부하여야 합니다.

3. ○ 다툼의 대상에 대한 가처분 신청서에는 10,000원의 인지를 첨부하여야 합니다.

   ○ 임시의 지위를 정하기 위한 가처분 신청서에는 그 본안의 소에 따른 인지액의 2분의 1에 해당하는 금액(이 경우 인지액의 상한액은 50만원으로 함)을 납부하여야 하는데, 그 금액이 1만원 미만인 때에는 인지 또는 현금으로 납부할 수 있으며 1만원 이상인 때에는 현금으로 납부하여야 하고, 수납은행 또는 인지납부대행기관(금융결제원)의 인터넷 홈페이지 (www.cardrotax.or.kr)에서 인지납부대행기관을 통하여 신용카드등으로도 납부할 수 있습니다(인지금액의 1.2%의 납부대행수수료를 납부자가 부담함)

공사금지 가처분신청서

채권자 ○○○

    ○○시 ○○구 ○○길 ○○(우편번호 ○○○-○○○)

    전화·휴대폰번호:

    팩스번호, 전자우편(e-mail)주소:

채무자 ◇◇◇

    ○○시 ○○구 ○○길 ○○(우편번호 ○○○-○○○)

    전화·휴대폰번호:

    팩스번호, 전자우편(e-mail)주소:

목적물의 표시

별지목록 기재와 같습니다

목적물의 가격

4,127,590원

피보전권리의요지

소유권에 기한 방해예방청구권

신 청 취 지

1. 채무자는 별지목록 기재 건물에 대하여 개축,증축,기타의 공사를 하여서는 아니된다.

2. 채무자는 별지목록 기재 건물에 관하여 그 내부의 구조를 변경하는 공사를 하여서는 아니된다.

라는 재판을 구합니다.

신 청 이 유

1. 원래 채권자의 소유인 별지목록 기재 토지에 대하여, 20○○. ○.경 신청외 ◆◆◆가 판결문을 위조하여 자신의 명의로 소유권보존등기를 마치고 이를 신청외 ◆◆◆에게 양도하였으며, 신청외 ◆◆◆는 이를 다시 신청외 ■■■에게 양도하여 20○○. ○. ○.자 매매를 원인으로 한 소유권이전등기가 되었습니다.

2. 그러나 채권자는 위와 같은 등기는 무효의 등기이므로 ○○지방법원 20○○가합○○○호로 소송을 제기하여 별지목록 기재 토지에 관하여 차례로 이전된 위 등기의 말소를 구함과 동시에 국가를 상대로 위 토지가 채권자의 진정한 소유임을 확인하는 소송을 제기하여 채권자 승소판결이 선고되고, 항소심과 상고심에서 위 판결이 확정되어 위 등기는 원인무효로써 20○○. ○. ○. 각 말소되고 폐쇄등기가 되었으며 채권자 명의로 소유권보존등기가 되었습니다.

3. 그런데, 채무자는 채권자의 동의도 받지 않고 위 건물을 자신의 사업 용도에 맞게 내부구조를 변경할 계획으로 설계사무소에 설계의뢰까지 해두고 있으며,심지어 위 건물의 증축이나 개축까지도 하려고 마음먹고 있는 사실을 알게 되었습니다.

4. 따라서 채권자는 채무자와의 위 건물에 대한 임대차계약을 해지하고 명도의 청구 소를 제기하려고 준비중인바, 채무자가 위 공사를 진행해 버린다면 후일에 채권자가 본안에서 승소하더라도 그 집행에 현저한 곤란이 따르고 과다한 집행비용이 소요될 우려가 있으므로, 채무자에 대하여 별지목록 기재 건물의 공사금지가처분명령을 구하기 위하여 이 사건 신청에 이르렀습니다.

4. 한편, 이 사건 출입금지가처분명령의 손해담보에 대한 담보제공은 민사집행법 제19조 제3항, 민사소송법 제122조에 의하여 보증보험주식회사와 지급보증위탁계약을 맺은 문서를 제출하는 방법으로 담보제공을 할 수 있도록 허가하여 주시기 바랍니다.

<h2 style="text-align:center">소 명 방 법</h2>

1. 소갑 제1호증	부동산등기사항전부증명서
1. 소갑 제2호증	건물대장
1. 소갑 제3호증	임대차 계약서

<h2 style="text-align:center">첨 부 서 류</h2>

1. 위 소명방법	각 1통
1. 송달료납부서	1통

20○○. ○. ○.

위 신청인 ○○○ (서명 또는 날인)

○○지방법원 ○○지원 귀중

[별지목록]

부동산의 표시

○○ ○○군 ○○면 ○○리 ○○ 전 1,000㎡. 끝.

토지출입금지 가처분신청서

채권자 ○○○
      ○○시 ○○구 ○○길 ○○(우편번호 ○○○-○○○)
      전화·휴대폰번호:
      팩스번호, 전자우편(e-mail)주소:
채무자 ◇◇◇
      ○○시 ○○구 ○○길 ○○(우편번호 ○○○-○○○)
      전화·휴대폰번호:
      팩스번호, 전자우편(e-mail)주소:

목적물의 표시

별지목록 기재와 같습니다

목적물의 가격

4,127,590원

신 청 취 지

채무자는 별지목록 기재 토지에 출입하여서는 아니 된다.
라는 재판을 구합니다.

신 청 이 유

1. 원래 채권자의 소유인 별지목록 기재 토지에 대하여, 20○○. ○.경 신청외 ◆◆◆가 판결문을 위조하여 자신의 명의로 소유권보존등기를 마치고 이를 신청외 ◆◆◆에게 양도하였으며, 신청외 ◆◆◆는 이를 다시 신청외 ■■■에게 양도하여 20○○. ○. ○.자 매매를 원인으로 한 소유권이전등기가 되었습니다.

2. 그러나 채권자는 위와 같은 등기는 무효의 등기이므로 ○○지방법원 20○○가합○○○호로 소송을 제기하여 별지목록 기재 토지에 관하여 차례로 이전된 위 등기의 말소를 구함과 동시에 국가를 상대로 위 토지가 채권자의 진정한 소유임을 확인하는 소송을 제기하여 채권자 승소판결이 선고되고, 항소심과 상고심에서 위 판결이 확정되어 위 등기는 원인무효로써 20○○. ○. ○. 각 말소되고 폐쇄등기가 되었으며 채권자 명의로 소유권보존등기가 되었습니다.

3. 그런데, 신청외 ◆◆◆는 20○○. ○.경 별지목록 기재 토지를 채무자에게 점유·경작케 하여 채무자가 별지목록 기재 토지 위에 비닐하우스 1동을 설치하고 있어 그 소유권자인 채권

자의 권리행사를 불가능하게 하고 있으므로, 만일 지금에 있어서 채무자의 출입을 방치하고 비닐하우스의 설치를 방지하지 아니하면 채권자가 나중에 승소판결을 받아 확정된다고 하더라도 토지사용권이 침해당하게 되어 결국 판결의 집행을 보전하지 못하게 될 것이므로, 채무자에 대하여 별지목록 기재 토지의 출입금지가처분명령을 구하기 위하여 이 사건 신청에 이르렀습니다.

4. 한편, 이 사건 출입금지가처분명령의 손해담보에 대한 담보제공은 민사집행법 제19조 제3항, 민사소송법 제122조에 의하여 보증보험주식회사와 지급보증위탁계약을 맺은 문서를 제출하는 방법으로 담보제공을 할 수 있도록 허가하여 주시기 바랍니다.

소 명 방 법

1. 소갑 제1호증	부동산등기사항증명서
1. 소갑 제2호증	토지대장등본
1. 소갑 제3호증의 1, 2	판결정본

첨 부 서 류

1. 위 소명방법	각 1통
1. 송달료납부서	1통

20○○. ○. ○.

위 신청인 ○○○ (서명 또는 날인)

○○지방법원 ○○지원 귀중

[별지목록]   부동산의 표시

○○ ○○군 ○○면 ○○리 ○○ 전 1,000㎡. 끝.

통행방해금지 등 가처분신청서

채권자 ○○○

     ○○ ○○군 ○○면 ○○길 ○○(우편번호 ○○○-○○○)

     전화·휴대폰번호:

     팩스번호, 전자우편(e-mail)주소:

채무자 ◇◇◇

     ○○ ○○군 ○○면 ○○길 ○○(우편번호 ○○○-○○○)

     전화·휴대폰번호:

     팩스번호, 전자우편(e-mail)주소:

신 청 취 지

1. 채권자는 별지목록 기재 토지 중 별지도면 표시 ㉮, ㉯, ㉰, ㉱, ㉮ 각 점을 차례로 연결한 선내 ①부분의 통로에 통행을 방해하는 흙 및 암석 등의 방해물을 이 사건의 결정 송달일로부터 3일 내에 제거하라.
2. 채무자가 위 명령을 실행하지 아니하면 채권자는 채권자가 위임하는 ○○지방법원 ○○지원 소속의 집행관으로 하여금 채무자의 비용으로 적당한 방법으로 흙 및 암석 등의 방해물을 제거하게 할 수 있다.
3. 채무자는 별지목록 기재 토지 중 별지도면 표시 ㉮, ㉯, ㉰, ㉱, ㉮ 각 점을 차례로 연결한 선내 ①부분 도로 및 이와 연결되는 도로를 채권자, 채권자가족들 및 차량 등이 통로로서 사용함을 방해하여서는 아니 된다.

라는 재판을 구합니다.

신 청 이 유

1. 채권자와 채무자간의 관계
 가. 채권자는 ○○ ○○군 ○○면 ○○리 ○○ 대지 605㎡ 및 그 지상에 주택 84.55㎡를 소유하여 거주하고 있고, 같은 리 ○○○ 전 9,957㎡, 같은 리 ○○○ 전 466㎡를 소유하여 농업에 종사하는 사람이며(소갑 제1호증 주민등록표등본, 소갑 제2호증의 1 내지 4 각 부동산등기사항증명서 참조), 채무자는 같은 리 ○○ 임야 1,633㎡, 같은 리 ○○ 전 129㎡, 같은 리 ○○○ 전 10,235㎡, 같은 리 ○○○ 전 1,709㎡의 소유자입니다(소갑 제3호증의 1 내지 3 각 부동산등기사항증명서 참조).
2. 채권자의 주위토지통행권 발생사실
 가. 도로형성경위
별지목록 기재 토지 중 별지도면 표시 ㉮, ㉯, ㉰, ㉱, ㉮ 각 점을 차례로 연결한 선내 ①부분의 도로(다음부터 이 사건 도로라 함)는 최초 20년 이상 폭 1m 이내의 소로로 형성되어 사용되어지다가 약 10여년전 신청외 ■■■가 광산을 위한 도로로 사용하기 위해 현재와 같은 폭 3m의 도로로 확장한 뒤 채권자 및 마을 주민들이 농로로 사용하여 왔습니다.

나. 주위토지통행권 발생사실

채권자가 거주하는 거주지와 공로에 이르는 통로는 채권자가 밭을 경작하고, 장을 보는 등 생활에 필요한 차량운행을 할 수 있는 유일한 통로이며, 채무자는 주변을 우회하는 소로가 있다는 이유로 채권자의 이 사건 도로 사용을 방해하고 있습니다.

그러나 주변을 우회하는 소로는 차량운행이 불가능하며(소갑 제4호증 도로사진 참조), 도로를 정비하기 위해서는 도로주변의 토지를 매입해야 하는 등 막대한 비용이 소요됨은 명백하다 할 것입니다.

또한, 토지의 지형적, 위치적 형상 및 이용관계를 보더라도 농업에 종사하는 채권자가 소유한 각종 농지의 현재 이용상황으로도 경운기 및 소형트럭 등이 운행되어질 수 있는 공로에 이르는 통로가 필요하며, 채권자가 위와 같은 용도로 현재의 도로를 이용하더라도 채무자로서는 현재 임야의 용도로 사용되고 있는 같은 곳 소재 ○○ 토지의 이용에 막대한 피해를 입히는 것도 아니고, 같은 곳 소재 ○○○의 토지이용에 대한 수인의 범위를 넘는 제한이라 할 수 없을 것입니다.

그리고 위 도로는 채권자외 5인이 각 소유 토지를 경작하는데 필요한 공로에 이르는 유일한 통로로 사용할 수밖에 없습니다.

3. 채무자의 통행방해사실

가. 채무자는 단지 토지의 소유자라는 사실을 내세우며 이 사건 도로에 흙, 암석 등의 방해물을 설치하여 경운기 및 차량의 통행을 막고 있으며(소갑 제5호증의 1, 2 각 사진 참조) 채권자의 방해물제거청구에 대하여 우회하는 소로가 있다는 주장만 되풀이하고 있습니다.

나. 또한, 채무자는 20○○. ○.경부터 ○월까지 별지도면 표시 ㉯부분의 도로에 대하여 공작물을 설치하고 통행을 방해하여(소갑 제5호증의 3, 4 각 사진 참조) 채권자로서는 달리 방법을 생각하지 못하고 경작한 야채를 판매하기 위해 고심하던 중 당시 야채 운송업을 하던 신청외 ●●●가 중재를 하여 통행을 할 수 있도록 해줄테니 토지사용료 명목의 금전을 지급해줄 것을 요구하여 금 1,000,000원을 신청외 ●●●에게 지급하여 채무자에게 전달해 줄 것을 부탁하였고, 더불어 위 도로의 통행방해를 중지해줄 것을 요청한 사실이 있으며, 위 금전이 채무자에게 전달되었는지는 확인할 수 없는바, 다만 채무자가 위 도로상의 통행방해를 위 금전지급 후 2일이 지나자 중지했던 사실이 있습니다.

다. 현재 채무자의 통행방해사실에 의하여 채권자 및 채권자가족 외에도 위 도로를 통하여 경작지에 이르는 마을 주민들이 피해를 보고 있으며, 특히 채권자는 밭을 경작하는 이외에도 장을 보거나 비료를 구입하는 등의 일상생활에 필요한 차량운행을 하지 못하여 막대한 손해를 입고 있는 실정입니다.

4. 결론

결국 채권자는 이 사건 도로를 통로로 사용하지 못할 경우 공로에 차량을 통하여 출입할 방법이 없을 뿐 아니라, 채무자가 주장하는 우회통로를 정비하는데는 신청외 토지소유자들의 토지를 매입해야 하는 등 막대한 비용이 들 것이 명백하므로 채권자는 주위의 토지를 통행할 권한이 있다 할 것이고, 따라서 채무자가 통행을 방해하고 있는 별지목록 기재 토지 중 별지도면 표시 ㉮, ㉯, ㉰, ㉱, ㉮ 각 점을 차례로 연결한 선내 ①부분 도로에 설치되어 있는 흙, 암석등의 방해물은 즉시 제거되어져야 할 것이며, 이 사건 도로는 채권자가 위와 같은 주위토지통행권을 가지고 있으므로 그 물권적 청구권의 권능인 채무자의 침해행위 방해배제 및 방해예방청구권이 있다 할 것입니다.

5. 한편, 이 사건 통행방해금지 등 가처분명령의 손해담보에 대한 담보제공은 민사집행법 제19조 제3항, 민사소송법 제122조에 의하여 보증보험주식회사와 지급보증위탁계약을 맺은 문서를 제출하는 방법으로 담보제공을 할 수 있도록 허가하여 주시기 바랍니다.

소 명 방 법

1. 소갑 제1호증	주민등록표등본(채권자)
1. 소갑 제2호증의 1 내지 4	각 부동산등기사항증명서
1. 소갑 제3호증의 1 내지 3	각 부동산등기사항증명서
1. 소갑 제4호증의 1, 2	우회도로 사진
1. 소갑 제5호증의 1 내지 4	각 방해물사진
1. 소갑 제6호증	지적도등본

첨 부 서 류

1. 위 소명방법	각 1통
1. 토지대장등본	1통
1. 송달료납부서	1통

20○○. ○. ○.

신청인 ○○○ (서명 또는 날인)

○○지방법원 ○○지원 귀중

도 면

채권자의
거 주 지

㉮ ㉯

①

㉰ ㉱

부동산처분금지 가처분신청서

채권자 ○○○

    ○○시 ○○구 ○○길 ○○(우편번호 ○○○-○○○)

    전화·휴대폰번호:

    팩스번호, 전자우편(e-mail)주소:

채무자 ◇◇◇

    ○○시 ○○구 ○○길 ○○(우편번호 ○○○-○○○)

    등기부상 주소 ○○시 ○○구 ○○길 ○○○

    전화·휴대폰번호:

    팩스번호, 전자우편(e-mail)주소:

목적물의 표시   별지 목록 기재와 같습니다.

피보전권리의 내용   20○○. ○. 매매를 원인으로 한 소유권이전등기청구권

목적물의 가격   ○○○원

신 청 취 지

　채무자는 별지 목록 기재 부동산에 대하여 매매, 증여, 저당권설정 그 밖의 일체의 처분행위를 하여서는 아니 된다.

라는 결정을 구합니다.

신 청 이 유

1. 매매계약의 체결

　별지 목록 기재 부동산은 원래 채무자 소유의 부동산이었던 바, 채권자는 20○○. ○.초 별지 목록 기재 부동산 중 132㎡를 금 ○○○원에 매수하기로 하고 같은 달 7. 계약금으로 금 ○○○원을 지급하고, 나머지 대금 ○○○원은 같은 달 23. 지급하기로 약정하였습니다

2. 매매대금의 지급

　채권자는 20○○. ○. 7.에 계약금을 지급하고 다시 20○○. ○. 23. 나머지 잔금을 지급하였으며, 위와 같이 매수한 132㎡의 대지 위에 주택을 신축하고 현재까지 거주하고 있는바, 채무자에게 매도 당시 약정에 따라 위 부동산의 분필절차를 밟아 소유권이전등기에 필요한 일체의 서류를 달라고 하였으나 채무자는 이를 이행하지 아니하고 있습니다.

3. 결 어

따라서 채권자는 채무자를 상대로 소유권이전등기절차이행청구의 소를 준비중에 있으나 채무자는 채권자가 매수한 부분의 사용을 방해하고 있을 뿐만 아니라, 채무자가 위 부동산을 다른 사람에게 매도하거나 담보로 제공하고 등기를 마치게 되면 나중에 채권자가 채무자를 상대로 한 본안소송에서 승소한다 하더라도 소송의 목적을 달성할 수 없을 우려가 있어 별지 목록 기재 토지 전체에 대한 이 사건 가처분신청에 이르렀습니다.

4. 담보제공

한편, 이 사건 부동산처분금지가처분명령의 손해담보에 대한 담보제공은 민사집행법 제19조 제3항, 민사소송법 제122조에 의하여 보증보험주식회사와 지급보증위탁계약을 맺은 문서를 제출하는 방법으로 담보제공을 할 수 있도록 허가하여 주시기 바랍니다.

소 명 방 법

1. 소갑 제1호증	매매계약서
1. 소갑 제2호증	부동산등기사항전부증명서
1. 소갑 제3호증	토지대장등본
1. 소갑 제4호증의 1, 2	영수증(계약금 및 잔금)
1. 소갑 제5호증	사실확인서(신청외 ◉◉◉)

첨 부 서 류

1. 위 소명방법	각 1통
1. 송달료납부서	1통

20○○. ○. ○.

위 채권자 ○○○ (서명 또는 날인)

○○지방법원 ○○지원 귀중

[별지목록]   부동산의 표시

○○시 ○○구 ○○동 ○○ 잡종지 271㎡. 끝.

가압류(가처분)결정에 대한 이의신청서

신 청 인(채무자)　　　　(이 름)　　　(주민등록번호　　　－　　　)
　　　　　　　　　　　　(주 소)
　　　　　　　　　　　　(연락처)
피신청인(채권자)　　　　(이 름)　　　(주민등록번호　　　－　　　)
　　　　　　　　　　　　(주 소)

신 청 취 지

1. 위 당사자간 ○○○○법원 ○○지원　　　카단(합)　　　호 신청사건에 관하여 20 ． ． ．
   동원에서 결정한 가압류(가처분) 결정을 취소한다.
2. 채권자의 이 사건 가압류(가처분)신청을 기각한다.
3. 소송비용은 채권자의 부담으로 한다.
   라는 재판을 구함

신 청 이 유

별지와 같음
소 명 방 법
1.

　　　　　　　　　　　　　2.
　　　　　　　　20 ． ． ．
　　　　　　　　　　　위 신청인　　　　　　(날인 또는 서명)
　　　　　　　　　　○○○○**법원** ○○**지원 귀중**

◇ 유의사항 ◇

1. 신청인은 연락처란에 언제든지 연락 가능한 전화번호나 휴대전화번호(팩스번호, 이메
   일 주소 등도 포함)를 기재하기 바랍니다.
2. 이 신청서를 접수할 때에는 당사자 1인당 8회분의 송달료를 송달료 수납은행에 납부
   하여야 합니다.
3. ○ 가압류 이의신청서와 다툼의 대상에 대한 가처분 이의신청서에는 10,000원의 인지
   를 첨부하여야 합니다.
   ○ 임시의 지위를 정하기 위한 가처분 이의신청서에는 그 본안의 소에 따른 인지액의 2분
   의 1에 해당하는 금액(이 경우 인지액의 상한액은 50만원으로 함)을 납부하여야 하는데,
   그 금액이 1만원 미만인 때에는 인지 또는 현금으로 납부할 수 있으며 1만원 이상인 때
   에는 현금으로 납부하여야 하고, 수납은행 또는 인지납부 대행기관(금융결제원)의 인터
   넷 홈페이지 (www.cardrotax.or.kr)에서 인지납부대행기관을 통하여 신용카드등으로도
   납부힐 수 있습니다(인지금액의 1.2%의 납부대행수수료를 납부지기 부담함)

가압류(가처분)결정취소신청서

신 청 인(채무자)   (이 름)   (주민등록번호   –   )
                        (주 소)
                        (연락처)
피신청인(채권자)   (이 름)   (주민등록번호   –   )
                        (주 소)

신 청 취 지

1. 위 당사자간 ○○○○법원 ○○지원　　카　　호 신청사건에 관하여　　20 . . .
  귀원에서 한 (가압류·가처분) 결정을 취소한다.
2. 소송비용은 피신청인의 부담으로 한다.
  라는 재판을 구함.

신 청 이 유

별지와 같음
소 명 방 법
1.
2.

20 . . .

위 신청인　　　　　　(날인 또는 서명)

○○○○**법원 ○○지원 귀중**

XI

소송절차

1 독촉절차의 장점

(1) 서류심리만으로 지급명령을 발령합니다.

독촉절차에서는 법원이 분쟁당사자를 심문함이 없이 지급명령을 신청한 채권자가 제출한 서류만을 심사하고 지급명령을 발령하므로 채권자는 통상의 소송절차처럼 법원의 법정에 출석할 필요가 없고, 그 결과 법정에 출석하는 데에 따른 시간과 노력을 절약할 수 있습니다.

(2) 신속하게 분쟁해결을 할 수 있습니다.

독촉 절차는 채무자가 주로 대여금, 물품대금, 임대료, 건설기계사용료 등 금전 지급 채무를 변제하지 않는 경우에 채권자의 지급 명령 신청만에 의하여 이루어지는 약식의 분쟁 해결 절차입니다. 따라서 채무자가 이의신청을 하면 통상의 소송절차로 이행되지만, 만일 이의신청을 하지 아니하여 지급명령이 확정되면 채권자는 확정된 지급명령에 기하여 강제집행을 신청하여 신속하게 자신의 채권을 만족 받을 수 있으므로 신속한 분쟁 해결이 가능합니다.

(3) 채권자가 법원에 납부하는 각종 비용이 저렴합니다.

채권자는 지급명령을 신청할 때에 소송의 10분의 1에 해당하는 인지대와 당사자 1인당 6회분의 송달료만 납부하면 되므로, 소송절차에 비하여 소요되는 각종 비용이 저렴합니다.

(4) 지급명령이 확정되면 확정판결과 동일한 효력이 있습니다.

또한 지급명령이 확정될 때에는 원칙적으로 별도의 집행문 부여 없이(지급명령문상에 집행문이 부여되어 있음) 강제집행을 할 수 있도록 강제집행상의 특례를 규정하고 있습니다.

2 지급명령절차

독촉절차는 한 마디로 말해서 채권자가 법정에 나오지 않고서도 신속하고 적은 소송비용으로 민사분쟁을 해결할 수 있다는데 그 절차적 장점이 있지만, 상대방이 지급명령에 대하여 이의신청을 하면 결국은 통상의 소송절차로 옮겨지는 잠정적 분쟁해결절차의 구조를 가지고 있습니다.

따라서, 예컨대 귀하로부터 돈을 빌린 사람이 빌린 사실은 인정하면서도 여러 가지 핑계를 대면서 차일피일 빌린 돈을 갚지 않으려고 하는 경우에 독촉절차를 이용하면 신속하고 경제적인 분쟁해결을 기대할 수 있습니다. 그러나 상대방이 돈을 빌린 기억이 없다든지 이미 갚았다고 말하고 있어 지급명령신청을 하더라도 채무자가 이의신청을 하여 소송절차로 이행될 가능성이 높은 경우에는 독촉절차를 이용하기보다는 직접 조정신청 또는 소송을 제기하는 편이 더 바람직할 수 있고 시간상으로도 더 빠를 수 있습니다.

다만, 우리들이 일상생활을 영위하여 나가는 가운데 발생하는 대부분의 분쟁은 당사자간의 대화와 타협을 통하여 평화적으로 해결할 수 있고, 또 그와 같이 해결하는 것이 바람직하기 때문에 조정과 소송 중에서 우선 조정절차를 통한 분쟁해결을 시도하여 보는 것이 좋을 것입니다.

독촉절차는 모든 소송의 종류의 청구에 대하여 이용할 수 있습니다. 독촉절차의 대상이 될 수 있는 청구는 일정한 액의 금전, 일정한 양의 대체물(예: 일반미 상등품 가마당 ○○kg들이 ○가마) 또는 일정한 양의 유가증권(예: 200○. ○. ○. 발행 국채 ○○원권 ○○장)의 지급을 목적으로 하는 청구에만 한정되고, 건물명도·토지인도, 소유권이전등기 청구 등에서는 이용할 수 없게 되어 있습니다. 또 현재 변제기가 도래하여 즉시 그 지급을 청구할 수 있는 것이어야 합니다.

(1) 지급명령의 송달불능과 이에 대한 조치

지급명령이 발령되면 먼저 채무자에게 지급명령 정본을 송달합니다. 그런데 채권자가 지급명령신청서에 기재한 주소에 채무자가 실제로 거주하지 않는 등의 이유로 지급명령 정본이 송달되지 아니하면 법원에서는 채권자에게 일정한 보정기한 내에 송달가능한 채무자의 주소를 보정하거나 주소보정이 어려울 때에는 민사소송법 제466조 제1항에 의거 소제기신청을 할 수 있습니다.

그리고 채권자가 주소보정을 하면 보정된 주소로 재송달을 하고, 소제기신청을 하면 통상의 소송절차로 이행되어 처음부터 소를 제기한 경우와 같이 재판절차가 진행됩니다. 그러나 채권자가 만일 위와 같은 조치를 취하지 아니한 채 보정기한을 도과시킨 경우에는 지급명령신청서가 각하되므로 채권자는 이점을 주의할 필요가 있습니다.

한편 채무자가 지급명령 정본을 송달받고도 이의신청을 하지 아니한 채 2주일이 경과한 때에는 지급명령이 확정되고 채권자는 채무를 이행하지 않는 채무자의 재산에 대하여 확정된 지급명령에 기한 강제집행을 신청할 수 있으며, 이러한 경우 채무자로서 강제집행을 정지시키기 위하여는 청구이의의 소를 제기함과 동시에 강제집행정지신청을 제기하는 절차적 부담을 안게 되므로 채무자도 이점을 주의할 필요가 있습니다.

따라서 채무자는 지급명령 정본을 송달받으면 신속하게 그 내용을 충분히 검토한 후 불복 여부에 관한 의사를 결정하여 불복이 있으면 2주일이 경과하기 전에 지체없이 이의신청을 하여야 합니다. 채무자의 이의신청은 이의신청서에 지급명령에 응할 수 없다는 취지만 명백히 하면 충분하고, 불복하는 이유를 특별히 기재할 필요가 없습니다.

(2) 지급명령에 대한 이의

채무자는 지급명령 정본을 송달받은 후 2주일이 경과하기 전에는 언제든지 지급명령에 대한 이의신청을 할 수 있습니다.

그리고 이의신청을 하면 지급명령은 그 효력을 상실하고 통상의 소송절차로 옮겨져서, 그 이후에는 청구금액에 따라 3000만원 이하의 경우에는 소액사건, 2억원이하인 경우에는 단독사건, 2억원을 초과하는 경우에는 합의사건으로서 소송절차가 진행되어 채무자는 일반 소송절차에서처럼 피고의 지위에서 자신의 주장을 법원에 충분히 진술할 수 있는 기회를 보장받게 됩니다.

그리고 일단 소송절차로 이행된 이상 채무자는 법원이 쌍방 당사자 주장의 당부를 판단하여 판결을 통한 승패를 결정하기 전까지는 채권자의 강제집행을 걱정할 필요가 없습니다.

(3) 주요한 지급명령에 대한 이의사유

채무자가 돈을 빌린 사실이 없거나, 돈을 빌린 것은 사실이나 전부 내지 일부에 대한 변제, 소멸시효 완성 등으로 청구금액이 틀린 경우 등을 이유로 이의신청을 할 수 있습니다.

특히 소멸시효는 권리를 행사할 수 있음에도 불구하고 권리 불행사의 상태를 일정기간 계속함으로써 권리소멸의 효과를 생기게 하는 제도입니다. 주요한 채권의 시효기간은

① 민법은 10년(민법 제162조 제1항), 상사는 5년(상법 제64조)

② 상인이 판매한 상품의 대가나 임금 등의 특수한 채권에는 3년에서 1년까지의 단기의 시효기간이 인정됩니다(민법 제163조, 제164조, 근로기준법 제49조).

③ 10년 이하의 단기소멸시효가 인정되는 채권에 대하여서도 그에 대하여 확정판결이 있은 때에는 그 시효기간은 10년으로 됩니다(민법 제165조 제1항).

(4) 양식

지급명령신청서

채권자 ○○○
　　　○○시 ○○구 ○○길 ○○(우편번호 ○○○-○○○)
　　　전화·휴대폰번호:
　　　팩스번호, 전자우편(e-mail)주소:
채무자 ◇◇◇
　　　○○시 ○○구 ○○길 ○○(우편번호 ○○○-○○○)
　　　전화·휴대폰번호:
　　　팩스번호, 전자우편(e-mail)주소:

청구취지

채무자는 채권자에게 아래 청구금액을 지급하라는 명령을 구함
1. 금　　　원
2. 위 1항 금액에 대하여 2000.8.1.부터 이사건 지급명령정본 송달일까지는 6%,이 사건 지급명령정본이 송달된 다음날부터 다 갚는 날까지 연15%의 비율에 의한 지연손해금

◇ 유 의 사 항 ◇ (사업자등록이 어느 한쪽이라도 있을 경우 상법상의지연이자 6%, 개인간이라면 민법상의5%지연이자 청구,당사자간 계약서나 합의서등에 의하여 지연이자를 정한 경우는 해당 비율을 청구, 2018년이자 상한은 연24%임)

독촉절차비용

금　　　원(내역 : 송달료　　　원, 인지대　　　　원,법인등기사항전부증명서　원,서기료　원,제출료　원,교통비　원, 일당　　원)
◇ 유 의 사 항 ◇서기료,제출료,교통비,일당은 법무사 및 변호사 사무실 의뢰시 법무사 보수표에 준한 금액 범위 내에서 청구가능함)

청구원인

첨부서류

20　.　.　.
　　　　채권자　　　　　(날인 또는 서명)

　　　　　　　　　　　　　　　　　　(연락처　　　　　　　　)

지방법원 귀중

◇ 유 의 사 항 ◇ 채권자는 연락처란에는 언제든지 연락 가능한 전화번호나 휴대전화번호(팩스번호, 이메일 주소 등도 포함)를 기재하기 바랍니다. 이 신청서를 접수할 때에는 당사자 1인당 6회분의 송달료를 현금으로 송달료수납은행에 예납하여야 합니다. 4부 작성하여 제출(전자사건은 1부만 제출)

지급명령에 대한 이의신청서

사　　건　　　　20　　　차(전)
채 권 자　　　(이 름)
채 무 자　　　(이 름)
　　　　　　　(주 소)

위 독촉사건에 관하여 채무자는 20 ．　．　．지급명령정본을 송달받았으나 이에 불복하여
이의신청을 합니다.

20 ．　．　．

이의신청인(채무자)　　　(날인 또는 서명)
(연락처　　　　　　　　　　　)

지방법원 귀중

◇ 유 의 사 항 ◇

1. 채무자는 연락처란에 언제든지 연락 가능한 전화번호나 휴대전화번호(팩스번호, 이메
일 주소 등도 포함)를 기재하기 바랍니다.
2. 채무자는 지급명령 정본을 송달받은 날로부터 2주 이내에 이의신청서를 제출하는 것
과 별도로 지급명령의 신청원인에 대한 구체적인 진술을 적은 답변서를 함께 제출하거
나 늦어도 지급명령 정본을 송달받은 날부터 30일 이내에 제출하여야 합니다.

조 정 신 청 서

사　　건　　　　20○○차(전)

채권자, 신청인　　○○○ (주민등록번호 :　　　 －　　)
　　　　　　　　　　주소 :
　　　　　　　　　　연락처 :

채무자, 피신청인　　　　　○○○ (주민등록번호 :　　　 －　　　)
　　　　　　　　　　주소 :
　　　　　　　　　　연락처 :

채권자는 다음과 같이 조정을 신청합니다.

다 음

1. 위 사건에 관하여 채권자는 20　 .　 .　 . 귀원의 인지 등 보정명령을 송달받았습니다.
2. 이에 대하여 채권자는 민사조정법 제5조의2 제1항의 규정에 의하여 위 보정명령에 따른 인
　 지 등을 보정하는 대신, 채무자 ○○○에 대하여 조정으로의 이행을 신청합니다.

20 . . .

　　　　　　　　　　　　　채권자(신청인)　　　　　　　　(서명 또는 날인)

○○ 지방법원　귀중

소 제 기 신 청 서

사 건   20○○차(전)

채 권 자 ○○○
      ○○시 ○○구 ○○길 ○○(우편번호 ○○○-○○○)
      전화·휴대폰번호:
      팩스번호, 전자우편(e-mail)주소:

채 무 자 ◇◇◇
      ○○시 ○○구 ○○길 ○○(우편번호 ○○○-○○○)
      전화·휴대폰번호:
      팩스번호, 전자우편(e-mail)주소:

귀원의 보정명령에 따라 다음과 같이 보정합니다.

채무자에 대하여 민사소송법 제466조 제1항에 따라 소제기신청함.

-첨부서류-

1.추가인지대: 13,500원

2.추가송달료:141,000원

2018. . 8 .
위 채권자 ○○○   (인)

○○지방법원 ○○지원 ○○○법원 귀중

※ 참고사항

법무사보수표

협회회칙 제76조의 별표 2018. 8. 10. 시행

※ 본 표는 법무사 기본보수의 상한액(산정방법)을 정한 것입니다. 다만, 개별 사건의 경우에 이러한 상한액은 「법무사보수기준」에 따라 가산되거나 감액될 수 있습니다.

Ⅰ. 공탁 사건의 보수 (보증보험 포함)					
공탁가액		기본보수(산정방법)			
	5천만원까지	100,000원			
5천만원초과	1억원까지	100,000원	+	5천만원초과액의	9/10,000
1억원초과	3억원까지	145,000원	+	1억원초과액의	8/10,000
3억원초과	5억원까지	305,000원	+	3억원초과액의	6/10,000
5억원초과	10억원까지	425,000원	+	5억원초과액의	5/10,000
10억원초과	20억원까지	675,000원	+	10억원초과액의	4/10,000
20억원초과	100억원까지	1,075,000원	+	20억원초과액의	4/10,000
100억원초과		4,275,000원	+	100억원초과액의	1/10,000

Ⅱ. 경매·공매 사건의 보수

1. 재산취득에 관한 상담(권리분석, 현황 내지 공부 등의 조사, 적정매수 가격의 제시, 정보제공 등을 포함)

감정가액		기본보수(산정방법)			
	5천만원까지	400,000원			
5천만원초과	1억원까지	400,000원	+	5천만원초과액의	9/1,000
1억원초과	3억원까지	850,000원	+	1억원초과액의	8/1,000
3억원초과	5억원까지	2,450,000원	+	3억원초과액의	7/1,000
5억원초과	10억원까지	3,850,000원	+	5억원초과액의	6/1,000
10억원초과	20억원까지	6,850,000원	+	10억원초과액의	4/1,000
20억원초과	100억원까지	10,850,000원	+	20억원초과액의	2/1,000
100억원초과		26,850,000원	+	100억원초과액의	1/1,000

2. 매수(입찰)신청의 대리(매수(입찰)신청의 대리에 있어서 공부의 열람, 확인 등을 포함)

	기본보수
매수(입찰)신청의 대리	감정가액의 1% 이하 또는 최저매각가격의 1.5%이하의 범위 내에서 위임인과 협의. 단, 최고가매수신고인 또는 매수인으로 되지 못한 경우에는 500,000원의 범위 내에서 위임인과 협의

Ⅲ. 송무·비송·집행사건의 보수

1. 법원·검찰청 등에 제출하는 각종 서류 중 문안을 요하는 서류의 작성

(1) 소장, 답변서, 준비서면, 증거신청서, 화해신청서, 고소·고발장, 항고·상소이유서, 보전처분·집행·비송사건의 신청서, 개인회생절차의 개시신청서·변제계획안 작성·채권조사확정재판 신청서·면책 또는 면책취소 신청서, 개인파산의 파산신청서·면책신청서, 지급명령, 조정 신청서

※ 소송물가액이 없거나 산정할 수 없는 경우에는 5천만원으로 본다.

소송물가액		기본보수(산정방법)			
	2천만원까지	400,000원			
2천만원초과	1억원까지	400,000원	+	2천만원초과액의	10/10,000
1억원초과	5억원까지	480,000원	+	1억원초과액의	9/10,000
5억원초과	10억원까지	840,000원	+	5억원초과액의	4/10,000
10억원초과	20억원까지	1,040,000원	+	10억원초과액의	3/10,000
20억원초과		1,340,000원	+	20억원초과액의	1/10,000

(2) 항고·상소장, 공시최고·소송비용확정신청서, 소년신청(보전신청 제외) 기타 문안을 요하는 서류

※ 소송물가액이 없거나 산정할 수 없는 경우에는 5천만원으로 본다.

소송물가액		기본보수(산정방법)			
	2천만원까지	180,000원			
2천만원초과	1억원까지	180,000원	+	2천만원초과액의	1/10,000
1억원초과	5억원까지	188,000원	+	1억원초과액의	5/10,000
5억원초과	10억원까지	388,000원	+	5억원초과액의	4/10,000
10억원초과	20억원까지	588,000원	+	10억원초과액의	2/10,000
20억원초과		788,000원	+	20억원초과액의	1/10,000

2. 법원·검찰청 등에 제출하는 각종 서류 중 문안을 요하지 않는 서류의 작성

문안을 요하지 않는 서류의 작성(1건당)	기본보수
기일변경·지정의 신청서, 판결확정·송달증명의 신청서, 집행문부여신청서 및 정식재판청구서, 도면 등.	30,000원

Ⅳ. 기타 대행업무 등의 보수

1. 취득세·등록면허세의 신고·납부 또는 감면신청 및 공과금 납부 대행	1건당	40,000원
2. 법원·검찰청 등에 제출하는 서류의 제출 대행	1건당	30,000원

3. 송무·비송·집행·가사 사건 등의 기록열람 대행	1건당	40,000원
4. 법원·검찰청으로부터 송달되는 서류의 영수 대행	1건당	50,000원
5. 등기사항증명서 발급·열람, 등기 부등초본·열람 대행	1건당	3,000원
6. 그 밖에 수임사건과 관련되는 업무의 대행	1건당	30,000원

Ⅴ. 상담 및 실비변상의 비용 등	
상담	기본보수
(1) 개별적 상담(사건 수임이 따르는 경우는 제외)	30분까지 50,000원 (단, 30분을 초과하는 매 30분마다 20,000원씩 가산)
(2) 계속적 상담(사건 수임으로 연결 되는 경우도 포함)	월액 500,000원
2. 실비변상의 비용 등	기본보수
(1) 교통비	1등급 여객운임(택시,KTX일반석)기준 실비 (단, 현지교통비는 50,000원까지)
(2) 숙박비	1급 숙박업소 기준 실비
(3) 일당	소요시간 4시간 이내 70,000원, 4시간 초과 150,000원
※「법무사보수기준」에 의한 법무사의 보수에는 부가가치세가 포함되지 아니하다.	

〈참 고〉
- 동일인 보증서 작성 150,000원, 본인확인서면 작성 100,000원 가산(「법무사보수기준」 제10조 제5항)
- 기타 가산, 감액 등 특례는 「법무사보수기준」참조

3 소멸시효

(1) 소멸시효제도의 의의

소멸시효란 권리자가 그의 권리를 행사할 수 있음에도 불구하고 일정한 기간동안 그 권리를 행사하지 않은 상태 즉 권리불행사의 상태가 계속된 경우에 그 자의 권리를 소멸시키는 제도를 말한다. 시효제도의 존재이유로는 ① 법률생활의 안정과 평화도모 ② 구체적인 소송사건에서의 증거보전의 곤란 구제 ③ 권리 위에 잠자는 자에 대한 보호의 필요성 부존재 등을 들 수 있다.

(2) 소멸시효완성의 요건

가. 권리의 불행사가 있을 것

(가) 권리불행사의 의의

권리의 불행사라 함은 권리를 행사할 수 있음에도 불구하고 행사하지 않는 것을 말한다. 따라서 권리를 행사할 수 없는 경우에는 비록 권리가 이미 발생되어 있더라도 소멸시효가 진행하지 아니한다.

권리를 행사할 수 없는 경우라 함은 법률상으로 권리를 행사할 수 없는 경우를 의미하며, 사실상으로 권리를 행사할 수 없는 경우를 포함하지 않는다. 법률상으로 권리를 행사할 수 없는 경우로는 이행기의 미도래나 정지조건의 불성취 등을 들 수 있고, 사실상으로 권리를 행사할 수 없는 경우로는 권리자의 개인적인 사정이나 법률지식의 부족, 권리의 존재나 행사가능성에 대한 부지(과실없이 알지 못하는 경우도 포함), 채무자의 부재 등을 들 수 있다.

(나) 권리불행사의 기산점

권리불행사의 기산점 즉 소멸시효의 기산일은 권리를 행사할 수 있는 날의 다음날이다. 그러나 오전 0시부터 권리행사가 가능한 때에는 바로 그 날이 소멸시효의 기산일이 된다.

기타 개별적인 경우의 권리행사 가능일에 관하여 유의할 점을 열거하면 다음과 같다.

① 채권이 확정기한부인 때에는 이행기일이 권리행사 가능일이 되고 불확정기한부인 때에는 객관적으로 도래한 이행기일이 권리행사가능일이 된다. 불확정기한부 채권에

있어서 채무자가 지체책임을 지게 되는 것은 그가 기한도래를 안 날로부터이나 소멸시효의 진행은 채권자가 기한도래의 사실을 알았는가의 여부나 과실의 유무를 묻지 않는다. 또한 확정기한부 채권의 경우에도 채무자가 기한의 이익을 상실한 때에는 채권자가 그 상실여부를 알았는지의 여부와 관계없이 그 상실일이 권리행사 가능일이 된다.

② 기한의 정함이 없는 권리는 그 권리의 발생일이 권리행사 가능일이 된다. 이러한 권리는 성립과 동시에 이행기에 있는 것이기 때문이다.

③ 정지조건부 채권의 경우는 정지조건의 성취결과 위 ①, ②와 같은 기한의 정함이 있는 채권 또는 기한의 정함이 없는 채권 중 어느 것이 발생하게 되는가에 따라 그 권리행사 가능일이 정하여 지게 된다.

④ 청구 또는 해지 통고후 일정한 기간이나 상당한 기간이 경과한 후에 청구할 수 있는 권리는 그 전제가 되는 청구나 해지통고를 할 수 있는 때로부터 소정의 유예기간이 경과한 날이 된다.

⑤ 채무불이행으로 인한 손해배상청구권은 채무불이행시가 권리행사가능일이 되고, 부당이득반환청구권은 그 발생일이 권리행사가능일이 된다.

나. 소멸시효기간이 경과하였을 것

(가) 소멸시효기간의 일반원칙

소멸시효가 완성하려면 일정한 시효기간이 경과되어야 한다. 채권의 시효기간은 10년이고 채권 이외의 재산권의 시효기간은 20년이다(민법 제162조). 다만 민법과 상법 및 기타 법률에서는 권리관계를 조속히 확정시키기 위하여 그 권리의 특성에 따라 별도로 단기 또는 장기의 시효기간을 정하고 있는 바 그 내용을 보면 다음과 같다. 그리고 단기시효기간이 정해져 있는 경우라도 그 채권이 판결에 의하여 확정된 대에는 소멸시효기간이 그 확정된 때로부터 10년으로 연장된다. 파산절차에 의하여 확정된 채권 및 재판상의 화해, 조정 기타 판결과 동일한 효력이 있는 것에 의하여 확정된 채권도 마찬가지이다. 그러나 판결확정 당시에 변제기가 도래하지 않은 채권의 경우는 원래의 시효기간이 적용된다(민법 제165조).

(3) 소멸시효일람표

◇ 민법에 따른 소멸시효

채 권 의 종 류	소멸시효 기간	근 거
일반채권	10년	민법 제162조 제1항
채권 및 소유권 이외의 재산권	20년	민법 제162조 제2항
① 이자, 부양료, 급료, 사용료 기타 1년 이내의 기간으로 정한 금전 또는 물건의 지급을 목적으로 한 채권 ② 의사, 조산사, 간호사, 약사의 치료, 근로 및 조제에 관한 채권 ③ 도급받은 자, 기사 기타의 공사의 설계 또는 감독에 종사하는 자의 공사에 관한 채권 ④ 변호사, 변리사, 공증인, 공인회계사 및 법무사에 대한 직무상 보관한 서류의 반환을 청구하는 채권 ⑤ 변호사, 변리사, 공증인, 공인회계사 및 법무사의 직무에 관한 채권 ⑥ 생산자 및 상인이 판매한 생산물 및 상품의 대가 ⑦ 수공업자 및 제조자의 업무에 관한 채권	3년	민법 제163조 각호
① 여관, 음식점, 대석, 오락장의 숙박료, 음식료, 대석료, 입장료, 소비물의 대가 및 체당금의 채권 ② 의복, 침구, 장구 기타 동산의 사용료의 채권 ③ 노역인, 연예인의 임금 및 그에 공급한 물건의 대금채권 ④ 학생 및 수업자의 교육, 의식, 유숙에 관한 교주, 숙주, 교사의 채권	1년	민법 제164조
① 판결에 의하여 확정된 채권 ② 파산절차에 의하여 확정된 채권 및 재산상의 화해, 조정 기타 판결과 동일한 효력이 있는 것에 의하여 확정된 채권. 다만 판결확정당시에 변제기가 도래하지 아니한 채권 제외함	10년	민법 제165조 제1항, 제2항, 제3항
불법행위에 기한 손해배상청구채권 — 손해 및 가해자를 안 날로부터	3년	민법 제766조 제1항
불법행위에 기한 손해배상청구채권 — 불법행위를 한 날로부터	10년	민법 제766조 제2항

◇ 상법에 따른 소멸시효

채 권 의 종 류	소멸시효 기간	근 거
상행위로 인한 채권	5년	상법 제64조
운송주선인·운송인·창고업자의 책임	1년	상법 제121조, 제147조, 제166조
운송주선인·운송인위탁자 또는 수하인에 대한, 창고업자의 임치인 또는 창고증권소지인에 대한 채권	1년	상법 제122조, 제147조, 제167조
공중접객업자의 책임	6월	상법 제154조
주주의 이익 등의 배당금지급청구권	5년	상법 제464조의2 제2항
회사채의 상환청구권 등	10년	상법 제487조 제1항, 제2항
회사채의 이자, 이권소지인의 이권과 상환한 공제액지급청구권	5년	상법 제487조 제3항
보험금청구권과 보험료 또는 적립금의 반환청구권	3년	상법 제662조
보험료청구권	2년	

◇ 어음·수표채권의 소멸시효

구분	채 권 의 종 류	소멸시효 기간	근 거
약속 어음	발행인에 대한 청구권 (소지인 또는 환수한 배서 인으로부터)	만기일로부터 3년	어음법 제77조 제1항 제8호, 제70조 제1항
	배서인에 대한 청구권 (소지인으로부터)	거절증서의 일자, 거절증 서작성 면제의 경우는 만 기일로부터 1년	어음법 제77조 제1항 제8호, 제70조 제2항
	배서인에 대한 청구권 (소구의무를 이행하여 환수한 배서인으로부터)	어음을 환수한 날 또는 제 소된 날부터 6개월	어음법 제77조 제1항 제8호, 제70조 제3항
	만기가 백지인 약속어음 의 백지보충권	백지보충권을 행사할 수 있 는 때로부터 3년	대법원 2003. 5. 30. 선고 2003다16214 판결
환 어음	인수인에 대한 청구권 (소지인 또는 환수한 배서 인으로부터)	만기일로부터 3년	어음법 제70조 제1항
	발행인 및 배서인에 대한 소구권 (소지인으로부터)	거절증서의 일자, 거절증 서작성 면제의 경우는 만 기일로부터 1년	어음법 제70조 제2항
	발행인 및 배서인에 대한 소구권 (소구의무를 이행하고 환 수한 배서인으로부터)	어음을 환수한 날 또는 제 소된 날부터 6개월	어음법 제70조 제3항
수표	소지인의 배서인, 발행인, 보증인에 대한 상환청구권	제시기간 경과 후 6개월	수표법 제51조 제1항
	환수한 자의 다른 수표채 무자에 대한 재소구권	수표를 환수한 날 또는 제 소된 날부터 6개월	수표법 제51조 제2항
	지급보증인에 대한 청구권	제시기간 경과 후 1년	수표법 제58조
	발행일이 백지인수표의 백지보충권	백지보충권을 행사할 수 있 는 때로부터 6개월	대법원 2002. 1. 11. 선고 2001도206 판결

◇ 근로기준법 등 기타 법률에 따른 소멸시효

채 권 의 종 류		소멸시효 기간	근 거	
근로기준법의 적용을 받는 임금채권		3년	근로기준법 제49조	
근로기준법의 적용을 받는 재해보상 청구권		3년	근로기준법 제92조	
근로자퇴직급여보장법의 적용을 받는 퇴직금 청구권		3년	근로자퇴직급여보장법 제10조	
국세징수권	5억원 이상의 국세	10년	국세기본법 제27조 제1항	제1호
	5억원 미만의 국세	5년		제2호
국가 또는 지방자치단체의 금전채권		5년	국가재정법 제96조 제1항 지방재정법 제82조 제1항	
국가 또는 지방자치단체에 대한 금전채권		5년	국가재정법 제96조 제2항 지방재정법 제82조 제2항	
수급권자·가입자의 국민연금급여청구권, 국민연금과오납금 반환청구권		5년	국민연금법 제115조	
국민연금보험료, 환수금, 징수권·환수권		3년	국민연금법 제115조	
건강보험급여청구권, 건강보험과오납금 반환청구권, 보험료·연체금을 징수할 권리		3년	국민건강보험법 제91조	
공탁금 및 동 이자의 출급 및 회수청구권		10년	공탁금지급청구권의 소멸시효와 국고귀속절차(행정예규 제560호), 공탁법 제9조 제3항	

(4) 소멸시효의 중단

가. 중단의 의의

소멸시효의 중단이란 이미 경과한 시효기간을 소멸하게 하고 처음부터 다시 소멸시효를 진행하게 하는 것을 말한다.

나. 중단의 사유

(가) 서설

시효중단의 효력이 생기게 하는 것을 중단사유라고 한다. 민법은 제168조에서 시효중단의 사유로서 ① 청구, ② 압류·가압류·가처분, ③ 승인의 3가지를 규정하고 제169조 내지 제178조에서 그 구체적인 내용에 관하여 규정하고 있다. 그밖에 민법 이외에 어음법 제80조, 수표법 제64조, 회사정리법 제5조, 화의법 제41조 등이 시효중단의 사유를 규정하고 있다. 다만 이와 같은 법률이 규정하는 시효중단의 사유는 한정적인 것이 아니라 예시적인 것이라는 것이 통설이다.

(나) 청구

1) 재판상의 청구

(ㄱ) 소의 제기

재판상의 청구라 함은 사법기관을 통하여 하는 모든 청구를 의미하는 것이나, 협의로는 법원에 대하여 시효의 목적인 권리를 민사소송절차에 의하여 주장하는 것 즉 소송을 제기하는 것을 말한다. 민법 제170조에서의 재판청구란 협의의의 개념으로 사용되고 있다.

재판상의 청구가 소멸시효중단의 효력을 발생하는 시기는 소를 제기한 때 즉 소장을 법원에 제출한 때이며, 그 중단의 효력은 재판이 확정될 때까지 계속된다. 그러나 재판상의 청구를 하였더라도 소의 각하·기각 또는 취하가 있으면 시효중단의 효력은 생기지 않는다. 다만 소의 각하·기각 또는 취하가 있더라도 그로부터 6개월내에 재판상의 청구, 파산절차참가, 압류 또는 가압류·가처분을 한 때에는 소멸시효는 최초의 재판상의 청구로 중단된 것으로 간주된다.

(ㄴ) 지급명령신청

지급명령의 신청도 소멸시효를 중단시키는 효력이 있다. 지급명령의 신청이 시효중단의 효력을 발행하는 시기는 지급명령신청서를 관할법원에 제출한 때이다. 그리고 지급명령신청에 의하여 중단된 소멸시효는 그 지급명령이 확정된 때로부터 다시 진행하게 된다.

지급명령이 채무자에게 송달되지 않으면 법원은 채권자에게 그 주소의 보정을 명하고 채권자가 이에 응하지 않으면 지급명령의 신청을 각하하여야 하며, 이 각하가 있으면 시효중단의 효력은 생기지 않는다.

(ㄷ) 기타

민사소송법 제385조의 규정에 의한 화해신청이나 소액사건심판법 제5조의 규정에 의한 임의출석에도 시효중단의 효력이 인정되어 있다. 그리고 채권자가 파산재단의 배당에 참가하기 위하여 그의 채권을 신고하는 것도 소멸시효를 중단시키는 효력이 있으며, 명문의 규정은 없으나 파산선고시청도 소멸시효를 중단시키는 것으로 해석되고 있다. 또한 회사정리절차참가나 화의절차가 소멸시효를 중단시키는 효력이 있다.

2) 재판외의 청구

재판외의 청구 즉 최고라 함은 채무자에 대하여 채무의 이행을 요구하는 채권자의 의사통지를 말한다. 재판외의 청구를 함에 있어서는 특별한 방식을 갖출 것을 요하지 않으며, 구두로 하든 문서로 하든 상관없다. 다만 후일의 분쟁에 대비하여 증거자료를 남기기 위해서는 문서로 하는 것이 좋으며, 그 방식으로는 내용증명우편을 이용하는 것이 보통이다.

최고도 권리행사이므로 최고하면 시효가 중단된다. 그러나 상대방이 이에 응하여 채무를 이행하지 않으면 그 최고가 상대방에게 도달한 날로부터 6개월내에 다시 재판상의 청구, 파산절차참가, 화해를 위한 소환, 임의출석, 압류 또는 가압류·가처분을 하지 아니하면 시효중단의 효력은 생기지 않는다.

원래의 예정된 시효기간만료일이 지난 후에 한 최고에 대하여는 시효중단의 효력이 인정되지 않는다. 또한 최고를 여러번 거듭하다가 재판상청구 등을 한 경우에 있어서의 시효중단의 효력은 항상 최초의 최고시에 발생하는 것이 아니라 재판상청구 등을 한 시점을 기준으로 하여 이로부터 6월 이내에 한 최고시에 발생한다.

3) 압류·가압류·가처분

압류나 가압류에 의한 시효중단의 효력이 발생하는 시기에 관하여는 집행행위를 하였을 때라고 하는 설과 명령을 신청한 때라고 하는 설이 대립되어 있다. 그러나 전술한 소의 제기나 지급명령이 송달을 필요로 함에도 불구하고 신청을 한 때에 시효중단의 효력이 생기는 것과의 균형상 후자의 견해가 타당하다고 본다. 다만 가처분의 경우는 그 성질상 금전의 지급을 목적으로 하는 채권에 있어서는 소멸시효의 중단사유가 될 수 없다.

압류나 가압류명령이 권리자의 청구에 의하여 또는 법률의 규정에 따르지 아니함으로 인하여 취소된 때에는 시효중단의 효력이 없다. 권리자의 청구에 의하여 취소된 경우라 함은 권리자가 집행신청을 취하한 경우를 말하고, 법률의 규정에 따르지 아니함으로 인하여 취소된 때라 함은 압류 내지 강제집행이 취소되는 모든 경우를 말하는 것이 아니라 압류 그 자체가 요건을 구비하지 못하여 취소되는 경우만을 말한다.

압류와 가압류에 의한 시효중단과 관련하여서 특히 유의하여야 할 점은 다음과 같다.

① 단순한 집행문부여는 권리행사의 착수라고 볼 수 없으므로 시효중단의 효력이 없다.

② 압류나 가압류는 시효의 이익을 받을 자에 대하여 함을 요한다. 따라서 예컨대 A와 B의 C에 대한 채권을 압류 또는 가압류 하여도 B의 C에 대한 채권의 시효는 중단되지 않는다.

③ 압류나 가압류는 이를 시효의 이익을 받을 자에 대하여 하지 아니한 때에는 그에게 통지한 후가 아니면 시효중단의 효력이 없다. 본인이 알지 못하는 사이에 시효가 중단된다고 하는 것은 가혹한 것이기 때문이다. 따라서 예컨대 물상보증인이 제공한 부동산 위에 저당권을 설정한 경우에 채권자가 저당물을 압류하였을 때에는 이 사실을 채무자에게 통지한 때에 비로소 피담보채권에 관하여 시효중단의 효력이 발생하게 된다.

④ 집행관이 채권자의 위임을 받아 채무자의 주소에 임하여 압류나 가압류에 착수하였으나 대상 물건이 없어 집행불능이 된 때에도 시효중단의 효력은 인정된다. 그러나 채무자의 주소불명등으로 전혀 압류나 가압류절차에 착수하지 못한 때에는 시효중단의 효력이 인정되지 않는다.

⑤ 채권에 대한 압류나 가압류의 경우는 그 명령이 채무자에게 송달되면 비록 그것이 제3채무자에게 송달되지 아니하거나 압류나 가압류의 대상 채권이 존재하지 아니

하여도 시효중단의 효력이 인정된다.

⑥ 담보권실행으로서 하는 경매신청에도 시효중단의 효력이 인정된다. 그 신청에 따라 경매개시결정이 되면 그 대상물건에 관하여 압류의 효력이 생기는 것이기 때문이다.

4) 승인

승인이라 함은 시효완성전에 시효이익을 받을 자가 시효로 인하여 권리를 잃을 자에 대하여 그 권리를 인정한다는 것을 표시하는 것을 말한다.

승인은 권리의 존재를 인식한다는 뜻을 표시하는 실질을 갖추는 행위이면 충분하고 어떠한 형식도 필요로 하지 않으며, 상대방의 권리의 원인이나 내용 또는 범위 등 일체를 확인하여 할 필요도 없다. 그러나 단지 내심에 있어서 권리자의 권리의 존재를 인식하고 있는 것만으로는 부족하고 반드시 권리자에 대하여 그 권리의 존재를 인정하는 명시 또는 묵시의 표시가 있어야 한다.

채무의 일부 변제는 일부로서의 변제인 한 채권전부에 관하여 승인한 것으로 된다. 그러나 일부변제에 의한 승인은 일부로서 하는 변제의 경우에 채권전부에 대한 시효중단의 효력이 생기므로 채권의 금액에 관하여 다툼이 있는 때에는 채무자가 일부변제를 하여도 잔액에 관하여 시효중단의 효력이 생기지 않는다. 채무자가 이자를 지급한다는 것은 원금채무의 존재를 묵시적으로 승인한 것으로 볼 수 있다. 담보의 제공도 채무의 승인이 된다. 또한 채권자의 변제독촉에 대하여 채무자가 지급의 유예를 구하는 것도 채무의 승인이 된다. 그밖에 이미 발행하였던 어음을 회수하고 다시 어음을 발행할 것을 승낙한 때에는 비록 그대로 실행되지 않았더라도 어음채무를 승인한 것이 된다.

5) 소송고지

자기앞의 배서인 및 환어음과 수표의 발행인에 대한 소구의무자의 소송고지도 시효를 중단한다. 배서인의 다른 배서인과 환어음의 발행인 및 수표의 발행인에 대한 재소구권은 그 어음이나 수표를 환수한 날 또는 제소받은 날로부터 진행되므로, 환수이전 즉 그 소송이 종료하여 확정되기 전에 시효소멸 할 수 있기 때문이다. 소송고지는 이를 하려는 당사자가 고지이유 및 소송정도를 기재한 고지서라는 서면을 제출하면 법원이 이 서면을 피고지자와 상대방 당사자에게 송달하는 방법으로 한다.

다. 중단의 효력

(가) 이미 진행한 시효기간의 불산입

시효가 중단하면 그 때까지 경과한 시효기간은 이를 산입하지 않는다(민법 제178조 제1항 전단). 그리고 이 시효중단의 효력은 당사자 및 승계인간에도 미친다. 「당사자」라 함은 중단행위에 관여한 자만을 가리키며, 시효가 진행하고 있는 권리 또는 청구권의 당사자를 가리키는 것이 아니다. 그리고 「승계인」이라 함은 시효중단에 관여한 당사자로부터 중단의 효력이 생긴 권리 또는 의무를 승계한 자로써, 포괄승계인(상속인 등)과 특정승계인(양수인 또는 인수인)을 모두 포함한다. 그러나 그 승계는 시효중단의 효력이 발생한 이후에 이루어진 것이어야 한다.

(나) 중단후의 시효진행

1) 시효재진행의 요건

시효가 중단된 후에도 그 시효기간 진행의 기초가 되는 사실상태가 계속되면 그 때부터 새로이 시효기간이 진행하게 된다. 따라서 특정의 채권에 관하여 채권자가 재판상의 청구 등 권리를 행사함으로써 시효를 중단시켰으나 아직 채권의 종국적인 만족을 받지 못하였으면 그 채권에 대하여는 중단후 권리행사가 가능하게 된 때로부터 새로이 소멸시효가 진행하게 된다.

그리고 이 경우 새로이 진행되는 소멸시효의 기간은 중단후 재진행되는 대상권리의 성격에 따라 결정된다.

2) 재진행시효의 기산점

재판상의 청구로 인하여 중단한 시효는 재판이 확정된 때로부터 새로이 진행된다. 그리고 소송이 인낙 또는 화해에 의하여 종료한 때에는 인낙 또는 화해가 조서에 기재되어 그 효력이 생기는 때로부터 새로운 시효기간이 진행한다.

지급명령의 신청에 의하여 생긴 시효중단의 효력은 지급명령에 대하여 이의신청이 없거나 이의신청을 취하하거나 각하결정이 확정됨으로써 지급명령이 확정될 때까지 계속되었다가 지급명령이 확정된 때로부터 새로운 시효기간이 진행한다.

화해·조정의 신청에 의하여 생긴 시효중단의 효력은 화해 또는 조정이 성립하여 그 뜻이 조서에 기재될 때까지 계속되었다가 그 기재가 있는 때로부터 새로운 시효기간이 진행한다. 그리고 화해 또는 조정이 성립되지 아니하여 소송 또는 심판으로 이행한 때에는 그 재판확정시까지 시효중단의 효력이 계속되었다가 그 재판이 확정된 때로부터 새로운 시효기간이 진행한다.

압류에 의하여 생긴 시효중단의 효력은 절차 종료시까지 계속된다. 집행이 취하되거나 취소된 때에는 원칙적으로 시효중단의 효력이 없으므로 그 종료시기도 문제되지 아니하지만, 집행에 착수한 후 압류물건을 환가하여도 집행채권자에게 배당할 잉여가 없다고 인정되어 집행이 취소된 때나, 압류에 착수하였으나 압류할 물건이 없어 집행불능이 된 때에는 시효가 중단되고 그 중단의 효력은 그 때까지 계속되었다가 집행을 취소한 때 또는 집행불능조서를 작성한 때로부터 새로운 시효기간이 진행된다.

유체동산이나 부동산에 대한 강제집행의 경우는 배당기일에 경락대금이 채권자에게 배당 또는 교부될 때까지 시효중단의 효력이 계속되었다가 그 배당기일이 종료한 때로부터 새로운 시효기간이 진행한다. 금전채권에 대한 강제집행에 있어서는 추심명령의 경우는 추심종료신고시(다른 채권자의 배당참가가 없는 경우)또는 법원의 배당실시시(다른 채권자의 배당참가가 있는 경우)까지, 전부명령의 경우는 그 전부명령의 확정시까지 시효중단의 효력이 계속되었다가, 추심종료 신고시나 배당기일 종료시 또는 전부명령확정시로부터 새로운 시효기간이 진행한다.

가압류에 의한 시효중단의 효력에 관하여는 가압류의 집행절차가 종료한 때까지 계속되었다가 그 집행절차가 종료한 때로부터 새로운 시효기간이 진행한다. 승인에 의한 시효중단의 효력은 도달로서 발생함과 동시에 종료한다. 그러나 소송이나 조정의 절차 중에 승인이 있는 경우에는 그 절차 종료시부터 새로운 시효가 진행을 개시하며 시효의 진행중 채무자가 그 채무를 승인하고 채권자와 채무자간에 채무이행의 연기를 합의하였을 때에는 그 시효는 승인에 의하여 중단되고 새로운 시효는 그 연기한 기일이 도래한 때로부터 새로이 진행하게 된다.

4 민사조정

민사조정절차는 조정담당판사 또는 법원에 설치된 조정위원회가 분쟁당사자로부터 주장을 듣고 여러 사정을 참작하여 조정안을 제시하고 서로 양보와 타협을 통하여 합의에 이르게 함으로써 분쟁을 평화적이고, 간이·신속하게 해결하는 제도입니다.

(1) 소송절차와 조정절차

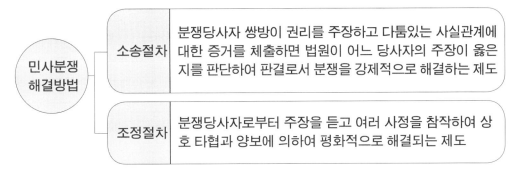

민사분쟁 해결방법

소송절차 : 분쟁당사자 쌍방이 권리를 주장하고 다툼있는 사실관계에 대한 증거를 제출하면 법원이 어느 당사자의 주장이 옳은지를 판단하여 판결로서 분쟁을 강제적으로 해결하는 제도

조정절차 : 분쟁당사자로부터 주장을 듣고 여러 사정을 참작하여 상호 타협과 양보에 의하여 평화적으로 해결되는 제도

(2) 민사조정절차의 장점

① 소송과 같은 엄격한 절차를 거치지 아니하고 자유로운 분위기에서 자신의 의견을 충분히 말할 수 있습니다.

② 소송에 비하여 신속한 해결이 가능합니다. 민사조정을 신청하면 빠른 시일 내에 조정기일이 정해지고, 대부분 한 번의 기일(출석)으로 종료됩니다.

③ 비용이 저렴합니다. 소송에 비하여 인지대가 1/10로 저렴합니다.

④ 당사자 사이의 상호 타협과 양보에 의하여 분쟁을 해결하므로 감정대립이 남지 아니합니다.

⑤ 일반적으로 민사조정절차는 조정담당판사 또는 조정위원회가 딱딱한 법정이 아닌 자유로운 분위기의 조정실에서 당사자의 말을 충분히 듣고 실정에 맞게 분쟁을 해결하고, 비공개로 진행되기 때문에 비밀이 철저히 보장됩니다.

(3) 상임 조정위원 제도

지난 2009년 2월 6일 민사조정법이 개정되어, 상임 조정위원 제도가 도입되었습니다. 상임 조정위원이 위촉된 법원의 조정담당판사는, 상임 조정위원으로 하여금 조정에 관한 사무를 처리하게 할 수 있습니다.

상임 조정위원은 매월 일정한 보수를 받고 법원에 상근하면서 조정담당판사로부터 넘겨받은 사건의 조정업무를 담당합니다. 조정담당판사에 의한 조정과 마찬가지로, 상임 조정위원은 처음부터 조정으로 신청된 사건 뿐 아니라 정식소송으로 제기되었다가 담당 재판부가 조정절차로 회부한 사건도 처리할 수 있습니다. 또한 상임 조정위원은 단독으로 조정을 하거나 조정위원회를 구성하여 조정할 수 있으며, 조정이 성립되면 확정판결과 동일한 효력이 있습니다.

이처럼 상임 조정위원은 조정사무에 있어서 판사와 동일한 권한을 갖는 만큼, 특별히 판사·검사·변호사 등 통산 10년 이상의 법조경력이 있는 사람이거나 민사조정위원 또는 가사조정위원으로 3년 이상 활동한 사람 중에서 위촉하며, 공무원이 아니지만 형법 상의 뇌물죄가 적용됩니다.

대법원은 상임 조정위원이 조정사건을 처리할 수 있도록 지역별로 "조정센터"를 설치 현재 10개의 법원조정센터를 운영 중에 있습니다.

앞으로 조정센터가 설치된 법원에서는, 조정신청을 하면 가까운 시일 안에 전문적 법률지식은 물론 풍부한 사회경험과 경륜까지 갖춘 상임 조정위원을 만날 수 있습니다. 금전관계나 부동산거래로 다툼이 생겼지만 시간이나 비용 문제로 정식으로 소송을 제기하는 것이 선뜻 내키지 않는 상황이라면, 법원에 직접 조정신청을 하여 원로 법조인으로부터 법적 조언과 더불어 원만한 해결방안을 제시받는 것이 쉽고 빠른 해결책이 될 것입니다.

(4) 민사조정절차의 흐름

민사조정은 크게 민사조정신청에 의한 조정과 소가 제기된 이후 수소법원에서 하는 조정으로 나누어 볼 수 있습니다. 조정신청은 서면 또는 구술로 할 수 있습니다. 한편 수소법원은 항소심 판결선고 전까지 소송이 계속 중인 사건을 결정으로 조정에 회부할 수 있습니다.

조정사건은 조정담당판사가 처리하도록 되어있고, 조정담당판사는 스스로 조정을 하거나 조정위원회로 하여금 이를 하게 할 수 있습니다.

조정절차를 진행한 결과 사건의 성질상 조정을 함에 적당하지 아니하다고 인정하거나 당사자가 부당한 목적으로 조정신청을 한 것임을 인정하는 때에는 조정을 하지 아니하는 결정으로 사건을 종결시킬 수 있고, 이 결정에 대해서는 불복할 수 없습니다. 당사자 사이에 합의가 성립되지 않는 경우에는 조정 불성립으로 조서에 기재하고 사건을 종결하게 되는데, 이때에는 상당한 이유가 없는 한 직권으로 조정에 갈음하는 결정을 하여야 합니다. 조정에 갈음하는 결정에 대해서는 그 조서정본을 송달받은 날부터 2주일 이내에 이의신청을 할 수 있고, 적법한 이의신청이 있으면 소송으로 이행됩니다.

반면 당사자 사이에 합의가 성립된 경우에는 합의된 사항을 조서에 기재하게 되면 확정판결과 동일한 효력을 가지게 됩니다.

(5) 양 식

조 정 신 청 서

사 건 명

신 청 인 ○○○

　　　　○○시 ○○구 ○○길 ○○(우편번호 ○○○－○○○)

　　　　전화·휴대폰번호:

　　　　팩스번호, 전자우편(e-mail)주소:

피신청인 ◇◇◇

　　　　○○시 ○○구 ○○길 ○○(우편번호 ○○○－○○○)

　　　　전화·휴대폰번호:

　　　　팩스번호, 전자우편(e-mail)주소:

신 청 취 지

1.

2.

라는 조정을 구합니다.

신 청 원 인

1.

2.

입 증 방 법

1.

2.

첨 부 서 류

1. 위 입증방법	각 1통
1. 신청서부본	1통
1. 송달료납부서	1통

200 ． ． ．

위 신청인　　　　　　　(서명 또는 날인)

○○지방법원 귀중

조정신청취하서

[담당재판부 : 제   조정단독]

사   건   20○○머 ○○○○ 물품대금
원   고   ○○○
피   고   ○○○

이 사건에 관하여 신청인은 조정신청을 전부 취하합니다.

20○○. ○○. ○○.

신청인 ○○○ (날인 또는 서명)

(연락처) 000-0000-0000

○○지방법원 (○○지원) 제 ○조정단독 귀중

제출자 :	
관 계 :	
주민등록번호 :	
제출자의 신분확인	(인)

조정을 갈음하는 결정에 대한 이의신청서

[담당재판부 : 제   민사부(단독)]

사   건   20○○가단(합, 소)○○○○ 손해배상(기)
원   고   ○○○
피   고   ○○○

이 사건에 관하여 신청인은 20○○. ○○. ○○. 조정에 갈음하는 결정을 송달받았으나, 이에 대하여 이의를 신청합니다.

20○○. ○○. ○○.

이의신청인 원고(또는 피고) ○○○ (날인 또는 서명)

(연락처) 000-0000-0000

○○지방법원 (○○지원) 제 ○민사부(단독) 귀중

◇ 유의사항 ◇

1. 결정을 송달받은 날로부터 2주 안에 이의신청서를 제출하지 아니하면 이의신청이 각하될 수 있습니다(민사조정법 제34조제1항, 민사조정규칙 제16조제1항).
2. 연락처란에는 언제든지 연락 가능한 전화번호나 휴대전화번호를 기재하고, 그 밖에 팩스번호, 이메일 주소 등이 있으면 함께 기재하기 바랍니다.

조정을 갈음하는 결정에 대한 이의신청 취하서

[담당재판부 : 제   민사부(단독)]

사 건   20○○가단(합, 소)○○○○ 손해배상(기)
원 고 ○○○
피 고   ○○○

이 사건에 관하여 신청인은 20○○. ○○. ○○.자 조정을 갈음하는 결정에 대하여 20○○. ○
○. ○○. 이의신청을 하였으나 이를 전부 취하합니다.

20○○. ○○. ○○.

이의신청인 원고(또는 피고) ○○○ (날인 또는 서명)

(연락처) 000-0000-0000

○○지방법원 (○○지원) 제 ○민사부(단독) 귀중

5 소장작성

법원에 소를 제기하려면 우선 소장을 작성하여 제출하여야 합니다.

소장의 양식은 서울중앙지방법원의 경우 종합접수실 민원실에 유형별로 견본을 작성하여 비치해 두고 있으며 각급법원 민원실에도 견본을 비치하고 있습니다.

관련서식은 대법원 대국민서비스(http://www.scourt.go.kr/portal/main.jsp)와 대한법률구조공단 법률지원센터 법률서식(https://www.klac.or.kr/content/list.do?code=8)에서 다운로드 받아 사용하실 수 있습니다.

소장의 중요한 기재사항은 다음과 같습니다.
· 원·피고 당사자의 성명, 명칭 또는 상호와 주소
· 대리인이 있는 경우 대리인의 성명과 주소
· 일과중 연락가능한 전화번호, 팩스번호, E-Mail 주소
· 청구취지 (청구를 구하는 내용. 범위 등을 간결하게 표시)
· 청구원인 (권리 또는 법률관계의 성립원인 사실을 기재)
· 부속서류의 표시(소장에 첨부하는 증거서류 등)
· 작성 연월일
· 작성자의 기명날인 및 간인
· 법원의 표시

(1) 소송목적의 값 산정방법

소송목적의 값은 원고가 청구취지로서 구하는 범위내에서 원고의 입장에서 보아 전부 승소할 경우에 직접 받게될 경제적 이익을 객관적으로 평가하여 정한 금액을 말하는 바, 소송목적에 따라 산정표준이 다음과 같이 다릅니다.

통상의 소

확인의 소 (소극적 확인의 소포함)	권리의 가액
증서진부확인의 소	– 유가증권 : 그 가액의 2분의 1 – 기타증서 : 200,000원
금전지급 청구의 소	청구금액(이자, 손해배상, 위약금 또는 비용의 청구가 소송의 부대 목적이 되는 때에는 가액에 산입하지 않습니다.
기간이 확정되지 아니한 정기금	기 발생분 및 1년분의 정기금 합산액
물건의 인도, 명도 또는 방해배제를 구하는 소	– 소유권에 기한 경우 : 목적물건 가액의 2분의 1 – 지상권, 전세권, 임차권, 담보물권에 기한 경우, 또는 그 계약의 해지·해제,계약 기간의 만료를 원인으로 하 는 경우 : 목적물건 가액의 2분의 1 – 점유권에 기한 경우 : 목적물건 가액의 3분의 1 – 소유권의 이전을 목적으로 하는 계약에 기한 동산인도 청구 : 목적물건의 가액
상린관계상의 청구	부담을 받는 이웃 토지부분 가액의 3분의 1
공유물분할청구의 소	목적물건의 가액에 원고의 공유지분 비율을 곱하여 산출한 가액의 3분의 1
경계확정의 소	다툼이 있는 범위의 토지부분의 가액
사해행위취소의 소	취소되는 법률행위의 목적의 가액을 한도로 한 원고의 채권액
정기금판결과 변경의 소	증액 또는 감액을 구하는 부분의 1년간 합산액

등기·등록 등 절차에 관한 소

소유권 이전등기	목적물건의 가액
지상권, 임차권	목적물건의 가액의 2분의 1
담보물권, 전세권	목적물건의 가액을 한도로 한 피담보채권액(근저당권의 경우에는 채권최고액)
지역권	승역지 가액의 3분의 1

(2) 인지액 계산방법

가. 소장에는 소송목적 가액에 따라 아래 금액 상당의 인지를 첨부하여야 합니다.

소송목적의 값	청구 금액 인지액 계산법
1,000만원 미만	소송목적의 값 X 10,000분의 50 = 인지액
1,000만원 이상 ~ 1억원 미만	소송목적의 값 X 10,000분의 45 + 5,000원 = 인지액
1억원 이상 ~ 10억원 미만	소송 목적의 값 X 10,000분의 40 + 55,000원 = 인지액
10억원 이상	소송목적의 값 X 10,000분의 35 + 555,000원 = 인지액

※ 유의사항
산출된 인지액이 1,000원 미만인 때에는 이를 1,000원으로 하고, 1,000원 이상인 경우에 100원 미만의 단수가 있는 때에는 그 단수는 계산하지 않습니다.

나. 재산권상의 소로서 그 소송목적의 값을 산출할 수 없는 것과 비재산권을 목적으로 하는 소송의 소송목적의 값은 5,000만원으로 합니다. 다만, 민사소송등인지규칙 제15조 제1항 내지 제3항(회사등 관계 소송 등), 제15조의2(단체소송), 제17조의2(특허소송), 제18조(무체재산권에 관한 소)에 정한 소송의 소송목적의 값은 1억원으로 합니다.

다. 항소장·상고장의 인지액

항소장에는 위 규정액의 1.5배, 상고장에는 2배의 인지를 붙여야 합니다.

※ 유의사항
- 소장 등에 첨부하거나 보정할 인지액이 1만원 이상인 때에는 전액을 현금으로 납부하여야 합니다.
- 인지액이 1만원 미만인 경우에는 실물인지 또는 전자인지로 납부함이 원칙입니다. 다만, 사건번호가 붙는 신청서의 경우에는 인지액을 현금으로 납부할 수 있습니다.
- 현금수납 기관은 송달료수납은행에 납부하며 대부분 법원구내에 위치하고 있습니다.
- 인지액 상당의 금액을 현금으로 납부할 수 있는 경우에는 신용카드, 직불카드 등 (이하 "신용카드등"이라 합니다)으로 납부할 수 있습니다.
- 이용가능 카드 : 비씨카드, KB카드, 삼성카드, 씨티카드, 전북카드, 현대카드, 롯데카드, 신한카드, 외환카드, 제주카드, 하나SK카드, 수협카드, 광주카드, NH카드 (전 신용카드사)
- 납부방법 : 송달료 규칙 제3조 제1항에 규정된 송달료수납은행, 또는 인지납부 대행기관(금융결제원)의 인터넷 홈페이지 www.cardrotax.or.kr
- 결제취소 : 수납은행에서 납부한 경우에 한하여 수납은행의 당해 영업일의 수납 마감시간이전에 한하여 가능함.
- 납부대행수수료 :인지금액의 1%를 납부자가 부담하여야 하며, 그 수수료는 전액 소송비용에 산입됨
- 인지액 상당의 금액을 현금 또는 신용카드 등으로 납부한 후 과오납금이 있음을 발견한 때에는 수입징수관에게 반환을 청구할 수 있습니다.

※ 신용카드등 납부시 유의사항
- 카드사의 사정에 따라 일부 신용카드는 이용이 제한될 수 있습니다.
- 순수 직불카드는 이용이 불가하고, 신용카드 기능을 함께 갖고 있는 체크카드는 이용이 가능합니다.
- 영수증은 납부인이 보관하시고, 영수필확인서(법원제출용)와 영수필통지서(법원제출용:수입징수관 송부용)는 소장 등에 첨부하여 법원에 제출하여 주시기 바랍니다.

(3) 인지액 납부 및 환급

가. 소장·상소장 등에 첨부하거나 보정하여야 할 인지액

이미 납부한 인지액이 있는 경우에는 그 합산액이

(가) 1만원 이상 : 전액 현금이나 신용카드, 체크카드 등(이하 "신용카드등"이라 합니다)으로 납부하여야 합니다.

(나) 1만원 미만 : 현금이나 신용카드등 또는 수입인지로 납부할 수 있습니다.

나. 시·군법원의 인지액 납부 방법

액수에 관계없이 인지를 첨부하여야 합니다. 다만, 조정·화해·독촉사건이 소송으로 이행할 경우 소장에 붙여야 할 인지액이 10만원을 초과하는 사건에 대하여 인지액을 보정하는 때에는 그 보정하는 인지액을 현금이나 신용카드등으로 납부하여야 합니다.

다. 인지액의 현금 또는 신용카드등 납부

(가) 현금으로 납부할 경우에는 수납은행에 가서 직접 납부하거나 해당은행의 인터넷뱅킹을 이용한 계좌이체의 방식으로 납부할 수 있고, 신용카드등으로 납부할 경우에는 수납은행에 가서 직접 납부하거나 인지납부대행기관(금융결제원)의 인지납부용 인터넷 홈페이지 www.cardrotax.or.kr 에 접속하여 납부할 수 있습니다.

(나) 수납은행에서 직접 납부하는 경우에는 수납은행에 비치된 소송등인지의 현금·신용카드등 납부서에 소정사항을 기재(제출법원란에는 소장 등을 실제로 제출하였거나 제출할 법원을 기재)하여 납부한 후 영수필확인서 및 영수필통지서를, 인터넷뱅킹을 이용한 계좌이체의 방법 또는 인지납부대행기관의 인지납부용 인터넷 홈페이지에 접속하여 납부하는 경우에는 영수필확인서 및 영수필통지서를 출력하여 소장등에 첨부하여야 합니다.

라. 과오납금의 반환 청구 또는 결제 취소

(가) 인지액 상당의 금액을 현금으로 납부하거나 수납은행에서 신용카드등으로 납부한 후 납부 당일의 수납마감 전에 과오납이 있음을 발견한 때에는 수납은행으로부터 교부받거나 인터넷으로 출력한 서류의 원본을 수납은행에 반환하고 과오납금의 반환을 청구하거나 결제취소를 청구할 수 있습니다.

(나) 납부 당일의 수납마감 이후 또는 인지납부대행기관의 인지납부용 인터넷 홈페이지에 접속하여 신용카드등으로 납부한 때에는 당해사건의 담당 법원사무관등이 과오납을 확인한 서면 또는 수납은행이나 납부대행기관으로부터 교부받은 서류의 원본을 첨부하여 소장등을 제출한 법원에 서면으로 과오납금의 반환을 청구할 수 있습니다.

마. 사건의 종결에 따른 인지액의 환급 청구(민사사건 및 가사·행정·특허사건도 포함됨)

(가) 본안 사건의 소장·항소장·상고장 각하, 제1심 또는 항소심 변론종결 전까지의 소·항소취하(취하간주 포함), 상고이유서 제출기간 경과 전의 상고취하, 제1심 또는 항소심에서의 조정·화해 또는 청구의 포기·인낙 등으로 종결된 때에는 당해 심급에 납부한 인지액의 1/2에 해당하는 금액(인지액의 1/2에 해당하는 금액이 10만원 미만인 경우에는 인지액에서 10만원을 공제하고 남은 금액)의 환급을 소장등을 제출한 법원에 서면으로 청구할 수 있습니다.

※ 소장등에 붙인 인지액이 10만원 이하인 경우에는 환급되지 않습니다.

(나) 환급청구하는 경우에는 당해사건의 담당 법원사무관등이 환급사유 및 환급금액을 확인한 서면을 첨부하여야 합니다.

(다) 환급청구는 환급사유가 발생한 날부터 3년내에 청구하여야 하고, 환급받을 예금계좌번호를 기재한 환급청구서를 담당 재판부에 제출하여야 합니다.

(4) 송달료 납부

소장을 제출할 때에는 당사자 수에 따른 계산방식에 의한 송달료를 송달료수납은행(대부분 법원구내 은행)에 납부하고 그 은행으로부터 교부받은 송달료 납부서를 소장에 첨부하여야 하는데 각 사건의 송달료 계산방식은 다음과 같습니다.

사건	송달료 계산법(송달료 1회분=4,700원, 2018.8.1. 부터)
민사 제1심 소액사건	당사자수 X 송달료 10회분
민사 제1심 단독사건	당사자수 X 송달료 15회분
민사 제1심 합의사건	당사자수 X 송달료 15회분
민사항소사건	당사자수 X 송달료 12회분
민사 상고사건(다)	당사자수 X 송달료 8회분
민사 조정사건(머)	당사자수 X 송달료 5회분
부동산 등 경매사건 (타경)	(신청서상의 이해관계인 수 + 3) X 송달료 10회분

〈예시〉 민사조정사건 당사자수 2명인 경우 : 2명 X 4,700원 X 5회분 = 47,000원

(5) 현금지급기 등을 이용한 송달료 납부 방법

① 송달료를 현금지급기(CD)나 현금 입·출금기(ATM)를 이용하여 납부하는 경우에는 그 이용명세표로 송달료 납부서에 갈음할 수 있습니다.

② 인터넷뱅킹, 자동응답전화기(ARS) 또는 현금지급기나 현금 입·출금기를 이용하여 송달료를 납부한 경우에 송달료 잔액 환급은 별도의 계좌입금신청이 없더라도 출금계좌에 이체하는 방법으로 합니다.

③ 인터넷뱅킹, 자동응답전화기(ARS) 또는 현금 지급기나 현금 입·출금기를 이용하여 송달료를 납부하였으나, 송달료 잔액 환급 전에 출금계좌가 폐쇄된 경우에는 잔액환급 통지를 하고, 환급청구를 받아 환급합니다.

(6) 송달료 환급방법

① 당해 심급의 소송절차가 종결된 때에는 납부인이 송달료잔액 계좌 입금신청을 한 경우 신고한 예금계좌로 입금해드립니다.

② 계좌입금신청을 하지 아니한 경우, 예금계좌의 부정확한 신고등으로 송달료 잔액의 계좌입금이 되지 아니한 경우 및 송달료잔액이 계좌입금수수료보다 부족한 경우에는 송달료 관리은행에서 납부인에게 잔액환급 통지를 해드립니다.

③ 송달료잔액 환급통지가 이사 등의 사유로 송달불능이 되는 경우 이를 알지 못하여 일정 기간 경과 후 국고수납이 되는 수가 있으니 송달료 납부시 예금계좌를 정확히 기재하시기 바랍니다.

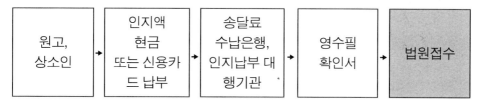

(7) 소장 제출법원

소장을 작성하여 법원에 제출하려면 국내에 있는 여러 곳의 법원 중 그 사건과 관련된 법원에 제출해야 되는데, 일반적으로 이것을 관할이라고 합니다. 관할에는 일반적인 경우와 특별한 경우가 있는데 다음 사항을 참고하시기 바랍니다.

가. 일반적으로 인정되는 소장 제출법원

자연인	피고의 주소지 관할법원, 주소가 없거나, 주소를 알 수 없는 때에는 거소(현재 사실상 거주), 거소가 없거나 알 수 없는 때에는 최후의 주소지 관할법원에 제출해야 합니다.
법인 기타 단체	주된 사무소 또는 영업소(본점)소재지, 주된 영업소가 없는 때에는 주된 업무담당자의 주소지 관할법원에 제출해야 합니다.

나. 특별히 인정되는 소장 제출법원

근무지 법원	사무소 또는 영업소에 계속하여 근무하는 자에 대한 소
거소지 또는 의무이행지 법원	재산권에 관한 소
어음, 수표의 지급지 법원	어음·수표에 관한 소, 단 이득 상환 청구나 소구통지의 해태로 인한 손해 배상 청구와 같은 어음·수표법상의 권리에 관한 소는 이에 해당하지 않습니다.
불법행위지	불법행위에 관한 소는 그 행위지의 법원
부동산 소재지	부동산에 관한 소
등기·등록지	등기·등록에 관한 소는 등기 또는 등록 할 공무소 소재지 법원
특정유형의 소에 대한 특별재판적 (제24조)	지적재산권과 국제거래에 관한 소의 경우 그에 관한 전문재판부가 설치된 고등법원이 있는 곳의 지방법원에 특별재판적을 인정하고, 편의이송 규정을 신설함

※ 위와 같이 특별히 인정된 법원이 있는 경우에는 일반적으로 인정된 법원과 비교하여 원고에게 유리한 법원을 선택할 수 있습니다.

다. 당사자의 합의에 의하여 인정되는 소장 제출법원

법률상의 전속관할로 지정된 경우를 제외하고는 당사자가 일정한 법률관계에 기인한 소에 관하여 서면으로써 합의에 의하여 제1심 관할법원을 정할 수도 있습니다.

(8) 소송구조

소송구조는 소송비용을 지출할 자금능력이 부족한 사람에 대하여 법원이 신청 또는 직권으로 재판에 필요한 일정한 비용의 납입을 유예 또는 면제시킴으로써 그 비용을 내지 않고 재판을 받을 수 있도록 하는 제도입니다.

(9) 소송구조의 대상

소송구조는 민사소송, 행정소송, 가사소송의 본안사건은 물론이고, 독촉사건, 가압류·가처분신청사건도 그 대상이 됩니다.

(10) 소송구조 신청절차

소송을 제기하려는 사람과 소송계속 중의 당사자가 신청할 수 있으며, 외국인은 물론 법인도 신청할 수 있습니다. 소 제기 전에는 소를 제기하려는 법원, 소 제기 후에는 소송기록을 보관하고 있는 법원에 신청하여야 합니다.

(11) 소송구조 요건

소송구조를 하기 위해서는 신청인의 무자력과 승소가능성이라는 두 가지 요건이 필요합니다. 무자력은 자연인의 경우에는 경제적으로 빈곤하여 자기 및 가족에게 필요한 생활을 해하지 않으면 소송비용을 지출할 수 없는 상태에 있는 사람을 의미하며, 소명자료로 '소송구조 재산관계진술서'를 작성해서 제출하여야 합니다. 승소가능성은 신청인이 그 소송에서 패소할 것이 분명하지 아니할 경우 인정되며, 법원이 재판절차에서 나온 자료를 기초로 판단합니다.

가. 재산관계진술서 작성방법

가족관계		배우자, 부모, 동거중인 형제자매
재산 내역	부동산	등기 여부에 관계없이 권리의 종류, 부동산의 소재지, 지목, 면적(㎡), 실거래가액을 기재 (예시) 임차권, 서울 서초구 서초동 ㅇㅇ번지 ㅇㅇ 아파트 ㅇ동 ㅇ호 50㎡, 임대차보증금 ㅇㅇㅇ만원
	예금	50만원 이상인 예금의 예금주, 예탁기관, 계좌번호, 예금의 종류를 기재 (예시) 예금주 ㅇㅇㅇ, △△은행 서초지점 계좌번호 00-00-00, 보통예금, ㅇㅇㅇ만원
	자동차	차종, 제작연도, 배기량, 차량등록번호, 거래가액을 기재 (예시) 캐피탈 1993년식, 1500cc, 서울 ㅇㅇ두 1234, ㅇㅇㅇ만원
	연금	액수에 관계없이 연금의 종류, 정기적으로 받는 연금 액수, 기간을 기재 (예시) 유족연금 매월 30만원, 20ㅇㅇ...부터 20ㅇㅇ...까지
	기타	소유하고 있는 건설기계, 선박 또는 50만원 이상의 유가증권, 회원권, 귀금속 등을 기재

나. 무자력 소명자료

재산관계진술서에는 가족관계를 알 수 있는 주민등록등본 또는 호적등본, 그리고 재산내역을 알 수 있는 부동산등기부등본이나 자동차등록원부등본 또는 예금통장사본, 각종 회원증 사본 등을 첨부하시고, 그 외에 다음에 해당하는 자료가 있는 경우에는 이를 제출하시기 바랍니다.

법률구조공단의 구조결정서 사본	
근로자 및 상업 종사자	근로소득원천징수영수증 또는 보수지급명세서, 국민건강보험료, 부과 내역서, 국민연금이력요약/가입 증명서, 소득금액증명서 등
공무원	재직증명서 또는 공무원증 사본
국가보훈대상자	국가유공자임을 증명하는 증명서
기초생활 수급권자	수급권자 증명서
소년. 소녀가장	가족관계 증명서
장애인	시,군,구,읍,면 동사무소 발생의 장애인 증명, 장애인 수첩 또는 의사가 발행하는 장애진단서
영세민	국민건강보험료부과내역서, 국민연금 이력요약/가입증명서, 소득금액증명서, 지방세세목별과세증명서, 주택임대차계약서
외국인	여권사본 또는 외국인등록증사본
법인	대차대조표, 재산목록, 영업보고서, 손익계산서

(12) 양 식

소송구조신청서

구조대상사건 : 20○○가합○○○ 손해배상(자)　　　　　　수입인지 1,000원

　　　　　　　　　　　　　　　　　　　　　　　　　　　　　송달료 2회분

신청인(원고, 피고)　○○○

　　　　　　주소 :

　　　　　　전화, 휴대폰, 팩스번호 :

상대방(원고, 피고)　○○○

　　　　　　주소 :

　신청인은 위 사건에 관하여 아래와 같은 사유로 소송구조를 신청합니다.

1. 구조를 신청하는 범위
　□ 인지대　　[□ 소장　□ 상소장　□ 기타(　　　　)]　□ 변호사비용
　□ 기타 (　　　　　　　　　　　　　)　□ 위 각 사항 등을 포함한 소송비용 전부

2. 구조가 필요한 사유
　가. 사건 내용 : 별첨 기재와 같다(소장 사본의 첨부로 갈음 가능).
　나. 신청인의 자력 :
　□「국민기초생활보장법」에 따른 수급자(수급자 증명서)
　□「한부모가족지원법」에 따른 지원대상자(한 부모 가족증명서)
　□「기초연금법」에 따른 수급자(기초연금수급자 증명서 또는 기초노령연금 지급내역이 나
　　오는 거래은행통장 사본)
　□「장애인연금법」에 따른 수급자(장애인연금수급자 증명서 또는 장애인연금 지급내역이
　　나오는 거래은행통장 사본)
　□「북한이탈주민의 보호 및 정착지원에 관한 법률」에 따른 보호대상자(북한이탈주민등록
　　확인서)
　□ 위 대상자 외의 자 : 재산관계진술서 및 그 밖의 소명자료 첨부

　신청인은 소송진행중이나 완결 후에 신청인의 직업이나 재산에 중대한 변동이 생긴 때, 소
송의 결과 상대방으로부터 이행을 받게 된 때에는 법원에 즉시 그 내용을 신고하겠습니다.

20 ．　．　．

신청인 ○○○ ＿＿＿＿＿＿＿(서명 또는 날인)

　　　　　　　　　　　　　　　　　　　　　　　○○지방법원 제○부(단독) 귀중

소송구조 재산관계진술서

신 청 인	이 름			주민등록번호				
	직 업		주 소					
가족관계		이 름	신청인과 관계	나 이	직 업	월수입		동거여부
신청인의 월수입	금 액							
	내 역							
수급권자 여 부	□ 국민기초생활보장법상의 수급권자임 □ 한부모가족지원법상의 지원대상자임 □ 기초연금법상의 수급권자임 □ 장애인연금법상의 수급권자임 □ 북한이탈주민의 보호 및 정착지원에 관한 법률상의 보호대상자임 □ 수급권자·지원대상자·보호대상자 아님							
신청인의 주 거	형 태	아파트, 단독주택, 다가구주택, 연립주택, 다세대주택 기타( )						
	소유관계	신청인 또는 가족 소유 (소유자 :) 임대차(전세, 월세 : 보증금 원, 월세 원) 기타( )						
신청인과 가족들이 보유한 재산내역	부동산							
	예금							
	자동차							
	연금							
	기타							

   신청인은 이상의 기재사항이 모두 사실과 다름이 없음을 확약하며 만일 다른 사실이 밝혀지는 때에는 구조결정이 취소되더라도 이의가 없습니다.

20   . . .
신청인 ○○○ (서명 또는 날인)

○○지방법원 제○부(단독) 귀중

※ 작성시 유의사항

1. 가족관계 : 배우자, 부모, 동거 중인 형제자매
2. 재산내역
  ① 부동산 : 등기 여부에 관계없이 권리의 종류, 부동산의 소재지, 지목, 면적(㎡), 실거래가
    액을 기재
    (예시) 임차권, 서울 서초구 서초동 ○○번지 ○○아파트 ○동 ○호 50㎡, 임대차보증금
        ○○○만원
  ② 예금 : 50만원 이상인 예금의 예금주, 예탁기관, 계좌번호, 예금의 종류를 기재
    (예시) 예금주 ○○○, △△은행 서초지점 계좌번호00-00-00, 보통예금, ○○○만원
  ③ 자동차 : 차종, 제작연도, 배기량, 차량등록번호, 거래가액을 기재
    (예시) 캐피탈 1993년식, 1500cc, 서울○○두1234, ○○○만원
  ④ 연금 : 액수 관계없이 연금의 종류, 정기적으로 받는 연금 액수, 기간을 기재
    (예시) 유족연금 매월 30만원, 20○○. . .부터 20○○. . .까지
  ⑤ 기타 : 소유하고 있는 건설기계, 선박 또는 50만원 이상의 유가증권, 회원권, 귀금속 등을
    기재

※ 첨부서면

1. 가족관계를 알 수 있는 주민등록등본 또는 가족관계증명서, 재산내역을 알 수 있는 등기부
  등본, 자동차 등록원부등본, 예금통장사본, 위탁잔고현황, 각종 회원증 사본
2. 다음에 해당하는 서류가 있는 경우에는 이를 제출하시기 바랍니다.
  – 법률구조공단의 구조결정서 사본
  – 근로자 및 상업 종사자 : 근로소득원천징수영수증 또는 보수지급명세서, 국민건강보험
    료부과내역서, 국민연금이력요약/가입증명서, 소득금액증명서
  – 공무원 : 재직증명서 또는 공무원증 사본
  – 국가보훈대상자 : 국가유공자임을 증명하는 서면
  – 국민기초생활보장법상 기초생활 수급권자 : 기초생활수급권자 증명서
  – 한부모가족지원법상의 지원대상자 : 한부모가족 증명서
  – 기초연금법상의 수급권자 : 기초연금수급 증명서 또는 기초연금 지급내역이 나오는 거
    래은행통장 사본
  – 장애인연금법상의 수급권자 : 수급자 증명서 또는 장애인연금 지급내역이 나오는 거래
    은행통장 사본
  – 북한이탈주민의 보호 및 정착지원에 관한 법률상 보호대상자 : 북한이탈주민등록확인서
  – 소년 · 소녀가장 : 가족관계증명서
  – 국민기초생활보장법상 차상위자 : 국민건강보험료부과내역서, 국민연금이력요약/가 입
    증명서, 소득금액증명서, 지방세세목별과세증명서, 주택임대차계약서
  – 외국인 : 여권사본 또는 외국인등록증사본
  – 법인 : 대차대조표, 재산목록, 영업보고서, 손익계산서

소　장

원　고　○○○ (주민등록번호)
　　　　○○시 ○○구 ○○길 ○○(우편번호)
　　　　전화·휴대폰번호:
　　　　팩스번호, 전자우편(e-mail)주소:
피　고　◇◇◇ (주민등록번호)
　　　　○○시 ○○구 ○○길 ○○(우편번호)
　　　　전화·휴대폰번호:
　　　　팩스번호, 전자우편(e-mail)주소:

공사대금청구의 소

청 구 취 지

1. 피고는 원고에게 1,000,000원 및 이에 대한 20○○. ○. ○.부터 이 사건 소장부본 송달일 까지는 연 6%, 그 다음날부터 다 갚는 날까지는 연 15%의 각 비율로 계산한 돈을 지급하라.
2. 소송비용은 피고가 부담한다.
3. 위 제1항은 가집행 할 수 있다.
　　라는 판결을 구합니다.

청 구 원 인

1. 원고는 가정 하수도 수리를 업으로 하는 자입니다.
2. 20○○. ○. ○. 경 원고와 피고는 아래와 같은 하수도 수리공사계약을 체결하였습니다.
　(1) 공사내용 : 낡은 하수도관을 중등품질의 하수도관으로 교체
　(2) 공사 기간 : 20○○. ○. ○. - 20○○. ○. ○.
　(3) 공 사 대 금 : 금 1,000,000원
　(4) 대금지급기일 : 공사 완료 일자인 20○○. ○. ○.
　(5) 지연손해금　 : 공사대금의 연 15%의 비율에 의한 금원
3. 위와 같은 공사계약에 따라서 원고는 피고의 가정 내 하수도관을 공사 완료　일자인 20○○. ○. ○.에 전부 교체하여 공사를 완료하였습니다. 그러나 피고는 지금까지 위와 같이 약정한 공사대금을 지급하지 않고 있습니다.

4. 따라서 원고는 피고로부터 공사완료 다음날인 20○○. ○. ○○.부터 이 사건 소장부본 송달일까지는 위 공사계약상 약정한 연 15%, 그 다음날부터 다 갚는 날까지는 소송촉진등에 관한특례법 소정의 연 15%의 각 비율로 계산한 돈을 지급 받기 위하여 이 사건 청구에 이른 것입니다.

입 증 방 법

1. 갑 제1호증   공사계약서

첨 부 서 류

1. 위 입증방법   1통
1. 소장부본   1통
1. 송달료납부서   1통

20○○. ○. ○.

위 원고   ○○○ (서명 또는 날인)

○○지방법원 ○○지원 귀중

소 장

원 고　○○○ (주민등록번호)
　　　　○○시 ○○구 ○○길 ○○(우편번호)
　　　　전화·휴대폰번호:
　　　　팩스번호, 전자우편(e-mail)주소:
피 고　◇◇◇ (주민등록번호)
　　　　○○시 ○○구 ○○길 ○○(우편번호)
　　　　전화·휴대폰번호:
　　　　팩스번호, 전자우편(e-mail)주소:

양수금청구의 소

청 구 취 지

1. 피고는 원고에게 금 50,000,000원 및 이에 대한 20○○. ○○. ○○.부터 이 사건 소장부본 송달일까지는 연 5%의, 그 다음날부터 다 갚을 때까지는 연 15%의 각 비율에 의한 돈을 지급하라.
2. 소송비용은 피고가 부담한다.
3. 위 제1항은 가집행 할 수 있다.
　　라는 판결을 구합니다.

청 구 원 인

1. 원고는 평소 잘 알고 지내는 건축업자인 소외 ◆◆◆로부터 자금회전이 잘 안 되어 어렵게 도급 받은 건물신축공사가 지연되어 많은 손해배상을 해주어야 할 지도 모른다는 이야기를 듣고 20○○. ○. ○. 변제기일을 20○○. ○. ○○.로 하여 금 50,000,000원을 소외 ◆◆◆에게 현금보관증을 교부받고 대여한 사실이 있습니다.
2. 그런데 소외 ◆◆◆는 변제기일이 지났음에도 변제를 미뤄 원고는 소외 ◆◆◆에게 신속히 변제할 것을 독촉하자 소외 ◆◆◆는 건축주인 피고로부터 ○○시 ○○구 ○○동 ○○○ 대지 상에 다세대주택 신축공사를 도급 받아 공사를 완료하고 건물을 인도하였음에도 피고가 그 공사비를 계속 미루기만 할 뿐 지급하지 않고 있기 때문이므로 차라리 소외 ◆◆◆가 피고에 대하여 가지고 있는 금 50,000,000원의 위 공사비청구채권을 원고에게 양도하기로 합의하고 20○○.○○. ○. 소외 ◆◆◆는 피고에게 그 같은 취지의 채권양도양수사실을 확정일자 있는 증서인 내용증명우편으로 통지하였으며, 그 통지서는 그 다음날 피고에게 도달되었습니다.

3. 그 뒤 원고는 피고에게 위 양수금을 신속히 지급해줄 것을 여러 차례 요청하였으나 피고는 현재까지 특별한 이유 없이 계속 미루기만 할 뿐 지급할 의사를 보이지 않고 있습니다.

4. 따라서 원고는 피고로부터 위 양수금 50,000,000원 및 이에 대한 이에 대한 위 채권양도통지서가 피고에게 도달된 날의 다음날인 20○○. ○○. ○○.부터 이 사건 소장부본 송달일까지는 민법에서 정한 연 5%의, 그 다음날부터 다 갚을 때까지는 소송촉진등에관한특례법에서 정한 연 15%의 각 비율에 의한 지연손해금을 지급 받기 위하여 이 사건 청구에 이른 것입니다.

입 증 방 법

1. 갑 제1호증   채권양도양수계약서
1. 갑 제2호증   채권양도양수통지서
1. 갑 제3호증   우편물배달증명서
1. 갑 제4호증   공사대금지불각서

첨 부 서 류

1. 위 입증방법   각 1통
1. 소장부본   1통
1. 송달료납부서   1통

20○○. ○. ○.

위 원고   ○○○   (서명 또는 날인)

○○지방법원 귀중

6 문자메시지 통지서비스 이용

(1) 의의

민사본안사건의 재판기일지정, 문건접수 등 재판진행 정보를 소송당사자가 문자메시지로 신속하게 받아 볼 수 있도록 하는 제도입니다.

(2) 적용대상

전국 각 법원(지원, 시·군법원 포함)의 민사본안사건

(3) 이용 절차

민사 본안사건의 송달료를 예납한 소송당사자, 대리인 등이 신청할 수 있습니다. 소장의 신청서식란에 이용 신청 표시를 하거나 "휴대전화를 통한 정보수신 신청"을 제출하면 됩니다.

(4) 메시지 전송과정

재판기일이 지정(재판기일이 변경·취소되는 경우 포함)되거나 문건 접수시 그 정보가 재판사무시스템에 입력됩니다. 오전에 입력된 정보는 12:00에, 오후에 입력된 정보는 19:00에 전송됩니다.

(5) 사용요금결제

메시지 1건당 17원(부가가치세 포함)씩 송달료 잔액에서 지급됩니다(송달료가 부족하면 문자메시지가 발송되지 않습니다).

(6) 효과

정식 송달 전에 신속하게 재판기일지정, 문건 접수 정보 등을 알 수 있게 됩니다. 주간에 집을 비운 사이 재판기일통지 등을 송달받지 못하는 경우가 있으나, 문자메시지 통지 서비스 신청시 안정적으로 재판진행정보를 알 수 있게 됩니다.

7 사건절차개요

(1) 사건절차 개요도

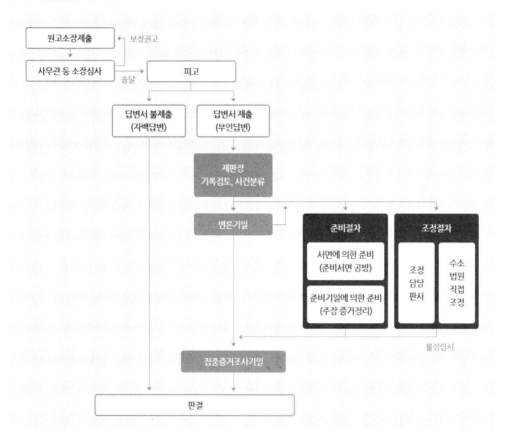

(2) 사건절차 및 심리구조의 개요

　민사소송법 아래에서의 사건절차 및 심리구조의 개요를 설명하면 다음과 같습니다.

　우선 소장이 접수되면 간단한 심사를 하여 특별한 형식적 하자가 없는 한 그 부본을 즉시 상대방에게 송달하고 30일 이내에 답변서를 제출하도록 최고합니다. 그 단계에서 소장이 송달불능이 되면 주소보정명령을 하고 결국 공시송달로 처리될 사건은 공시송달신청, 공시송달의 실행 및 관련 증거신청을 기일 전에 모두 마치도록 한 다음 곧바로 제 1회 변론기일을 지정하여 변론종결이 되도록 운영합니다. 피고에게 소장이 송달된 경우에는, 답변서 제출기한이 만료된 직후 재판장이 사건기록을 검토하여 처리방향을 결정하게 되는데 그 때까지 답변서가 제출되었는지 여부에 따라 절차진행은 전혀 다른 궤도를 따라가게 됩니다. 먼저 기한 내에 답변서가 제출되지 않았거나 자백 취지의 답변서가 제출된 경우에는 일단 무변론판결 대상 사건으로 분류됩니다.

다음, 피고가 기한 내에 부인하는 취지의 답변서를 제출하여 원고청구를 다투는 경우에는, 재판장은 바로 기록을 검토하고 사건을 분류하여 심리방향을 결정합니다. 원칙적으로 재판장은 가능한 최단기간 안의 날로 제1회 변론기일을 지정하여 양쪽 당사자가 법관을 조기에 대면할 수 있도록 합니다. 제1회 변론기일은 쌍방 당사자 본인이 법관 면전에서 사건의 쟁점을 확인하고 상호 반박하는 기회를 가짐으로써 구술주의의 정신을 구현하는 절차입니다. 이를 통하여 양쪽 당사자 본인의 주장과 호소를 할 만큼 하게 하고, 재판부도 공개된 법정에서의 구술심리 과정을 통하여 투명하게 심증을 형성함으로써, 재판에 대한 신뢰와 만족도를 높이는 방향으로 운영하고자 하는 것입니다. 이처럼 제1회 변론기일을 통하여 양쪽 당사자가 서로 다투는 점이 무엇인지 미리 분명하게 밝혀지면, 그 이후의 증거신청과 조사는 그와 같이 확인된 쟁점에 한정하여 집중적으로 이루어질 수 있게 됩니다.

한편 재판장은 사건분류의 단계 또는 제1회 변론기일 이후의 단계에서, 당해 사건을 준비절차에 회부할 수 있습니다. 이는 양쪽 당사자의 주장내용이나 증거관계가 매우 복잡하여, 별도의 준비절차를 통하여 주장과 증거를 정리하고 앞으로의 심리계획을 수립하는 것이 필요하다고 판단하는 경우에 이루어집니다. 준비절차는 양쪽 당사자가 서로 준비서면을 주고받거나(서면에 의한 준비절차), 법원에서 만나 주장과 증거를 정리하는 방법(준비기일에 의한 준비절차)으로 진행됩니다.

앞서 본 변론기일 등의 절차가 진행되는 과정에서 쌍방 당사자는 준비서면에 의한 주장의 제출과 더불어 그 주장을 뒷받침하는 증거신청 및 증거의 현출을 모두 마쳐야 합니다. 따라서 관련 서증은 원칙적으로 준비서면에 첨부하여 제출하여야 하고, 문서송부촉탁, 사실조회, 검증·감정신청과 그 촉탁은 물론 증인신청까지도 모두 이 단계에서 마치는 것을 원칙으로 합니다.

증거조사기일에는 원칙적으로 사건에 관련된 쌍방의 증인 및 당사자신문 대상자 전원을 한꺼번에 집중적으로 신문하고, 신문을 마친 사건은 그로부터 단기간 내에 판결을 선고하는 구조로 운영합니다. 그리고 당사자 쌍방이 다투는 사건에 대해서는 위와 같은 절차진행의 과정 중 어느 단계에서든 화해권고결정이나 조정제도를 활용하여 분쟁의 화해적 해결을 시도하는 것을 지향합니다.

8 증거신청

법원에 증거의 조사를 구하는 신청을 말합니다. 증거조사는 원칙적으로 당사자의 신청으로 이루어지며, 당사자로부터 증거신청이 있으면 법원은 이에 대하여 결정을 하여야 합니다. 증거신청의 구체적 내용은 서류나 물건을 증거로 제출하거나 증인,감정인, 통역인 또는 번역인의 신문을 신청하는 것입니다. 그리고 민사소송에서는 변론주의가 지배하기 때문에 당사자가 신청하지 않은 증거에 대해서는 법원이 조사하지 않습니다.

9 적시제출주의, 재정기간제도(제146조, 제147조)

· 당사자는 소송의 단계를 감안하여 절차가 촉진되도록 적시에 공격방어방법을 제출하여야 합니다.
· 재판장은 일정한 주장의 제출이나 증거신청에 관하여 재정기간을 정할 수 있고, 그 기간을 넘기면 원칙적으로 실권적 효과가 발생합니다.

10 소장부본송달

송달을 실시한 결과 수취인부재, 폐문부재, 수취인불명, 주소불명, 이사불명 등의 사유로 송달불능이 된 경우에는 송달불능의 사유에 따라 재송달, 공시송달 등 적절한 방법을 택하여 송달을 실시하여야 할 것인바, 그 송달방법에는 다음과 같은 절차가 있습니다.

송달불능인 경우

수취인 부재 또는 폐문부재	송달받을 자가 군입대, 교도소수감 등의 사유로 현재 부재중인 경우에는 군부대의 소속 및 구치소 또는 교도소명을 기재하여 주소보정을 하면 법원에서는 그 장소로 다시 재송달을 실시하며, 장기여행이나 직장생활 등으로 폐문부재인 경우에는 재송달 신청을 하거나 집행관으로 하여금 송달 할 수 있도록 하는 특별송달신청을 하여 휴일이나 야간에도 송달을 할 수 있습니다.
주소불명 또는 이사불명	번지를 기재하지 않았거나, 같은 번지에 호수가 많아서 주소를 찾을 수 없는 경우 및 이사를 한 경우에는 새 주소를 정확하게 파악하여 주소보정을 신청하고, 당사자의 주소, 거소 기타 송달할 주소를 알 수 없는 경우에는 소명자료를 갖추어 공시송달신청을 할 수 있습니다.
수취인불명	수취인의 주소나 성명의 표기가 정확하지 않아 송달이 불능된 때에는 정확한 주소 및 성명을 적은 보정서를 제출해야 합니다.

11 공시송달 신청방법

일반적인 통상의 조사를 다하였으나 당사자의 주소, 거소, 영업소, 사무소와 근무장소 기타 법정의 송달장소 중 어느 한 곳도 알지 못한 경우에 송달받을 사람의 최후 주소지를 확인할 수 있는 자료(주민등록 등·초본)와 신청인이 송달받을 사람의 주거 발견에 상당한 노력을 한 사실 및 그럼에도 불구하고 이를 찾아낼 수 없었던 사실에 관하여 신빙할 만한 소명자료(집행관에 의한 특별송달 결과 등)를 첨부하여 신청합니다.

12 재판기일의 출석

소송상의 대리인에는 본인의 의사에 의하지 아니하고 대리인이 되는 법정대리인과 본인의 의사에 의하여 대리권을 수여한 임의대리인의 두 종류가 있습니다.

(1) 법정대리인

대리인 의 자격	소송의 당사자가 미성년자이거나 한정치산자, 금치산자인 경우 원고 또는 피고로서의 유효한 소송행위를 할 수 없습니다. 이럴 경우 법정대리인이 본인을 대리하여 유효한 소송행위를 할 수 있는바, 그 법정대리인은 다음과 같습니다. – 미성년자 : 친권자, 친권자가 없는 경우 후견인 – 피한정후견인·피성년후견인: 후견인 법정대리인이 소송행위를 하려면 신분관계를 증명할 수 있는 서면 즉, 가족관계증명서 또는 주민등록등본을 제출하면 됩니다.
대리권 의 범위	법정대리인이 본인을 대리하여 소송행위를 할 수 있는 범위는 다음과 같습니다. – 친권자 : 일체의 소송행위를 할 수 있습니다. – 후견인 : 후견인이 피후견인을 대리하여 소송행위를 함에 있어서는 후견감독인의 동의를 얻어야 합니다. 다만, 미성년후견인, 대리권 있는 성년후견인 또는 대리권 있는 한정후견인이 상대방의 소 또는 상소 제기에 관하여 소송행위를 하는 경우에는 그 후견감독인으로부터 특별한 권한을 받을 필요가 없습니다. 한편 위 후견인이 소의 취하, 화해, 청구의 포기·인낙, 독립당사자참가소송에서 탈퇴하기 위해서는 후견감독인으로부터 특별한 권한을 받아야 하며, 후견감독인이 없는 경우에는 가정법원으로부터 특별한 권한을 받아야 합니다.

(2) 임의대리인

대리인 의 자격	소송대리인의 자격은 합의사건, 단독사건, 소액사건에 따라 차이가 있습니다. 어느 경우에나 공통적인 것은 소송능력이 있고 서면으로 소송대리권을 증명하여야 합니다. 구체적인 경우를 사건내용에 따라 구별하여 설명하겠습니다.
대리권 의 범위	소송대리인이 어느 범위까지 본인을 대리하여 소송행위를 할 수 있는가가 대리권의 범위에 관한 문제입니다. - 원칙 : 일체의 소송행위를 할 수 있습니다. - 예외 : 반소의 제기, 소 취하, 화해, 청구의 포기, 인낙, 소송탈퇴, 상소의 제기 또는 취하, 복대리인 선임의 경우에는 본인으로부터 특별한 권한을 부여받아야 합니다. **합의부에서 심판하는 사건** 소송물가액이 2억원을 초과하는 사건을 말합니다. 변호사, 지배인, 국가소송수행자 이외에는 소송대리를 할 수 없습니다. **단독판사가 심판하는 사건** 단독판사가 심리·재판하는 사건 중 수표금·약속어음금, 은행등이 원고인 대여금·구상금·보증금, 자동차손해배상보장법에 따른 손해배상등, 소송목적의 값이 1억 원 이하인 청구 사건 등에서는 변호사가 아닌 사람도 법원의 허가를 받아 소송대리인이 될 수 있습니다. 소송대리인의 자격요건을 당사자와 밀접한 생활관계에 있다고 인정할 수 있는 일정한 범위내의 친족이나, 당사자에게 고용되어 해당사건에 관한 통상사무를 처리해온 사람으로 제한하고, 법원의 허가를 받을 수 있는 사람은 다음 각호 가운데 어느하나에 해당하여야 합니다. 1. 당사자의 배우자 또는 4 촌 안의 친족으로 당사자와의 생활관계에 비추어 상당하다고 인정되는 경우 2. 당사자와 고용 , 그 밖에 이에 준하는 계약관계를 맺고 그 사건에 관한 통상사무를 처리·보조하는 사람으로서 그 사람이 담당하는 사무와 사건의 내용 등에 비추어 상당하다고 인정되는 경우 - 법원으로부터 소송대리허가를 얻으려면 소송을 위임한다는 위임장과 소송대리허가신청서를 미리 제출하여야 하며, 법원으로부터 허가를 받지 못하면 불출석의 불이익을 받을 수 있습니다. **소액사건의 소송대리** 소송물가액이 3,000만원을 초과하지 아니하는 금전 기타 대체물이나 유가증권의 일정한 수량의 지급을 목적으로 하는 제1심 민사사건을 말합니다. - 소액사건에 있어서 당사자의 배우자, 직계혈족, 형제자매는 법원의 허가없이도 소송대리인이 될 수 있습니다. 이 경우 친족관계를 증명할 수 있는 가족관계증명서, 또는 주민등록등본 및 수권관계를 증명할 수 있는 위임장을 제출하여야 합니다. - 위의 경우 외에 친족, 고용 등 특별한 관계가 있는 경우에는 법원의 허가를 얻어 소송대리인이 될 수 있습니다.

13 판결이유 기재의 간이화

제1심 판결(합의,단독사건 불문)중 무변론 판결과 자백간주 또는 공시송달에 의한 판결에서는 기판력의 범위를 확정하는 데 필요한 '청구를 특정함에 필요한 사항과 상계항변의 판단에 관한 사항'이외에는 일반적으로 판결 이유의 기재를 생략할 수 있습니다.

또 판결서의 이유기재방식에 관하여 "당사자의 주장, 그 밖의 공격·방어 방법의 전부에 관한 판단"을 표시하도록 한 현행법을 "당사자의 주장, 그 밖의 공격·방어방법에 관한 판단"을 표시하도록 개정함으로써 획기적인 판결이유기재의 간이화가 가능해졌습니다.

14 판결의 선고

일반 민사사건의 경우에는 변론이 종결된 날로부터 2~3주후에 판결을 선고하는 것이 보통이지만 소액사건의 경우에는 변론을 종결하면서 즉시 판결을 선고하기도 합니다.

15 판결서의 송달

판결은 선고되었지만 판결서는 판결이 선고된 날로부터 10일정도 지난 후에 도착하는 것이 보통입니다. 판결서를 송달받으면, 승소한 원고는 통상 붙여지는 가집행 선고에 근거하여 가집행을 할 수 있으며, 가집행을 하려면, 법원에서 판결송달 증명원과 집행문을 발급받아 집행신청을 하면 됩니다.

16 판결의 확정

제1심에서 승소하더라도 상대방이 항소를 한다면 판결이 확정되지는 않습니다. 그것은 소송이 최종적으로 종료되지 않았다는 말을 뜻합니다. 물론 판결이 확정되기 전이라도 가집행 선고가 붙은 판결이 내려지면 강제집행을 시작할 수 있지만, 소송의 최종적인 승패가 결정되려면 결국 판결이 확정되어야 합니다. 그렇다면 판결은 언제 확정이 될까요?

우선 제1심 판결이 내려졌는데 패소한 당사자가 항소기간 내에 항소를 하지 않으면 판결이 확정이 됩니다. 그리고 패소한 당사자가 항소를 하고 또 상고까지 한 경우에는 대법원에서 판결을 선고할 때 확정이 되며, 항소나 상고하였다가 취하하거나, 항소권이나 상고권을 포기한 때에도 판결이 확정됩니다.

17 항소

제1심 판결에 불이익을 받은 당사자는 항소를 할 수 있습니다. 항소는 판결문을 송달받기 전에도 할 수 있고, 송달받은 날로부터 2주일 이내에 원심법원에 항소장을 제출하여야 합니다.

2주일의 기간은 항소장이 원심법원에 접수된 날을 말하며, 항소장이 원심법원이 아닌 항소법원에 잘못 제출되어 원심법원으로 송부된 경우에는 원심법원에 도착시를 기준으로 하여 항소기간 준수여부를 가리게 되니 착오가 없도록 하여야 합니다.

항소장에는 항소인과 피항소인, 제1심 판결의 표시와 그 판결에 대한 항소의 취지를 기재하여야 합니다. 제1심 판결의 표시는 보통 제1심 법원명, 사건번호, 사건명, 선고일자, 주문 등을 기재하고 있습니다. 항소장에는 항소이유를 기재하여도 좋고 나중에 준비서면으로 제출하여도 무방합니다. 판결을 받은 당사자 쌍방이 항소하지 아니하기로 합의한 경우에는 항소권이 없습니다.

항소장에 첨부할 인지액은 제1심 소장에 첨부할 인지액의 1.5배액을 첨부하여야 합니다. 인지액이 1만원 이상인 때에는 반드시 현금이나 신용카드등으로 납부하고 1만원 미만인 때에는 현금이나 신용카드등으로 납부하거나 인지를 첨부하여 제출할 수 있습니다.

항소장에는 당사자수×4,700원(1회분 우편료)×12회분의 송달료를 납부하여야 합니다.

※판결에 대한 불복절차 내용은 민사소송에 한하여 적용되고 형사(판결일 기준7일, 판결법원에 제출), 행정소송(판결서가 송달된 날부터 2주 이내에 항소장을 1심 법원에 제출)등의 항소기간, 방법 등 불복절차가 다르다는 것을 확인하시고 진행하시기 바랍니다.

18 상고

　상고는 항소심 판결에 영향을 미친 헌법·법률·명령·규칙의 위반이 있음을 이유로 한 경우에 한하여 대법원에 상고할 수 있습니다. 따라서 사실관계에 대한 당부는 판단할 수가 없습니다. 상고장은 판결이 송달된 날로부터 2주일 내에 원심법원(항소심법원)에 제출하여야 하며, 상고장에는 상고인과 피상고인의 이름 및 주소를 기재하여야 하고 항소심판결의 표시와 상고취지를 기재하여야 합니다.

　항소심판결의 표시는 법원명, 사건번호, 사건명, 선고일자, 주문 등을 기재합니다. 상고장에는 상고이유를 기재하여도 좋으나 이유를 기재하지 않은 경우에는 소송기록접수의 통지를 받은 날로부터 20일 이내에 상고이유서를 제출하여야 하며 이를 제출하지 않으면 상고를 기각합니다.

　상고이유서는 상대방 당사자수에 6을 더한 수의 부본을 첨부하여 제출하여야 합니다. 상고장에 첨부할 인지액은 제1심 소장에 첨부할 인지액의 2배액을 첨부하여야 합니다. 인지액이 1만원 이상인 때에는 반드시 현금이나 신용카드등으로 납부하고 1만원 미만인 때에는 현금이나 신용카드등으로 납부하거나 인지를 첨부하여 제출할 수 있습니다.

　상고장에는 당사자수×4,700원(1회분 우편료)×8회분의 송달료를 납부하여야 합니다.

(1) 양식

소송대리허가신청과 소송위임장

사 건   20○○가단(합, 소)○○○○ 구상금   [담당재판부 : 제   민사부(단독)]

원 고   ○○○

피 고   ○○○

이 사건에 관하여 원고(또는 피고)는 다음과 같이 소송대리허가신청과 소송위임을 합니다.

– 다음 –

1. 소송대리허가신청

　가. 소송대리할 사람의 이름 : ○○○ (주민등록번호 또는 한자)

　　　　　　　　　　서울 서초구 서초대로 300 (우편번호 : ○○○-○○○)

　　　　　　　　　　전화번호·휴대전화번호 :

　나. 신청이유(해당란에 ✓ 해 주시기 바랍니다)

　□ 당사자의 배우자 또는 4촌 안의 친족으로서 밀접한 생활관계를 맺고 있음

　□ 당사자와 고용 등의 계약관계를 맺고 그 사건에 관한 일반사무를 처리·보조하여 왔음

2. 위임 사항

　가. 반소·참가·강제집행·가압류·가처분에 관한 소송행위 등 일체의 소송행위

　나. 변제의 영수

　다. 반소의 제기

　라. 소의 취하, 화해, 청구의 포기·인낙 또는 독립당사자참가소송에서의 소송탈퇴

　마. 상소의 제기 또는 취하　　　바. 대리인의 선임　　　사. 기타(특정사항 기재요)

첨부서류

1. 재직증명서 1통

2. 가족관계증명 1통

3. 주민등록표 등본 1통

　　　　　　　　　20○○. ○○. ○○.

　　　　　　신청인 겸 위임인 원고(또는 피고) ○○○ (날인 또는 서명)

　　　　　　　　　　　　　　　연락처 : 000-0000-0000

○○지방법원 (○○지원) 제 ○민사부(단독) 귀중

◇ 유의사항 ◇

1. 연락처란에는 언제든지 연락 가능한 전화번호나 휴대전화번호를 기재하고, 그 밖에 팩스번호, 이메일 주소 등이 있으면 함께 기재하기 바랍니다.

2. 원칙적으로 변호사만이 소송위임에 따른 소송대리인이 될 수 있습니다.

3. 다만, 단독판사가 심리·재판하는 사건 중 수표금·약속어음금, 은행등이 원고인 대여금·구상금·보증금, 자동차손해배상보장법에 따른 손해배상 청구 등과 소송목적의 값이 1억 원 이하인 사건에서만 변호사가 아닌 사람이 법원의 허가를 받아 소송대리인이 될 수 있습니다.

보정기간연장신청서

[담당재판부 : 제   민사부(단독)]

사   건   20○○가단(합, 소)○○○○   소유권말소등기
원   고   ○○○
피   고   ○○○

이 사건에 관하여 원고(또는 피고)는 다음과 같은 사유로 보정기간 연장을 신청합니다.

– 다음 –

사유 : 피고에 대하여 핸드폰 번호만을 알뿐 인적사항을 알 수 없는바 이동통신 3사에 대한 사실조회 및 개인정보제출명령을 통하여 피고를 특정하고자 주소보정기간 연장을 신청합니다.

20○○. ○○. ○○.

원고(또는 피고) ○○○ (날인 또는 서명)

(연락처) 000-0000-0000

○○지방법원 (○○지원) 제 ○민사부(단독) 귀중

◇ 유의사항 ◇

연락처란에는 언제든지 연락 가능한 전화번호나 휴대전화번호를 기재하고, 그 밖에 팩스번호, 이메일 주소 등이 있으면 함께 기재하기 바랍니다.

사실조회신청 및 개인정보 제출명령 신청서

사　건: 2017가단　　건설기계사용료
원　고: ０００
피　고: ０００

위 사건에 관하여 원고는 피고의 실제거주지 주소를 확인하여 피고에 대한 소장부본을 송달하고자 다음과 같이 사실조회를 신청합니다.

다　음

1. 사실조회의 목적

　피고의 실제거주지 주소가 명확하지 않아 피고가 사용하고 있는 이동통신 전화번호에 대한 등록자를 확인하여 피고에 대하여 특정하고자 합니다.

2. 사실조회 기관

가. 000텔레콤(주)　　　　　　　(우-00000)
　　서울특별시 중구 을지로
　　대표이사 ０００
　　전화: 1599-0000,02-000-0000

나. (주)0이티　　　　　　　　(우-00000)
　　경기도 성남시 분당구 불정로
　　대표이사 ０００
　　전화: 031-000-0000

다. (주)000플러스　　　　　　(우-00000)
　　서울특별시 용산구 한강대로
　　대표이사 ０００
　　전화:1544-0000

3. 사실조회 사항

　2010.1.1.- 2018.8.30.까지 010-7000-9000번호 사용등록자의 성명, 주민등록번호, 주소, 사용료 청구 우편물 받을 주소.

2018. 0 ．　．
위 원 고 ０００ 인
00지방법원　00지원 귀중

서 울 서 부 지 방 법 원

보 정 명 령

사   건   2018가 00000   장비사용료

원   고   조ㅇㅇ

피   고   박ㅇㅇ

        원고는 이 명령의 보정기한까지 다음 흠결 사항을 보정하시기 바랍니다.

보정기한: 송달된 날로부터 7일 이내

흠 결 사 항

   피고 박ㅇㅇ(000000 - 000000)의 주민등록초본을 첨부하고 주소, 주민등록번호를 기

재하여 당사자표시정정신청서를 제출하시기 바랍니다.

                              2018. 6. 29.

                        판사   황 ㅇ ㅇ

2018-0121682269-54095   위변조 방지용 바코드 입니다.   1 / 4

재판기록 열람·복사/출력·복제 신청서			허	부

신 청 인	성 명	000	전화 번호	010-0003-0023
			담당사무원	
	자 격	본인	소명자료	

신 청 구 분	☑ 열람 ☑ 복사 □ 출력 □ 복제
사 용 용 도	피고정정신청

대 상 기 록	사 건 번 호	사 건 명	재 판 부
	2018가소 1234	건설기계사용료	민사1단독

복사/출력·복제할 부분	사실조회 회신문 (복사/출력 매수 매) (복제용량 메가바이트)

복사/출력 방법	☑ 법원 복사기 □ 변호사단체 복사기 □ 신청인 복사설비 □ 필사

이와 같이 신청하고, 신청인은 열람·복사/출력·복제에 관련된 준수사항을 엄수하며, 열람·복사/출력·복제의 결과물을 통하여 알게 된 개인정보, 영업비밀 등을 개인정보 보호법 등 관계법령 상 정당한 용도 이외로 사용하는 경우 민사상, 형사상 모든 책임을 지겠습니다.

2018년 0월 00 일

신청인 000 (서명 또는 날인)

비 고 (재판장 지정 사항 등)	
영 수 일 시	2018 . 0. 00. : 영 수 인 000
신 청 수 수 료	□ 500 원 □ 면 제
복사/출력·복제 비용	원

		(수 입 인 지 첨 부 란)

※ 준수사항 및 작성요령

1. [개인정보 보호법 제19조] 개인정보처리자로부터 개인정보를 제공받은 자는 다음 각 호의 어느 하나에 해당하는 경우를 제외하고는 개인정보를 제공받은 목적 외의 용도로 이용하거나 이를 제3자에게 제공하여서는 아니 된다. 1. 정보주체로부터 별도의 동의를 받은 경우 2. 다른 법률에 특별한 규정이 있는 경우

2. [민사소송법 제162조 ④항] 소송기록을 열람·복사한 사람은 열람·복사에 의하여 알게 된 사항을 이용하여 공공의 질서 또는 선량한 풍속을 해하거나 관계인의 명예 또는 생활의 평온을 해하는 행위를 하여서는 아니 된다.

3. 신청인·영수인란은 서명 또는 날인하고, 소송대리인·변호인의 사무원이 열람·복사하는 경우에는 담당사무원란에 그 사무원의 성명을 기재

4. 신청수수료는 1건당 500원(수입인지로 납부). 다만, 사건의 당사자 및 그 법정대리인·소송대리인·변호인(사무원 포함)·보조인 등이 그 사건의 계속 중에 열람하는 때에는 신청수수료 면제

5. 법원복사기/프린터로 복사/출력하는 경우에는 1장당 50원의 비용을 수입인지로 납부 (다만, 100원 단위 미만 금액은 이를 계산하지 아니함)

6. 매체를 지참하여 복제하는 경우에는 700메가바이트 기준 1건마다 500원, 700메가바이트 초과 시 350메가바이트마다 300원의 비용을 수입인지로 납부(매체를 지참하지 아니한 경우 매체 비용은 별도)

7. 복사/출력·복제할 부분 란에 복사대상(기록의 일부를 복사/출력·복제하는 경우에는 대상을 열거하여 특정하여야 함) 및 복사/출력을 정확하게 기재하여야 함

8. 열람·복사 남낭 법원공무원의 처분에 대하여 불복하는 경우에는 이의신칭을 힐 수 있음

서울서부지법 2018가소000 장비사용료 2018.06.28 제출 원본과 상위 없음

우) 06707　　　서울 서초구 효령로 174 kt 수납지원센터 (방배동) 2층　정보지원팀

FAX: 02-520-9050　TEL: 02-520-9040　　　　　　　　　　　kt112@kt.com

접수번호:　2018001100343437

시행일자:　20180628

받　　음:　서울서부지방법원

보　　기:　법원주사 임 0 0

제　　목:　통신자료 조회회신

1. 관련

　가.　전기통신사업법 제83조

　나.　서울서부지방법원　2018가소00000 (20180628)

2. 안녕하십니까? 항상 KT 사업발전에 협조하여 주시는 귀 기관의 무궁한 발전을
기원하오며, 위 관련 "나"항에 대한 회신입니다.

　붙임 : 인적사항 조회내역(KT 이동) 1부. 끝.

KT 수납지원센터장

2018-0121682269-54095　　　　　　위변조 방지용 바코드 입니다.　　　　　　　　2 / 4

서울서부지법 2018가소00000 장비사용료 2018.06.28 제출 원본과 상위 없음

순번	고객명	식별번호	서비스번호	주소	사용시작일	사용종료일	비고
1 0 0 0	제영 이동 우선 의	000000-0000000	010-000-0000	경기 고양시 덕양구 통일로	20161215	20180117	해지
1 0 0 0		000000-0000000	010-000-0000	경기도 고양시 덕양구 관산동 KT고객 없음	20180130	99991231	사용중

www.scourt.go.kr

음성출력용바코드

2018-0121682269-54095

위변조 방지용 바코드 입니다.

3 / 4

사실조회 및 금융정보조회 제출명령 신청서

사 건 : 2008가단 10000부당이득금   민사5단독부

원 고 : 한 00

피 고 : 강 00

 위 사건에 관하여 원고는 주장사실을 입증하기 위하여 다음과 같이 사실조회 및 금융거래내역조회를 신청합니다.

다 음

1. 사실조회의 목적

 원고가 피고 강00의 계00용협동조합 030000000381계좌로 송금하여 주었던 내용 등을 사실조회로 피고를 특정하고자 합니다.

 2.2018.7.10.계00용협동조합 제출명령답변서에는 강00에 대한 주민등록번호,주소,전화번호가 명시되지 않아 피고를 특정 할 수 없는바 재차 신청서를 제출합니다.

2. 사실조회 기관

 계00용협동조합(본점 및 전지점)   (우-00000)

 인천광역시 계0구 봉0대로

 위 법률상의 대표 이사장 0 0 0

3. 사실조회 사항

 가.계좌번호: 계00용협동조합 계좌 030000000381이 존재하였거나 존재하는지 여부

 나.상기 계좌가 누구의 명의이고 그 인적사항(주민등록번호,주소,전화번호)

2018 8. .

위 원고 한 00(인)

(연락처)010-9000-5000

인천지방법원 민사5단독부 귀중

제출명령 답변서

사　　건　2018가단00000 대여금등

원　　고　　OOO

피　　고　　OOO

위 사건에 대한 정보제공에 대해 답변서를 첨부와 같이 제출합니다.

첨부자료　수신원장　　　　　1부.　　　　　끝.

315854

2018년　07월　05일

답변자　　계 O O O 협동조합
인천 계양구 봉오대로 650
이 사 장　O O O

인천지방법원 민사단독과 민사5단독　귀중

수신(대월) 원장

(수신용)　　　조합원번호 : 14342455　　　거래일자 : 2000-01-01 ~ 2018-02-28

계 좌 번 호	000 -000-00000	성 명	000	대출금액	0
주민등록번호	100000-2000000	전 화	010-000-0000	대 출 일	

번호	년 월 일	회차	월차	적요 내용	제 출 금 액	입 금 액	잔액(누계액) PAGE 에서 이월	이자(적수) 선납지연일수	처리자
1	2008-10-24	0	0	신규		400,000	400,000		10313234
2	2008-10-24	0	0	수표		800,000	1,200,000		10313234
3	2008-10-24	0	0	수표		400,000	1,600,000		10313234
4	2008-10-24	0	0	오세흥	582		1,599,418		99101111
5	2008-10-24	0	0	오세흥	820,500		778,918		99101111
6	2008-10-24	0	0	신협CD카드현금		600,000	1,378,918		20000882
7	2008-10-26	0	0	신협CD카드현금	400,300		978,618		20000882
8	2008-10-27	0	0	박대진	60,500		918,118		99201111
9	2008-10-27	0	0	박현희	280,500		637,618		99201111
10	2008-10-28	0	0	권승하	120,500		517,118		99201111
11	2008-10-28	0	0			1,100,000	1,617,118		10313231
12	2008-10-28	0	0	수표		400,000	2,017,118		10313231
13	2008-10-28	0	0	박인서		180,000	2,197,118		90000001
14	2008-10-29	0	0	청천LPG충전소-949028019	45,930		2,151,188		90000001
15	2008-10-29	0	0	침대대금	780,500		1,370,688		99101111
16	2008-10-29	0	0	노블레스	280,500		1,090,188		99101111
17	2008-10-29	0	0	김성자	230,500		859,688		99201111
18	2008-10-29	0	0	박인회	200,300		659,388		91111111
19	2008-10-31	0	0	웅진코웨이	77,500		581,888		99201111
20	2008-11-03	0	0	청천LPG충전소-949028019	54,028		527,860		90000001
21	2008-11-03	0	0	정훈	97,700		430,160		99201111
22	2008-11-03	0	0	수표		200,000	630,160		10313231
23	2008-11-03	0	0			650,000	1,280,160		10313231
24	2008-11-03	0	0	수표		100,000	1,380,160		10313231
25	2008-11-03	0	0	강순애		1,200,000	2,580,160		90000001
26	2008-11-04	0	0	김운영	1,730,500		849,660		99201111
27	2008-11-06	0	0	강순애		130,000	979,660		90000001
28	2008-11-06	0	0	오세흥		30,000	1,009,660		90000001
29	2008-11-06	0	0	이지우		500,000	1,509,660		99201111
30	2008-11-06	0	0	김운영	1,450,500		59,160		99201111
31	2008-11-10	0	0	김순임		590,000	649,160		90000001
32	2008-11-10	0	0	강순애	80,500		568,660		99201111
33	2008-11-10	0	0	삼성테스코(주)-949028019	9,900		558,760		90000001
34	2008-11-10	0	0	강순애		3,000,000	3,558,760		90000001
35	2008-11-11	0	0			600,000	4,158,760		10313231
36	2008-11-11	0	0	빛누리가구		1,500,000	5,658,760		90000001

계약금액	계약기간	계약일	만 기 일	월지급일/월불입액	월지급이자/월불입액	연이율/보충금	장려금
0	개월	2008-10-24			0	000.000	0

[PGM-ID: U023305500]　　　　　　　　　　　　　　　　　　　　　　　　　PAGE: 1/22

주민등록표 열람 또는 등·초본 교부 신청서

※ 뒤쪽의 유의사항을 읽고 작성하여 주시기 바라며, [ ]에는 해당되는 곳에 √표를 합니다. 　　　　　　(앞 쪽)

(　)	성명 최 명칠　　　　　　　　　　　(서명 또는 인)	주민등록번호600000-0000000
	주소 서울시 동00 00로100(000동 3005)	
	대상자와의 관계 채권자대리인	전화번호 011-7000-0000
	수수료 면제 대상 　　　[ ]국민기초생활수급자 　[ ]국가보훈대상자 　[ ]그 밖의 대상자(　　　　)	

신청인 (법인)	기관명		사업자등록번호	
	대표자　　　　　　　　　　(서명 또는 인)		대표전화번호	
	소재지			
	방문자 성명	주민등록번호	직위	전화번호

열람 또는 등·초본 교부 대상자	성명 박00	주민등록번호 500000 2000001
	주소 경기노 광0시 노0면 00로5번길	[　　:도0면]

신청 내용	열 람	[ ]등본사항　　　　　　　　　　　[ ]초본사항		
		※ 개인정보 보호를 위하여 아래의 등·초본 사항 중 필요한 사항만 선택하여 신청할 수 있습니다. 　선택사항을 표시하지 않는 경우에는 "포함"으로 굵게 표시된 사항만 포함하여 교부해 드립니다.		
	등본 교부 [ ] 통	1. 과거의 주소변동 사항	[ ]전체 포함 [ ]최근 5년 포함 [ ]미포함	
		2. 세대구성 사유	[ ]	[ ]미포함
		3. 세대원의 세대주와의 관계	[ ]포함	[ ]미포함
		4. 세대원의 전입일 / 변동일, 변동 사유	[ ]포함	[ ]미포함
		5. 교부 대상자 외 다른 세대원의 이름	[ ]포함	[ ]미포함
		6. 교부 대상자 외 다른 세대원의 주민등록번호 뒷자리	[ ]포함	[ ]미포함
		7. 동거인	[ ]포함	[ ]미포함
		8. 외국인 배우자	[ ]포함	[ ]미포함
	초본 교부 [2] 통	1. 개인 인적사항 변경 내용	[ ]포함	[ ]미포함
		2. 과거의 주소변동 사항	[*]전체 포함 [ ]최근 5년 포함 [ ]미포함	
		3. 과거의 주소변동 사항 중 세대주의 성명과 세대주와의 관계	[*]포함	[ ]미포함
		4. 병역사항	[ ]포함	[ ]미포함

용도 및 목적		제출처 서울서부지방법원
증명자료		

「주민등록법 시행령」 제47조와 제48조에 따라 주민등록표의 열람 또는 등·초본 교부를 신청합니다.
　　　　　　　　　　　　　　　　　　　　　　　　　　　　　　　　　2018년 8월 10일

　　• 군수·구청장 또는 읍·면·동장 및 출장소장 귀하

　　　　　　　　　　　　　　　　　　　210mm×297mm[일반용지 60g/㎡(재활용품)]

당사자(피고)표시정정신청서

[담당재판부 : 제   민사부(단독)]

사   건   20○○가단(합, 소)○○○○ 손해배상(기)
원   고   ○○○
피   고   ○○○

이 사건에 관하여 원고는 당사자를 잘못 표시하였으므로, 다음과 같이 당사자 표시를 정정 신청합니다.

다음

1. 정정 전 당사자의 표시
박○○ (불상)
불상
010-7000-9000

2. 정정 후 당사자의 표시
임○○ (000000-0000000)
서울 서초구 서초동 300-1

3. 신청이유
원고는 피고의 인적 사항을 모르고 불상으로 피고를 표시하여 소를 제기하였으나, 사실조회 결과 확인된 임○○로 피고의 표시를 정정하여 주시기 바랍니다.

첨부서류

1. 가족관계증명서   1통

20○○. ○○. ○○.

원고 ○○○ (날인 또는 서명)
연락처 : 000-0000-0000

○○지방법원 (○○지원) 제 ○민사부(단독) 귀중

주 소 보 정 서

사건번호   20   가 (차)   [담당재판부 : 제   (단독)부]
원고(채권자)
피고(채무자)
위 사건에 관하여 아래와 같이 피고(채무자)   의 주소를 보정합니다.

주소변동 유무	□ 주소변동 없음	종전에 적어낸 주소에 그대로 거주하고 있음	
	□ 주소변동 있음	새로운 주소 : 　　　　　　　　　(우편번호 -)	
송달신청	□ 재송달신청	종전에 적어낸 주소로 다시 송달	
	□ 특별송달신청	□ 주간송달 □ 야간송달 □ 휴일송달	
		□ 종전에 적어낸 주소로 송달 □ 새로운 주소로 송달	
	□ 공시송달신청	주소를 알 수 없으므로 공시송달을 신청함 (첨부서류 :　　　　　　　　)	
20 . . . 원고(채권자)　　　(서명 또는 날인) 법원 귀중			

[주소보정요령]
1. 상대방의 주소가 변동되지 않은 경우에는 주소변동 없음란의 □에 "√" 표시를 하고, 송달이 가능한 새로운 주소가 확인되는 경우에는 주소변동 있음란의 □에 "√" 표시와 함께 새로운 주소를 적은 후 이 서면을 주민등록등본 등 소명자료와 함께 법원에 제출하시기 바랍니다.
2. 상대방이 종전에 적어 낸 주소에 그대로 거주하고 있으면 재송달신청란의 □에 "√" 표시를 하여 이 서면을 주민등록등본 등 소명자료와 함께 법원에 제출하시기 바랍니다.
3. 수취인부재, 폐문부재 등으로 송달되지 않는 경우에 특별송달(집행관송달 또는 법원경위송달)을 희망하는 때에는 특별송달신청란의 □에 "√" 표시를 하고, 주간송달·야간송달·휴일송달 중 희망하는 란의 □에도 "√" 표시를 한 후, 이 서면을 주민등록등본 등의 소명자료와 함께 법원에 제출하시기 바랍니다(특별송달료는 지역에 따라 차이가 있을 수 있으므로 재판부 또는 접수계에 문의바랍니다).
4. 공시송달을 신청하는 때에는 공시송달신청란의 □에 "√" 표시를 한 후 주민등록말소자등본 기타 공시송달요건을 소명하는 자료를 첨부하여 제출하시기 바랍니다.
5. 지급명령신청사건의 경우에는 사건번호의 '(차)', '채권자', '채무자' 표시에 ○표를 하시기 바랍니다.
6. 소송목적의 수행을 위해서는 읍·면사무소 또는 동주민센터 등에 주소보정명령서 또는 주소보정권고 등 상대방의 주소를 알기 위해 법원에서 발행한 문서를 제출하여 상대방의 주민등록표 초본 등의 교부를 신청할 수 있습니다(주민등록법 제29조 제2항 제2호, 동법 시행령 제47조 제5항 참조).

(제출) 위 임 장

사건번호   20   가   [담당재판부 : 제   (단독)부]

원 고

피 고

위 사건에 관하여 다음 사람에게 아래의 서류를 제출할 것을 위임합니다.

　　　1. 수임인 (이름)　　　　　(생년월일 :　　　　　　)

　　　　　　　(주소)

　　　2. 제출할 서류

　　　　(1) 준비서면　　(2) 증거신청서　　(3) 답변서　　(4) 보정서

　　　　(5) 소　　　장　　(6) 항 소 장　　　(7) 기타 (　　　　　　)

　　　　　　　　　　　　　　20　　.　　.　　.

　　　　　　　위임인 원(피)고 (이름)　　　　　(날인 또는 서명)

　　　　　　　　　　　(주소)

　　　　　　　　　　　(연락처)

　　　　　　　　　　　　　　　　　　　○○지방법원 귀중

◇유의사항◇

1. 연락처에는 언제든지 연락 가능한 전화번호나 휴대전화번호를 기재하고, 그 밖에 팩스번호, 이메일 주소 등이 있으면 함께 기재하기 바랍니다.

2. 양식 하단의 이름란에 원고의 경우에는 '원'에, 피고의 경우에는 '(피)'에 ○표를 하기 바랍니다.

공시송달신청서

[담당재판부 : 제   민사부(단독)]

사   건   20○○가단(합, 소)○○○○ 손해배상(기)
원   고   ○○○
피   고   ○○○

이 사건에 관하여 피고 ○○○의 주소 등을 알 수 없으므로, 공시송달을 명하여 주시기 바랍니다.

소명자료

1. 주민등록표등·초본   1통
2. 가족관계등록사항증명서   1통
3. 근친자 작성의 불거주 확인서   1통

20○○. ○○. ○○.

원고 ○○○ (날인 또는 서명)
연락처 : 000-0000-0000

○○지방법원 (○○지원) 제 ○민사부(단독) 귀중

◇ 유의사항 ◇

1. 소송목적의 수행을 위해서 동사무소 등에 주소보정명령 등본 또는 소제기증명 등의 자료를 제출하여 상대방의 주민등록표등·초본의 교부를 신청할 수 있습니다(주민등록법 제29조제2항제2호, 제6호)
2. '주민등록법 시행령' 제27조제1항, 제30조에 따라 직권말소, 직권거주불명등록 등의 조치사항이 기록된 주민등록표등·초본을 제출하시기 바랍니다.
3. 주민등록지를 알 수 없는 경우에는 가족관계등록사항증명서를 제출하시기 바랍니다.
4. 그 밖에 확인할 수 있는 다른 자료가 없는 경우에는 송달받을 사람의 최후 주소지에 대한 근친자 작성의 불거주확인서를 제출하시기 바랍니다.

답 변 서

사건번호
원　고
피　고

위 사건에 관하여 피고는 다음과 같이 답변합니다.

청구취지에 대한 답변

1. 원고의 청구를 기각한다.
2. 소송비용은 원고의 부담으로 한다.
   라는 판결을 구함.

청구원인에 대한 답변

별지

2018.　　.　　.
　피고　　　　　　　　　　(인)
○○**법원 귀중**

◇ 유의사항 ◇

1. 연락처란에는 언제든지 연락 가능한 전화번호나 휴대전화번호를 기재하고, 그 밖에
   팩스번호, 이메일 주소 등이 있으면 함께 기재하기 바랍니다.
2. 답변서에는 청구의 취지와 원인에 대한 구체적인 진술을 적어야하고 상대방 수만큼
   의 부본을 첨부하여야 합니다.
3.「청구의 취지에 대한 답변」에는 원고의 청구에 응할 수 있는지 여부를 분명히 밝혀야
   하며,「청구의 원인에 대한 답변」에는 원고가 소장에서 주장하는 사실을 인정하는지
   여부를 개별적으로 밝히고, 인정하지 아니하는 사실에 관하여는 그 사유를 개별적으로
   적어야 합니다.
4. 답변서에는 자신의 주장을 증명하기 위한 증거방법에 관한 의견을 함께 적어야 하며,
   답변사항에 관한 중요한 서증이나 답변서에서 인용한 문서의 사본 등을 붙여야 합니
   다.

답 변 서

사　건　20○○가단○○○　건물 등 철거
원　고　○○○
피　고　◇◇◇

위 사건에 관하여 피고는 아래와 같이 답변합니다.

청구취지에 대한 답변

1. 원고의 청구를 기각한다.
2. 소송비용은 원고가 부담한다.
　라는 재판을 구합니다.

청구원인에 대한 답변

1. 사실관계의 정리

원고는 피고가 이 사건 건물의 소유자라고 주장하나 이는 사실과 다릅니다.

　① 피고는 1984. 8. 24.경 소외 이00으로부터 이 사건 건물과 그 대지를 매수하기로 계약하였습니다. (을 제1호증 매매계약서 참조)
　② 당시 이 사건 건물은 위 이00이 신축하여 소유하고 있던 미등기 건물이었습니다.
　③ 피고는 위 이00과의 위 매매계약에 기하여 이 사건 건물을 인도받아 현재까지 살고 있습니다. 한편, 위 이00은 1995년 경 사망하였는바, 이 사건 대지는 위 이00의 직계비속인 소외 이@@이 상속하였고, 그 무렵 이 사건 건물 역시 위 이@@에게 상속되었다 할 것입니다. 2004년 경 피고는 당시까지 토지와 건물에 대한 등기이전을 하지 못한 관계로 이 사건 건물을 보수하기 위하여 토지의 소유자로 등기되어있던 위 이@@의 승낙이 필요하였고, 위 이@@의 승낙을 받아 이 사건 건물을 개보수 하였습니다. {을 제2호증 확인서(이@@) 참조} 그 이후 2013. 1. 14.경 이 사건 토지는 강제경매에 의해 원고가 매수하였습니다.

2. 원고 주장의 부당성

가. 관습법상 법정지상권의 존재

　(1) 관습법상 법정지상권은 ① 토지와 건물이 동일인의 소유에 속하였다가, ② 그 토지소유자와 건물소유자가 다르게 되었을 경우, ③ 위 건물에 대한 철거 특약이 없을 것을 조건으로 성립하게 됩니다.
　(2) 이 사건 건물의 경우 최초 이 사건 건물을 신축한 위 망 이00이 원시취득한 이래로 미등기상태로 계속 존재하고 있어 현재까지도 위 이00의 상속인인 위 이@@의 소유라 할 것이고, 이 사건 토지의 경우에도 위 이@@이 위 이00로부터 상속하여 소유하고 있다가

2013년 경 강제경매에 의해 원고에게로 소유권이 이전된 것이므로, 관습법상 법정지상권의 첫 번째 성립요건인 ① 토지와 건물이 동일인의 소유에 속하였다는 것과 ② 그 토지소유자와 건물소유자가 다르게 되었을 것이라는 요건을 충족한다 할 것입니다. 또한, 강제경매로 인하여 이 사건 토지의 소유권이 이전된 이상 건물소유자와 토지소유자 사이에 이 사건 건물에 대한 철거 합의가 있는 것을 불가능하므로, 이를 이유로 ③ 위 건물에 대한 철거 특약이 없을 것이라는 요건도 충족합니다.

 (3) 따라서 이 사건 건물에 대하여 현재 법정지상권이 성립되어있다 할 것입니다.

 나. 피고의 점유 권원 : 피고는 과거 이 사건 건물과 토지를 위 망 이OO로부터 매수하기로 계약하였고, 현재까지 점유·사용하고 있으므로 소유권이전등기청구권의 소멸시효는 중단된 상태라 할 것입니다.

 다. 보론 – 피고의 관습법상 법정지상권 등기 및 이전 계획
 현재 이 사건 건물의 대외적 소유권자는 위 이@@이라 할 것이고, 위 이@@은 이 사건 건물에 대한 관습법상 법정지상권을 취득한 상태입니다.

3. 결론
 요건대, 이 사건 건물과 토지는 위 이@@의 소유였다가 강제경매로 인하여 소유권자가 달라진 상황으로, 이 사건 건물에 대한 관습법상 법정지상권이 성립되어 있어, 원고의 이 사건 청구는 이유 없다 할 것입니다.

입 증 방 법

1. 을 제1호증	매매차계약서 사본
1. 을 제2호증	확인서(이@@)

첨 부 서 류

1. 위 입증방법	각 1통
2. 위임장	1통
3. 납부서	1통
4. 소장부본	1통

20○○. ○○. ○○.
위 피고 ◇◇◇ (서명 또는 날인)

○○지방법원 제○○민사단독 귀중

기일지정신청서

[담당재판부 : 제　　민사부(단독)]

사　　　건　　　　　20○○가단(합, 소)○○○○　손해배상(기)
원　　　고　　　　　○○○
피　　　고　　　　　○○○

이 사건에 관하여 당사자는 서면공방을 마쳤으므로, 변론(준비)기일을 지정하여 주시기 바랍니다.

20○○. ○○. ○○.

원고(또는 피고) ○○○ (날인 또는 서명)

연락처 : 000-0000-0000

○○지방법원 (○○지원) 제 ○민사부(단독) 귀중

◇ 유의사항 ◇

1. 양식 하단의 작성자란에 원고의 경우에는 '원고'에, 피고의 경우에는 '(피고)'에 ○표를 하기 바랍니다.
2. 연락처란에는 언제든지 연락 가능한 전화번호나 휴대전화번호를 기재하고, 그 밖에 팩스번호, 이메일 주소 등이 있으면 함께 기재하기 바랍니다.

기일변경신청서

[담당재판부 : 제   민사부(단독)]

사   건   20○○가단(합, 소)○○○○ 손해배상(기)

원   고   ○○○

피   고   ○○○

이 사건에 관하여 변론(준비)기일이 20○○. ○○. ○○. ○○:○○로 지정되었는데, 원고(또는 피고)는 다음과 같은 사유로 출석할 수 없으므로, 위 변론(준비)기일을 변경하여 주시기 바랍니다.

– 다음 –

신청사유 : 20○○. ○○. ○○. 예비군 훈련

소명자료

예비군훈련 소집통지서   1통

20○○. ○○. ○○.

원고(또는 피고) ○○○ (날인 또는 서명)

연락처 : 000-0000-0000

○○지방법원 (○○지원) 제 ○민사부(단독) 귀중

감 정 신 청 서

사건번호   20 가   [담당재판부 : 제   (단독)부]
원　고
피　고

위 사건에 관하여 원(피)고는 다음과 같이 감정을 신청합니다.

    1. 감정의 목적

    2. 감정의 목적물

    3. 감정사항

20　.　.　.
원(피)고　　　　(날인 또는 서명)
(연락처)

○○지방법원 귀중

◇ 유의사항 ◇

1. 양식의 이름란에 원고의 경우에는 '원'에, 피고의 경우에는 '(피)'에 ○표를 하기 바랍니다.
2. 연락처에는 언제든지 연락 가능한 전화번호나 휴대전화번호를 기재하고, 그 밖에 팩스번호, 이메일 주소 등이 있으면 함께 기재하기 바랍니다.

검증·감정신청서

사건번호　　20　가　　　　　　　　　　　　[담당재판부 : 제　　(단독)부]
원　고
피　고

위 사건에 관하여 원(피)고는 주장사실을 입증하기 위하여 다음과 같이 검증 및 감정을 신청합니다.

　　　1. 검증·감정의 목적

　　　2. 검증의 목적물

　　　3. 감정의 목적물

　　　4. 검증·감정사항

20 　.　.　.

원(피)고　　　　　(날인 또는 서명)
　　　　　　　　　(연락처)

○○지방법원 귀중

◇ 유의사항 ◇

1. 양식의 이름란에 원고의 경우에는 '원'에, 피고의 경우에는 '(피)'에 ○표를 하기 바랍니다.
2. 연락처에는 언제든지 연락 가능한 전화번호나 휴대전화번호를 기재하고, 그 밖에 팩스번호, 이메일 주소 등이 있으면 함께 기재하기 바랍니다.

현장검증신청서

사건번호 20 가   [담당재판부 : 제   (단독)부]

원   고

피   고

위 사건에 관하여 원(피)고는 아래와 같이 현장검증을 신청합니다.

     1. 검증의 목적

     2. 검증할 장소

     3. 검증할 사항

20 . . .

위 원(피)고   (날인 또는 서명)

(연락처:)

지방법원 귀중

◇ 유의사항 ◇

1. 양식의 이름란에 원고의 경우에는 '원'에, 피고의 경우에는 '(피)'에 ○표를 하기 바랍
니다.
2. 연락처에는 언제든지 연락 가능한 전화번호나 휴대전화번호를 기재하고, 그 밖에 팩
스번호, 이메일 주소 등이 있으면 함께 기재하기 바랍니다.

문서송부촉탁신청서

사건번호　　20　가

[담당재판부 : 제　　(단독)부]

원　　고

피　　고

위 사건에 관하여 원(피)고는 주장사실을 입증하기 위하여 아래와 같이 문서송부촉탁을 신청합니다.

　　　1. 기록의 보관처

　　　2. 송부촉탁할 기록

　　　3. 증명하고자 하는 사실

20　.　.　.

위 원(피)고　　　　　(날인 또는 서명)

(연락처)

○○지방법원　귀중

◇ 유의사항 ◇

1. 양식의 이름란에 원고의 경우에는 '원'에, 피고의 경우에는 '(피)'에 ○표를 하기 바랍니다.
2. 연락처에는 언제든지 연락 가능한 전화번호나 휴대전화번호를 기재하고, 그 밖에 팩스번호, 이메일 주소 등이 있으면 함께 기재하기 바랍니다.

문서제출명령신청서

사건번호 20 가   [담당재판부 제   단독(부)]

원 고

피 고

위 사건에 관하여 원(피)고는 주장사실을 입증하기 위하여 다음과 같이 문서제출명령을 신청합니다.

    1. 문서의 표시

    2. 문서의 취지(내용)

    3. 문서를 가진 사람

    4. 증명할 사실

    5. 문서제출의무의 원인(해당란에 ✓표시)

      □ 상대방이 소송에서 인용한 문서를 가지고 있음(인용문서)

      □ 신청자가 문서를 가지고 있는 사람에게 그것을 넘겨달라고 하거나 보겠다고 요구할 수 있는 사법상의 권리를 가지고 있음(인도·열람문서)

      □ 문서가 신청자의 이익을 위하여 작성되었음(이익문서)

      □ 문서가 신청자와 문서를 가지고 있는 사람사이의 법률관계에 관하여 작성된 것임(법률관계문서)

      □ 그 밖에 제출이 필요한 문서

     사유 :

20 . . .

신청인 원(피)고   (날인 또는 서명)

(연락처)

○○지방법원 귀중

◇ 유의사항 ◇

1. 양식중 원,피고 해당란에 원고의 경우에는 '원'에, 피고의 경우에는 '피'에 ○표를 하기 바랍니다.

2. 연락처란에는 언제든지 연락 가능한 전화번호나 휴대전화번호(팩스번호, 이메일 주소 등도 포함)를 기재하기 바랍니다.

준 비 서 면

사건번호 20 가   [담당재판부 : 제   (단독)부]

원   고

피   고

위 당사자 사이의 위 사건에 관하여 원고는 다음과 같이 변론을 준비합니다.

다   음

1.

2.

3.

입증방법

1.

1.

20   .   .   .

원고   (날인 또는 서명)

○○지방법원 귀중

◇유의사항◇

연락처란에는 언제든지 연락 가능한 전화번호나 휴대전화번호를 기재하고, 그 밖에 팩스번호, 이메일 주소 등이 있으면 함께 기재하시고, 상대방 수만큼의 부본을 첨부하여야 합니다.

증거설명서

사   건   20○○가단(합, 소)○○○○ 손해배상(기)
원   고   ○○○
피   고   ○○○

호증	서증명	작성일자	작성자	입증취지	비고
갑1	부동산 매매계약서	2012. 11. 3.	원고, ○○○ (피고의 형)	원고와 피고를 대리한 ○○○ 사이에 체결된 이 사건 토지매매 계약서	
2	부동산등기 사항증명서				
3	〃			이 사건 인접 토지를 피고를 대리한 ○○○이 매도한 적이 있다는 사실	
4-1	영수증	2012. 11. 3.	○○○	계약금 지급사실	
4-2	〃	2012. 12. 3.	〃	중도금 지급사실	
4-3	〃	2013. 1. 3.	〃	잔금 지급사실	
5	각서사본	2012. 12. 27.	피고	피고가 이 사건 계약을 인정한 후, 원고에게 등기를 넘겨주기로 약속한 사실	원본 분실
6	가족관계등록 사항증명서			피고와 ○○○ 사이의 신분관계	

20○○. ○○. ○○.

원고(또는 피고) ○○○ (날인 또는 서명)

연락처 : 000-0000-0000

○○지방법원 (○○지원) 제 ○민사부(단독) 귀중

증 인 신 청 서

1. 사건 : 20 가
2. 증인의 표시

이 름	김 희 연				
생년 월일	1964. 1. 1.				
주 소	서울 ○○구 ○○동 123 4통 5반				
전화번호	자택	(02)555 – 777×	사무실	(02)777 – 999×	휴대폰	(015)123–456×
원·피고 와의 관계	원고 처의 친구(고등학교 동창)				

3. 증인이 이 사건에 관여하거나 그 내용을 알게 된 경위

　이 사건 임대차계약을 체결할 당시 원고, 원고의 처와 함께 계약현장에 있었음

4. 신문할 사항의 개요

　① 이 사건 임대차계약 당시의 정황

　② 임대차 계약서를 이중으로 작성한 이유

5. 희망하는 증인신문방식(해당란에 "√" 표시하고 희망하는 이유를 간략히 기재)

☑ 증인진술서 제출방식 □ 증인신문사항 제출방식 □ 서면에 의한 증언방식

　이유 : 원고측과 연락이 쉽게 되고 증인진술서 작성 의사를 밝혔음

6. 그 밖에 필요한 사항

20 . . .
○고 소송대리인　 ○○○ (인)

　○○지방법원 제○부 앞

1. 증인이 이 사건에 관여하거나 그 내용을 알게 된 경위는 구체적이고 자세하게 적어야
합니다.
2. 여러 명의 증인을 신청할 때에는 증인마다 증인신청서를 따로 작성하여야 합니다.
3. 신청한 증인이 채택된 경우에는 법원이 명하는 바에 따라 증인진술서나 증인신문사항
을 미리 제출하여야 하고, 지정된 신문기일에 증인이 틀림없이 출석할 수 있도록 필요
한 조치를 취하시기 바랍니다.

증인구인신청서

사건번호　　20　가　　　　　　　　　　　　[담당재판부 : 제　　(단독)부]

원　고

피　고

위 사건에 관하여 다음 증인은 20 ． ． ． , 20 ． ． ． 의 각 변론기일에 증인으로 출석하여야
할 취지의 적법한 출석요구를 받고도 정당한 사유 없이 출석하지 아니하므로 다음 변론기일
에 증인에 대하여 구인절차를 취하여 줄 것을 신청합니다.

　　　　　증인의 표시
　　　　　　　이름 :
　　　　　　　주소 :

　　　　　　　　　　　　　　　　20　 ． ． ．

　　　　　　　　　원(피)고　　　　　　(날인 또는 서명)
　　　　　　　　　　　　　　　　　　(연락처)
　　　　　　　　　　　　　　　　　　　　　　○○지방법원 귀중

◇유의사항◇

1. 양식 하단의 이름란에 원고의 경우에는 '원'에, 피고의 경우에는 '(피)'에 ○표를 하기
   바랍니다.
2. 연락처에는 언제든지 연락 가능한 전화번호나 휴대전화번호를 기재하고, 그 밖에 팩
   스번호, 이메일 주소 등이 있으면 함께 기재하기 바랍니다.

증 인 진 술 서

1. 사 건   20   가
2. 원 고   김○○
3. 피 고   이○○

진술인(증인)의 인적사항

이   름 : 박○○
생년월일 : 1970. 11. 25.
주   소 : 서울 00구   000로   00길   00호
전화번호 : 02-000-0000(휴대폰 000-000-0000)

1. 진술인은 1988년경 친한 친구로부터 피고를 소개받았는데, 진술인이 장사를 하는 관계로 급전이 필요할 때가 많아 그 무렵부터 여러 차례에 걸쳐 피고로부터 돈을 빌리게 되었고, 개인적으로도 친하게 지내왔습니다.
2. 그러던 중 피고가 2001년 1월경부터 자신의 아들 이름으로 소유하고 있는 봉천 6동 서울아파트 101동 201호를 팔려고 한다면서 진술인에게도 혹시 주위에 살 사람이 있으면 소개하여 달라고 한 사실이 있습니다.
3. 진술인은 2001년 4월경 피고로부터 빌린 차용금의 이자를 갚으러 피고의 집에 갔다가 그곳에 와 있던 원고를 처음으로 보게 되었습니다. 그 날 원고와 피고는 그 자리에서 위 아파트의 매매관계에 관하여 이야기를 나누었던 것으로 기억하는데, 그 날 계약서를 작성하였는지는 모릅니다.
4. 진술인은 그 며칠 뒤쯤 피고로부터 위 아파트를 원고에게 팔았다고 하는 이야기를 전화로 듣고 잘 되었구나 생각하고 있었습니다. 그런데 그 후 보름쯤인가 지난 다음에 피고를 길거리에서 우연히 만났는데, 피고가 하는 말이 원고가 위 아파트를 살 수 없게 되었으니 제발 계약금을 되돌려 달라고 사정사정을 하여 할 수 없이 그 절반만 돌려주고, 서로 없던 일로 하기로 하였다는 이야기를 들은 사실이 있습니다. 그 무렵이나 그 후에 원고를 만난 일은 없습니다.
5. 이상의 내용은 모두 진실임을 서약하며, 이 진술서에 적은 사항의 신문을 위하여 법원이 출석요구를 하는 때에는 법정에 출석하여 증언할 것을 약속합니다.

20 . . .

진 술 인   (서 명   ) (인)

00지방법원 0단독 부 귀중

증인 ○○○에 대한 신문사항

[담당재판부 : 제   민사부(단독)]

사   건   20○○가단(합, 소)○○○○ 소유권말소등기
원   고   ○○○
피   고   ○○○

1.

2.

3.

4.

5.

...

20○○. ○○. ○○.

원고(또는 피고) ○○○ (날인 또는 서명)
연락처 : 000-0000-0000

○○지방법원 (○○지원) 제 ○민사부(단독) 귀중

변론재개신청서

[담당재판부 : 제   민사부(단독)]

사　　건　　　　　20○○가단(합, 소)○○○○ 손해배상(기)
원　　고　　　　　○○○
피　　고　　　　　○○○

이 사건에 관하여 귀원은 20○○. ○○. ○○. 변론을 종결하고 판결선고기일을 20○○. ○○. ○○. ○○:○○로 지정하였는데, 원고(또는 피고)는 다음과 같은 이유로 변론의 재개를 신청합니다.

신청사유

변론종결 후 첨부와 같은 새로운 증거를 발견하였습니다.

첨부서류

계약서 사본　　　　　　　　　　　　　　　　1통

20○○. ○○. ○○.

원고(또는 피고) ○○○ (날인 또는 서명)
연락처 : 000-0000-0000

○○지방법원 (○○지원) 제 ○민사부(단독) 귀중

① 신 청 서	신청인은 ●로 표시된 부분을 기재합니다			
●사　건	20 가　　　호(사건 명)			
●원고(채권자,신청인)				
●채무자(채무자, 피신청인)				

위 사건에(판결, 결정, 명령, 화해조서, 인낙조서, 조정조서, 기타 :　　　) 에 대한 아래
의 신청에 따른 제증명을 발급하여 주시기 바랍니다.

20 ．．．

　전화번호 :
● 신청인 : (원)고 (소송대리인)........................ (날인 또는 서명)

신청할 제증명 사항을 신청번호에 ○표하시고,
필요한 통수와 발급 대상자의 성명을 기재 합니다.

신청 번호	발급 통수	신청의 종류	발급 대상자의 성명 (※주) 재판서의 당사자 모두에 대하여 신청할 경우에는 기재하지 아니함)	인지 붙이는 곳 수수료: 각 1통당 500원 (단 ,재판서·조서의 정본·등본·초본은 1통당 1,000원) 사무실 내에 위치한 신한은행에서 구입
1		집행문 부여		
2		송 달 증 명		
3		확 정 증 명		
4		승계송달증명		
5		재판서·조서의 정 본·등본·초본		

○ ○지방법원　귀중

위 증명 문서를 틀림없이 수령 하였습니다.	2018.8.0.	●수령인 성명:　(날인 또는 서명)

[유의사항] 1. 집행문부여를 신청할 경우에는 법원에서 교부받은 재판서(판결, 결정 등)
정본을 첨부하여야 합니다. 만일, 분실하였거나 여러 통을 신청할 경우에는 재도·수통
부여 신청서에 기재하여 신청하시기 바랍니다.
2. 발급 대상자의 성명은 집행문부여 신청의 경우 집행대상 당사자를, 송달·확정증명의
경우 상대방의 성명을 각 기재하시기 바랍니다.
만일, 재판서의 당사자 모두에 대하여 신청할 경우에는 기재하지 아니하여도 됩니다.

집행문(재도·수통)부여신청서

사건번호 20 가   호   ○○금

원   고 (이름)

　　　 (주소)

　　　 (연락처)

피   고 (이름)

　　　 (주소)

위 사건에 관하여 귀원에서 선고한 판결의 집행력 있는 정본 1통을 이미 부여받은바 있으나, 다음 사유로 집행력 있는 정본 1통을 (재도, 수통)부여해 주시기 바랍니다.

사   유 :

첨부서류 :

20   .   .   .

신청인(원, 피고)　　　　　　 (날인 또는 서명)

○○○○**법원 귀중**

◇ 유의사항 ◇

1. 재도부여신청은 이미 법원으로부터 부여받은 집행력 있는 정본을 분실·멸실 등의 경우에 다시 집행력 있는 정본(집행문부여 및 집행권원정본 신청)을 부여받고자 하는 신청으로 재판장(사법보좌관)의 허가가 필요합니다.
2. 수통부여신청은 원고가 동시에 여러 지역에 대한 강제집행을 하거나 여러 개의 서로 다른 집행방법에 의하여 강제집행을 할 경우에 하는 신청으로 재판장(사법보좌관)의 허가가 필요합니다.
3. 위 신청의 경우에는 사유를 기재하여야 하며 이를 소명할 서류(분실인 경우에는 다음 장의 서식 참조) 또는 집행력 있는 정본이 다른 곳에서 사용중임을 증명하는 서류 등을 첨부하여야 합니다.
4. 집행문부여신청 인지액은 500원이고, 정본이 없는 경우에는 정본교부대금(1건당 1,000원)은 별도로 지급하여야 합니다.

분 실 사 유 서

사건번호 및 사건명		20 가 호 ○○금
분실물		○○법원 20 가 호 사건의 집행력 있는 □ 판결정본 □ 이행권고결정정본 □ 지급명령정본 □ 화해권고결정정본 □조정조서정본 □ 조정에갈음하는결정(조서)정본 □소송비용액확정결정정본 □ 기타( )
분실자	성명		주민 번호 _
	주소		연락처
분실일시		20○○. ○○. ○○. ○○:○○
분실장소		
분실경위 (필요 시 별지 사용 가능)		

위와 같이 분실한 사실을 소명합니다.

년 월 일

신청인 성명 _____ 서명 _____ (인)

○○○○법원 귀중

※ 주의사항
1. 집행문을 분실하여 다시 신청한 때에는 재판장(사법보좌관)의 명령이 있어야만 이를 내어 줍니다(민사집행법 제35조 제1항, 법원조직법 제54조 제2항).
2. 위 서류는 신청인(사건당사자 또는 소송대리인)이 작성하여야 하며, 소송대리인을 제외한 대리인이 제출하는 경우 신청인의 위임장이 필요합니다.

소송비용액확정신청서

신 청 인 (이　름)　　　　　　　　　　　　(주민등록번호　　　－　　　)
　　　　　(주　소)
　　　　　(연락처)

피신청인 (이　름)　　　　　　　　　　　　(주민등록번호　　　－　　　)
　　　　　(주　소)

신청취지

　위 당사자 사이의 이 법원 20 ． ． ． 선고 20　가단(합)　　호 사건 판결에 의하여 피(원)고가 상환하여야 할 소송비용액은 금＿＿＿＿＿원임을 확정한다.

신청이유

별지기재와 같음(생략)

소명방법 및 첨부서류

1. 소송비용계산서(부본은 상대방 수만큼 제출)

1. 기타 소명자료(영수증 등)

20 ． ． ．

신청인(원고, 피고)　　　　　　　　　　　　　(날인 또는 서명)

○○지방법원 귀중

◇ 유의사항 ◇

신청인의 연락처란에 언제든지 연락 가능한 전화번호나 휴대전화번호(팩스번호, 이메일 주소 등도 포함)를 기재하기 바랍니다.

(별지) 소송비용계산서

	비용항목		비용액	참고사항
제1심	인지대		원	
	송달료		원	
	변호사보수	착수금 :	원	
		사례금 :	원	
	소송출석여비 (교통비, 식대, 일당)		원	
	감정료		원	
	증인여비		원	
			원	
			원	
			원	
			원	
			원	
			원	
제2심	인지대		원	
	송달료		원	
	변호사보수	착수금 :	원	
		사례금 :	원	
			원	
			원	
			원	
			원	
제3심	인지대		원	
	송달료		원	
	변호사보수	착수금 :	원	
		사례금 :	원	
			원	
소송비용액확정신청 인지대			원	
위 신청서 송달료			원	
			원	
합계금			원	

판결(결정)경정 신청서

사 건
원 고 (이름)
     (주소)
     (연락처)
피 고 (이름)
     (주소)

위 사건에 대하여 20 . . . 에 판결(결정)을 선고하였으나, 다음과 같이 판결(결정)을 경정하여 주시기 바랍니다.

경정할 사항

[첨부서류]

20 . . .

신청인 원(피)고　　　(날인 또는 서명)

○○지방법원 귀중

◇ 유의사항 ◇

1. 연락처에는 언제든지 연락 가능한 전화번호나 휴대전화번호를 기재하고, 그 밖에 팩스번호, 이메일 주소 등이 있으면 함께 기재하기 바랍니다.
2. 양식 하단의 이름란에 원고의 경우에는 '원'에, 피고의 경우에는 '(피)'에 ○표를 하기 바랍니다.

항 소 장

항소인(원,피고) (이름)
            (주소)
            (연락처)
피항소인(원,피고)(이름)
            (주소)

 위 당사자 사이의 ○○지방법원 20   가   호 ○○금 청구사건에 관하여 원(피)고는 귀원이 20 . . . 선고한 판결에 대하여 20 . . . 송달받고 이에 불복하므로 항소를 제기합니다.

원판결의 표시
항소취지
항소이유
첨부서류

1. 납부서   2. 항소장 부본

20 . . .

항소인(원,피고)   (서명 또는 날인)

휴대전화를 통한 정보수신 신청

 위 사건에 관한 재판기일의 지정·변경·취소 및 문건접수 사실을 예납의무자가 납부한 송달료 잔액 범위 내에서 아래 휴대전화를 통하여 알려주실 것을 신청합니다.

■ 휴대전화 번호 :

20 . . .

신청인 항소인   (서명 또는 날인)

※ 종이기록사건에서 위에서 신청한 정보가 법원재판사무시스템에 입력되는 당일 문자메시지로 발송됩니다(전자기록사건은 전자소송홈페이지에서 전자소송 동의 후 알림서비스를 신청할 수 있음).
※ 문자메시지 서비스 이용금액은 메시지 1건당 17원씩 납부된 송달료에서 지급됩니다(송달료가 부족하면 문자메시지가 발송되지 않습니다).
※ 추후 서비스 대상 정보, 이용금액 등이 변동될 수 있습니다.
※ 휴대전화를 통한 문자메시지는 원칙적으로 법적인 효력이 없으니 참고자료로만 활용하시기 바랍니다.

○○지방법원 귀중

◇ 유의사항 ◇

1. 연락처에는 언제든지 연락 가능한 전화번호나 휴대전화번호를 기재하고, 그 밖에 팩스번호, 이메일 주소 등이 있으면 함께 기재하기 바랍니다.
2. 양식 중 원고, 피고의 해당란에 ○표를 하기 바랍니다.
3. 이 신청서를 접수할 때에는 당사자 1인당 12회분의 송달료를 송달료 수납은행에 예납하여야 합니다. 다만, 송달료 수납은행이 지정되지 아니한 시·군법원의 경우에는 송달료를 우편으로 납부하여야 합니다.

항소이유서

사   건   20○○나○○○○ 손해배상(기)
원고 (항소인)   ○○○
피고 (피항소인)   ○○○

이 사건에 관하여 원고(항소인)는 다음과 같이 항소이유를 제출합니다.

1. 제1심 판단과 불복범위 (임의적 기재사항이나 가급적 기재를 권장합니다)
　가. 이 사건의 청구내용[1]

　나. 제1심의 판단 요약

　다. 항소인의 불복 부분
　　(1) 제1심 판결에서 불복하는 주요 부분[2]

　　(2) 제1심 판결을 수긍할 수 없는 주된 이유[3]

2. 제1심 판결의 잘못에 관하여 (아래 항목 중 해당하는 부분만 기재하면 충분합니다)
　가. 사실오인 부분
　　(1) 관련 제1심 판결 판시 부분

　　(2) 항소이유의 주장[4]

　나. 법리오해 부분
　　(1) 관련 제1심 판결 판시 부분

　　(2) 항소이유의 주장

---

1) 소송물(심판의 대상)을 특정할 수 있도록 청구의 법적 근거 즉, 계약책임(채무불이행
　책임), 사무관리, 부당이득, 불법행위책임 등으로 구분하여 간략히 기재
2) 복수의 소송물에서는 소송물별로 기재
3) 다음 항에서 구체적으로 기재하면 되므로 여기서는 간략히 기재하면 충분
4) 주장의 근거 되는 핵심증거를 해당 부분에 반드시 기재

다. 판단누락 부분

　(1) 관련 주장 내용

　(2) 결론에 미치는 영향 (판단의 필요성)

라. 그 밖의 잘못 (제1심의 절차위반 부분 등 포함)

3. 항소심에서 새롭게 주장할 사항 (제2항에 포함되어 있더라도 반드시 요지를 기재하기 바랍니다)

　가. 주장 내용

　나. 제1심에서 제출하지 못한 이유

　다. 새로운 주장 제출에 따라 필요한 조치의 유무[5]

4. 항소심에서 새롭게 신청할 증거와 그 증명취지

　가. 신청증거 내용(내용 적시 외에 별도의 신청서 제출 필요)

　나. 제1심에서 제출하지 못한 이유

5. 항소심에서의 조정·화해절차에 관한 의견 (아래 각 해당란을 선택하여 기재하기 바랍니다)

　가. 절차의 희망 여부

　(1) 희망　　　　　　　　(2) 불희망

　나. 조정·화해절차를 희망하는 경우

　(1) 조정시기

　　① 첫 변론기일 시작 전 조기 조정 (항소심의 본격적인 변론 전에 신속히 절차진행 희망)

　　② 그 이후 시기 (변론 도중, 변론종결 후 등)

　(2) 조정기관

　　① 해당 재판부에서 직접 절차를 주재하는 형태 희망

　　② 조정총괄부에서 절차를 주재하는 형태를 희망

---

5) 항소심에서 새롭게 제출하는 주장이 청구변경에 해당하는지를 검토하고, 이에 해당할 경우에는 별도의 청구원인변경신청서 제출(청구를 교환적으로 변경하는지 또는 추가하는지, 추가한다면 기존 청구와의 관계가 단순병합, 선택적 병합, 예비적 병합 중 어느 것인지를 특정)이나 인지 첨부 등의 조치가 필요

다. 기타 조정·화해절차와 관련하여 항소심 재판부에 전달하고 싶은 사항

6. 그 밖에 재판진행에서 고려를 요청하는 사항 (임의적 기재사항입니다)

가. 재판부에 요청하는 사항

나. 상대방에 요청하는 사항

다. 기타

2018. ○○. ○○.

원고(항소인) ○○○ (날인 또는 서명)

연락처 : 000-0000-0000

서울고등법원 제○민사부 귀중

◇ 유의사항 ◇

1. 이 양식은 민사소송규칙 제126조의2에 적시된 필수적 기재사항에 근거하여 마련된 권장양식입니다.

 특히 항소심에서의 새로운 주장과 증명에 관련된 제3항 이하의 각 항목에 기재 누락이 없기를 요청 드립니다(해당 사항이 없으면 각 항목에 "해당 없음"이라고 기재하여 주기 바랍니다).

2. 민사소송규칙 제4조 제2항에 따라 용지는 A4(가로 210㎜ × 세로 297㎜) 크기로 하고, 위로부터 45㎜, 왼쪽 및 오른쪽으로부터 각각 20㎜, 아래로부터 30㎜(장수 표시 제외)의 여백을 두어야 합니다.

 또한 글자크기는 12포인트(가로 4.2㎜ × 세로 4.2㎜) 이상으로 하고, 줄 간격은 200% 또는 1.5줄 이상으로 하여야 합니다.

3. 서면의 분량은 특별한 사정이 없는 한 민사소송규칙 제69조의4, 제128조에 따라 30쪽을 넘어서는 아니 되며, 이를 어길 경우에는 재판부는 기존 서면을 반려하고 항소인에게 30쪽 이내로 줄여 다시 제출하도록 명할 수 있습니다.

4. 연락처란에는 언제든지 연락 가능한 전화번호나 휴대전화번호를 기재하고, 그 밖에 팩스번호, 이메일 주소 등이 있으면 함께 기재하기 바랍니다.

5. 기재할 공간이 부족할 경우 별도의 용지를 이용하실 수 있습니다.

항 소 취 하 서

원 고(항소인, 피항소인)
피 고(항소인, 피항소인)

위 당사자 사이의 귀원 20 나   호   사건에 관하여 항소인(원고,피고)은 항소를 취하합니다.

20 ． ． ．

항소인 원(피)고   (날인 또는 서명)

○○법원 ○부 귀중

제출자 :	
관 계 :	
주민등록번호 :	
제출자의 신분확인	(인)

◇유의사항◇

1. 연락처에는 언제든지 연락 가능한 전화번호나 휴대전화번호를 기재하고, 그 밖에 팩스번호, 이메일 주소 등이 있으면 함께 기재하기 바랍니다.
2. 항소인·피항소인, 원고·피고의 해당란에 ○표로 지위를 표시하기 바랍니다.

상 고 장

상고인(원,피고) (이름)　　　　(주소)　　　　(연락처)

피상고인(원,피고) (이름)　　　(주소)

위 당사자 사이의 귀원 20　나　호 ○○금 청구사건에 관하여 원(피)고는 귀원이 20 ． ．

． 선고한 판결에 대하여 20 ． ． ． 송달받고 이에 불복하므로 상고를 제기합니다.

　　　　　　　　제2심판결의 표시

　　　　　　　　상고취지

　　　　　　　　상고이유

　　　　　　　　첨부서류

1. 납부서　　　　　　　　2. 상고장 부본

20 ． ． ．

상고인(원,피고)　　　(서명 또는 날인)

휴대전화를 통한 정보수신 신청

위 사건에 관한 재판기일의 지정·변경·취소, 종국결과 및 문건접수 사실(민사본안만 해당)을 예납의무자가 납부한 송달료 잔액 범위 내에서 아래 휴대전화를 통하여 알려주실 것을 신청합니다.

■ 휴대전화 번호 :

　　　　　　　20 ． ． ．

　　　　신청인 상고인　　　(서명 또는 날인)

※ 종이기록사건에서 위에서 신청한 정보가 법원재판사무시스템에 입력되는 당일 문자메시지로 발송됩니다(전자기록 사건은 전자소송홈페이지에서 전자소송 동의 후 알림서비스를 신청할 수 있음).

※ 문자메시지 서비스 이용금액은 메시지 1건당 17원씩 납부된 송달료에서 지급됩니다(송달료가 부족하면 문자메시지가 발송되지 않습니다).

※ 추후 서비스 대상 정보, 이용금액 등이 변동될 수 있습니다.

※ 휴대전화를 통한 문자메시지는 원칙적으로 법적인 효력이 없으니 참고자료로만 활용하시기 바랍니다.

　　　　　　　　　　　　　　　　　○○고등법원 귀중

◇ 유의사항 ◇

1. 연락처에는 언제든지 연락 가능한 전화번호나 휴대전화번호를 기재하고, 그 밖에 팩스번호, 이메일 주소 등이 있으면 함께 기재하기 바랍니다.

2. 양식 중 원고, 피고의 해당란에 ○표를 하기 바랍니다.

3. 이 신청서를 접수할 때에는 당사자 1인당 8회분의 송달료를 송달료 수납은행에 예납하여야 합니다.

4. 상고장에 상고이유를 적지 아니한 때에 상고인은 대법원으로부터 소송기록접수통지를 받은 날부터 20일 안에 상고이유서 1통과 그 부본(상대방수＋6통)을 대법원에 제출하여야 하고, 만약 위 기간 안에 상고이유서를 제출하지 않으면 상고가 기각될 수 있습니다.

상고이유서

사 건 20   다   〔담당재판부 : 제   부〕

원 고 (피)상고인 (이름)
                (주소)
                (연락처)
피 고 (피)상고인 (이름)
                (주소)

위 사건에 관하여 원(피)고 상고인은 다음과 같이 상고 이유를 제출합니다.

상고이유

1.
2.

20 .   .   .

원(피)고 (상고인)   (날인 또는 서명)

대법원 귀중

◇유의사항◇

1. 상고장에 상고이유를 적지 아니한 때에 상고인은 대법원으로부터 소송기록접수통지
   를 받은 날부터 20일 안에 상고이유서 1통과 그 부본(상대방수＋5통)을 대법원에 제출
   하여야 하고, 만약 위 기간 안에 상고이유서를 제출하지 않으면 상고가 기각될 수 있습
   니다.
2. 민사소송규칙 제4조 제2항에 따라 용지는 A4(가로 210㎜×세로 297㎜) 크기로 하고,
   위로부터 45㎜, 왼쪽 및 오른쪽으로부터 각각 20㎜, 아래로부터 30㎜(장수 표시 제외)
   의 여백을 두어야 합니다.
   또한 글자크기는 12포인트(가로 4.2㎜×세로 4.2㎜) 이상으로 하고, 줄 간격은 200% 또
   는 1.5줄 이상으로 하여야 합니다.
3. 서면의 분량은 특별한 사정이 없는 한 민사소송규칙 제133조의2에 따라 30쪽을 넘어
   서는 아니 됩니다.
4. 연락처란에는 언제든지 연락 가능한 전화번호나 휴대전화번호를 기재하고, 그 밖에
   팩스번호, 이메일 주소 등이 있으면 함께 기재하기 바랍니다.
5. 양식중 당사자표시의 해당란에 ○표를 하기 바랍니다.

상고취하서

사 건   20 다   〔담당재판부 : 제   부〕

원 고 [피(상)고인] (이름)
                  (주소)
                  (연락처)

피 고 [피(상)고인] (이름)
                  (주소)
                  (연락처)

위 사건에 관하여 상고인은 상고를 전부 취하합니다.

20   .   .   .

원(피)고 상고인   (날인 또는 서명)

대법원 귀중

제출자 :	
관 계 :	
주민등록번호 :	
제출자의 신분확인	(인)

건설기계임대시 배차 담당자에게
대여료(사용료)지급하라는 판결문

수 원 지 방 법 원

제 3 민 사 부

판   결

사   건   2011나00000 청구이의

원고, 피항소인   000

              성남시 수정구 신흥1동

피고, 항소인   000

              광주시 오포읍 매산리

제 1 심 판 결   수원지방법원 성남지원 2011. 6. 8. 선고 2011가단0000 판결

변 론 종 결   2011. 11. 10.

판 결 선 고   2011. 12. 8.

주   문

1. 제1심 판결을 취소한다.

2. 원고의 청구를 기각한다.

3. 소송총비용은 원고가 부담한다.

청구취지 및 항소취지

 피고의 원고에 대한 수원지방법원 성남지원 2010가소00000i호 장비임대료 사건의

2010. 4. 5.자 이행권고결정에 기한 강제집행을 불허한다.

이　　유

1. 기초사실

　피고가 2010. 3. 10. 원고 및 주식회사 ○○ 랜드(이하 '○○ 랜드'라 한다)를 상대로 수원지방법원 성남지원 2010가소○○○○○호로 2008. 3. 25.부터 2008. 4. 5.까지 사용한 굴삭기에 대한 임대료 3,900,000원과 이에 대한 지연손해금의 지급을 구하는 소를 제기한 사실, 위 법원은 2010. 4. 5. 원고에게 위 금원의 지급을 명하는 이행권고결정을 내렸고, 그 이행권고결정이 2010. 4. 27. 그대로 확정된 사실(원고는 2010. 4. 13. 위 이행권고결정을 송달받았음에도 2주일 이내에 이의신청을 하지 아니하였다)은 당사자 사이에 다툼이 없다.

2. 당사자의 주장 및 판단

　원고는, 그가 피고에게 휴경랜드를 소개시켜주었을 뿐 피고로부터 굴삭기를 임차한 사실이 없으므로 위 이행권고결정에 기한 강제집행은 불허되어야 한다고 주장한다. 이에 대하여 피고는, 원고가 피고로부터 굴삭기를 임차하였으므로 원고의 청구는 부당하다고 주장한다.

　살피건대, 갑 제5호증의 5, 6의 각 기재, 증인 정○○ 의 일부 증언에 변론 전체의 취지를 보태면, 원고가 2008. 3. 24.경 정○○ 에게 전화로 '굴삭기 1대가 필요하니 굴삭기 임대인을 소개해달라'고 요청한 사실, 이에 정경수가 건설기계 임대업을 하는 피고에게 전화로 '원고로부터 굴삭기가 필요하다는 연락이 왔는데 굴삭기 1대를 임대해줄 수 있느냐'고 물었고 피고가 임대해 줄 수 있다고 대답한 사실, 피고로부터 위와 같은

답변을 들은 정○○는 원·피고에게 상대방의 전화번호를 알려준 사실, 원고는 피고에게 전화로 '휴경랜드가 시공하는 과천시 과천동 소재 국립과학관건립현장에 굴삭기 1대가 필요한데 장비임대료 일 450,000원을 받고 굴삭기를 임대해 줄 수 있느냐'고 물었고 피고가 그 요청을 수락한 사실, 이에 원고가 피고에게 '위 공사현장에 가서 휴경랜드의 박부장을 찾으면 된다'고 말한 사실, 피고는 2008. 3. 25.부터 2008. 4. 5.까지 위 공사현장에서 박부장의 지시에 따라 작업하였고 그 기간 동안의 굴삭기임대료는 3,900,000원인 사실이 인정되는바, 위 인정사실에 나타난 굴삭기 임대경위를 종합적으로 고려하면, 원고가 정○○의 소개를 받아 피고로부터 굴삭기 1대를 임차하였고, 피고는 임차인인 원고의 요청에 따라 휴경랜드가 시공하는 공사현장에서 위 굴삭기로 작업하였다고 봄이 상당하다.

따라서 원고가 피고로부터 굴삭기를 임차하지 않았음을 전제로 한 원고의 위 주장은 이유 없다.

3. 결 론

그렇다면, 원고의 이 사건 청구는 이유 없어 이를 기각하여야 할 것인바, 제1심 판결은 이와 결론을 달리하여 부당하므로 피고의 항소는 이유 있어 이를 받아들이기로 하여, 주문과 같이 판결한다.

재판장   판사   김재환

2011-0021368302-352C5   위변조 방지용 바코드 입니다.   3 / 5

판사   진현지   진 현 지

판사   서전교   서 전 교

정본입니다.

2011. 12. 13.

수원지방법원

법원사무관 방웅석

> 판결에 불복이 있을 때에는 이 정본을 송달받은 날(발송송달의 경우에
> 는 발송한 날)부터 2주 이내에 상소장을 이 법원에 제출하여야 합니다
> (보조참가인의 경우에는 피참가인을 기준으로 상소기간을 계산함에 유
> 의).
>
> ※ 각 법원 민원실에 설치된 사건검색 컴퓨터의 발급번호조회 메뉴를
> 이용하거나, 담당 재판부에 대한 문의를 통하여 이 문서 하단에 표시된
> 발급번호를 조회하시면, 문서의 위,변조 여부를 확인하실 수 있습니다.

2011-0021368302-352C5 위변조 방지용 바코드 입니다. 5 / 5

건설사가 하도급업자에게 하도급을 주고 공사비용을 모두 지급하였으나 굴삭기임대
인이 작업확인서에 원청사 이름을 기재하고 원청사 직원 및 일용직 직원에게 확인서명
을 받은 후 원청사에 세금계산서를 발급 청구하였고, 원청사가 세금신고를 하였을 경우
장비사용료는 원청사가 지급하라는 판결문

서 울 중 앙 지 방 법 원

제 8 민 사 부

판　　　결

사　　　건　　　2015나00000 사용료

원고, 항소인　　000

　　　　　　　　서울 관악구 양녕로2가길 42

피고, 피항소인　　00종합건설 주식회사

　　　　　　　　서울 강남구 학동로45길 8

　　　　　　　　대표이사 000

제 1 심 판 결　　서울중앙지방법원 2015. 2. 12. 선고 2014가소00000 판결

변 론 종 결　　　2016. 3. 4.

판 결 선 고　　　2016. 3. 18.

주　　　문

1. 제1심 판결을 아래와 같이 변경한다.

　가. 피고는 원고에게 19,272,000원 및 이에 대하여 2013. 2. 7.부터 2016. 3. 18.까지
　　　연 6%, 그 다음날부터 다 갚는 날까지 연 20%의 각 비율로 계산한 돈을 지급하
　　　라.

　나. 원고의 나머지 청구를 기각한다.

다. 가항은 가집행할 수 있다.

2. 소송 총비용은 피고가 부담한다.

청구취지 및 항소취지

제1심 판결을 취소한다. 피고는 원고에게 19,272,000원 및 이에 대하여 2013. 2. 7.부터 지급명령 송달일까지 연 6%, 그 다음날부터 다 갚는 날까지 연 20%의 각 비율로 계산한 돈을 지급하라.

이   유

1. 당사자 주장

  가. 원고의 주장

   1) 서울시 관악구청은 2011. 12. 28. 피고에게 '2011년 봉천로 자전거도로 설치공사'(이하 '이 사건 공사')를 발주하였다. 원고는 2012. 5. 15.부터 2012. 8. 17.까지 이 사건 공사 현장에 굴삭기를 임대하였고, 피고의 직원 ○○○은 굴삭기를 원고로부터 인도받아 사용한 후 작업확인서에 서명까지하였다.

   2) 따라서 피고는 장비 임차인으로서 원고에게 장비임대료 합계 20,372,000원(= 장비임대료 18,520,000원 + 부가가치세 1,852,000원) 중 원고가 2013. 2. 6. 일부 지급받은 110만 원을 공제한 미지급 장비임대료 19,272,000원 및 이에 대한 지연손해금을 지급할 의무가 있다.

   3) 설령 위 ○○○ 또는 피고가 공사를 하도급주었다는 ○○○ 에게 피고를 대리할 권한이 없었다 하더라도 피고는 민법 제125조 또는 제126조에 의한 표현대리 책임을

부담하고, ㅇㅇㅇ 또는 ㅇㅇㅇ 의 행위가 무권대리에 해당한다 하더라도 피고는 장비 임대료 중 일부를 입금함으로써 ㅇㅇㅇ 또는 ㅇㅇㅇ 의 무권대리 행위를 추인하였다.

　나. 피고의 주장

　　1) 피고는 ㅇㅇㅇ (ㅇㅇ건설 대표)에게 이 사건 공사를 하도급하였을 뿐이고, 2012. 9. 12.경 김기용과 사이에 공사대금의 정산까지 완료하였다.

　　2) 피고는 원고와 장비 임대차계약을 체결한 사실이 없고, 원고가 주장하는 '윤재민'이라 사람도 알지 못한다(이 사건 공사 현장의 책임자는 권혁상이다).

2. 판 단

　가. 갑 제1, 2, 4, 6 내지 9호증(가지번호 포함)의 각 기재와 변론 전체의 취지를 종합해 보면 아래 사실을 인정할 수 있다.

　　1) 원고는 2012. 5. 15.부터 2012. 8. 17.까지 굴삭기(02차8254)를 이 사건 공사 현장에 임대하였는데, 작업일마다 그날의 작업 내용 및 사용금액에 관하여 '건설기계임대차 표준계약서(작업확인서)'를 작성하였고, 윤ㅇㅇ은 위 표준계약서 중 '임차인(건설업자 및 현장)'란에 'ㅇㅇ 종합건설 주, ㅇㅇㅇ '이라고 자필로 기재·서명하였다(다만 2012. 7. 9.자 작업확인서부터는 'ㅇㅇ 종합건설 주'라고만 자필로 기재하였다).

　　2) 원고는 굴삭기 임대료와 관련하여 3건의 세금계산서를 피고 앞으로 발행하였다 (2012. 5. 31.자 합계 6,006,000원, 2012. 6. 30.자 합계 6,182,000원, 2012. 8. 17.자 합계 8,184,000원, 총합 20,372,000원). 한편 피고는 원고가 발급한 위 2012. 5. 31.자 및 2012. 6. 30.자 세금계산서를 '과세기간 종료일 다음날 11일까지 전송된 전자세금계산서 외 발급받은 매입처별 명세' 항목에 포함시켜 세무서에 신고하였다.

3) 피고는 2013. 2. 6. 원고의 계좌로 110만 원을 송금하였다.

4) 피고의 과장이자 이 사건 공사의 현장대리인인 권혁상은 "이 사건 공사 현장에서 윤재민이 2012. 4.부터 2012. 6.까지 피고 소속 근로자로 일하였으므로 OOO 의 노무비 합계 615만 원을 청구한다."는 취지의 '공사근로자 노무비 청구 내역서'를 작성하여 발주자인 서울시 관악구청에 제출하였다.

나. 위 인정사실에 따르면, 원고가 제공한 장비를 피고 직원 OOO 이 인도받아 작업에 사용함으로써 원고와 피고 사이에는 매 작업일마다 장비 임대차계약이 묵시적으로 체결되어 왔다고 봄이 타당하다. 한편, 설령 피고가 OOO 에게 장비 임대차계약 체결 권한을 명시적으로 수여한 사실이 없다 하더라도 위 인정사실에 비추어 볼 때 원고로서는 OOO 에게 그러한 권한이 있다고 믿을 만한 정당한 이유가 있었다고 보인다.

다. 따라서 피고는 원고에게 원고가 구하는 미지급 장비임대료 19,272,000원 및 이에 대하여 최종 임대료 입금일 다음날(2013. 2. 7.)부터 피고가 항쟁함이 상당한 당심 판결 선고일(2016. 3. 18.)까지는 상법이 정한 연 6%, 그 다음날부터 다 갚는 날까지는 「소송촉진 등에 관한 특례법」이 정한 연 20%[1]의 각 비율로 계산한 지연손해금을 지급할 의무가 있다.

3. 결 론

그렇다면 원고의 청구는 위 인정범위 내에서 이유 있어 인용하고 나머지 청구(지연손해금 중 일부)는 이유 없어 기각할 것인바, 제1심 판결은 이와 결론을 달리하여 부당하므로 원고의 항소를 일부 받아들여 제1심 판결을 주문과 같이 변경하기로 한다.

---

1) 「소송촉진 등에 관한 특례법」 및 「구 소송촉진 등에 관한 특례법 제3조 제1항 본문의 법정이율에 관한 규정」(2015. 9. 25. 대통령령 제26533호로 개정되기 전의 것)

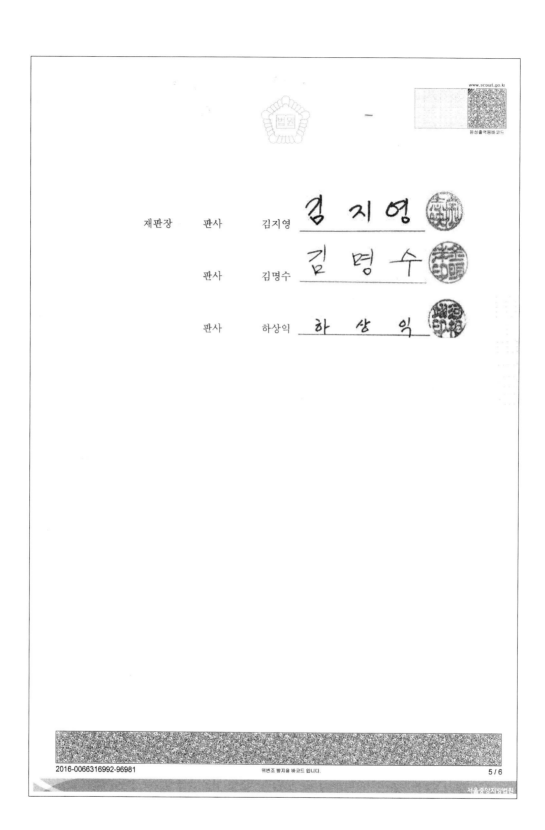

재판장	판사	김지영	김 지 영	(인)
	판사	김명수	김 명 수	(인)
	판사	하상익	하 상 익	(인)

정본입니다.

2016. 3. 21.

서울중앙지방법원

법원주사 김승렬

판결에 불복이 있을 때에는 이 정본을 송달받은 날(발송송달의 경우에는 발송한 날)부터 2주 이내에 상소장을 민사소송법 등 관계 법령에 따라 원심법원인 이 법원(서울중앙지방법원)에 제출하여야 합니다(민사소송법 제71조의 보조참가인의 경우에는 피참가인을 기준으로 상소기간을 계산함에 유의).

※ 각 법원 민원실에 설치된 사건검색 컴퓨터의 발급번호조회 메뉴를 이용하거나, 담당 재판부에 대한 문의를 통하여 이 문서 하단에 표시된 발급번호를 조회하시면, 문서의 위,변조 여부를 확인하실 수 있습니다.

강제집행절차

XII

1 강제집행

(1) 강제집행의 의의

　강제집행이란 채권자의 신청으로 국가의 집행기관이 공권력을 행사하여 채무자를 강제함으로써 그 이행이 있는 것과 같은 사실 상태를 실현시켜 주는 것을 말한다.

　금전채권에 기한 강제집행은 채권자가 국가의 집행기관에 신청하여 채무자의 재산을 강제로 현금화해서 그 대금을 배당받는 방법으로 하는 것이 원칙이다.

　강제집행의 대상이 되는 채무자의 재산을 동일한 집행방법이 적용되는 유형별로 분류하여 보면 다음과 같다.

(2) 강제집행의 대상 재산

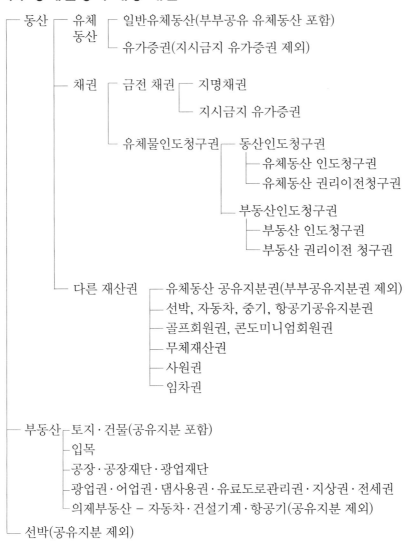

2 채무자의 재산조사

(1) 재산조사의 필요성

채무자가 자진해서 채무의 변제를 하거나 또는, 채권자가 채무자에 대한 반대채권과 상계함으로써, 채권 전부의 만족을 얻을 수 있다면, 강제집행은 이를 필요로 하지 않는다.

그러나 현실에 있어서는, 채권의 존부나 범위에 관한 분쟁이나 채무자의 무자력(無資力) 등으로 인하여, 자발적인 채무의 이행이 이루어지지 않고 또한, 상계할 수 있는 반대채무도 존재하지 않는 경우가 있으며, 이 경우 채권자로서는 강제집행을 하여 채권의 만족을 구할 수밖에 없다.

채권자가 국가의 집행기관에 신청하는 강제집행의 유형에는 크게 두 가지가 있다. 하나는 근저당권 등 물적담보권에 기하여 하는 강제집행이고, 다른 하나는 집행권원(채무명의)에 기한 강제집행이다.

물적담보권에 기한 강제집행은 대상재산의 소재지를 알아내는 노력을 요하지 않는다. 담보권 취득시에 이미 그 소재가 파악되어 있기 때문이다. 이에 대하여 집행권원에 기한 강제집행은 채무자의 일반재산을 그 대상으로 하기 때문에 그 소재지를 파악하는 것이 매우 중요한 사항이다.

(2) 재산조사의 방법

가. 집행권원이 있는 경우

집행권원(채무명의)이란, 채권의 존재를 증명하는 서면 즉, 강제집행에 의하여 실현시킬 사법(私法)상의 이행청구권의 존재와 범위를 표시하고, 그 청구권에 집행력을 인정한 공정의 문서를 말한다.

집행권원이 있는 때에는 우선 민사집행법 제61조 이하에 규정되어 있는 재산명시제도를 이용하여 채무자의 재산을 찾아낼 수 있다. 재산명시제도란 채권자의 신청으로 법원이 채권자로 하여금 자신이 보유하고 있는 재산의 내용을 밝히게 함으로써 채권자가 강제집행의 대상이 되는 재산을 찾는 것으로 도와주는 제도를 말한다. 그러나 이 재산명시제도는 채무자가 법원의 재산명시명령에 응하지 않거나 거짓의 재산목록을 제출하는 경우에는 채권자가 소기의 목적을 달성할 수 없다는 한계가 있다.

또한 재산명시절차에 의하여 실효를 거두지 못한 경우에는 민사집행법 제74조 이하에 규정되어 있는 재산조회제도를 이용하여 채무자의 재산을 찾아낼 수 있다. 재산조회제도란 채권자의 신청으로 법원이 개인의 재산 및 신용에 관한 전산망을 관리하는 공공기관·금융기관·단체 등에 채무자의 명의의 재산에 관한 조회를 하여 그 조회결과를 채권자가 이용할 수 있게 한 제도를 말한다.

나. 집행권원이 없는 경우

집행권원이 없는 경우에는 민사집행법에서 정하고 있는 재산명시제도나 재산조회제도를 이용할 수가 없다. 따라서 이 경우 채권자로서는 채무자의 재산을 신용정보회사에 의뢰하여 찾아내서나 스스로 찾아내는 수밖에 없다.

(3) 재산명시신청

- 민사집행법 제61조에 의하여 채무자에 대한 재산명시명령을 신청
- 재산목록 제출-압류 및 강제집행
- 재산목록 미제출-감치명령(최대29일-경찰서 유치장.재산목록 제출시 석방)
- 재산목록이 미비시-재산조회신청
- 상대방의 재산을 모르는 경우 반드시 재산명시신청을 하고 그 결과를 토대로 재산조회신청을 하여 채권을 파악하는 것이 중요하다.
- 인지1,000원, 송달료10회분, 개인일 경우 주민등록초본, 법인일 경우 법인등기사항전부증명서, 집행문은 복사, 송달, 확정증명원은 원본제출

(4) 양식

재 산 명 시 신 청 서

채 권 자 ○○○(주민등록번호:)

　　　　○○시 ○○구 ○○길 ○○(우편번호 ○○○○○)

　　　　전화·휴대폰번호:

　　　　팩스번호, 전자우편(e-mail)주소:

채 무 자 ◇◇기업주식회사(법인등록번호: , 사업자등록번호:)

　　　　○○시 ○○구 ○○길 ○○(우편번호 ○○○○○)

　　　　대표이사 ◇◇◇

　　　　전화·휴대폰번호:

　　　　팩스번호, 전자우편(e-mail)주소:

집행권원의 표시 : 인천지방법원2006가단1000매매대금 판결정본

채무자가 이행하지 아니하는 금전채무액 : 금삼천사백만원정(₩34,000,000)및지연이자

신 청 취 지

채무자는 재산상태를 명시한 재산목록을 제출하라

신 청 사 유

1. 채권자는 채무자에 대하여 위 표시 집행권원을 가지고 있고 채무자는 이를 변제하지 아니 하고 있습니다.
2. 따라서 민사집행법 제61조에 의하여 채무자에 대한 재산명시명령을 신청합니다.

첨 부 서 류

1.집행력있는 판결 정본　　　　　1부
1.송달.확정증명원　　　　　　　1부
1.송달료납부서　　　　　　　　1부
1.채무자 법인등기사항전부증명서 1부

2018. 8 . 10 .

채권자　김 00 (날인 또는 서명)

대구지방법원 귀중

[전산양식 A5421] 재산목록

| 사건 : | 2018카명 | | ※사건번호는 반드시 재산명시(카명) 번호를 기재바랍니다. |

| 재 산 목 록 | | 010~ |

| 채무자 | 성 명 | 김 | 주민등록번호 | -16?0?12 |
| | 주 소 | 대x 경x 달x별대로 2051. | | |

아래 재산의 종류 해당란에 ☑ 표시를 하고, 별첨 작성요령에 따라 뒷장에 그 내역을 기재하시기 바랍니다.

번호	구 분	재산의 종류
I	동 산	☐ 1.현금 ☐ 2.어음·수표 ☐ 3.주권·국채·공채·회사채 등 ☐ 4.금·은·백금류 ☐ 5.시계·보석류·골동품·예술품·악기 ☐ 6.가사비품(의류·가구·가전제품 등) ☐ 7.사무기구 ☐ 8.가축 및 기계류(농기계를 포함) ☐ 9.농·축·어업·공업생산품 및 재고상품 ☐ 10.기타의 동산
II	부동산 및 이에 준하는 권리와 자동차 등	☐ 11.부동산 소유권 ☐ 12.용익물권(지상권, 전세권, 임차권 등) ☐ 13.부동산에 관한 청구권(부동산의 인도청구권·권리이전청구권) ☐ 14.자동차·건설기계·선박·항공기에 관한 권리(소유권·인도청구권 및 권리이전청구권) ☐ 15.광업권·어업권, 기타 부동산에 관한 규정이 준용되는 권리 및 그에 관한 권리이전청구권
III	채권 기타의 청구권	☐ 16.정기적으로 받을 보수 및 부양료 ☐ 17.기타의 소득(소득세법상의 소득으로서 16번 항목에 해당하지 아니하는 것) ☐ 18.금전채권 ☐ 19.대체물의 인도채권 ☐ 20.예금 및 보험금 채권 ☐ 21.기타의 청구권(앞의 3번 내지 9번 항목에 해당하는 동산의 인도청구권, 권리이전청구권 기타의 청구권)
IV	특허권·회원권 등의 권리	☐ 22.회원권 기타 이에 준하는 권리 및 그 이전청구권 ☐ 23.특허권 및 그 이전청구권 ☐ 24.상표권 및 그 이전청구권 ☐ 25.저작권 및 그 이전청구권 ☐ 26.의장권·실용신안권 및 그 이전청구권 ☐ 27.기타(특허권·상표권·저작권·의장권·실용신안권에 준하는 권리 및 그 이전청구권)
V	과거의 재산처분에 관한 사항	☐ 28.재산명시명령이 송달되기 전 1년 이내에 유상 양도한 부동산 ☐ 29.재산명시명령이 송달되기 전 1년 이내에 배우자, 직계혈족 및 4촌이내의 방계혈 족과 그 배우자, 배우자의 직계혈족과 형제자매에게 유상 양도한 부동산 외의 재산 ☐ 30.재산명시명령이 송달되기 전 2년 이내에 무상 처분한 재산(의례적인 선물을 제외한다)
VI	기 타	☐ 카드발급수익금, 자동차보험 신차, 중고차, 수입차 타재알선 ☐ 기타 수입으로 물건이 생활하면서 사용할 채권자와 관계예30원 기본금은없으나 매달 공공요금 채권자와 합의후정산 하겠습니다. 선처를 부탁 드립니다. 최송합니다.

☑ 위 목록 전체 "해당사항 없음"

재산의 종류	내 역	재산의 종류	내 역

본인의 양심에 따라 사실대로 이 재산목록을 작성하여 제출합니다.

(채무자)

대 구 지 방 법 원 귀중
※재산목록을 제출할 때에는 첫장부터 마지막장까지 및 별지를 사용할 경우에는 그 별지를 재산목록
양식에 합철하여 간인하여 주시기 바랍니다.

재산조회신청서(강제집행)

채 권 자	이름 : 주민등록번호 : 주소 : 전화번호 : 팩스번호: 이메일 주소 : 대리인 :
채 무 자	이름 : (한자 :) 주민등록번호 : 주소 : (사업자등록번호)
조회대상기관 조회대상재산	별지와 같음
재산명시사건	지방법원 20 카명 호
집행권원	
불이행 채권액	
신청취지	위 기관의 장에게 채무자 명의의 위 재산에 대하여 조회를 실시한다.
신청사유	채권자는 아래와 같은 사유가 있으므로 민사집행법 제74조 제1항의 규정에 의하여 채무자에 대한 재산조회를 신청합니다. (해당란 □에 ∨표시) □ 명시기일 불출석 □ 재산목록 제출거부 □ 선서 거부 □ 거짓 재산목록 제출 □ 집행채권의 만족을 얻기에 부족함 □ 주소불명으로 인하여 명시절차를 거치지 못함
비용환급용 예금계좌	
첨부서류	
(인지 첨부란)	20 . . . 신청인 (날인 또는 서명) 지방법원 귀중

주 ① 신청서에는 1,000원의 수입인지를 붙여야 합니다.

  ② 신청인은 별지 조회비용의 합계액을 법원보관금 중 재산조회비용으로 예납하여야 합니다.

  ③ 신청인은 송달필요기관수에 2를 더한 횟수의 송달료를 예납하여야 합니다.

  ※「송달필요기관」이란 별지 조회기관 중 음영으로 표시된 기관을 의미합니다.

  ④ "불이행 채권액"란에는 채무자가 재산조회신청 당시까지 갚지 아니한 금액을 기재합니다.

  ⑤ 채무자가 법인인 경우 사업자등록번호를 기재하면 더욱 정확한 재산조회가 가능합니다.

  참조 : 민집규 35, 25, 재산조회규칙 7, 8

순번	기관분류	재산종류	조회대상 재산 / 조회대상기관의 구분	개수	기관별/재산별 조회비용	예납액
1	법원행정처	토지·건물의 소유권	☐ 현재조회		20,000원	
			☐ 현재조회와 소급조회 ※ 소급조회는 재산명시명령이 송달되기 전 2년 안에 채무자가 보유한 재산을 조회합니다.		40,000원	
	과거주소 1. 　　　　　2. 　　　　　3. ※ 부동산조회는 채무자의 주소가 반드시 필요하고, 현재주소 이외에 채무자의 과거주소를 기재하면 보다 정확한 조회를 할 수 있습니다.					
2	국토교통부	건물의 소유권	☐국토교통부		없 음	
3	특허청	특허권,실용신안 권,디자인권, 상표권	☐특허청		20,000원	
4	특별시, 광역시, 특별자치시, 도 및 특별자치도	자동차·건설기계 의 소유권	☐강원도　　　☐경기도　　　☐경상남도　　　☐경상북도 ☐광주광역시　☐대구광역시　☐대전광역시　☐부산광역시 ☐서울특별시　☐울산광역시　☐전라북도 ☐제주특별자치도 시귀포시 ☐제주특별자치도 제주시 ☐충청남도　　　☐충청북도 ☐세종특별자치시　　　☐인천광역시 강화군청 ☐인천광역시 계양구청　☐인천광역시 미추홀구청 ☐인천광역시 남동구청　☐인천광역시 동구청 ☐인천광역시 부평구청　☐인천광역시 서구청 ☐인천광역시 연수구청　☐인천광역시 옹진군청 ☐인천광역시 중구청　　☐전라남도 *인천시 차량등록사업소가 없어지고, 각 구청에서 담당함		기관별 5,000원	
	교통안전공단	자동차·건설기계 의 소유권	☐교통안전공단 ※ 교통안전공단에 조회신청을 하면 전국 모든 시·도의 자동차·건설기계소유권에 대하여 조회됩니다.		20,000원	
5	「은행법」에 따른 은행, 「한국산업은행법」 에 따른 한국산업은행 및 「중소기업은행법」 에 따른 중소기업은행	금융자산 중 계좌별로 시가 합계액이 50만원 이상인 것	☐경남은행　　　　☐광주은행　　　　☐국민은행 ☐기업은행　　　　☐농협은행　　　　☐뉴욕멜론은행 ☐대구은행　　　　☐도쿄미쓰비시UFJ은행　☐메트로은행 ☐뱅크오브아메리카　☐부산은행　　　☐수협은행 ☐스탠다드차타드은행(구, SC제일은행)　☐신한은행 ☐야마구찌은행　　☐우리은행　　　☐전북은행 ☐제이피모간 체이스은행　　　　　　☐제주은행 ☐크레디아그리꼴코퍼레이트앤인베스트먼트뱅크서울지점 　(구, 칼리온은행) ☐케이뱅크　　　　☐파키스탄국립은행 ☐하나은행(한국외환은행합병) ☐한국산업은행　　☐한국씨티은행　☐한국카카오은행		기관별 5,000원	
			☐노바스코셔은행　　☐대화은행 ☐도이치은행　　　　☐디비에스은행 ☐멜라트은행　　　　☐미쓰이스미토모은행 ☐미즈호코퍼레이트은행　☐바클레이즈은행 ☐비엔파 파리바은행　☐소시에테제네랄은행 ☐스테이트스트리트은행　☐유바프은행 ☐유비에스은행　　　☐인도해외은행 ☐중국건설은행　　　☐중국공상은행 ☐중국은행 ☐크레디트스위스은행(구,크레디트스위스퍼스트보스톤은행) ☐호주뉴질랜드은행　☐홍콩상하이은행(HSBC) ☐ING은행　　　　　☐OCBC은행		기관별 5,000원	

순번	기관분류	재산종류	조회대상 재산 / 조회대상기관의 구분	개수	기관별/재산별 조회비용	예납액
6	「자본시장과 금융·투자업에 관한 법률」에 따른 투자매매업자, 투자중개업자, 집합투자업자, 신탁업자, 증권금융회사, 종합금융회사, 및 명의개서대행회사	금융자산 중 계좌별로 시가 합계액이 50만원 이상인 것	□골든브릿지투자증권(구,브릿지증권)　□교보증권 □대신증권　　　□동부증권 □리딩투자증권 □메리츠종합금융증권(구, 메리츠종금,메리츠증권,아이엠투자증권) □미래에셋대우(구, 대우증권) □부국증권 □삼성증권　　　□신영증권 □신한금융투자(구, 굿모닝신한증권) □씨티그룹글로벌마켓증권 □엔에이치투자증권(우리투자증권, 엔에이치농협증권 합병) □우리종합금융(구, 금호종합금융) □유안타증권(구, 동양종합금융증권) □유진투자증권 □유화증권　　　□이베스트투자증권(구,이트레이드증권) □코리아에셋투자증권(구, 코리아RB증권중개) □크레디트스위스증권(구, Credit Suisse First Boston) □키움증권　　　□펀드온라인코리아 □하나금융투자(구, 하나대투증권) □하이투자증권(구,CJ투자신탁증권) □한국예탁결제원(구, 증권예탁원) □한국투자증권(구,동원증권) □한양증권　□한화투자증권(구,푸르덴셜투자증권,한화증권) □흥국증권(구,흥국중권중개) □HMC투자증권(구, 현대차IB증권)　□IBK투자증권 □KB증권　　　□SK증권		기관별 5,000원	
			□다이와증권캐피탈마켓코리아 □도이치증권　　　□맥쿼리증권 □비엔피파리바증권(구,BNP파리바페레그린증권중개) □크레디 아그리콜 아시아증권(구, 알비에스 아시아증권) □한국증권금융(주) □홍콩상하이증권(HSBC) □CLSA □Goldman Sachs　　　□J.P Morgan □KIDB채권중개　　　□Merrill Lynch □Morgan Stanley Dean Witter □Nomura		기관별 5,000원	
7	「상호저축은행법」에 따른 상호저축은행 및 상호저축은행중앙회	금융자산 중 계좌별로 시가 합계액이 50만원 이상인 것	□상호저축은행중앙회		20,000원	
			□ □ □ ※ 중앙회에 조회신청을 하면 전국 모든 상호저축은행에 대하여 조회됩니다. ※ 개별상호저축은행에 대한 조회를 원하는 경우에는 그 명칭을 별도로 기재하여야 합니다.		기관별 5,000원	
8	「농업협동조합법」에 따른 지역조합 및 품목조합	금융자산 중 계좌별로 시가 합계액이 50만원 이상인 것	□지역조합(지역농협, 지역축협)과 품목조합		20,000원	
			□ □ □ ※ 개별 단위지역조합에 대한 조회를 원하는 경우에는 그 명칭을 별도로 기재하여야 합니다.		기관별 5,000원	
9	「수산업협동조합법」에 따른 조합	금융자산 중 계좌별로 시가 합계액이 50만원 이상인 것	□전국단위지역조합		20,000원	
			□ □ □ ※ 개별 단위지역조합에 대한 조회를 원하는 경우에는 그 명칭을 별도로 기재하여야 합니다.		기관별 5,000원	

순번	기관분류	재산종류	조회대상 재산 / 조회대상기관의 구분	개수	기관별/재산별 조회비용	예납액
10	「신용협동조합법」에 따른 신용협동조합 및 신용협동조합중앙회	금융자산 중 계좌별로 시가 합계액이 50만원 이상인 것	□신용협동조합중앙회 □ □ □ ※ 중앙회에 조회신청을 하면 전국 모든 신용협동조합에 대하여 조회됩니다. ※ 개별 신용협동조합에 대한 조회를 원하는 경우에는 그 명칭을 별도로 기재하여야 합니다.		20,000원 기관별 5,000원	
11	「산림조합법」에 따른 지역조합, 전문조합 및 중앙회	금융자산 중 계좌별로 시가 합계액이 50만원 이상인 것	□산림조합중앙회 □ □ □ ※ 중앙회에 조회신청을 하면 전국 모든 산림조합에 대하여 조회됩니다. ※ 개별 산림조합에 대한 조회를 원하는 경우에는 그 명칭을 별도로 기재하여야 합니다.		20,000원 기관별 5,000원	
12	「새마을금고법」에 따른 금고 및 중앙회	금융자산 중 계좌별로 시가 합계액이 50만원 이상인 것	□새마을금고중앙회 □ □ □ ※ 중앙회에 조회신청을 하면 전국 모든 새마을금고에 대하여 조회됩니다. ※ 개별 새마을금고에 대한 조회를 원하는 경우에는 그 명칭을 별도로 기재하여야 합니다.		20,000원 기관별 5,000원	
13	「보험업법」에 의한 보험회사	해약환급금이 50만원 이상인 것	□교보생명보험주식회사 □그린손해(구,그린화재해상)보험(주)(MG손해보험으로 계약이전) □농협생명보험 □농협손해보험 □디비생명보험주식회사 (구. 동부생명보험주식회사) □디비손해보험주식회사 (구. 동부화재해상보험주식회사) □동양생명보험주식회사 □디지비(구, 우리아비바)생명보험주식회사 □라이나생명보험주식회사 □롯데손해보험(주) □메리츠화재해상보험(주) □메트라이프생명보험주식회사 □미래에셋생명보험주식회사 □삼성생명보험주식회사 □삼성화재해상보험(주) □서울보증보험(주) □신한생명보험주식회사 □악사손해보험(주)(구,교보악사손해보험(주)) □에이비엘생명보험 주식회사 (구, 알리안츠생명보험 주식회사) □에이스아메리칸재해상보험(주)(구,ACE AMERICAN) □주식회사케이비손해보험(구, LIG손해보험) □처브라이프생명보험주식회사(구, 뉴욕생명보험주식회사) □퍼스트어메리칸 권원보험(주) □푸르덴셜생명보험주식회사 □하나생명보험주식회사 □한화(구, 대한)생명보험주식회사 □ 한화손해보험(주) □현대라이프(구, 녹십자)생명보험주식회사 □현대해상화재보험(주) □흥국생명보험주식회사 □흥국(구, 흥국쌍용)화재해상보험주식회사 □AIA생명보험주식회사 □AIG손해보험 □ING생명보험주식회사 □KDB생명보험주식회사 (구 금호생명보험주식회사) □MG손해보험주식회사		기관별 5,000원	
			□더케이손해보험(구. 교원나라자동차보험) □동경해상일동화재보험 □미쓰이스미토모해상화재보험 □비엔피파리바카디프생명보험(구, 카디프생명보험) □비엔피파리바카디프(구,에르고다음다이렉트)손해보험 □KB생명보험		기관별 5,000원	
14	과학기술정보통신부	금융자산 중 계좌별로 시가 합계액이 50만원 이상인 것	□과학기술정보통신부		5,000원	
				송달필요기관수	합계	

※ 「송달필요기관수」란에는 음영으로 기재된 란에 표시된 조회대상기관 수의 합계를 기재함.
※ 크레디트스위스은행, KIDB채권중개 : 법인에 대해서만 조회 가능 ※ 국토교통부 : 개인에 대해서만 조회 가능

3 강제집행 진행

(1) 집행권원

가. 강제집행을 하려면 우선 집행력을 갖춘 집행권원이 있어야 하는데 민사소송법에 규정된 집행권원 중 중요한 것 몇 가지를 보면 판결, 화해조서, 인낙조서, 조정조서, 확정된 지급명령, 공정증서 등이 이에 해당합니다.

나. 현행법상 집행권원이 되는 것을 열거하여 보면 다음과 같다.

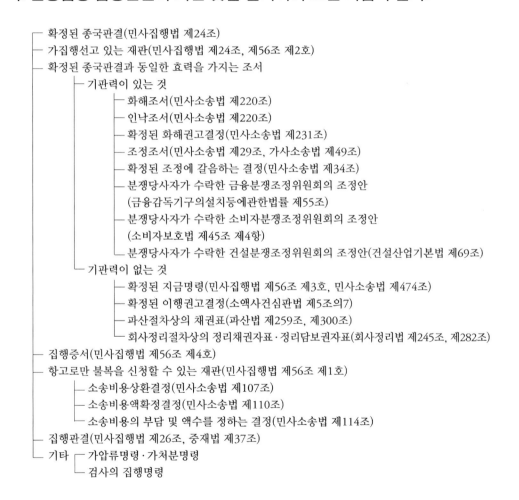

- 확정된 종국판결(민사집행법 제24조)
- 가집행선고 있는 재판(민사집행법 제24조, 제56조 제2호)
- 확정된 종국판결과 동일한 효력을 가지는 조서
  - 기관력이 있는 것
    - 화해조서(민사소송법 제220조)
    - 인낙조서(민사소송법 제220조)
    - 확정된 화해권고결정(민사소송법 제231조)
    - 조정조서(민사소송법 제29조, 가사소송법 제49조)
    - 확정된 조정에 갈음하는 결정(민사소송법 제34조)
    - 분쟁당사자가 수락한 금융분쟁조정위원회의 조정안
      (금융감독기구의설치등에관한법률 제55조)
    - 분쟁당사자가 수락한 소비자분쟁조정위원회의 조정안
      (소비자보호법 제45조 제4항)
    - 분쟁당사자가 수락한 건설분쟁조정위원회의 조정안(건설산업기본법 제69조)
  - 기관력이 없는 것
    - 확정된 지급명령(민사집행법 제56조 제3호, 민사소송법 제474조)
    - 확정된 이행권고결정(소액사건심판법 제5조의7)
    - 파산절차상의 채권표(파산법 제259조, 제300조)
    - 회사정리절차상의 정리채권자표·정리담보권자표(회사정리법 제245조, 제282조)
- 집행증서(민사집행법 제56조 제4호)
- 항고로만 불복을 신청할 수 있는 재판(민사집행법 제56조 제1호)
  - 소송비용상환결정(민사소송법 제107조)
  - 소송비용액확정결정(민사소송법 제110조)
  - 소송비용의 부담 및 액수를 정하는 결정(민사소송법 제114조)
- 집행판결(민사집행법 제26조, 중재법 제37조)
- 기타 ─ 가압류명령·가처분명령
       └ 검사의 집행명령

다. 위 집행권원에 집행문을 부여받고 송달증명, 확정증명 등을 부여받아야 합니다.

– 집행문이란 그 채무명의에 기하여 강제집행을 할 수 있다는 증명서인 셈입니다.

– 집행문을 부여받으려면, 판결은 소송기록이 있는 법원(항소심에 계류중이면 항소심법원)에, 화해·조정·인낙 조서는 해당법원, 공정증서는 공정증서를 작성한 공증인사무소에 집행권원을 첨부하여 집행문부여신청을 해야 합니다.

– 법원에 제출할 집행문부여신청서 및 송달증명원,확정증명원에는 각 500원의 인지를 첨부하여야 하며, 공증인에 대하여 신청하는 때에는 2,000원의 수수료를 납부하여야 합니다.

– 집행문부여신청, 송달증명, 확정증명원의 신청서는 각 법원 민원실에 비치되어 있습니다. 이 증명은 우편으로도 신청할 수 있습니다.

(가) 집행문의 의의

집행문이라 함은, 이를 내어주는 시점에서 집행권원이 유효하며, 집행에 적합하다는 점과 집행의 당사자가 누구인가를 명확하게 하기 위하여, 집행문부여기관이 집행권원 정본의 끝에 덧붙여 공증하는 문언을 말한다. 그리고 이러한 집행문이 부기된 집행권원을 집행력 있는 정본이라고 부른다.

(나) 집행문의 부여기관

집행문은 집행증서 이외의 집행권원에 대하여는 당해 사건의 소송기록이 있는 법원의 법원 사무관 등이, 집행증서에 있어서는 그 원본을 보존하고 있는 공증인 등이 기록 기타 증서에 기하여 그 요건구비여부를 조사한 후 내어주게 되어 있다.

(다) 집행문의 부여절차
(ㄱ) 통상의 부여절차

집행권원에 표시된 채무자에 대한 강제집행을 실시하기 위하여 집행권원에 표시된 채권자에 대하여 집행문을 부여하는 통상의 경우를 대상으로 한다.

집행문을 부여받으려면 소정의 집행문부여신청서를 집행분의 부여기관에 제출하여야 한다. 그리고 확정되어야 효력이 있는 재판에 관하여 집행문부여신청을 하는 경우에는 그 재판이 확정되었음이 기록상 명백한 경우를 제외하고는 신청서에 재판의 확정을 증명하는 서면을 첨부하여야 한다.

집행문은 집행권원정본(예컨대 판결정본)의 끝에 「이 정본은 피고 아무개 또는 피고 아무개에 대한 강제집행을 실시하기 위하여 원고 아무개 또는 피고 아무개에게 준다」라고 덧붙여 적고 법원사무관 등이나 공증인이 기명날인하는 방법으로 내어 준다.

(ㄴ) 특별한 부여절차

조건성취집행문이나 승계집행문을 부여받는 경우와 집행문을 여러 통 부여받거나 전에 부여받은 집행문을 돌려주지 아니하고 다시 집행문을 부여받는 특별한 경우를 그 대상으로 한다.

조건성취집행문은, 집행권원의 집행에 조건을 붙인 경우에 그 조건의 성취를 채권자가 증명하여야 하는 때에 필요로 하게 된다.

승계집행문은, 집행권원에 표시된 채권자의 승계인이 집행을 하고자 하거나, 집행권원에 표시된 채무자의 승계인에 대하여 집행을 하고자 하는 때, 집행권원의 효력이 그 집행권원에 표시된 당사자 이외의 자에 대하여 효력이 있는 경우, 그 자가 집행을 하고자 하거나 그 자에 대하여 집행을 하고자 하는 때에, 필요로 하게 된다.

승계는 채무자·채권자 승계, 일반·특정승계, 임의처분·강제집행에 의한 승계를 모두 포함한다.

집행문을 여러 통 부여받는 것은, 동일한 집행권원에 기하여 동일한 시기에, 집행기관의 관할을 달리하는 여러 개의 지역(예컨대 서울과 부산)에서, 또는 방법을 달리하는 여러 종류의 집행절차(예컨대 유체동산집행과 채권집행)에 의하여, 집행을 하지 아니하면, 청구권의 완전한 실현을 얻을 수가 없는 때에 필요하다.

전에 부여받은 집행문을 돌려주지 아니하고 다시 집행문을 부여받는 것은, 이미 부여받은 집행력 있는 정본을 분실·훼손한 경우나, 집행채권에 대하여 완전한 만족을 얻지 못하고서 집행력 있는 정본이 실효된 때(예컨대 전부명령을 받아 확정되었으나 전부대상 채권이 존재하지 않거나 제3채무자가 전부대상 채권을 전부채무자에 대한 반재채권과 상계한 때)에 필요하다.

집행문의 특별한 부여절차에서는 통상의 부여절차에서 필요로 하는 신청요건 이외에 다음의 요건을 추가로 구비하여야 한다.

우선 신청서에는 조건성취집행문이나 승계집행문 또는 여러 통의 집행문이나 다시 집행문을 부여해 달라고 신청하는 취지 및 사유를 기재하여야 한다. 그리고 조건성취집행문을 부여해 달라는 신청을 하는 경우에는, 조건의 성취를 증명하는 서류(사용증명원,결정문사본)를 제출하여야 하고, 승계집행문을 부여해 달라는 신청을 하는 경우에는, 그 승계가 법원에 명백한 사실이 아니면 그 승계를 증명하는 서류를 제출하여야 한다.

위의 경우 집행문을 내어주는 데에는 재판장의 명령이 있어야 한다.

여기에서 재판장이라 함은 집행문을 부여해 달라는 신청을 받은 법원서기관 등이 속하는 수소법원의 합의부 재판장을 말하며 단독판사인 경우는 그 단독판사를 말한다. 그러나 집행권원이 집행증서인 경우(지급명령)에는 재판장의 명령을 필요하지 않는다.

(2) 양 식

① 신 청 서	신청인은 ●로 표시된 부분을 기재합니다
●사 건	○ ○법원 20 가 호 (사건 명)
●원고(채 권 자,신청인)	
●채무자(채무자, 피신청인)	

위 사건에(판결, 결정, 명령, 화해조서, 인낙조서, 조정조서, 기타 :   ) 에 대한 아래
의 신청에 따른 제증명을 발급하여 주시기 바랍니다.

20 . . .

전화번호 :
● 신청인 : (원)고 (소송대리인)...................... (날인 또는 서명)

**신청할 제증명 사항을 신청번호에 ○표하시고,
필요한 통수와 발급 대상자의 성명을 기재 합니다.**

신청 번호	발급 통수	신청의 종류	발급 대상자의 성명 (※주) 재판서의 당사자 모두에 대하여 신청할 경우에는 기재하지 아니함)	인지 붙이는 곳
1		**집행문 부여**		**수수료: 각 1통당 500원** (단 ,재판서 · 조서의 정본 · 등본 · 초본은 1통당 1,000원)
2		**송 달 증 명**		
3		**확 정 증 명**		
4		**승계송달증명**		
5		**재판서 · 조서의 정본 · 등본 · 초본**		사무실 내에 위치한 신한은행에서 구입

ㅇ ㅇ지 방 법 원   귀중

위 증명 문서를 틀림없이 수령 하였습니다.	2018.8.0.	●수령인 성명: (날인 또는 서명)

[유의사항] 1. 집행문부여를 신청할 경우에는 법원에서 교부받은 재판서(판결, 결정 등)
정본을 첨부하여야 합니다.
만일, 분실하였거나 여러 통을 신청할 경우에는 재도 · 수통부여 신청서에 기재하여 신청
하시기 바랍니다.
2. 발급 대상자의 성명은 집행문부여 신청의 경우 집행대상 당사자를, 송달 · 확정증명의
경우 상대방의 성명을 각 기재하시기 바랍니다.
만일, 재판서의 당사자 모두에 대하여 신청할 경우에는 기재하지 아니하여도 됩니다.

승계집행문부여신청서

원 고 ○○○
 ○○시 ○○구 ○○길 ○○
피 고 ◇◇◇
 ○○시 ○○구 ○○길 ○○

원고 승계인 ◉●●
 ○○시 ○○구 ○○길 ○○(우편번호)
 전화·휴대폰번호:
 팩스번호, 전자우편(e-mail)주소:

1. 위 당사자간 귀원 20○○가단○○○ 대여금청구사건에 관하여 원고는 집행력 있는 판결정본을 수령하였으나 원고는 20○○. ○. ○. 승계인에게 집행력 있는 판결 정본상의 채권을 양도하고 승계인이 양수하면서 원고가 이를 피고에게 통지하였습니다.
2. 피고는 20○○. ○. ○○. 채권양도통지서를 수령하였으므로 원고의 승계인에게 집행력 있는 정본을 부여하여 줄 것을 신청합니다.

소 명 방 법

1. 집행력 있는 판결정본 　　　　　　　1통
1. 채권양도계약서 및 양도통지서 　　　각 1통
1. 통고서(배달증명부 내용증명) 　　　　1통

20○○. ○. ○.
위 원고승계인 ◉●● (서명 또는 날인)

○○지방법원 귀중

승계집행문부여신청서

신 청 인(원고) ○○○ (주민등록번호)
　　　　　　　　○○시 ○○구 ○○길 ○○(우편번호)
　　　　　　　　전화·휴대폰번호:

피신청인(피고) ○○○ (주민등록번호)
　　　　　　　　○○시 ○○구 ○○길 ○○(우편번호)
　　　　　　　　전화·휴대폰번호:

위 당사자 사이 귀원 20○○가소○○○호 대여금 청구사건에 관하여, 20○○. ○. ○.경 원고 승소의 판결이 선고 되었고, 20○○. ○. ○.경 확정되었습니다. 하지만 피고는 판결선고 전인 20○○. ○. ○.경 이미 사망하였고 본안 법원에서는 이를 간과하여 승계절차 없이 판결을 선고하였습니다.

하지만 귀원 위 본안 판결이 당사자의 사망을 간과한 절차상의 하자가 있다 하더라도 이는 상소 또는 재심사유에 해당될지언정 당연무효의 판결이라고 보기 어렵고, 따라서 그 상속인에 대한 승계집행문 부여를 통해 상속인에 대한 강제집행 역시 가능하다 할 것입니다(대법원 1998. 5. 30.자 98그7 결정[집행문부여에대한이의]). 이에 피고의 지위를 승계한 상속인들에 대하여 강제집행을 할 수 있는 집행력 있는 정본을 부여를 신청합니다.

그런데 신청인으로서는 피고의 지위를 승계한 상속인들의 범위 및 인적사항을 전혀 알 수 없는 바, 이에 피고 ○○○(주민등록번호)의 폐쇄 가족관계증명서 및 상속인들의 주민등록 초본의 제출에 관한 보정명령을 내려 주시기 바랍니다.

첨 부 서 류
1. 피고 주민등록 말소자 초본　　　1통.

　　　　　　　　　20○○. ○. ○.
　　　　　　　　　위 신청인 ○○○ (서명 혹은 날인)

○○지방법원 귀중

집행문(재도·수통)부여신청서

인지

사 건 : 2006가단0000공사대금

원 고 ○○○

　　　 ○○시 ○○구 ○○길 ○○

피 고 ◇◇◇

　　　 ○○시 ○○구 ○○길 ○○

위 사건에 관하여 귀원에서 선고한 판결의 집행력 있는 정본 1통을 이미 부여받은바 있으나, 다음 사유로 집행력 있는 정본 3통을 (재도, 수통)부여해 주시기 바랍니다.

사   유 : 대구지방법원 2018 본   유체동산압류에 사용하였으나 청구금액에 미달하여 피고 각각에 대하여 부동산임차료 채권압류및 추심명령,부동산강제경매에 사용하고자 3통을 신청합니다

첨부서류 : 사용증명원   1부

2018. 8 . 10 .

원고   ○○○   (날인 또는 서명)

인천지방법원 귀중

※ 1통당 인지1,500원첨부

위와 같은 서류 등이 구비되면 강제집행의 대상을 선택하여 강제집행신청을 해야 하는데, 그 대상이 부동산이나 채권, 기타재산권인 때에는 법원에, 유체동산인 경우에는 집행관에게 신청하여야 합니다.

4 부동산강제경매

(1) 의 의

강제경매는 채무자 소유의 부동산을 압류한 다음 매각하면 그 매각대금을 가지고 채권자가 금전채권의 만족을 얻을 수 있도록 하는 절차입니다. 예컨대, 채권자가 채무자를 상대로 승소판결을 받았는데도 채무자가 빚을 갚지 않는 경우가 있습니다. 이 경우 채권자가 채무자의 부동산을 압류하고 매각하여 그 매각대금으로 빚을 받아내는 절차가 강제경매입니다.

(2) 대 상

강제경매의 대상이 되는 부동산에는 토지와 건물, 공장재단, 광업재단, 광업권, 어업권, 소유권보존등기된 입목, 지상권, 자동차, 건설기계 및 항공기가 있습니다. 강제경매는 채무자가 집행권원에 따른 급부 의무를 임의로 이행하지 않는 경우에 집행문이 부여된 집행권원, 송달증명원, 확정증명원, 부동산등기부등본 등을 구비하여 부동산소재지 지방법원에 경매신청을 하는 것입니다.

5 부동산임의경매

(1) 의 의

임의경매는 일반적으로 담보권의 실행을 위한 경매를 말합니다. 채무자가 임의로 이행하지 않는 경우에 저당권 등의 담보권을 가진 채권자가 담보권을 행사하여 담보의 목적물을 매각한 다음 그 매각대금에서 다른 채권자보다 먼저 채권을 회수할 수 있는데, 이것이 임의경매입니다.

(2) 절 차

경매절차는 대체로 ① 목적물을 압류하여, ② 현금화한 다음, ③ 채권자의 채권을 변제하는 3단계의 절차로 진행됩니다.

임의경매는 저당권, 질권, 전세권 등 담보물권을 설정한 후 이행기에 채무자가 이행을 하지 않을 경우 담보권실행을 위하여 부동산소재지 지방법원에 담보권을 증명하는 등 기부등본 및 설정계약서 등을 첨부하여 경매신청을 하는 것을 말합니다. 임의경매는 집행권원이 필요하지 않으며 나머지 경매절차는 강제경매와 같습니다.

※참고사항
경매절차 - 강제경매절차 중심
1. 개 요

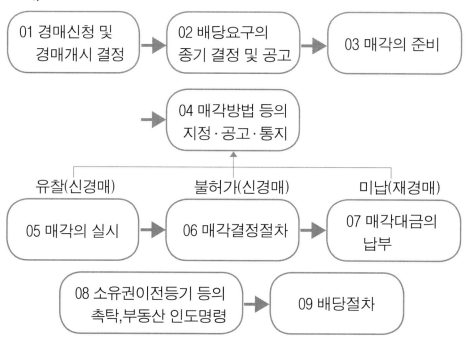

(1) 경매개시 결정

법원은 신청서와 첨부서류를 검토하여 강제집행의 요건, 집행개시의 요건 및 강제경매에 특히 필요한 요건(부동산이 채무자의 소유일 것, 압류금지 부동산이 아닐 것) 등에 관하여 심사를 하여, 신청이 적법하다고 인정되면 강제경매 개시결정을 합니다. 신청인이 비용을 미리 내지 아니한 때에는 신청이 각하될 수도 있습니다.

임의경매 신청이 접수된 경우에도 집행법원은 임의경매에 필요한 요건(저당권의 존재 등)에 관하여 심사를 하여, 신청이 적법하다고 인정되는 임의경매 개시결정을 합니다.

(2) 경매개시결정 기입등기의 촉탁

법원은 경매개시결정을 하면 즉시 그 사유를 등기기록에 기입할것을 등기관에게 촉탁합니다. 등기관은 법원의 촉탁에 따라 경매개시결정의 기입등기를 합니다.

(3) 경매개시결정문의 송달

법원은 채무자에게 경매개시결정 정본을 송달합니다. 임의경매의 경우에는 경매개시결정을 소유자에게만 송달하면 족하지만, 실무상으로는 소유자와 채무자 모두에게 송달하고 있습니다.

2. 단 계
(1) 경매신청 및 경매개시 결정

채권자가 경매신청을 하면 법원은 경매개시결정을 하여 매각할 부동산을 압류하고 관할등기소에 경매개시결정의 기입등기를 촉탁하여 경매개시결정 사실을 등기기록에 기입하도록 합니다. 법원은 경매개시결정 정본을 채무자에게 송달합니다.

가. 경매의 신청

경매절차가 강제경매와 임의경매로 나이게 되므로, 경매신청도 강제경매신청과 임의경매신청으로 나눌 수 있습니다. 강제경매를 신청하려면, 강제경매신청서를 작성한 다음, 첨부서류와 함께 관할 법원에 제출하여야 합니다.

나. 강제경매신청서 작성 요령

강제경매의 신청은 서면으로 하여야 하며, 신청서에는 다음의 사항을 기재하고 기명날인하여야 합니다.

① 채권자의 채무자의 성명과 주소

② 집행법원

③ 부동산의 표시

강제경매의 대상이 될 부동산을 특정하여 표시하여야 합니다. 일반적으로 부동산등기부등본의 표제부에 기재되어 있는 사항을 기재하면 됩니다.

④ 강제경매에 의하여 변제를 받고자 하는 일정한 채권과 그 청구액

강제경매에서 변제를 받으려고 하는 청구액 전액을 기재하여야 합니다.

⑤ 집행할 수 있는 일정한 집행권원

집행권원은 일정한 사법상의 이행청구권의 존재 및 범위를 표시하고 그 청구권에 집행력을 인정한 공정의 증서를 말합니다. 확정된 종국판결, 가집행의 선고가 있는 종국판결, 소송상 화해조서, 확정된 지급명령, 확정된 화해권고결정 등이 집행권원에 해당합니다.

다. 첨부서류

강제경매를 신청함에 있어서 갖추어야 할 첨부서류 다음과 같습니다.

① 집행권원의 집행력 있는 정본

② 강제집행 개시의 요건이 구비되었음을 증명하는 서류

집행권원의 송달증명서(다만, 이행권고결정정본이나 지급명령정본상에 송달일자가 부기되어 있는 경우에는 제출생략가능), 조건성취를 채권자가 증명하여야 하는 경우의 조건성취집행문(조건이 채권자의 담보제공인 경우 제외)과 승계집행문 및 각 경우의 증명서(승계사실이 법원에 명백한 경우 제외)의 송달증명서, 담보제공의 공정증서 및 그 등본의 송달증명서, 반대의무의 이행 또는 이행제공을 증명하는 서면, 집행불능증명서 등이 이에 해당합니다.

③ 부동산등기부등본이나 이를 대신할 수 있는 서류

④ 부동산목록 10통

⑤ 수입인지 5,000원(수 개의 집행권원 또는 담보권에 기하여 신청하는 경우에는 집행권원 또는 담보권수 1개당 5,000원의 인지를 붙임)

⑥ 대법원 수입증지 부동산 1개당 2,000원 첨부(단독주택은 토지와 건물을 각각 하나의 부동산으로 보며, 아파트, 연립, 다세대 주택은 토지와 건물을 하나의 부동산으로 봄)

⑦ 등록세(청구채권액의 2/1000)와 지방교육세(등록세의 20/100)를 납부한 영수필통지서 1통 및 영수필확인서 1통

⑧ 비용의 예납 : 경매절차에 있어서 필요한 송달료, 감정료, 현황조사료, 신문공고료, 매각수수료 등의 비용을 미리 내야 합니다.

※ 신청인이 법인일 경우에는 대표자의 자격을 증명할 자격증명서(예컨대, 법인등기부초본), 대리인을 통하여 신청할 경우에는 대리인의 자격을 증명할 위임장을 제출하여야 합니다.

라. 관할법원

강제경매신청서를 제출할 관할 법원은 경매 대상 부동산의 소재지를 관할하는 법원입니다.

(2) 배당요구의 종기 결정 및 공고

매각할 부동산이 압류되면, 집행법원은 채권자들이 배당요구를 할 수 있는 기간을 첫 매각기일 이전으로 정합니다. 법원은 경매개시결정에 따른 압류의 효력이 생긴 때부터 1주일 안에 경매개시결정을 한 취지와 배당요구의 종기를 법원경매정보 홈페이지의 법원경매공고란 또는 법원게시판에 게시하는 방법으로 공고합니다.

경매개시결정에 따른 압류의 효력이 생긴 때에는 법원은 채권자들이 배당요구 를 할 수 있는 종기를 첫 매각기일 이전으로 정하여 공고를 합니다.

가. 배당요구의 종기결정

경매개시결정에 따른 압류의 효력은 채무자에게 그 결정이 송달되거나 개시결정 기입등기가 된 때에 발생하는데, 집행법원은 그 효력이 생긴 때부터 1주 안에 채권자들이 배당요구를 할 수 있는 종기를 결정합니다. 배당요구의 종기는 첫 매각기일 이전의 날짜로 결정됩니다.

나. 배당요구의 종기 공고

배당요구의 종기가 정하여지면 법원은 즉시 경매개시결정을 한 취지 및 배당요구의 종기를 공고 합니다.

다. 배당요구를 하지 아니한 경우의 불이익

배당요구를 하지 않아도 배당을 받을 수 있는 채권자 [아래 (5) 참조]가 아니라면 배당요구의 종기까지 배당요구를 하여야만 배당을 받을 수 있습니다. 배당요구를 하지 않은 경우에는 선순위 채권자라도 경매절차에서 배당을 받을 수 없게 될 뿐만 아니라 자기보다 후순위 채권자로서 배당을 받은 자를 상대로 부당이득반환청구를 하여 배당액에 해당하는 금액을 돌려받을 수도 없습니다. 첫 경매개시결정 등기 전에 가압류등기를 마친 채권자의 경우에는 배당요구를 하지 않아도 등기부에 등재된 가압류금액에 따라 배당을 받을 수 있으나, 이미 본안소송에서 가압류금액 이상의 승소판결을 받았다면 위 기간 내에 집행력 있는 정본에 의하여 배당요구를 할 필요가 있으며 그렇지 않으면 가압류금액을 넘는 부분에 대하여는 전혀 배당에 참가할 수 없게 되는 등 일정한 경우에는 배당요구를 하지 않아도 배당을 받을 수 있는 채권자에 해당하더라도 배당요구를 할 필요가 있는 경우도 있습니다.

라. 배당요구의 종기까지 반드시 배당요구를 하여야 할 채권자

(가) 집행력 있는 정본을 가진 채권자

(나) 민법, 상법 기타 법률에 의하여 우선변제청구권이 있는 채권자(주택임대차보호법에 의한 소액임차인, 확정일자부임차인, 근로기준법에 의한 임금채권자, 상법에 의한 고용관계로 인한 채권이 있는 자 등)

(다) 첫 경매개시결정등기 후에 가압류한 채권자

(라) 국세 등의교부청구권자 국세 등 조세채권 이외에 국민건강보험법, 산업재해보상보험법, 국민연금법에 의한 보험료 기타 징수금의 청구권을 갖는 자

마. 배당요구를 하지 않아도 배당을 받을 수 있는 채권자

첫 경매개시결정등기 전에 이미 등기를 마친 담보권자, 임차권등기권자, 체납처분에 의한 압류등기권자, 가압류권자, 배당요구의 종기까지 한 경매신청에 의하여 이중경매개시결정이 된 경우 이중경매신청인

(3) 매각의 준비

법원은 집행관에게 매각할 부동산의 현상, 점유관계, 차임 또는 보증금의 액수, 기타 현황에 관하여 조사를 명하고, 감정인에게 매각할 부동산을 평가하게 합니다. 법원은 감정인의 평가액을 참작하여 최저매각가격을 정합니다.

경매개시결정이 내려지면 법원은 경매할 부동산을 입찰의 방법으로 매각하여 현금화하기 위한 준비를 합니다.

가. 현황조사

법원은 경매개시결정을 한 뒤에 바로 집행관에게 부동산의 현상, 점유관계, 차임 또는 임대차 보증금의 액수, 그밖의 현황에 관하여 조사하도록 명합니다. 매수희망자는 집행관이 작성한 현황조사보고서를 통해 부동산에 관한 정보를 얻을 수 있습니다.

나. 부동산의 평가 및 최저매각가격의 결정

법원은 ① 부동산의 표시, ② 부동산의 점유자와 점유의 권원, 점유할 수 있는 기간, 차임 또는 보증금에 관한 관계인의 진술, ③ 등기된 부동산에 관한 권리 또는 가처분으로서 매각으로 효력을 잃지 아니하는 것, ④ 매각에 의하여 설정된 것으로 보게 되는 지상권의 개요 등을 기재한 매각물건명세서를 작성합니다. 매각물건명세서는 누구든지 볼 수 있도록 매각기일의 1주일 전까지 법원에 비치합니다. 현황조사보고서 및 감정평가서의 사본도 매각물건명세서와 함께 비치됩니다.

3~4회의 매각기일과 매각결정기일을 일괄하여 지정한 경우에는 매 회의 매각기일의 1주일 전까지 매각물건명세서를 작성·비치합니다.

다. 매각물건명세서의 작성, 비치

법원은 경매개시결정을 한 뒤에 바로 집행관에게 부동산의 현상, 점유관계, 차임 또는 임대차 보증금의 액수, 그밖의 현황에 관하여 조사하도록 명합니다. 매수희망자는 집행관이 작성한 현황조사보고서를 통해 부동산에 관한 정보를 얻을 수 있습니다.

라. 공과를 주관하는 공무소에 대한 최고

법원은 조세 기타 공과를 주관하는 공무소에 대하여 경매할 부동산에 관한 채권의 유무와 한도를 배당요구의 종기까지 통지하도록 최고합니다. 이는 우선채권인 조세채권의 유무, 최저매각가격으로 압류채권자의 채권에 우선하는 부동산의 모든 부담과 절차비용을 변제하고도 남을 가망(다음부터 잉여의 가망이라 함)이 있는지 여부를 확인함과 동시에, 주관 공무소로 하여금 조세 등에 대한 교부청구의 기회를 주기 위한 것입니다.

마. 이해관계인에 대한 채권신고의 최고

법원은 등기부에 기입된 부동산 위의 권리자 등에 대하여 자신의 채권의 원금, 이자, 비용 기타 부대채권에 관한 계산서를 배당요구 종기까지 제출하도록 최고합니다. 이 역시 우선채권의 유무, 잉여의 가망이 있는지 여부를 확인하고, 배당요구의 기회를 주는 의미가 있습니다.

(4) 매각방법 등의 지정, 공고, 통지

매각방법으로는, ① 매수신청인이 매각기일에 매각장소에서 입찰표를 제출하는 기일입찰방법과 ② 매수신청인이 지정된 입찰기간 안에 직접 또는 우편으로 입찰표를 제출하는 기간입찰방법이 있습니다. 법원은 두 방법 중 하나를 선택하고 매각기일 등을 지정하여 통지, 공고를 합니다.

가. 매각기일 및 매각결정기일의 지정

법원은 잉여의 가망이 없다는 등의 경매절차를 취소할 사유가 없는 경우에는, 직권으로 매각기일과 매각결정기일을 지정합니다. 최초의 매각기일은 공고일부터 14일 이상의 간격을 두고 지정됩니다. 매각결정기일은 대개 매각기일부터 7일 뒤로 지정됩니다.

매각기일 및 매각결정기일의 지정은 원칙적으로 입찰을 실시할 때마다 하여야 하나, 3~4회 정도의 기일을 일괄하여 지정할 수도 있습니다.

나. 매각기일의 공고

매각기일과 매각결정기일을 지정한 때에는 법원은 이를 공고합니다.

매각기일의 공고에는 ① 부동산의 표시, ② 강제집행으로 매각한다는 취지와 그 매각방법, ③ 부동산의 점유자, 점유의 권원, 점유 사용할 수 있는 기간, 차임 또는 보증금의 유무와 그 액수, ④ 매각의 일시, 장소와 매각을 실시할 집행관의 성명 및 기간입찰의 방법으로 매각할 경우에는 입찰기간, 장소, ⑤ 최저매각가격, ⑥ 매각결정의 일시 및 장소, ⑦ 매각물건명세서 현황조사보고서 및 평가서의 사본을 매각기일 전에 법원에 비치하여 누구든지 볼 수 있도록 제공한다는 취지, ⑧ 등기부에 기입할 필요가 없는 부동산에 대한 권리를 가진 사람은 채권을 신고하여야 한다는 취지, ⑨ 이해관계인이 매각기일에 출석할 수 있다는 취지, ⑩ 일괄매각의 결정을 한 때에는 그 취지, ⑪ 매수인의 자격을 제한한 때에는 그 제한의 내용, ⑫ 매수신청의 보증금액과 보증제공 방법 등을 기재하게 됩니다. 매각기일의 공고는 공고사항을 기재한 서면을 법원의 게시판에 게시하는 방법으로 합니다. 공고사항의 요지는 인터넷 법원경매정보사이트(www.courtauction.go.kr)에서도 확인할 수 있습니다. 매각기일에 관한 공고는 그 요지를 일간신문에도 게재합니다.

다. 매각기일의 통지

법원은 매각기일과 매각결정기일을 지정하면 이를 이해관계인에게 통지합니다. 그 통지는 집행기록에 표시된 이해관계인의 주소에 등기우편으로 발송하여 할 수 있습니다. 이 경우 통지를 발송한 때 송달된 것으로 간주됩니다.

(5) 매각의 실시

기일입찰의 경우, 집행관이 미리 지정된 매각기일에 매각장소에서 입찰을 실시하여 최고가매수신고인과 차순위매수신고인을 정합니다.

기간입찰의 경우, 집행관이 입찰기간 동안 입찰봉투를 접수하여 보관하다가 매각기일에 입찰봉투를 개봉하여 최고가매수신고인과 차순위매수신고인을 정합니다.

기일입찰과 달리 매각기일에는 입찰을 실시하지 않습니다.

가. 매각의 실시 (기일입찰)

부동산의 매각은 ① 매각기일에 하는 호가경매, ② 매각기일에 입찰 및 개찰하게 하는 기일입찰, ③ 입찰기간 안에 입찰하게 하여 매각기일에 개찰하는 기간입찰 중 어느 하나의 방법으로 할 수 있습니다. 여기에서는 현재 법원에서 실시하고 있는 통상의 방법인 기일입찰의 방법에 대하여 설명하도록 하겠습니다.

(가) 매각장소

매각기일은 법원 안에서 진행합니다. 매각장소에는 다른 사람이 알지 못하도록 입찰표를 작성할 수 있는 설비(입찰표 기재대)가 마련되어 있습니다.

(나) 입찰표, 입찰봉투, 매각사건목록 및 매각물건명세서의 비치

매각장소에는 매수희망자들이 자유롭게 사용할 수 있도록 입찰표와 입찰봉투가 비치되어 있습니다. 입찰봉투는 매수보증금을 넣는 흰 색의 작은 봉투와 보증금 봉투 및 입찰표를 함께 넣는 누런 색 큰 봉투가 있는데, 입찰을 하려면 두 가지 봉투가 모두 필요합니다.

집행관은 매각사건목록을 작성하여 매각기일에 매각장소 중 누구나 쉽게 볼 수 있는 곳에 매각물건명세서와 함께 비치 또는 게시합니다.

(다) 동시매각의 원칙

하나의 매각기일에 입찰에 부칠 사건이 2건 이상이거나 부동산이 2건 이상인 경우에는, 법원이 따로 정하지 아니한 이상, 각 부동산에 대한 매각을 동시에 실시합니다. 이는 담합을 방지하고 자유로운 응찰을 보장하기 위한 것입니다.

(라) 입찰의 개시

매각절차는 집행관이 진행합니다. 집행관은 매각기일에 입찰을 개시하기에 앞서 매각물건명세서, 현황조사보고서 및 평가서의 사본을 입찰참가자에게 열람하게 하고, 특별매각조건이 있으면 이를 고지합니다. 그 후 집행관이 입찰표의 제출을 최고하고 입찰마감시각과 개찰시각을 고지하면 입찰이 시작됩니다.

매수신청을 하려면 권리능력과 행위능력이 있어야 합니다. 따라서 미성년자 등 행위능력이 없는 사람은 법정대리인에 의하여만 입찰에 참가할 수 있습니다.

부동산을 취득하려면 관청의 증명이나 허가가 필요한 경우(예컨대, 농지를 취득하려면 농지법이 정한 농지취득자격증명이 필요함)에 그 증명이나 허가는 매각결정기일까지만 보완하면 되므로 입찰 시에 이를 첨부할 필요는 없습니다.

(마) 입찰표의 기재사항

입찰표에는 ① 사건번호, ② 입찰자의 성명과 주소, ③ 부동산의 표시, ④ 입찰가격, ⑤ 대리인에 의하여 입찰하는 경우에는 대리인의 성명과 주소, ⑥ 매수신청보증금액을 기재합니다.

입찰가격은 일정한 금액으로 표시하여야 하며, 다른 사람의 입찰가격에 대한 비율로 표시하지 못합니다.

입찰을 하려는 사람은 입찰표 기재대에 들어가서 입찰표를 기재하고, 매수신청보증을 입찰보증금 봉투에 넣고 1차로 봉한 다음, 기재한 입찰표와 매수신청보증봉투를 다시 큰 입찰봉투에 넣어 스테이플러로 찍어 봉하고 봉투의 지정된 위치에 날인하면 됩니다.

(바) 입찰표와 매수신청보증의 제출

입찰표와 매수신청보증이 들어 있는 봉투를 집행관에게 제출하여야 합니다. 봉투를 입찰함에 넣으면 집행관에게 제출한 것이 됩니다. 한 번 제출한 입찰표는 취소, 변경 또는 교환할 수 없습니다. 이를 허용하면 담합의 우려가 있을 뿐만 아니라, 입찰표의 제출 후에 다른 입찰자의 입찰 내용을 알고 다시 입찰을 함으로써 불공정한 결과가 초래될 수 있기 때문입니다.

매수신청의 보증금액은 최저매각가격의 1/10입니다. 다만 법원이 상당하다고 인정하는 때에는 보증금액을 달리 정할 수 있으므로 주의하시기 바랍니다. 매수신청보증을 제공하려면 현금, 자기앞수표 또는 일정액의 보증료를 지급하고 발급받은 지급위탁계약 체결문서(다음부터 경매보증보험증권이라 함)를 제출하면 됩니다. 매수신청보증을 제출하지 아니하면 입찰이 무효로 처리됩니다.

(사) 입찰의 종결
① 입찰의 마감 및 개찰

입찰표의 제출을 최고한 후 1시간이 지나기 전에는 입찰기일을 종결하지 못합니다. 입찰을 마감하면 지체 없이 입찰표의 개봉, 즉 개찰을 실시합니다. 공정성을 확보하기 위하여 개찰할 때에는 매수신고인, 즉 입찰자가 출석하도록 하여야 합니다. 입찰자가 출석하지 아니한 때에는 집행관은 법원사무관 등 상당하다고 인정하는 자를 대신 참여하게 합니다.

② 최고가매수신고인의 결정

개찰 결과 최고의 가격으로 매수신청을 하고 매수신청보증을 제출한 것으로 판명된 사람을 최고가매수신고인로 결정합니다. 그런데, 최고의 가격으로 매수신고를 하고 매수신청보증도 제출한 사람이 2인 이상일 경우에는 그들만을 상대로 추가입찰을 실시합니다.

추가입찰의 경우 입찰자는 종전의 입찰가격에 미달하는 가격으로는 입찰할 수 없습니다. 종전의 입찰가격에 미달하는 가격으로 입찰한 경우에는 입찰하지 아니한 것으로 봅니다.

추가입찰을 실시하였는데 또 다시 최고의 가격으로 매수신고를 한 사람이 2인 이상인 경우에는 그들 중에서 추첨으로 최고가매수신고인을 정합니다. 추가입찰을 실시하였는데 추가입찰의 자격이 있는 사람 전원이 입찰하지 아니한 경우에도 역시 추첨에 의하여 최고가매수신고인을 정합니다.

③ 차순위매수신고인의 결정

최고가매수신고인의 입찰가격에서 매수신청보증금액을 뺀 나머지 금액을 넘는 가격으로 입찰에 참가한 사람은 차순위매수신고를 할 수 있습니다. 차순위매수신고란, 최고가매수신고인이 대금지급의무를 이행하지 아니하는 경우에는 자기의 입찰에 대하여 매각을 허가하여 달라는 신고를 말합니다. 차순위매수신고는 그 신고액이 최저매각가격 이상이어야 하고 또 최고가매수신고액에서 매수신청보증금액을 뺀 나머지 금액을 초과하는 경우에만 할 수 있습니다.

차순위매수신고를 한 자가 2인 이상인 때에는 입찰가격이 높은 사람을 차순위매수신고인으로 정하고, 입찰가격이 같을 때에는 추첨으로 차순위매수신고인을 정합니다.

④ 매각기일의 종결 고지

최고가매수신고인과 차순위매수신고인이 결정되면 집행관은 그들의 성명과 가격을 부른 다음 매각기일을 종결한다고 고지하게 됩니다. 입찰자가 없는 사건은 입찰불능으로 처리하고 매각기일의 종결을 고지합니다.

⑤ 매수신청보증의 반환

집행관은 매각기일의 종결을 고지한 후에 최고가매수신고인과 차순위매수신고인 이외의 입찰자들에게 그들이 제출한 매수신청보증을 즉시 반환하게 됩니다. 매수신청보증으로 경매보증보험증권을 제출한 경우에는 입찰에 참가함과 동시에 경매보증보험증권을 사용한 것으로 보기 때문에 경매보증보험증권을 반환하는 것은 아무런 의미가 없으나 입찰자들의 반환을 요청하는 경우에는 반환하여 주고 있습니다.

나. 매각의 실시 (기간입찰)

부동산의 매각은 ① 매각기일에 하는 호가경매, ② 매각기일에 입찰 및 개찰하게 하는 기일입찰, ③ 입찰기간 안에 입찰하게 하여 매각기일에 개찰하는 기간입찰 중 어느 하나의 방법으로 할 수 있습니다. 여기에서는 기간입찰의 방법에 대하여 설명하도록 하겠습니다.

(가) 입찰기간 및 매각기일

법원이 기간입찰의 방법으로 부동산을 매각하는 경우에는 매각기일과 매각결정기일을 정할 때 입찰기간도 함께 지정하여 공고합니다. 입찰기간은 1주일 이상 1개월 이하의 범위 안에서 정해집니다. 매각기일은 입찰기간이 끝난 후 1주일 안의 날로 지정됩니다.

(나) 입찰표의 기재

기간입찰에 참가하려는 사람은 기일입찰의 경우와 같은 방법으로 입찰표를 작성하고 매수신청보증과 함께 입찰봉투에 넣은 다음 집행관에게 제출하거나 또는 입찰봉투를 등기우편으로 부치는 방법으로 제출하면 됩니다. 입찰봉투 겉면에는 매각기일을 적어야 하지만, 사건번호를 적어서는 아니 됩니다.

(다) 매수신청보증의 제출

기간입찰에서 매수신청보증을 제공하려면 은행에 개설된 해당 법원의 법원보관금 계좌에 매수신청보증금을 입금하거나, 보증료를 납부하고 발급받은 경매보증보험증권을 제출하면 됩니다. 매수신청보증금액은 기일입찰의 경우와 마찬가지로 법원이 달리 정하지 않는 한 최저매각가격의 1/10입니다.

매수신청의 보증으로서 ① 매수신청보증금을 입금한 경우에는 은행에서 발급받은 법원보관금영수필통지서를 입금증명서에 첨부하여 입찰봉투에 넣어 제출하면 되고, ② 경매보증보험증권을 발급받은 경우에는 경매보증보험증권을 입찰봉투에 넣어 제출하면 됩니다.

(라) 입찰의 마감 및 개찰

집행관은 입찰기간 안에 제출된 입찰봉투를 입찰함에 넣어 매각기일까지 보관하다가 매각기일이 되면 입찰함을 매각장소로 옮긴 후 입찰자 앞에서 입찰함을 열고 최고가 매수신고인등을 정하게 됩니다. 최고가매수신고인과 차순위매수신고인의 결정 등 기타 절차는 기일입찰과 같습니다. 기간입찰의 경우에는 입찰기간 동안만 입찰할 수 있고 매각기일에는 입찰할 수 없으니 주의하시기 바랍니다.

(마) 매수신청보증금의 반환

매각기일이 종결되면 최고가매수신고인과 차순위매수신고인 이외의 입찰자들에게 그들이 제출한 매수신청보증을 즉시 반환하게 됩니다. 법원보관금 계좌에 납부한 매수신청보증금은 입찰자의 예금계좌로 입금되어 반환됩니다. 매수신청보증으로 경매보증보험증권이 제출된 경우에는 기일입찰의 경우와 동일하게 처리됩니다.

(6) 매각 결정절차

법원은 지정된 매각결정기일에 이해관계인의 의견을 들은 후 매각허가 여부를 결정합니다. 매각허가 여부의 결정에 불복하는 이해관계인은 즉시항고를 할 수 있습니다.

매각기일에 최고가매수신고인이 정해지면, 법원은 매각결정기일에 이해관계인의 의견을 들은 후 매각허가 여부를 결정합니다.

가. 매각기일 및 매각허부 결정

법원은 매각결정기일에 매각허가에 관한 이해관계인의 의견을 듣고 직권으로 법이 정한 매각불허 사유가 있는지 여부를 조사한 다음, 매각허가결정 또는 매각불허가결정을 선고합니다.

나. 매각허부에 대한 즉시항고

이해관계인은 매각허가 또는 매각불허가의 결정에 의하여 손해를 볼 경우에는 즉시항고를 할 수 있습니다. 매각허가에 정당한 이유가 없거나 결정에 적은 것 외의 조건으로 허가하여야 한다고 주장하는 매수인 또는 매각허가를 주장하는 매수신고인도 즉시항고를 할 수 있습니다.

즉시항고를 하려는 항고인은 매각허가 여부의 결정을 선고한 날부터 1주일 안에 항고장을 원심법원에 제출하여야 합니다.

항고장에 항고이유를 적지 아니한 때에는 항고인은 항고장을 제출한 날부터 10일내에 항고이유서를 원심법원에 제출하여야 합니다. 매각허가결정에 대하여 항고를 하고자 하는 사람은 보증으로 매각대금의 10분의 1에 해당하는 금전 또는 법원이 인정한 유가증권을 공탁하여야 합니다. 보증의 제공이 없으면 원심법원은 항고장을 접수한 날부터 7일 이내에 결정으로 즉시항고를 각하한 다음 경매절차를 계속 진행합니다.

채무자나 소유자의 즉시항고가 기각된 때에는 항고인은 보증으로 제공한 금전이나 유가증권의 반환을 청구하지 못하고, 이는 배당재단에 편입되어 배당의 대상이 됩니다. 채무자 및 소유자 외의 사람이 한 항고가 기각된 때에는 항고인은 보증으로 제공한 금전이나 유가증권을 현금화한 금액 가운데 항고를 한 날부터 항고기각결정이 확정된 날까지의 매각대금에 대한 법정이자(연 20%의 비율에 의한 이자) 부분에 대하여는 돌려줄 것을 요구할 수 없으므로 그 지연손해금만이 배당할 금액에 포함되고, 나머지는 보증제공자에게 반환됩니다.

(7) 매각대금의 납부

매각허가결정이 확정되면 법원은 매각대금의 지급기한을 정하여 매수인에게 매각대금의 납부를 명합니다. 매수인은 지정된 지급기한 안에는 언제든지 매각대금을 납부할 수 있습니다. 매수인이 지정된 지급기한까지 매각대금을 모두 납부하지 아니하면, 법원은 차순위매수신고인이 있는 때에는 그에 대하여 매각을 허가할 것인지 여부를 결정하고 차순위매수신고인이 없는 때에는 재매각을 명합니다.

가. 대금지급기한

법원은 매각허가결정이 확정되면 지체 없이 직권으로 대금지급기한을 정하여 이를 매수인에게 통지합니다. 매수인은 지정된 대금지급기한 안에 언제든지 매각대금을 낼 수 있습니다.

나. 매각대금의 지급절차

매수인은 대금지급기한 안에 매각대금을 은행에 납부하여야 합니다. 납부할 금액은 매각대금에서 입찰보증금으로 제공한 금액(현금 또는 자기앞수표)을 뺀 나머지 금액입니다. 매수신청의 보증으로 경매보증보험증권이 제출된 경우에는 매각허가결정서에 적힌 매각대금 전액을 납부하여야 합니다. 다만, 매수인은 배당표의 실시에 관계되는 채권자들이 승낙하면 매각대금의 한도에서 매각대금의 지급에 대신하여 채무를 인수함으로써 인수한 채무에 상당한 매각대금의 지급의무를 면할 수 있습니다. 또한 배당받을 채권자가 동시에 매수인인 경우에는 매각결정기일이 끝날 때까지 법원에 신고하고 배당받아야 할 금액을 제외한 대금을 배당기일에 낼 수 있습니다.

다. 매각대금 지급의 효과

매수인은 매각대금을 모두 낸 때에 경매의 목적인 권리를 확정적으로 취득합니다. 이에 따라 차순위매수신고인은 매수의 책임을 면하고 즉시 매수신청보증금을 반환받을 수 있습니다.

라. 매각대금 미지급에 따른 법원의 조치

① 차순위매수신고인에 대한 매각허가결정

매수인이 대금지급기한까지 대금납부의무를 이행하지 아니할 경우 차순위매수신고인이 정해져 있으면, 법원은 차순위매수신고인에 대한 매각허가 여부를 결정하게 됩니다.

② 재매각

재매각은 매수인이 대금지급기한까지 매각대금을 모두 내지 않는 경우에 법원이 직권으로 다시 실시하는 매각을 말합니다. 차순위매수신고인이 있는 경우에는 법원이 매각결정기일을 다시 지정하여 차순위매수신고인에 대하여 매각허가결정을 하고 대금지급기한을 지정하게 되며, 차순위매수신고인이 대금지급기한까지 대금을 내지 않으면 재매각을 하게 됩니다.

재매각기일에는 종전의 매수인이 최고가매수신고인으로 불렸던 매각기일에 적용되었던 최저매각가격, 그 밖의 매각조건이 그대로 적용됩니다. 따라서 최저매각가격이 낮아지지는 않습니다.

종전의 매수인은 재매각 절차에 참가하여 매수신청을 할 수 없습니다. 다만, 종전 매수인이 재매각기일의 3일 이전까지 매각대금, 연 2할의 지연이자와 재매각절차의 비용을 낸 때에는 재매각절차를 취소하게 됩니다.

③ 보증금의 배당재단 편입

매수인이 매각대금을 내지 아니하여 바로 재매각절차에 들어가거나 차순위매수신고인에 대하여 매각허가결정이 내려지면 종전 매수인은 매수신청의 보증을 돌려 줄 것을 요구하지 못하고 그 보증금은 배당재단에 편입됩니다. 매수신청의 보증으로 경매보증보험증권이 제출된 경우라면 법원은 경매보증보험증권을 발급한 보증보험 회사에 보증금 납부를 최고한 다음 납부된 보증금을 배당재단에 편입시킵니다.

(8) 소유권 이전등기 등의 촉탁, 부동산 인도명령

매수인은 대금을 모두 납부하면 부동산의 소유권을 취득합니다. 법원은 매수인이 필요한 서류를 제출하면 관할등기소에 매수인 명의의 소유권이전등기, 매수인이 인수하지 아니하는 부동산에 관한 부담의 말소등기를 촉탁하게 됩니다. 매수인은 대금을 모두 납부한 후에는 부동산의 인도명령을 신청할 수 있습니다.

가. 소유권이전등기 등의 촉탁

매수인이 매각대금을 모두 내면 매각부동산의 소유권을 취득하므로, 법원은 매수인 명의의 소유권이전등기, 매수인이 인수하지 아니하는 부동산 위의 부담의 말소등기를 등기관에 촉탁하게 됩니다.

다만, 그 등기의 비용은 매수인이 부담하여야 하므로, 매수인은 주민등록표등본, 등록세영수필통지서와 영수필확인서, 국민주택채권매입필증 등 첨부서류를 제출하여야 합니다. 법원은 이러한 서류가 제출된 이후에 소유권이전등기 등을 촉탁합니다.

나. 부동산인도명령

매수인이 매각대금을 모두 낸 후에는 채무자에 대하여 직접 자기에게 부동산을 인도할 것을 구할 수 있습니다. 채무자가 임의로 부동산을 인도하지 아니하는 경우 매수인은 매각대금을 완납한 뒤 6개월 이내에 법원에 부동산의 인도명령을 신청할 수 있습니다. 법원은 채무자·소유자 또는 부동산 점유자에 대하여 부동산을 매수인에게 인도하도록 명할 수 있고, 매수인은 집행관을 통해 부동산을 강제적인 방법으로 인도받을 수 있습니다.

(9) 배당절차

매수인이 매각대금을 모두 납부하면 법원은 배당기일을 정하고 이해관계인과 배당을 요구한 채권자에게 그 기일을 통지하여 배당을 실시하게 됩니다.

매수인이 매각대금을 모두 내면 법원은 배당기일을 정하여 이해관계인과 배당을 요구한 채권자를 소환하고 배당을 하게 됩니다.

가. 채권계산서의 제출

채권자는 배당요구의 종기까지 법원에 그 채권의 원금, 이자, 비용 기타 부대채권의 계산서를 제출하여야 합니다.

채권자가 계산서를 제출하지 아니한 경우 법원은 배당요구서 기타 기록에 첨부된 증빙서류에 의하여 채권액을 계산합니다. 계산서를 제출하지 아니한 채권자는 배당요구의 종기 이후에는 채권액을 보충할 수 없습니다.

나. 배당표의 작성과 확정

집행법원은 미리 작성한 배당표 원안을 배당기일에 출석한 이해관계인과 배당요구한 채권자에게 열람시켜 그들의 의견을 듣고, 즉시 조사할 수 있는 서증을 조사한 다음, 배당표 원안에 추가·정정할 것이 있으면 추가·정정하여 배당표를 완성, 확정합니다.

6 경매신청의 취하

경매신청의 취하란 경매신청을 철회하는 경매신청인의 경매법원에 대한 진술을 말한다. 경매신청의 취하는 매각대금의 완납으로 경매부동산의 소유권이 매수인에게 이전되기 전까지는 언제든지 할 수 있다.

경매신청의 취하는 매각기일에 적법한 매수신고가 있기 전까지는 경매신청인의 독자적으로 할 수 있으나, 매수신고가 있은 뒤에는 최고가매수신고인과 차순위매수신고인의 동의가 있어야 할 수 있다.

적법·유효한 취하가 있으면 집행법원에 의한 경매절차의 취소경정을 요하지 않고 압류의 효력이 당연히 소멸한다.

7 남을 가망이 없을 경우의 경매취소

집행법원은 최저매각가격으로 「압류채권자의 채권에 우선하는 부동산의 모든 부담과 절차비용(이하 "우선채권"이라 한다)」을 변제하면 남을 것이 없겠다고 인정한 때에는, 압류채권자에게 이를 통지하여야 하며,

이 통지를 받은 날로부터 1주일 내에, 압류채권자가 경매 부동산의 모든 부담과 절차비용을 변제하고 남을만한 가격을 정하여, 그 가격에 맞는 매수신고가 없을 때에는 자기가 그 가격으로 매수하겠다고 신청하면서, 충분한 보증을 제공하지 아니하면 경매절차를 취소하여야 한다. 이는 시간과 비용의 낭비만을 초래할 뿐 압류채권자가 아무것도 얻는 것이 없는 무익한 강제집행절차가 진행되는 것을 방지하기 위한 것이다.

8 매각조건

(1) 법정매각조건

매각조건이라 함은 법원이 경매부동산을 매각하여 그 소유권을 매수인에게 이전시키는 조건을 말한다. 매각조건은 법정매각조건과 특별매각조건으로 구별된다.

법정매각조건은 모든 경매절차에 공통적으로 적용되도록 법이 미리 정하고 있는 매각조건이다. 경매부동산은 법정매각조건에 따라 매각하는 것이 원칙이다. 경매는 사인 간의 매매와는 달리 소유자의 의사에 반하여, 국가가 개입하여 강제적으로 매각하는 절차로서, 그 진행에 따라 많은 이해관계인의 구 권리가 영향을 받게 되므로, 미리 그 매각의 방법과 효력 등을 정형화하여 둘 필요가 있기 때문이다.

민사집행법이 규정하고 있는 법정매각조건을 예시하여 보면 다음과 같다.

① 경매부동산의 최저매각가격을 정하여 이를 공고하고, 그 가격 미만의 매수신고는 허용되지 않는다.
② 경매신청인에게 실익이 없는 경매는 허용되지 않는다.
③ 저당권과 전세권 유치권 등 경매부동산 위의 각종 부담의 소멸 또는 인수에 관한 사항.
④ 매수신청인의 보증에 관한 사항.
⑤ 기타 법정매각조건으로는 차순위 매수 신고의 요건과 효력, 매수인의 대금지급의 무와 그 지급시기, 매수인이 부동산의 인도명령을 신청할 수 있는 경우, 매수인의 소유권 취득시기 및 등기, 경매에 있어서의 하자담보책임 등에 관한 사항을 들 수 있다.

(2) 특별매각조건

법정매각조건은 이해관계인 전원의 합의에 의한 신청이나 직권에 의하여, 집행법원이 이를 변경할 수 있으며, 이 변경된 매각조건을 특별매각조건이라 한다.

법정매각조건 자체가 집행채권자와 채무자 기타 이행관계인의 이익을 공평하게 지켜주기 위한 것이므로, 구체적인 경매절차에 있어서 법정매각조건과 다른 매각조건을 적용하도록 하는 것이, 다수 이해관계인의 이익에 부합된다고 하면, 구태여 법정매각조건만을 고집할 필요가 없는 것이기 때문이다.

최저매각가격은 이해관계인의 합의로는 변경하지 못한다. 이는 부동산이 부당하게 저가로 매각되는 것을 방지하기 위한 것이다. 따라서 이해관계인의 합의로 최저매각가격을 인상하는 것은 무방하다.

민사집행법에 명문의 규정은 없으나, 매수인에 대한 소유권이전과 같은 경매의 근본에 관한 매각조건도, 이해관계인의 합의로 변경할 수 없는 것으로 보아야 한다. 구체적으로 어떠한 것이 경매의 근본에 관한 매각조건인가 하는 것은 쉽게 판단할 수 있는 것이 아니나, 매수인에 대한 소유권이전 이외에, 법원의 매각허가결정에 의하여 매수인을 정하는 것이나, 최고가매수신고인 또는 차순위매수신고인 이외의 자에게는 매각허가를 할 수 없는 것 등은, 이에 속한다고 할 것이다.

9 경매부동산상 부담의 처리

다음의 권리는 순위에 관계없이 모두 소멸한다.
① 저당권
② 담보가등기
③ 배당요구한 전세권
④ 보증금이 전액 변제되는 대항력 있는 주택임차권과 상가건물임차권
⑤ 경매개시결정등기
⑥ 가압류등기
⑦ 이상의 소멸하는 권리보다 후순위의 지상권·지역권·전세권·등기된 임차권과 가등기·가처분 등기 등

다음의 권리는 매수인에게 인수된다.
① 유치권
② 이상의 소멸하는 권리보다 선순위의 지상권·지역권·전세권·등기된 임차권과 가등기·가처분 등기 등

10 대금지급의무불이행시의 절차

(1) 차순위매수신고인에 대한 매각허가여부결정

　매수인이 대금지급기한까지 그 의무를 이행하지 아니한 경우에, 차순위매수신고인이 있는 때에는, 경매법원은 차순위매수신고인에 대한 매각허가여부를 결정하여야 한다.

　차순위매수신고인에 대한 매각허가결정이 확정되면, 대금지급기일을 지정하여 이후의경매절차를 진행하여야 하고, 매각불허가결정이 확정되면 직원으로 재매각을 실시하여야 한다.

(2) 재매각절차의 진행

　매수인이 대금지급기일에 그 의무를 완전히 이행하지 아니하고 차순위매수신고인이 없는 경우와, 차순위매수신고인이 있으나 그에 대한 매각불허가결정이 확정되거나, 매각 허가결정이 확정되었지만 차순위매수신고인도 대금지급기일까지 대금을 지급하지 않는 경우에, 법원이 직권으로 다시 실시하는 매각절차를 재매각이라고 한다.

　재매각절차는 법원이 직권으로 재매각을 명하는 결정을 함으로써 개시된다. 재매각기일의 절차는 일반의 매각기일의 절차와 같다. 최초에 경매하기 위하여 정한 최저매각가격 기타 매각조건은 재매각절차에도 적용된다.

　매수인이 재매각기일의 3일전까지, 대금, 그 지급기한이 지난 뒤부터 지급일까지의 대금에 대한 대법원규칙이 정하는 이율에 따른 지연이자와 절차비용을 지급한 때에는, 재매각절차를 취소하여야 한다. 이 경우 차순위매수신고인이 매각허가결정을 받았던 때에는, 위 금액을 먼저 지급한 매수인이, 매매목적물의 권리를 취득한다.

11 배당절차

(1) 배당에 참가하는 채권자의 범위

가. 배당요구를 하여야 배당에 참가할 수 있는 자

(가) 배당을 요구할 수 있는 채권자.

① 집행력 있는 정본을 가진 채권자

② 경매개시결정이 등기된 뒤에 가압류를 한 채권자

③ 민법·상법, 그 밖의 법률에 의하여 우선변제청구권이 있는 채권자

– 민법상 우선변제청구권자 : 저당권자와 전세권자

– 상법상 우선변제청구권자 : 회사사용인

– 그 밖의 법률상 우선 변제청구권자 : 가등기담보권자, 주택임차인, 상가건물임차인 및 근로자 등.

(나) 배당을 요구할 수 있는 최종시한

경매개시결정에 따른 압류의 효력이 생긴 때(그 경매개시결정전에 다른 경매개시결정이 있는 경우를 제외한다)에, 집행법원이 절차에 필요한 기간을 감안하여 첫 매각기일 이전으로 정한다.

배당요구의 종기를 정한 때에는, 법원은 경매개시결정을 한 취지와 함께 이를 공고하고, 전세권자 및 법원에 알려진 배당을 요구할 수 있는 채권자에게 이를 고지하여야 한다.

배당요구의 종기결정 및 그 공고는 경매개시결정에 따른 압류의 효력이 생긴 때부터 1주일 내에 하여야 한다. 다만 법원은 특별히 필요하다고 인정하는 경우에는 배당요구의 종기를 연기할 수 있다.

(다) 배당요구의 방식

배당요구는 채권의 원인과 액수(원금·이자·비용, 그 밖의 부대채권을 포함한다)을 기재한 서면으로 하여야 한다.

채권의 원인이란, 채권자가 경매부동산의 환가대금으로부터 변제받을 수 있는 법률관계를 말한다. 채권의 원인은, 청구채권의 종류와 그 발생원인, 변제기, 배당요구액 등

그 요구채권이 특정될 수 있어서, 채무자가 그것을 보고 그 채권의 인낙여부를 결정하기에 충분할 정도로 구체적으로 표시하여야 한다. 채권의 액수는, 원금 등의 경우와 같이 기재하여야 하나, 지연배상금 등의 경우와 같이 배당요구시에 그 금액을 특정할 수 없는 것은, 배당시에 그 금액을 특정할 수 있는 구체적인 기준을 기재하면 된다.

배당요구신청서에는 다음의 서류를 첨부하여야 한다.

① 집행력 있는 정본에 의한 배당요구의 경우는, 그 집행력 있는 정본

② 가압류채권에 의한 배당요구의 경우는, 가압류 명령서 사본

③ 우선변제청구권에 의한 배당요구의 경우는, 우선채권의 내용을 기재하고 그것을 증명할 등기부등본 등의 자료

나. 당연히 배당요구한 것으로 취급되는 채권자

① 경합압류채권자

② 압류등기 전에 등기한 담보물권자와 가압류채권자

③ 국세 등의 교부청구채권자와 참가압류채권자

(2) 배당요구신청에 대한 법원의 조치

배당요구신청이 있으면 집행법원은 먼저 그 적법성여부에 관하여 심사하여야 한다. 심사 결과 적법하다고 인정하는 때에는, 그 사유를 이해관계인에게 통지하여야 한다. 반면에 부적법하다고 인정하는 때에는, 그 내용이 보정할 수 있는 것이면 보정을 명하고, 보정할 수 없는 것이거나 보정에 응하지 않으면 이를 각하한다.

(3) 배당요구의 효력

가. 일반적 효력

배당요구채권자에게 다음의 권리와 효과를 발생시킨다. 매득금에서 배당을 받을 권리, 배당기일의 통지를 받을 권리, 배당기일에서 배당표에 대하여 이의를 신청할 수 있는 권리 등과 실체법상 재판상의 청구로써 시효중단의 효력과 기한 없는 채무의 이행지체효과를 발생시킨다.

배당요구의 효력발생시기는 신청서가 집행법원에 제출되어 신청요건의 구비로 접수되었을 때이다. 그러나 단순히 배당요구만을 한 채권자는, 타인의 경매절차에 편승하여

채권의 변제를 받는 지위밖에 가지지 못하므로, 그 경매절차가 취하·취소 또는 정지됨으로써 종료되거나 정지하게 되면, 위와 같은 배당요구의 효력도 당연히 상실 또는 정지하게 된다.

나. 배당요구과 부당이득반환청구

배당요구를 하여야 하는 채권자가, 배당요구의 종기까지 배당요구를 하지 않아 배당에서 제외된 경우, 배당요구를 하였더라면 배당을 받았을 금액에 관하여, 후일 배당을 받은 자를 상대로 부당이득반환청구를 할 수 없다.

(4) 배당준비 – 채권계산서(채권신고서)의 제출

가. 제출기한

배당요구의 종기까지 제출하여야 한다.

나. 작성방식

채권계산서에 채권액을 기재하는 요령은 다음과 같다.

원금은 계산서제출 당시의 현존채권액을 기재하면 된다. 다만 계산서제출이후 배당요구의 종기까지, 채권원금이 증가할 것이 확실한 경우에는, 그 증가된 금약을 기재할 수 있다.

이자는 집행권원이나 담보권설정계약에 그것이 정해져 있는 경우에 한하여 기재할 수 있다. 배당요구의 종기까지의 이자는 구체적으로 기재하고, 그 이후의 이자는 「이후 배당기일까지의 연 %의 이율에 의하여 산출한 이자」라고 기재하면 된다.

비용은 채무자의 부담으로 되는 강제집행의 비용을 기재하여야 한다. 그리고 배당참가의 경우는 배당요구신청비용을 경합압류의 경우는 그 경매신청비용을 기재하면 된다.

그 밖에 부대채권은, 경매채권 또는 배당요구채권에 부대하여 청구할 수 있는 채권으로서, 판결에 의한 청구라면 소송비용확정절차에 의하여 확정된 본안소송비용이라든가 또는 본래의 청구에 대한 지연손해금채권 등을 기재하면 된다. 특히 지연손해금의 경우는 전기 이자의 경우와 같이 배당기일가지의 손해금을 기재할 수도 있다.

다. 청구채권액의 확장가능여부

금전채권의 강제회수를 위하여, 채권자가 총채권액 중의 일부만을 청구금액으로 하여 채무자의 특정부동산에 대한 경매신청을 하였다가, 채권계산서에 이를 확장기재하여 나머지 채권액까지 청구할 수 없다.

또한 배당요구의 방식을 취하여서도 청구금액을 확장할 수 없다. 다만, 당초 경매신청시에 경매신청서상에 기재한 청구금액을 넘지 않는 범위에서, 배당요구채권의 내역을 채권계산서상에 변경하여 기재하여 제출할 수는 있다.

라. 채권계산서 부제출의 효과

채권자가 배당요구의 종기까지, 집행법원의 최고에 대한 신고를 하지 아니한 때에는, 그 채권자의 채권액은 등기부등본 등 집행기록에 있는 서류와 증빙에 따라 계산한다. 이 경우 다시 채권액을 추가하지 못한다.

다만 경매신청서나 배당요구서에 기재된 금액이 실제보다 과다하여 이를 감액하는 것은 무방하며, 또 집행기록상 명백한 집행비용(예컨대 인지대, 경매수수료 등)은 채권계산서의 제출이 없어도, 법원이 직권으로 조사하여 계산하여야 한다.

(5) 배당기일의 지정 및 통지

매수인이 매각대금을 지급하면, 법원은 배당에 관한 진술 및 배당을 실시할 기일을 정하고, 이해관계인과 배당을 요구한 채권자에게 이를 통지하여야 한다. 다만, 채무가자 외국에 있거나 있는 곳이 분명하지 아니한 때에는 통지하지 아니한다. 배당기일의 지정은 직권으로 하며, 실무상으로는 매수인이 매각대금을 납부한 날로부터 3일이내에 지정하되, 대금을 납부한 날로부터 2주일 이내에 배당기일을 열도록 하고 있다.

(6) 배당표의 작성
가. 작성시기

집행법원은 배당기일의 3일전에 배당표원안을 작성하여 법원에 비치하고서 채권자와 채무자가 볼 수 있도록 하여야 한다.

배당표는 각 채권자가 적법하게 제출한 계산서와 집행기록에 편철된 서류(경매신청서, 배당요구신청서 등)에 의하여 원안을 작성하되, 그 비치는 법원사무관 등의 사무실내에 한다.

나. 배당표의 기재사항

배당표에는 매각대금, 채권자의 채권의 원금, 이자, 비용, 배당의 순위와 배당의 비율을 적어야 한다. 또한 배당표에는 위 사항 이외에 배당법원의 표시, 사건번호, 배당할 금액, 매각부동산, 배당이유, 배당액, 잔여액, 비용비례액과 채권자의 성명을 기재하게 되어 있다.

다. 배당할 금액

매수신청의 보증으로 제공한 현금 또는 유가증권의 환가금을 포함한 매각대금.

매수인이 매각대금지급을 지체하였다가, 재매각기일 3일전까지 매각대금 등을 지급하는 경우와 매수신청의 보증으로 금전 외의 것이 제공된 경우, 보증의 현금화시까지의, 지연이자.

채무자나 소유자가 매각허가결정에 대하여 항고하였다가 기각되거나 항고를 취하함으로써 반환청구할 수 없게 된, 항고보증으로 제공한 금전이나 유가증권의 환가금.

채무자 및 소유자 이외의 사람이, 매각허가결정에 대하여 항고를 하였다가 기각되거나 항고를 취하함으로써 반환청구를 할 수 없게 된, 항고보증으로 제공한 금액이나 유가증권의 환가금 또는 항고보증유가증권의 반환청구를 위하여 지급한 금액.

재매각시, 전매수인이 매수의 보증으로 제공하였다가 반환청구할 수 없게 된 금전 도는 유가증권의 환가금에서 환가비용을 공제한 금액.

차순위매수신고인에 대한 매각허가시, 매수인이 매수의 보증으로 제공한 현금 또는, 유가증권의 현금화대금에서 현금화비용을 공제한 금액.

라. 배당순위

① 제1순위 : 경매부동산에 관하여 소유권·지상권·전세권 또는 대항력 있는 임차권 등을 취득한 이른바 제3취득자가, 경매부동산의 보존·개령을 위하여 지출한 필요비 또는 유익비.

② 제2순위 : 경매개시결정기입등기 전에 대항력을 구비한, 최우선변제권 있는 주택임차인과 상가건물임차인의 보증금반환 채권 및 최우선변제권이 있는 근로자의 임금채권.

③ 제3순위 : 경매부동산에 대하여 부과된 당해세인 국세화 가산금 및 당해세인 지방세와 가산금. 당해세는 국세의 경우는 상속세·증여세·자산재평가세로 한정되어

있고, 지방세의 경우는 재산세·자동차세·종합토지세·도시계획세 및 공동시설세로 한정되어 있다.

④ 제4순위 : 당해세인 국세 또는 지방세 이외의 조세로서 그 법정기일이 저당권이나 전세권의 설정등기일자 이전인 것. 법정기일과 등기일자가 같은 날인 경우에는 국세 또는 지방세가 우선한다.

⑤ 제5순위 : 국민건강보험료와 국민연금보험료로서 납부기한이 저당권이나 전세권의 설정등기일자 이전인 것. 납부기한과 등기일자 같은 날인 경우에는 국민건강료보험료와 국민연금보험료가 우선한다.

⑥ 제6순위 : 국세 또는 지방세의 법정기일전과 의료보험료의 납부기한전에 설정등기한 저당권·전세권에 의하여 담보되는 채권. 가등기담보권. 순차적우선변제 있는 주택임차인과 상가건물임차인의 보증금반환채권.

저당권, 전세권 또는 가등기담보권에 의하여 담보되는 채권상호간에는 등기의 선후에 의하여 우선순위가 결정된다.

주택임차인이나 상가임차인의 보증금반환채권과 저당권 등과의 우선순위는, 임대차대항력구비일자의 다음일자와 임대차계약서상의 확정일자 중 늦은 것과 등기일자의 선후에 의하여, 우선 순위가 결정된다.

대항력구비일자가 확정일자보다 늦고 대항력구비일자와 등기일자가 같은 일자인 경우에는, 저당권 등에 의하여 담보되는 채권이, 주택임차인이나 상가임차인의 보증금반환채권보다 우선하고(대항력은 대항력구비일자보다 늦거나 같은 일자인 경우에는, 저당권 등에 의하여 담보되는 채권과 주택임차인이나 상가임차인의 보증금반환채권을, 동순위로 금액에 안분하여 배당한다.

⑦ 제7순위 : 임금, 퇴직금, 재해보상금 기타 근로관계로 인한 채권 중 전술한 제3순위 이외의 채권. 이 채권은 저당권에 의하여 담보되는 채권보다는 후순위가 되고, 조세·공과금보다는 선순위가 되는 반면, 조세·공과금이 저당권에 우선하는 경우(전술한 제3순위, 제4순위의 조세채권)에는, 조세·공과금, 저당권에 의하여 담보되는 채권 임금 등의 채권의 순서로 된다.

그 결과 조세·공과금과 임금 등의 채권 상호간의 우선순위는, 그 자체로서 정하여지는 것이 아니라, 경매부동산상에 저당권이 설정되어 있는지의 여부 및 저당권의 설정시점이 언제인지에 따라 결정되게 된다.

⑧ 제8순위 :당해세인 국세와 지방세 이외의 조세로서 그 법정기일이 저당권 등의 설정일자보다 후일자인 것.

⑨ 제9순위 :국세와 지방세의 다음 순위로 징수하게 되는 공과금. 이러한 공과금으로는 산업재해보상보험료, 납부기한이 저당권이나 전세권의 설정등기일자보다 후인 국민건강보험료와 국민연금보험료 등이 있다.

⑩ 제10순위 : 일반채권자의 채권. 일반채권자의 채권인 이상 그 발생의 선후에 관계없이 동순위로 각 채권자의 채권금액에 안분하여 배당한다.

(7) 배당기일의 실시

가. 배당표의 확정

법원은 배당기일에 출석한 이해관계인과 배당을 요구한 채권자를 심문하여 배당표를 확정하여야 한다. 심문과정에서 이해관계인과 배당요구채권자가 배당표에 반대되는 진술을 하더라도, 이를 어느 정도 참작하느냐는 법원의 재량에 속한다.

배당표에 반대되는 진술의 진정성 여부는 즉시 조사가 가능한 서면만으로 하여야 하며, 조사결과 그 진술이 진실하다고 인정하는 때에는, 그 내용을 정정하여 배당표를 확정하여야 한다.

배당기일에 출석한 이해관계인과 배당을 요구한 채권자의 합의가 있는 때에는, 그 합의대로 배당표 변경·확정하여야 한다.

나. 배당표에 대한 이의

(가) 이의권자

배당기일에 출석한 채무자와 채권자이다. 임의경매에 있어서 경매부동산의 소유자와 채무자가 다른 경우에는 소유자도 채무자에 준하여 이의권자가 된다.

이의를 할 수 있는 채권자는 집행채권자는 물론이고 배당요구채권자와 배당요구 없이 배당에 참가한 채권자를 모두 포함한다.

(나) 이의 사유

배당표에 대한 이의는 그 이의 사유의 종류에 따라 절차상의 이의와 실체상의 이의의 두 가지가 있다.

절차상의 이의란 배당표작성의 절차 또는 방법에 위법이 있다고 하여 그 시정을 구하는 것을 말한다. 그 사유로는 배당절차개시요건흠결, 배당기일통지흠결, 배당표상의 매각대금이나 신청채권액의 일부기재누락, 배당표상의 채권금액의 계산오류 등을 들 수 있다.

실체상의 이의란 배당표에 기재된 채권의 순위나 배당액수가 사실과 다르다고 하여 그 시정을 구하는 것을 말한다. 그 사유로는 배당표에 기재되어 있는 각 채권자의 채권의 존부, 채권액의 범위, 배당순위, 배당액 등이 실제와 달이 부당하게 우대되어 있는 것 또는 자신의 채권액, 배당순위, 배당액이 실제와 달리 부당하게 냉대되어 있는 것 등을 들 수 있다.

(다) 이의방법

채권자는 반드시 배당기일에 출석하여, 자기의 이해에 관계되는 범위 안에서, 다른 채권자를 상대로 그의 채권 또는 그 채권의 순위에 대하여, 구술로 이의를 하여야 한다. 미리 이의의 서면을 제출하였다 하더라도 배당기일에 출석하여 진술하지 않으면 이의의 효력은 생기지 않는다.

채무자는 채권자의 채권 또는 그 채권의 순위에 대하여 배당기일에 출석하여 구술로 이의를 제기하는 방법과 배당표원안이 법원에 비치된 이후 배당기일이 끝날 대까지 서면으로 이의를 제기하는 방법 중 선택하여 할 수 있다.

이의는 배당표를 어떻게 고쳐야 하는 것인지를 구체적으로 적시해서 하여야 한다. 예컨대 어느 채권자의 어느 채권에 관하여 그 우선순위를 어떻게 해야 하는지 또는 채권금액을 얼마로 해야 하는지를 구체적으로 적시해서 하여야 한다. 그러나 이의의 사유나 그 이의를 이유 있게 하기 위한 증거자료의 제출은 요하지 않는다.

(라) 이의에 대한 법원의 조치

이의신청에 대하여 법원은 그 적법여부만을 심사할 수 있으면 이의사유의 당부에 관하여는 심사할 수 없다. 적법한 이의에 대하여는 당사자 간의 합의나 청구이의의 소 또는 배당이의의 소로써 해결하여야 하는 것이기 때문이다.

부적법한 이의에 대하여는 각하의 재판을 해야 하는 것이 원칙이다. 그러나 실무는 각하의 재판을 하지 않고 그대로 배당을 실시하는 처리방식을 취하는 예가 많다. 적법한 이의에 대하여는 그 이의에 이해관계 있는 채권자가 출석하고 있으면 그로 하여금 이의에 대한 인부의 진술을 하도록 하여야 한다.

이의에 관하여 관계있는 채권자가 이의를 정당하다고 인정하면 법원은 이의의 내용에 따라 배당표를 경정하여야 한다. 또한 이의를 정당하다고 인정하지 않은 경우라도, 이의를 신청한 채권자와 그 이의에 관계있는 채권자 사이에 다른 방법으로 합의가 성립되면, 법원은 그 합의내용에 따라 배당표를 경정하여야 한다.

배당기일에 출석하지 아니한 채권자는 배당표와 같이 배당을 실시하는데 동의한 것으로 본다. 배당기일에 출석하지 아니하고 또한 서면에 의한 이의도 제기하지 않은 채무자에 관하여는, 명문의 규정이 없으나 채권자의 경우와 마찬가지로 배당표의 실시에 동의한 것으로 보아야 한다. 그러나 배당기일에 출석하지 아니한 채권자가 다른 채권자가 신청한 이의에 관계있는 때에는 그 채권자는 이의를 정당하다고 인정하지 아니한 것으로 본다.

(8) 이의의 완결

가. 채무자가 이의 신청을 한 경우

집행력 있는 집행권원의 정본을 가진 채권자의 채권에 대하여, 채무자가 이의를 하였으나 그 채권자가 이의를 정당하다고 인정하지 아니하는 경우에는, 채무자는 이의의 완결을 위하여 청구이의의 소를 제기함과 아울러 강제집행의 정지를 명하는 잠정처분을 구하여, 배당기일로부터 1주일 내에 법원에 청구이의의 소를 제기한 증명서와 집행정지재판의 정본을 제출하여야 하고, 만일 이를 게을리 하면 이의가 취하된 것으로 간주된다.

집행력 있는 권원의 정본을 가지지 아니한 채권자(가압류채권자를 제외한다)에 대하여 채무자가 이의를 하였으나, 그 채권자가 이의를 정당하다고 인정하지 아니하는 경우에는, 이의를 제기한 채무자는 이의의 완결을 위하여 배당이의의 소를 제기하고, 배당기일로부터 1주일 내에 법원에 배당이의의 소를 제기한 증명서를 제출하여야 하고, 만일 이를 게을리 하면 이의가 취하된 것으로 간주된다.

나. 채권자가 이의신청을 한 경우

어느 채권자가 다른 채권자에 대하여 이의를 하였으나, 그 채권자가 이의를 정당하다고 인정하지 아니하는 경우에는, 이의를 제기한 채권자는 이의의 완결을 위하여 배당이의의 소를 제기하고, 배당기일로부터 1주일 내에 법원에 배당이의의 소를 제기한 증명서를 제출하여야 하고, 만일 이를 게을리 하면 이의가 취하된 것으로 간주된다.

(9) 배당이의와 부당이득반환청구

배당기일에 배당표에 대하여 이의신청을 한 채권자는, 배당기일로부터 1주일의 기간 내에 배당법원에 배당이의의 소를 제기한 사실을 증명하지 않음으로써, 이의에 불구하고 배당이 실시된 경우, 후일 그 배당이 잘못되었음이 밝혀지면, 그 배당표에 의하여 배당을 받은 채권자에 대하여, 부당이득반환청구를 함으로써 구제받을 수 있다.

또한 배당기일에 출석하지 아니함으로써, 배당표의 실시에 동의한 것으로 의제된 채권자나, 배당기일에 출석하여 이의를 하지 아니함으로써, 배당표를 그대로 확정되게 한 채권자도, 후일 그 배당이 잘못되었음이 밝혀지면, 그 배당표에 의하여 배당을 받은 채권자에 대하여, 부당이득반환청구를 할 수 있다.

(10) 배당의 실시

가. 배당을 실시하여야 할 경우

채무자 및 채권자가 배당기일에 배당표에 대하여 이의신청을 하지 아니한 경우 또는 배당기일에 출석하지 않음으로써 배당표에 의한 배당실시에 동의한 것으로 간주되는 경우에는 법원이 작성한 배당표가 그대로 확정되므로 이에 따라 배당을 실시한다.

이의신청이 있다 하더라도 그 이의에 관계없는 부분은 역시 확정되므로 배당을 실시한다. 또한 채무자 또는 채권자가 배당표에 대하여 이의를 한 경우라도 다음과 같은 경우에는 그에 불구하고 배당을 실시한다.

① 이의에 관계된 채권자가 이의를 정당하다고 인정하거나 이의신청인과 이의에 관계된 채권자 사이에 다른 방법으로 배당에 관하여 합의를 함으로써 배당기일에 이의가 완결된 경우.

② 이의신청인이 이의를 취하한 경우.

③ 이의신청채권자가 배당기일로부터 1주일이내에 배당이의의 소를 제기한 사실을 증명하는 서류를 제출하지 아니한 경우.

④ 배당이의의 소가 취하 또는 취하 간주된 겨우(민집 158), 배당이의의 소에 대한 각하 또는 기각 판결이 확정된 경우. 그러나 원고 청구의 전부 또는 일부가 인용된 판결이 확정된 경우에는 그 판결내용에 따라 배당을 실시하여야 한다.

⑤ 집행력 있는 정본을 가진 채권자의 채권에 대하여 이의신청한 채무자가 1주일 이내에 청구이의의 소를 제기하였음을 증명하는 서면과 집행정지재판의 정본을 제출하지 아니한 경우, 또는 강제집행의 정지명령서가 제출된 후 청구이의의 소가 취하되거나 소각하 또는 기각의 판결이 확정된 경우.

나. 배당실시절차

배당기일에 출석한 채권자에 대한 배당액의 지급절차는 법원 보관급취급규칙에서 정하는 바에 따른다.

채권 전부의 배당을 받을 채권자에게는 배당액 지급증을 교부하는 동시에, 그가 가진 집행력 있는 정본 또는 채권증서(집행력 있는 정본없이 배당참가한 경우)를 제출받아, 채무자에게 교부하여야 한다. 그러나 집행력 있는 정본이나 채권증서가 이미 법원에 제출되어 있는 경우에는 이를 그대로 채무자에게 교부하면 된다.

채권 일부의 배당을 받을 채권자에게는, 집행력 있는 정본 또는 채권증서를 제출하게 한 뒤 배당액을 적어서 돌려주고, 배당액지급증을 교부하는 동시에, 영수증을 받아 채무자에게 교부하여야 한다.

다. 배당금액의 공탁

배당을 받아야 할 채권자의 채권에 대하여 다음 각호 가운데 어느 하나의 사유가 있으면 채권자에게 배당액 지급증을 교부하지 아니하고 그에 대한 배당액을 공탁하여야 한다.

① 채권에 정지조건 또는 불확정기한이 붙어 있는 때.

② 가압류채권자의 채권인 때.

③ 강제집행의 일시정지를 명한 취지를 적은 재판의 정본 및 담보권 실행을 일시정지하도록 명한 재판의 정본이 제출되어 있는 때.

④ 저당권설정의 가등기가 마쳐져 있는 때.

⑤ 집행력 있는 집행권원의 정본을 가지지 아니한 채권자의 배당요구채권에 대하여 채무가 배당이의의 소를 제기하거나 다른 채권자에 대하여 이의한 채권자가 배당이의의 소를 제기한 때.

⑥ 질물이나 저당목적물 이외의 재산으로부터의 배당시 다른 채권자가 질권자에게 배당할 금액의 공탁을 청구한 때.

⑦ 배당기일에 출석하지 아니한 채권자의 채권에 대한 배당액.

⑧ 채권자에게 배당하고 남은 금원으로서 배당기일에 출석하지 아니한 채무자에게 교부할 금액.

라. 공탁금에 대한 배당의 실시

채권자에 대한 배당액을 공탁한 뒤 공탁의 사유가 소멸한 때에는 법원은 공탁금을 지급하거나 공탁금에 대한 배당을 실시하여야 한다.

① 위의 배당금액 공탁사유 중 ① 내지 ④의 사유에 따른 공탁에 관련된 채권자에 대하여 배당을 실시할 수 없게 된 때.

② 위의 배당금액 공탁사유 중 ⑤의 공탁에 관련된 채권자가 채무자로부터 제기당한 배당이의의 소에서 진 때.

③ 위의 배당금액 공탁사유 중 ⑥의 공탁에 관련된 채권자가 저당물의 매각대가로부터 배당을 받은 때.

그리고 배당기일에 출석하지 않은 채권자가, 법원에 대하여 공탁금의 수령을 포기하는 의사를 표시한 때에는, 그 채권자의 채권이 존재하지 아니하는 것으로 보고 배당표를 바꾸어야 한다.

위와 같이 공탁된 배당액을 당해 채권자에게 배당할 수 없어, 배당표를 바꾸어 다른 채권자에게 추가배당을 해야 할 경우에는, 법원은 추가배당에 관한 진술 및 배당을 실시할 기일을 정하여 관계채권자와 채무자에게 통지하고, 추가배당기일의 3일전까지 추가배당표원안을 작성하여 법원에 비치하여야 한다.

추가배당기일에서도 관계채권자 및 채무자는 배당표에 대하여 이의를 신청할 수 있다. 그러나 추가배당기일에서는 종전의 배당기일에서 주장할 수 없었던 사유만을 가지고 이의를 신청할 수 있다.

12 유사부동산에 대한 강제집행

(1) 대상목적물

유사부동산이라 함은 등기 또는 등록을 한 선박자동차·건설기계·항공기를 말한다. 이들은 이동성(移動性)이 있다는 점에서 민법상으로는 동산에 속한다.

그러나 이들은 모두 일반동산에 비하여 높은 재산가치를 지니고 있고 또 권리관계의 공시를 점유에 의하여서가 아니라 등기 또는 등록에 의하여 하고 있으며, 나아가 담보권의 설정형식이 질권이 아니라 저당권이라는 점에서 부동산과 유사한 점이 많다.

그리하여 우리 민사집행법은 우선 선박에 대한 강제집행절차를 선박의 성질에 따른 차이나 특별규정이 있는 경우를 제외하고는 부동산의 강제집행에 관한 규정에 따르도록 하고, 다음에 자동차·건설기계·항공기에 대한 강제집행절차는 부동산집행과 선박집행절차에 준하여 대법원규칙으로 정하도록 하고 있다.

그리고 위 민사집행법의 위임에 따라 민사집행규칙은 자동차에 대한 강제집행절차의 구체적인 내용을 규정하되, 건설기계에 대하여는 자동차에 관한 강제집행의 규정을 준용하고, 항공기에 대하여는 선박에 대한 강제집행의 예에 의하도록 하고 있다.

(2) 선박에 대한 강제집행

가. 선박집행의 대상

선박에 대한 강제집행의 대상이 되는 것은 등기할 수 있는 선박이다. 등기할 수 있는 선박이라 함은 총톤수 20톤 이상의 기선과 범선 및 총톤수 100톤이상의 부선(다만 선박계류용·저장용 등으로 사용하기 위하여 수상에 고정하여 설치하는 부선을 제외한다)을 말한다.

등기할 수 있는 선박이면 미등기인 상태에서도 선박집행의 대상이 된다. 선박의 속구는 속구목록에 기재되어 있는지의 여하에 불구하고 선박과 함께 일체로서 선박집행의 대상이 된다. 등기할 수 없는 선박은 강제집행절차에 있어서는 유체동상으로 취급된다. 따라서 그에 대한 강제집행은 유체동산집행절차에 의하여 하여야 한다.

건조중이 선박은 등기할 수 있는 선박이 아니므로 그에 대한 강제집행은 유체동상집행절차에 의하여 하여야 한다. 다만 건조중인 선박이라도 저당권의 목적으로 할 수는 있으므로, 저당권이 설정된 것에 관하여는 그 저당권의 실행에 있어서는 선박집행절차에 의하여야 한다.

선박의 공유지분은 선박집행의 대상이 되지 않고, 그 밖의 재산권에 대한 강제 집행의 대상이 된다.

항해의 준비를 완료한 선박과 그 속구는 압류 또는 가압류를 하지 못한다. 다만 항해의 준비를 완료하였다고 하더라도 그 선박의 항해를 준비하기 위하여 생긴 채무에 관하여는 압류 또는 가압류의 금지규정이 적용되지 않는다

나. 집행절차의 개요

선박에 대한 강제집행은 원칙적으로 부동산의 강제경매에 관한 규정에 의하여서는 한다.

다만 선박은 수면이나 수중을 항해에 의하여 이동한다는 점에서 부동산과는 다른 특성이 있으므로 민사집행법은 그에 따른 별도의 특례를 규정하고 있다. 그러나 이러한 특례는 주로 선박의 압류절차에 관한 것이고 압류 이후의 매각절차나 배당절차는 부동산집행절차와 거의 같다.

선박에 대한 강제집행의 집행법원은 압류당시의 정박항을 관할하는 지방법원이다. 압류당시라 함은 경매개시 결정의 송달 또는 감수보존처분이나, 선박국적증서 등의 인도집행으로 압류의 효력이 발생하는 시점을 말한다.

(3) 자동차(건설기계)에 대한 강제집행

가. 집행의 대상

자동차집행의 대상이 되는 자동차는 자동차관리법에 의하여 자동차등록원부에 등록된 자동차이다. 자동차등록원부에 등록할 수 없거나, 등록할 수 있다 하더라도 등록하지 않은 자동차는 자동차집행의 대상이 아니라 유체동산집행의 대상이 된다. 그리고 등록된 자동차의 공유지분은 기타 재산권집행의 대상이 된다.

나. 집행절차의 개요

자동차에 대한 강제집행은 원칙적으로 부동산에 대한 강제경매의 예의 의한다.

다만 자동차는 육로를 따라 어디든지 쉽게 이동할 수 있다는 점에서 부동산과는 다른 특성이 있으므로 민사집행규칙은 그에 따른 여러 특례를 규정하고 있다. 그러나 이러한

특례는 주로 자동차의 압류절차에 관한 것이고 압류 이후의 환가절차와 배당절차는 부동산집행절차와 거의 같다.

자동차에 대한 강제집행의 집행법원은 자동차등록원부에 기재된 사용본거지를 관할하는 지방법원이다. 다만 집행법원은 다른 법원 소속 집행관이 자동차를 점유하고 있는 경우에 자동차를 집행법원 관할구역 안으로 이동하는 것이 매우 곤란하거나 지나치게 많은 비용이 든다고 인정하는 때에는 사건을 그 법원으로 이송할 수 있으며, 이에 따라 집행법원이 사건을 그 법원으로 이송한 때에는 이송 받은 법원에 관할이 생기게 된다.

또한 강제경매신청 전에 자동차를 집행관에게 인도하지 아니하면 강제집행이 매우 곤란할 염려가 있는 때에는 그 자동차가 있는 곳을 관할하는 지방법원은 신청에 따라 채무자에게 자동차를 그 소속 집행관에게 인도할 것을 명할 수 있는데, 이와 같은 인도명령에 따라 집행관이 자동차를 인도받은 경우에는 자동차가 있는 곳을 관할하는 지방법원도 집행법원이 된다.

(4) 양식

부동산강제경매신청서

채 권 자: 조 00 (700005-1000008)　　　　　　　(우-10000)
　　　　　경기도 고0시 일00구 고0대로600
　　　　　동-02차아파트2000동-10005호
　　　　　010-5007-3005
채무자겸 소유자: 하 00(50006-1000001)　　　　　(우-10000)
　　　　　경기도 부0시 소0로70번길801
　　　　　(소사본동 0000,0성아파트)
청구금액 금팔백삼십사만오천오백원(₩8,345,500) 및 지연이자,경매비용
집행권원의 표시　의정부지방법원 고양지원 2006.4.20.판결 2005가소30009장비사용료　사건의　집행력 있는 판결정본

신 청 취 지

별지 목록 기재 부동산에 대하여 경매절차를 개시하고 채권자를 위하여 이를 압류한다 .
라는 재판을 구합니다.

신 청 이 유

채무자는 채권자에게 위 집행권원에 따라 위 청구금액을 변제하여야 하는데, 이를 이행하지 아니하므로 채무자 소유의 위 부동산에 대하여 강제경매를 신청합니다.

첨 부 서 류

1. 판결정본　　　　　　　　　1통
2. 송달,확정증명원　　　　　　1통
3. 부동산등기사항전부증명서　　1통
4. 채무자주민등록초본　　　　　1통
5. 부동산 목록　　　　　　　　10통

2018 . 8 . 10 .
위 채권자 조 00　　(인)
(전화번호: 010-5007-3005)

인천지방법원 부천지원 귀중

별지 목록

압류할 부동산의 표시

1.1동의 건물의 표시
　　경기도 부0시 소0로70번길801
　　　　　　　(소사본동 0000, 00아파트)
　　철근콘크리트 벽식구조 슬래브지붕14층아파트
1층474.24㎡
2층455.88㎡
3층455.88㎡
4층455.88㎡
5층455.88㎡
6층455.88㎡
7층455.88㎡
8층455.88㎡
9층455.88㎡
10층455.88㎡
11층455.88㎡
12층455.88㎡
13층455.88㎡
14층455.88㎡
지층474.24㎡
2.대지권의 목적인 토지의 표시 .
　　　경기도 부천시　소사본동 4003　대33312.4㎡
3.전유부분의 건물의 표시 .
　　　　제600층 제6004호 철근콘크리트벽식구조 101.82㎡
4.대지권의 표시 .
　　　소유권대지권 33312.4분의 48.8654

끝.

이해관계인 일람표

번호	성 명	이해관계	우편번호	주 소	
1	하 00	채무자 겸 소유자	10004	경기도 부0시 소0로70번길 801,1070동6004호(소사본동 4003,0성아파트)	
2	흥국00 보험 주식회사	근저당 권자	00004	서울시 종로구 신문로1가226	
3	조 00	근저당 권자	00001	서울시 강0구 00로1750,6008동 9001호(가0동,가06단지아파트)	

관리번호		—	등 록 세 신 고 서		

부천시장   귀하

신 고 인 (납세의무자)	성 명 (법인 및 단체명)	조 00	주 소 (법인주소)	경기도 고0시 일00구 고 0 대 로 6 0 0 , 1 일 산 농 900 6 1동 02 차아파1트 2000동 10005 호
	주민등록번호 (법인번호)	000000 1540618		

과세대상 (과세대상이 1개 이상인 경우 별지 작성)	등기·등록물건	경기도 부0시 소0도 70번길 801 (소사본동 003.0 아파트)		
	구 조	철근콘크리트	지 목	
	용 도	아파트		
	면 적	토 지	33312.4분의 18.8654	
		건축물	101.82㎡	

등록세 신고세액	과세표준액	8,345,500원	세율	2%	세액①	16,600원
감면세액	과세표준액	원	세율	%	세액②	원
등록세 납부할 세액(①-②)	과세표준액	8,345,500원	세율	%	세액③	16,600원
지방교육세 신고세액	과세표준액	16,600원	세율	20%	세액④	3,320원
농어촌특별세 신고세액	과세표준액	원	세율	%	세액⑤	원
세액합계(③+④+⑤)			19,920원			

지방세법 제150조의2제1항, 제260조의4, 동법시행령 제104조의2제3항 및 농어촌특별세법 제7조의 규정에 의하여 위와 같이 신고합니다.

2018년 8 월 10 일 신고인 조 00(서명 또는 인) 대리인 (서명 또는 인)	접수(영수)일자인

※ 이 신고서는 등기·등록하기 전까지 납세지 지방자치단체의 장에게 제출하여야 합니다.

- -

접수증(등록세 신고서)			
신고인(대리인)	접수년월일	등기·등록 신고내용	접수번호

지방세법 제150조의2, 제260조의4 및 농어촌특별세법 제7조의 규정에 의하여 신고한 접수증입니다.	접수자	접수일
	(서명 또는 인)	

210㎜×297㎜(신문용지 54g/㎡(재활용품))

부동산임의경매신청서

채 권 자 (이름)　　　(주민등록번호　　　　－　　　)
　　　　　(주소)
　　　　　(연락처)
채 무 자 (이름)　　　(주민등록번호 또는 사업자등록번호　　　－　　　)
　　　　　(주소)
청구금액　　　금　　　　원 및 이에 대한 20 ． ． ．부터 20 ． ． ．까지 연　%의 비율에 의한 지연손해금

신 청 취 지

별지 목록 기재 부동산에 대하여 경매절차를 개시하고 채권자를 위하여 이를 압류한다.
라는 재판을 구합니다.

신 청 이 유

채권자는 채무자에게 20 ． ． ．금　　　원을, 이자는 연　%, 변제기는 20 ． ． ． 로 정하여 대여하였고, 위 채무의 담보로 채무자 소유의 별지 기재 부동산에 대하여　　지방법원 20 ． ． ． 접수 제　호로 근저당권설정등기를 마쳤는데, 채무자는 변제기가 경과하여도 변제하지 아니하므로, 위 청구금액의 변제에 충당하기 위하여 위 부동산에 대하여 담보권실행을 위한 경매절차를 개시하여 주시기 바랍니다.

첨 부 서 류

1. 부동산등기사항증명서　1통

20 ． ． ．
　　　채권자　　　　　(날인 또는 서명)

○○지방법원 귀중

◇ 유 의 사 항 ◇

1. 채권자는 연락처란에 언제든지 연락 가능한 전화번호나 휴대전화번호(팩스번호, 이메일 주소 등도 포함)를 기재하기 바랍니다.
2. 부동산 소유자가 개인이면 주민등록번호를, 법인이면 사업자등록번호를 기재하시기 바랍니다.
3. 이 신청서를 접수할 때에는 (신청서상의 이해관계인의 수＋3)×10회분의 송달료와 집행비용(구체적인 액수는 접수담당자에게 확인바람)을 현금으로 예납하여야 합니다.
4. 경매신청인은 채권금액의 1000분의2에 해당하는 등록면허세와 그 등록면허세의 100분의20에 해당하는 지방교육세를 납부하여야 하고, 부동산 1필지당 3,000원 상당의 등기신청수수료를 제출하여야 합니다.

〈예시〉   **부동산의 표시**

1. 서울 종로구 ○○동 100
   대 20㎡
2. 위 지상
   시멘트블럭조 기와지붕 단층 주택
   50㎡ 끝.

부동산경매개시결정에 대한 이의신청서

사건번호
신청인(채무자 겸 소유자)
　　○시　○구　○동　○번지
피신청인(채권자)
　　○시　○구　○동　○번지

신　청　취　지

1. ○ ○지방법원　년　월　일자로 별지목록기재 부동산에 대한 매각허가결정을 취소하고, 이
   사건 경매신청을 기각한다.
   라는 재판을 구함.

신　청　이　유

1. 신청인이 피신청인으로부터　년　월　일 채권 최고액 금　　　원의 근저당권설정계약을 체
   결하여 피신청인 청구금액의 금원채무를 신청인이 부담하고 있는 사실 및 위 채무불이행으
   로 인하여 피신청인이 경매를 신청하여　년　월　일자 경매개시결정된 사실은 인정한다.
2. 위 부동산의 경매개시결정된 후 신청인은 변제를 위하여 최선을 다하였으나 매각허가결
   정 후에야 피신청인에게 원금　　　원에다　년 월 일부터　　　년 월 일(완제일)까지 연
   %의 지연이자　　　원 및 경매비용　　　원 합계금　　　　원정을 변제하고 위 경매신청을
   취하하였습니다.
3. 그러나 매수인은 위 경매신청 취하에 동의치 않으므로 부득이 본 이의신청으로 신청취지와
   같은 재판을 구합니다.

첨　부　서　류

1. 경매취하서　　　　　　　　　　1통
1. 변제증서　　　　　　　　　　　1통

　　　　　　　　　년　　　　월　　　일
　　　　　　　　위 신청인　　　(인)
　　　　　　　　연락처(☎)

　　　　　　　　　　　　　　　지방법원　　　　　귀중

☞ 유의사항
1) 경매개시결정후 매수인의 동의가 없을때 사용하는 양식입니다.
2) 신청서에는 1,000원의 인지를 붙여 1통을 집행법원에 제출하고, 이의재판정본 송달료
   를(2회분) 납부하여야 합니다.

권리신고 겸 배당요구신청서

사건번호　　　타경　부동산강제(임의)경매

채 권 자

채 무 자

소 유 자

　본인은 이 사건 경매절차에서 임대보증금을 우선변제받기 위하여 아래와 같이 권리신고 겸 배당요구를 하오니 매각대금에서 우선배당을 하여 주시기 바랍니다.

아　　래

1. 계 약 일 :　　.　.　.
2. 계약당사자 : 임대인(소유자) ○　　○　　○

　　　　　　　　　임　차　인 ○　○　○

3. 임대차기간 :　　.　　.　.부터　　.　.　.까지(　년 간)
4. 임대보증금 : 전세　　　　　　　　원

　　　　　　　보증금　　　　　　　원에　월세

5. 임차 부분 : 전부(방　칸), 일부(　층 방　칸)

　(※ 뒷면에 임차부분을 특정한 내부구조도를 그려주시기 바랍니다)

6. 주택인도일(입주한 날) :　　.　.　.
7. 주민등록전입신고일　:　　.　.　.
8. 확　정　일　자　유무 : □ 유(　.　.　.), □ 무
9. 전세권(주택임차권)등기　유무 : □ 유(　.　.　.), □ 무

첨　부　서　류

1. 임대차계약서 사본　　　　　　　　1통
2. 주민등록등본　　　　　　　　　　1통

　　　　　　　　　년　　　월　　　일

　　　　권리신고 겸 배당요구자　　　　　　　　　(인)

　　　　　　　　연락처(☎)

지방법원　　　　　　귀중

배 당 요 구 신 청 서

사건번호
채 권 자
채 무 자
배당요구채권자
　　○시　○구　○동　○번지
배당요구채권
1. 금　　　　원정
　　○ ○ 법원　　가단(합) ○ ○호　○ ○청구사건의 집행력 있는 판결정본에 기한 채권 금
원의 변제금
1. 위 원금에 대한　　년 ○ 월 ○ 일 이후 완제일까지 연 ○ 푼의 지연손해금

신 청 원 인

　위 채권자 채무자 간의 귀원　　타경 ○ ○ 호 부동산강제경매사건에 관하여 채권자는 채무
자에 대하여 전기 집행력 있는 정본에 기한 채권을 가지고 있으므로 위 매각대금에 관하여 배
당요구를 합니다.

년　　　월　　　일
권리신고 겸 배당요구자　　　　　　　　　　　　　　(인)
연락처(☎)

지방법원　　　　　귀중

☞유의사항
　실체법상 우선변제청구권이 있는 채권자, 집행력 있는 정본을 가진 채권자 및 경매신청
의 등기 후 가압류한 채권자는 배당요구종기일까지 배당요구할 수 있으며, 배당요구는
채권의 원인과 수액을 기재한 서면으로 하여야 합니다.

채 권 계 산 서

사건번호

채 권 자

채 무 자

위 사건에 관하여 배당요구채권자 ○ ○ ○는 아래와 같이 채권계산서를 제출합니다.

년   월   일

권리신고 겸 배당요구자   (인)

연락처(☎)

지방법원   귀중

아   래

1. 원금   원정
   (단   년   ○ 월   ○ 일자 대여금)
1. 이자   원정
   (단   년   ○ 월   ○ 일부터   년   ○ 월   ○ 일까지의 연 ○푼의 이율에 의한 이자금)
1. 기타(집행비용 등 필요할 경우 기재)
   합계 금   원정

☞ 유의사항
1) 집행법원의 제출최고에 의하여 제출하는 채권계산서에는 ①채권의 원금, ②이자, ③ 비용, ④기타 부대채권을 기재합니다.
2) 인지는 붙이지 않고 1통을 제출합니다.

경 매 취 하 서

사건번호　　타경　　호
채 권 자
채 무 자

　위 사건의 채권자는 채무자로부터 채권전액을 변제(또는 합의가 되었으므로)받았으므로 별지목록기재 부동산에 대한 경매신청을 취하합니다.

첨 부 서 류

1. 취하서부본(소유자와 같은 수)　　　　　　1통
1. 등록세 영수필확인서(경매기입등기말소등기용)　1통

　　　　　　　　　　년　　　월　　　일
　　　　　　권리신고 겸 배당요구자　　　　　　　　(인)
　　　　　　　　　연락처(☎)
　　　　　　　지방법원　　　　귀중
　　　(최고가 매수신고인 또는 낙찰인의 동의를 표시하는 경우)

위 경매신청취하에 동의함.
　　　　　　　　　　년　　　월　　　일
　　　　　위 동의자(최고가 매수신고인 또는 낙찰인)　　　(인)
　　　　　　　　　연락처(☎)

☞ 유의사항
1) 경매신청은 매수인의 대금납부까지 취하할 수 있는 바, 경매신청취하로 압류효력은 소멸하나 매수신고 후 경매신청을 취하하려면 최고가매수신고인(차순위매수신고인 포함)의 동의가 있어야 합니다.
2) 동의를 요하는 경우에는 동의서를 작성하여 취하서에 첨부하거나 또는 취하서 말미에 동의의 뜻을 표시하고 본인이 아닌 경우에는 인감증명을 첨부 하여야합니다.

경 매 취 하 동 의 서

사건번호
채 권 자
채 무 자
소 유 자

  위 사건에 관하여 매수인은 채권자가 위 경매신청을 취하하는데 대하여 동의합니다.

첨 부 서 류

1. 매수인 인감증명   1부

년   월   일

매 수 인   (인)
연락처(☎)

지방법원   **귀중**

13 금전채권의 압류절차

(1) 압류명령의 신청

가. 압류명령신청서의 제출

압류명령의 신청은 대상채권의 종류와 액수를 밝힌 서면으로 하여야 한다.

압류명령신청서에는 민사소송인지법 제9조 소정의 인지를 붙여야 한다. 여러 개의 집행권원에 의거한 신청을, 하나의 신청서에 의하여 신청하는 경우에도 신청자체는 여러 개인것이므로, 집행권원의 수에 상응하는 인지를 붙여야 한다.

압류명령의 신청시에는 법원이 정하는 압류명령의 송달비용 기타 집행비용을 예납하여야 한다.

나. 관할법원

금전채권에 대한 강제집행은 집행법원이 전속으로 관할한다.

집행법원은 채무자의 보통재판적이 있는 곳의 지방법원이 된다. 채무자의 보통재판적이 없는 때에는, 제3채무자의 보통재판적이 있는 곳의 지방법원이 되나, 물상담보권이 있는 채권은, 그 물건이 있는 곳의 지방법원이 된다.

보통재판적은 사람인 경우는 주소에 따라 정하되, 대한민국에 주소가 없거나 주소를 알 수 없는 때에는 거소에 따라 정하고, 거소가 일정하지 아니하거나 거소도 알 수 없는 때에는 마지막 주소에 따라 정한다. 법인 그 밖의 사단 또는 재단인 경우는, 이들의 주된 사무소 또는 영업소가 있는 곳에 따라 정하고, 사무소와 영업소가 없는 경우에는 주된 업무담당자의 주소에 따라 정한다.

보통재판적이 여러 개 있으면, 채권자의 선택에 따라, 그 중 한 보통재판적 소재지의 지방법원에 압류명령을 신청할 수 있다. 채무자가 여러 명이고, 그 보통재판적이 서로 다른 때에는, 그 집행법원도 각각 다르게 된다.

(2) 압류명령의 신청에 대한 재판

금전채권에 대한 압류명령의 신청이 있으면, 집행법원은 신청서 및 첨부서류만에 의한 서면심사로써, 그 신청의 적법여부 즉 관할권유무, 집행력 있는 정본의 존부, 대상채권이 압류가 허용되는 채권인지의 유무, 집행개시요건의 존부, 집행장애사유(파산선고, 회사정리절차개시 등)의 존부 등에 관하여 조사한 후, 신청이 이유 있다고 인정되면, 채무자나 제3채무자를 심문하지 아니하고 채권압류명령을 발하여야 한다(민사집행법 제226조).

압류명령은 제3채무자에게 채무자에 대한 지급을 금지하고 채무자에게 채권의 처분 및 영수를 금지하는 것을 내용으로 하며, 법원은 이를 제3채무자와 채무자에게 송달하여야 한다.

저당권이 있는 채권의 압류에 있어서는 그 저당목적물의 소유자(물상보증인 또는 제3취득자)에게도 송달하여야 한다.

(3) 압류의 효력

가. 압류의 효력발생시기

금전채권에 대한 압류는 압류명령이 제3채무자에게 송달된 때에 효력이 생긴다.

제3채무자에 대한 송달이 있은 이상 채무자에 대한 송달의 유무, 채무자의 지·부지(知·不知)에 불구하고 압류의 효력이 생긴다.

반대로 제3채무자에 대한 압류의 효력은 물론 채무자에 대한 처분금지의 효력도 생기지 않는다.

제3채무자가 여러 명인 연대채무나 분할채무 등의 독립채무에 대하여는, 각각 송달되었을 때에 각별로 압류의 효력이 생긴다.

나. 압류의 효력이 미치는 범위

압류의 효력은 특별히 그 액수를 제한하지 않았다면 그 금전채권 전액에 미친다. 압류의 효력은 채권 그 자체뿐만 아니라 종되는 권리에도 미친다. 즉 압류된 채권을 위하여 설정된 저당권·질권 등의 담보권은 물론 압류후에 발생한 이자나 지연배상금채권과 같이 원본인 압류되는 채권의 법정과실에도 미친다. 그러나 압류명령의 효력발생시에 이미 변제기가 도래한 이자채권은 원본채권과는 독립한 존재이므로 따로 압류하지 않는 한 압류의 효력이 미치지 않는다.

다. 관련 당사자에 대한 효력

(가) 압류채권자의 지위

채무자는 압류된 채권을 처분하거나 영수할 수 없다. 처분이라 함은 양도·포기·면제·상계·질권의 설정·기한의 유예 등 채권자를 해하는 모든 행위를 지칭하는 것이고, 영수란 대물변제의 수령 등을 포함하는 것이다.

처분금지·영수금지의 효력은 절대적인 것은 아니고, 압류채권자(채무자의 처분행위 또는 영수행위 이전에 집행절차에 참가한 배당요구채권자를 포함한다)에게 대항하지 못한다는 의미에서의 상대적인 효력만을 가진다. 따라서 채무자가 압류 후에 압류된 채권을 제3자에게 양도하였다면, 다른 채권자는 이를 압류할 수 없고 배당요구도 할 수 없게 된다.

(나) 제3채무자의 지위

압류에 의하여 제3채무자는 채무자에 대한 지급을 할 수 없게 된다. 따라서 압류후에는 제3채무자는 채무자에게 지급함으로써 압류채권자에 대항할 수 없고, 압류채권자가 추심명령이나 전부명령을 얻으면 그에게 다시 지급하여야 한다. 다만 압류가 해제되면 채무자에 대한 지급은 완전히 유효한 것으로 된다. 또한 압류후에는 제3채무자는 경개 등에 의하여 압류된 채권을 소멸시키지도 못한다.

제3채무자는 압류전부터 가지고 있던 집행채무자에 대한 모든 권리에 영향을 받지 않으며, 취소권·해제권·상계권동시이행의 항변권 등으로 집행채권자에게 대항할 수 있다.

(다) 압류채권자의 지위

압류채권자는 압류의 효력에 의하여 그 후 채무자가 채권을 처분하거나 또는 제3채무자가 변제하더라도 이를 무시하고 강제집행을 속행할 수 있다.

그러나 압류채권자는 압류만으로는 채권의 만족을 얻을 수 없으며, 압류 이후의 후속절차인 추심명령이나 전부명령을 추가로 받아야만, 채권의 만족을 얻을 수 있게 된다.

추심명령을 받을 것인지는, 채권의 성질과 현황 및 제3채무자의 변제자력 등을 감안하여 채권자가 자유로이 선택할 수 있다.

(라) 제3자에 대한 효력

압류의 효력발생 전에 압류된 채권에 대하여 권리를 취득한자는 압류에 의하여 영향을 받지 않는다. 예컨대 압류된 채권의 질권자는 압류에도 불구하고 여전히 자기의 질권을 행사할 수 있다.

반면에 압류후에 압류된 채권에 대하여 권리를 취득한 자는 압류채권자에게 대항하지 못한다. 그러나 이는 압류채권자에 대한 관계에서만 효력을 주장할 수 없는 것이므로, 나중에라도 압류의 효력이 소멸하면 완전한 권리를 주장할 수 있다.

라. 압류의 경합

채권의 일부가 압류된 뒤에, 그 나머지 부분을 초과하여 다시 압류명령이 내려진 때에는, 각 압류의 효력은 그 채권의 전부에 미친다.

또한 채권의 전부가 압류된 뒤에, 그 채권 일부에 대하여 압류명령이 내려진 때, 그 압류의 효력도 채권의 전부에 미친다.

가압류의 집행에도 강제집행에 관한 규정이 준용되므로, 압류명령과 가압류명령이 중복된 경우에도 마찬가지인 것으로 보아야 한다.

압류의 경합에 의하여 압류의 효력이 목적채권의 전부에 미치게 된 뒤에, 압류의 취소나 취하 등에 의하여 경합이 해소되는 경우에도, 압류의 효력은 최초의 상태로 감축되지 아니하고 확장된 채로 그대로 유지된다.

(4) 압류의 부수처분
가. 채권증서의 인도

채무자는 채권에 관한 증서가 있으면 이를 압류채권자에게 인도하여야 한다. 압류채권자가 압류채권에 대한 권리를 행사하려면 이 들 증서를 필요로 하기 때문이다.

채무자가 이 들 증서를 인도하지 아니할 경우에는, 채권자는 압류명령을 집행권원으로 하여 강제집행의 방법으로, 이를 인도받을 수 있다. 다만 이 인도집행은 채권집행에 부수하는 것이므로 별도로 집행문을 부여받을 필요는 없다.

나. 저당권이 있는 채권압류에 있어서의 부기등기

저당권이 있는 채권을 압류할 경우, 채권자는 채권압류사실을 등기부에 기입하여 줄 것을, 법원사무관 등에게 신청할 수 있다.

이 신청은 채무자의 승낙 없이 법원에 대한 압류명령의 신청과 함께할 수 있다. 이 경우 법원사무관 등은, 의무를 지는 부동산 소유자에게 압류명령이 송달된 뒤에, 채권자의 신청에 따른 등기를 촉탁하여야 한다.

압류의 기입등기는 단순한 공시의 효력밖에 없으며, 압류의 효력발생요건이나 제3자에 대한 대항요건이 아니다.

다. 배서금지된 지시금지채권의 압류

어음·수표 그 밖의 배서로 이전할 수 있는 증권으로서 배서가 금지된 증권채권의 압류는, 법원의 압류명령으로 집행관이 그 증권을 점유하여야 한다.

따라서 예컨대 배서가 금지되어 있는 어음채권에 대한 압류의 효력은 법원의 압류명령이 채무자와 제3채무자에게 송달되어야 하는 이외에, 그 압류명령에 의거하여 집행관이 어음을 인도받아 점유하여야 발생하게 된다.

이 경우 배서가 금지된 증권채권의 압류를 위한 집행관의 증권 점유는, 압류명령의 정본을 첨부하여서 하는 채권자의 집행위임에 의하여, 집행관이 직접 채무자로부터 수취하여 취득한다.

14 금전채권의 현금화·배당절차

(1) 현금화의 필요성

압류채권자는 금전채권의 압류만으로는 자신의 채권에 대한 만족을 얻을 수 없으며, 만족을 얻으려면 그 후속절차로서 압류한 금전채권에 대하여 현금화 및 배당절차를 밟아야 한다.

민사집행법은 금전채권의 현금화 방법으로 추심명령과 전부명령을 규정하고 있는 이외에 특별한 현금화 방법으로 양도명령, 매각명령, 관리명령 및 기타 적당한 방법을 규정하고 있으나, 실무상 금전채권의 현금화 방법으로는 주로 추심명령과 전부명령만이 이용되고 있을 뿐, 기타 특별한 현금화 방법이 이용되는 일은 거의 없다.

금전채권의 현금화 방법으로, 전부명령과 추심명령 중 어느 것을 선택할 것인지는, 전적으로 압류채권자의 의사에 달려 있다. 그리고 전부명령과 추심명령 중 어느 것을 선택하는 것이, 압류채권자에게 유리한 것인지는 경우에 따라 다르나, 일반적으로 압류대상 채권의 존재가 분명하고 그 지급에 제한이 없으며 제3채무자의 변제 자력이 확실한 경우에는 전부명령이 유리하다고 할 수 있다.

채권에 대한 강제집행은, 다른 유체물에 대한 강제집행과 달리, 채권자가 압류대상 채권의 존재나 그 지급에 대한 제한이 있는지의 여부를 확인할 방법이 없고, 또 채무자나 제3채무자에 대하여 집행법원에 사전의 심문을 구할 수도 없기 때문에 압류대상 채권에 대하여 아무런 정보도 없이 무익한 집행을 하게 될 우려가 있어, 이러한 불편을 보완하기 위한 것으로 민사집행법은 제3자에 대한 진술명령 제도를 두고 있다.

(2) 진술명령

진술명령을 신청할 수 있는 자는 압류채권자로 한정되고 배당요구채권자는 포함되지 않는다. 가압류채권자도 진술명령의 신청을 할 수 있다. 진술명령의 신청은 집행법원에 서면으로 하여야 하고 제3채무자를 위한 진술최고비용(은행들이 청구함 1은행당:2,000원)을 예납하여야 한다.

신청시기는 압류명령의 신청과 동시이거나 적어도 압류명령의 발송전이어야 한다.

따라서 압류명령의 발송 후에는 진술명령의 신청을 하지 못한다.

진술명령의 신청이 있으면 집행법원은 그 신청이 부적법한 것이 아닌 이상 반드시 진술명령을 하여야 한다. 진술명령은 진술을 명하는 서면을 제3채무자에게 송달하는 방법으로 한다. 진술을 명하는 서면에는 다음의 사항을 압류명령을 송달받은 날로부터 1주일 이내에 서면으로 진술하여야 한다는 내용을 적어야 한다.

① 채권을 인정하는지의 여부 및 인정한다면 그 한도,
② 채권에 대하여 지급할 의사가 있는지의 여부 및 의사가 있다면 그 한도.
③ 채권에 대하여 다른 사람으로부터 청구가 있는지의 여부 및 청구가 있다면 그 종류
④ 다른 채권자에게 채권을 압류당한 사실이 있는지의 여부 및 그 사실이 있다면 그 청구의 종류

집행법원으로부터 진술명령을 받은 제3채무자는, 압류명령을 송달받은 날로부터 1주일이내에, 집행법원에 서면으로 진술할 의무를 부담한다. 진술의 방법은 서면으로 하여야 한다는 것 외에는 다른 제한이 없다. 또 진술을 한 후에 그 진술내용에 잘못이 있거나 사정변경이 있는 때에는 이를 정정하거나 보충할 수 있다. 제3채무자가 진술의무를 게을리 한 때에는, 법원이 제3채무자를 심문할 수 있으나, 그 밖에 별다른 제재가 가하여지는 것은 아니다.

진술명령에 따라 제3채무자가 진술서를 제출한 때에는, 집행법원은 이를 집행사건의 기록에 편철하여, 압류채권자가 이를 열람할 수 있게 하여야 한다. 그러나 진술서가 제출되었다는 취지 또는 그 내용을 압류채권자에게 통지할 의무는 없다.

(3) 전부명령

가. 전부명령의 의의

전부명령이라 함은 압류한 금전채권을 집행채권의 변제에 갈음하여 그 권면액으로 압류채권자에게 이전시키는 명령을 말한다. 따라서 전부명령을 이용할 경우 압류채권자는 그 제3채무자의 무자력(無資力) 등으로 전부채권을 변제받을 수 없게 되더라도 다시 압류채무자에게 채권의 변제를 청구할 수 없게 되는 불이익을 받을 수도 있다.

그러나 전부명령이 제3채무자에게 송달된 이후에는 다른 채권자의 배당참가가 허용되지 않으므로, 전부명령의 효력이 발생되면 압류채권자는 다른 채권자를 배제하고 독점적으로 채권의 만족을 얻을 수 있는 이점이 있다.

나. 전부명령의 절차

전부명령의 신청은 서면으로 집행법원에 하여야 하며 압류명령신청과 동시에 또는 별도로 할 수 있다. 다만 민사집행법 제233조에서 규정하는「배서가 금지되는 증권채권」의 경우에는 집행관이 증권을 점유한 후가 아니면 전부명령을 신청할 수 없으므로 압류명령과의 동시신청이 불가능하다.

관할법원은 진술한 압류명령에 있어서와 같다. 다만 그 기준은 전부명령의 신청시가 되는 것이므로 압류명령이 발하여진 후 별도로 전부명령을 신청할 경우에 채무자의 주소이전 등이 있는 때에는 압류명령과 전부명령의 관할법원이 다르게 될 수 있다.

집행법원은 전부명령의 신청이 있으면 관할권의 유무, 신청의 적격여부, 전부명령을 발할 수 있는 요건의 구비여부, 집행장애 사실의 존재여부 등을 조사하여야 한다. 요건심리는 형식적 심사에 그치는 것이므로 형식적 요건을 갖추고 있으면 전부명령을 발하여야 한다. 압류명령을 발한 후에 전부명령을 발함에 있어서는 채무자나 제3채무자를 심문할 수 있다.

심리결과 전부명령의 신청이 부적법하면 각하 또는 기각할 것이고 적법하면 전부명령을 발한다. 전부명령의 신청을 각하·기각 또는 인용한 재판에 대하여는 즉시항고를 할 수 있다. 항고권자는 각하·기각결정에 있어서는 집행채권자이고, 인용결정에 있어서는 채무자와 제3채무자 및 다른 압류 또는 배당요구를 한 채권자이다.

즉시항고의 사유는 전부명령을 발함에 있어 집행법원이 스스로 조사하여 준수할 사항의 흠결에 관한 것, 즉 채권압류 자체의 무효나 취소 또는 권면액의 흠결이나 압류의 경합과 같은 전부명령 교유의 무효나 취소사유 등이다. 피전부채권이 존재하지 않는다는 등의 실체에 관한 사유는 전부명령에 대한 불복사유가 되지 못한다. 즉시항고의 기간은 1주일이다.

다. 전부명령의 효력

(가) 효력발생시기

전부명령은 즉시항고가 없는 경우에는 1주일의 즉시항고기간이 지난 때에, 즉시항고가 있는 경우에는 그 각하 또는 기각결정이 확정된 때에 그 효력을 발생하나, 그 실체적 효력인 전부채권자에의 채권이전 및 채무자의 채무변제 효력은 전부명령이 제3채무자에게 송달된 때까지로 소급하여 생긴다.

(나) 전부채권자의 지위

전부명령의 확정을 조건으로 하여, 전부명령이 제3채무자에게 송달된 때에, 집행채무자가 가지고 있던 압류대상 채권은 전부 채권자에게 이전한다.

전부명령의 확정으로, 전부채권자는 집행채무자를 대신하여 그 채권의 완전한 관리자가 되며, 자기의 채권으로서 모든 행위를 할 수 있다. 즉 재판상 재판외의 청구를 할 수 있음은 물론이고, 이를 다른 사람에게 양도하는 것도 자유이다.

(다) 집행채무자의 지위

집행채무자는 전부명령이 효력을 발생함으로써 전부되는 채권에 대한 채권자로서의 지위를 잃는다. 반면에 전부된 권면액의 한도에서 집행채권자에 대한 자신의 채무를 면한다.

전부명령에 의하여 이전되는 것은 기본적 법률관계의 당사자로서의 지위까지 이전하는 것은 아니다. 따라서 집행채무자는 전부명령의 효력이 발생한 후에도, 계약당사자의 지위에 의거하여, 여전히 취소권·해제권 등을 행사할 수 있다.

다만 이러한 취소권·해제권의 행사가 집행채무자의 정당한 권리행사를 위한 것이 아니고, 오로지 전부채권자의 권리행사를 방해하기 위한 것이라면, 신의칙상 허용될 수 없다고 할 것이다.

(라) 제3채무자의 지위

제3채무자는 전부되는 채권이 존재하는 한, 종전의 채권자인 집행채무자에 대하여 부담하고 있던 채무를, 집행채권자에 대하여 부담하게 된다.

그러나 이 경우에도 제3채무자의 집행채무자에 대한 법률상의 지위에는 변동이 없다. 따라서 제3채무자는 집행채무자에 대한 채권압류전의 각종 항변사유, 예컨대 취소·해제·상계 등 형성권의 행사나 동시이행 또는 선이행의 항변으로써, 집행채권자에게 대항할 수 있다. 또한 그 대항을 함에 있어서 집행채권자의 선의·악의나 과실의 유무는 이를 묻지 않는다.

(마) 제3자에 대한 효력

정부명령에 의한 채권이전의 효력은 이를 제3자에 대하여도 주장할 수 있다. 다만 제3자가 이를 다툴 이익이 있을 때(예컨대 전부명령이 제3채무자에게 송달되기 전에 전부채권을 양수한 자)에는, 전부채권자를 상대로 하여, 동 채권이 전부채권자에게 귀속되지 않았다는 것 내지 자기에게 속한다는 것의 확인을 구하는 소를 제기할 수 있음은 물론이고, 채무자나 제3채무자가 즉시항고를 할 수 있는 기간 내에는 전부명령에 대한 즉시항고를 할 수도 있다.

(4) 추심명령

가. 추심명령의 의의

추심명령이라 함은, 집행채무자가 제3채무자에 대하여 가지는 채권의 추심권을 압류채권자에게 부여하여 그가 직접 제3채무자에게 이행의 청구를 할 수 있도록 하는 집행법원의 명령을 말한다.

추심명령이 있으면 압류채권자는 자신의 이름으로 추심권을 행사할 수 있게 되지만, 전부명령과는 달리 압류된 채권이 압류채권자에게 이전되는 것은 아니며, 압류된 채권은 여전히 압류채무자에게 속한다. 추심명령의 절차는 전술한 전부명령에 준하는 것으로 보면 된다.

나. 추심명령의 효력

(가) 효력발생시기

추심명령은 전부명령의 경우와는 달리 제3채무자에게 송달된 때에 그 효력이 생기며, 추심명령에 대하여 즉시항고가 제기되더라도 추심명령의 효력발생에는 아무런 영향이 없다.

다만, 항고법원(재판기록이 원심법원에 남아 있는 때에는 원심법원)은 즉시항고에 대한 결정이 있을 때까지, 담보를 제공하게 하거나 담보를 제공하게 하지 아니하고 원심재판의 집행을 정지하거나 집행절차의 전부 또는 일부를 정지하도록 명할 수 있고, 담보를 제공하게 하고 그 집행을 계속하도록 명할 수 있다.

(나) 추심채권자의 지위

추심명령을 얻은 채권자는, 피압류 채권의 추심에 필요한 일체의 행위를, 집행채무자를 대신하여 직접 자기의 이름으로, 재판상 또는 재판외에서 할 수 있다.

추심명령에 의하여 집행채권자가 취득하는 추심권의 범위는, 추심명령에서 특히 한정되지 아니한 이상, 원칙적으로 압류된 채권의 전액에 미친다. 즉 압류된 채권액이 집행채권액과 집행비용의 합산액보다 많다 하더라도 추심명령의 효력은 그 전액에 미친다.

다만 압류된 채권액이, 집행채권자의 요구액(집행채권액과 집행비용의 합산액 및 배당요구가 있는 경우의 배당요구채권액을 포함한다)보다 많은 때에는, 집행채무자는 집행법원에 대하여 추심할 수 있는 금액을, 집행채권자의 요구액으로 제한하여 줄 것을 신청할 수 있다.

이 신청이 있을 때에는, 집행법원은 압류채권자를 심문하여 신청이 이유 있으면, 압류액을 집행채권자의 요구액으로 제한하고, 채무자에게 그 초과된 액수의 처분과 영수를 허용하는 결정을 할 수 있다. 이 경우 추심의 범위가 제한되면, 다른 채권자는 그 제한된 추심부분에 대하여는 배당요구를 할 수 없게 된다.

추심명령에 의하여 채무자의 제3채무자에 대한 추심권은 박탈되므로, 집행채권자는 집행채무자를 위하여 적당한 시기·방법에 의하여 추심을 해야 하는 의무를 부담하며, 만일 집행채권자가 추심할 채권의 행사를 게을리 한 때에는, 이로써 생긴 채무자의 손해를 배상하여야 한다.

추심명령을 받은 채권자가 추심절차를 게을리 한 때에는, 집행력 있는 정본으로 배당을 요구한 채권자는, 일정한 기간내에 추심하도록 추심채권자에게 최고하고, 추심채권자가 그 최고에 따르지 아니한 때에는, 집행법원의 허가를 얻어 직접 추심할 수 있다.

집행채권자는 추심명령에 따라 얻은 권리 즉 추심권의 포기를 할 수 있다. 추심권의 포기는 집행법원에 서면으로 신고하는 방식으로 하여야 하고, 이 신고가 있으면 법원사무관 등은, 그 등본을 제3채무자와 채무자에게 송달하여야 한다.

(다) 집행채무자의 지위

추심명령이 있어도 집행채무자의 채권자로서의 지위가 상실되는 것은 아니나, 그 채권의 추심권이 집행채권자에게로 이전되는 결과, 채권자로서 변제를 수령한다거나 채권을 처분하는 등의 권한을 행사할 수 없고, 또 제3채무자에 대하여 이행의 소도 제기할 수 없고, 또 제3채무자에 대하여 이행의 소도 제기할 수 없게 된다. 그러나 전부명령의 경우와 달리 제3채무자의 무자력으로 인한 추심불능의 결과는 집행채무자에게 귀속하게 된다.

(라) 제3채무자의 지위

제3채무자는 추심채권자에게 채무를 변제하여야 하고, 추심채권자에게 변제함으로서 집행채무자에 대하여 채무를 면하게 된다. 이 경우 제3채무자는 집행채무자에 대하여 대항할 수 있는 실체법상의 모든 항변으로서 추심채권자에게 대항할 수 있다.

압류된 채권에 대하여, 압류·가압류의 경합이 있거나 배당요구가 있는 경우라도, 제3채무자는 경합채권자의 공탁청구가 있기 전이면, 추심명령을 얻어 추심청구를 하는 채권자에게 변제할 수 있다. 또한 같은 채권에 대하여 추심채권자가 여러 사람이 있는 경우에는, 그 중 어느 추심채권자에게 지급하여도 무방하다는 것이 판례이다.

압류된 채권에 관하여 배당요구의 송달을 받은 제3채무자는 압류된 부분에 해당하는 금액을 공탁하여야 한다. 또한 금전채권 중 압류되지 아니한 부분을 초과하여, 거듭 압류명령 또는 가압류명령이 내려진 경우에, 그 명령을 송달받은 제3채무자는 압류 또는 가압류채권자의 청구가 있으면, 그 채권의 전액에 해당하는 금액을 공탁하여야 한다. 이 경우에 하는 공탁을 위의 권리공탁에 대비하여 의무공탁이라고 한다.

제3채무자가 채무액을 공탁한 때에는 그 사유를 집행법원에 신고하여야 하고, 만일 제3채무자가 상당한 기간내에 신고를 하지 않으면, 압류채권자, 가압류채권자, 배당에 참가한 채권자, 채무자 그 밖의 이해관계인이 그 사유를 신고할 수 있다. 제3채무자의 공탁과 그 사유신고가 있으면 집행법원의 배당절차가 실시되게 된다.

다. 채심추심후의 절차

(가) 추심의 효과

추심명령을 얻은 집행채권자가 제3채무자로부터 압류된 채권을 추심하면 그 범위내에서 압류된 채권은 소멸된다. 그러나 추심채권자의 집행채권 소멸여부 내지 그 범위는 경우에 따라 다르다.

우선 추심채권자가 압류된 채권에 관하여, 집행법원에 대하여 추심종료신고를 할 때까지, 다른 채권자로부터의 배당요구나 압류·압류 등의 경합이 없으면, 그 추심금액의 범위에서 집행채권은 소멸하게 된다.

반면에 집행채권자가 집행법원에 추심종료신고를 할 때까지, 다른 채권자로부터의 배당요구나 압류·가압류 등이 있으면, 집행채권자의 추심액 공탁과 법원의 배당절차가 실시되게 되므로, 그 배당절차에서 배당받은 금액 범위내에서만 집행채권이 소멸하게 된다.

(나) 추심채권자의 추심신고

채권자는 추심한 채권액을 집행법원에 신고하여야 한다. 이 추심신고는 추심명령의 대상인 채권의 일부만이 추심된 경우에도 하여야 하고, 근로자의 임금채권 등과 같은 계속적 수입채권을 추심하는 경우에는, 매 추심시마다 신고하여야 한다.

채권자의 추심신고가 있으면, 다른 채권자는 그 후 추심금으로 부터의 배당요구를 할 수 없게 된다. 추심의 신고시까지, 다른 채권자로부터의 압류·가압류 또는 배당요구가 없는 때에는, 추심을 한 범위내에서 집행권원의 집행력이 소멸되며, 집행절차도 종료하게 된다. 따라서 이 경우 추심채권자는 추심금에서 집행비용 및 집행채권의 변제를 받게 되며, 나머지가 있으면 이를 집행채무자에게 반환하여야 한다.

(다) 추심채권자의 추심공탁금

채권자가 추심신고를 하기 전에, 다른 압류·가압류 또는 배당요구가 있었을 때에는, 채권자는 추심한 금액을 바로 공탁하고, 그 사유를 집행법원에 신고하여야 한다.

추심신고 전에 다른 채권자의 압류·가압류 또는 배당요구가 있음에도 불구하고, 채권자가 추심한 금액을 공탁하지 않을 때에는, 다른 채권자는 소로써 그 추심금의 공탁을 청구할 수 있다.

(라) 집행법원의 조치

채권의 추심신고가 있을 때까지, 다른 채권자로부터의 압류·가압류 또는 배당요구가 없는 경우에는, 별도의 배당절차를 요하지 않는다.

그러나 추심의 신고시까지, 다른 채권자로부터의 압류·가압류 또는 배당요구가 있어, 채권자가 추심한 금액을 공탁하고 그 사유를 신고한 때에는, 집행법원은 배당절차를 실시하여야 한다.

배당에 참가하는 채권자는, 경합압류 또는 가압류를 한 채권자 이외에 민법·상법, 그 밖의 법률에 의하여 우선변제청구권이 있는 채권자와 집행력 있는 정본을 가진 채권자로서, 다음의 시기까지 법원에 배당요구를 한 자이다.

① 제3채무자가 채무액을 공탁하고 공탁의 신고를 한 때.
② 채권자가 다른 채권자의 압류·가압류 또는 배당요구에 따라 추심의 신고를 한 때.
③ 집행관이 현금화한 금전을 법원에 제출한 때.

배당요구는 이유를 밝혀 집행법원에 하여야 한다. 그리고 배당요구를 받은 집행법원은 그 사유를 배당에 참가한 채권자와 채무자에게 통지하고, 아울러 제3채무자에게도 통지하여야 한다.

법원의 배당절차에 관한 그밖의 내용에 대하여는 앞에서 설명한 유체동산에 대한 배당절차와 동일한 것으로 보면 된다.

(5) 특수한 경우

가. 유체동산청구권에 대한 강제집행

　유체동산청구권에 대한 강제집행이라 함은 채무자가 제3자 에 대하여 가지는 유체동산에 관한 청구권, 예컨대 채무자의 소유에 속하는 유체동산을 일시 빌려주는 등의 원인으로 제3자가 점유하고 있는 경우의 그 제3자에 대한 점유이전청구권이나 또는 제3자의 점유와 소유에 속하는 유체동산에 관하여 채무자가 매매등을 원인으로 그 점유 및 소유권을 이전받을 수 있는 권리를 취득한 경우의 그 제3자에 대한 점유 및 소유권이전청구권에 대하여 하는 강제집행을 말한다.

　유체동산청구권에 대한 강제집행은 다음과 같은 2단계의 절차를 거쳐 이루어지게 된다. 제1단계의 절차는 채권자가 관할 집행법원에 유체동산청구권의 압류를 신청함으로써 개시된다. 그러면 집행법원은 동청구권에 대한 압류명령과 함께 제3채무자에게 대상유체동산을 채권자가 위임하는 집행관에게 인도할 것을 명하는 인도명령을 한다.

　이 인도명령에 따라 제3채무자가 대상유체동산을 임의로 집행관에게 인도하면 이후의 절차는 일반의 유체동산집행절차에 따른다. 그러나 인도를 하지 않으면 채권자는 집행법원에 다시 유체동산청구권에 대한 추심명령을 구하여 인도받는 수밖에 없다. 그리고 이 경우 추심명령의 효력에 관하여는 금전채권에 대한 추심명령의 효력과 동일한 것으로 보면 된다.

　제2단계의 절차는 유체동산청구권이 압류되어 그 점유나 점유및 소유권이 채무자에게 이전된 이후의 것이므로 그 절차에 관하여는 민사집행법 제189조 이하에서 규정하는 유체동산에 대한 강제집행절차가 그대로 적용되는 것으로 보면 된다.

나. 부동산청구권에 대한 강제집행

　부동산청구권에 대한 강제집행이라 함은 채무자가 제3자에 대하여 가지는 부동산에 관한 권리의 이전청구권에 대하여 하는 강제집행을 말한다.

　부동산청구권에 대한 강제집행도 유체동산청구권에 대한 강제집행의 경우와 같이, 채무자가 제3자에 대하여 가지는 부동산청구권을 압류하여 채무자 명의로 그 권리의 이전을 받는 제1단계의 절차와 이전받은 부동산에 대하여 강제경매를 실시하여 그 매각대금으로 채권자가 자신의 금전채권에 대한 만족을 구하는 2단계의 절차를 거쳐서 실행된다.

부동산청구권에 대한 강제집행절차도 기본적으로는 유체동산청구권에 대한 강제집행절차와 동일하다. 다만 유체동산청구권에 대한 강제집행에 있어서는 집행법원의 보조기관으로서 집행관이 집행절차에 참여함에 대하여 부동산청구권에 대한 강제집행에 있어서는 대리인으로서의 지위를 가지는 보관인이 집행절차에 참여함에 그 차이가 있다.

다. 채권에 대한 담보권의 실행

(가) 질권의 실행

채권의 목적물이 금전인 때에는 질권자는 자기채권의 한도에서 직접 청구할 수 있다. 질권자는 이 직접청구권을 질권설정자의 대리인으로서가 아니라 자신의 고유한 권리로서 자기의 이름으로 행사한다.

따라서 질권자는 질권설정자가 채권의 변제를 받기 위하여 이용할 수 있는 모든 권한을 행사할 수 있다. 즉 제3채무자에 대하여 이행의 청구, 소의 제기, 강제집행 기타 질권의 목적으로 되어 있는 채권의 보전·회수에 필요한 일체의 행위를 할 수 있다.

다만 질권자는 그 성질상 피담보채권의 변제를 받는데 필요한 범위를 넘어서까지 질권설정자의 권리를 행사할 수 없는 것이 예컨대 면제·경개 등과 같이 입질채권을 소멸시키는 행위는 하지 못한다.

질권자는 제3채무자에 대한 채권의 직접청구 이외에 민사집행법에 정한 집행방법에 의하여 질권을 실행할 수 있다. 민사집행법에 정한 집행방법이라 함은 채권의 추심명령이나 전부명령 또는 특별환가명령절차를 말한다. 이 경우 추심명령이나 전부명령을 신청하는 데에는 질권의 존재를 증명하는 서류를 제출하는 것으로 충분하고 집행권원은 이를 요하지 않는다.

질권설정계약에 유질에 관한 특약을 두고 있는 경우에는 질권자는 그 특약에서 정하고 있는 바에 따라 변제에 갈음하여 당해 채권을 직접 취득할 수도 있다.

라. 양도담보권의 실행

채권에 대한 양보담보권의 실행은 제3채무자에 대한 직접청구의 방식으로 하는 것이 보통이다. 그밖에 유담보계약(流擔保契約)에 의한 실행도 가능하며, 이 경우는 동산양도담보권 실행에 있어서의 취득정산(또는 평가정산)에 준하는 것으로 보면 된다.

그러나 민사집행법에 정한 집행방법으로는 실행하지 못한다. 채권양도담보의 경우는 대상채권에 대한 채권자의 지위가 양도담보설정자로부터 양도담보권자에게로 신탁적으로 이전되어 있기 때문이다.

15 그 밖의 재산권에 대한 강제집행

(1) 의 의

그 밖의 재산권에 대한 강제집행의 대상이 되는 것은 부동산과 유체동산 및 채권 이외의 재산권으로서 그 자체 독립한 재산적 가치를 가지고 있어 채권자가 강제집행에 의하여 만족을 얻을 수 있는 모든 재산권을 말하며, 그 예로서는 ① 전화가입권·골프회원권·콘도미니엄회원권 등의 설비이용원 ② 임차권·사용차권 등의 용익권 ③ 특허권·실용신안권·상표권저작권·출판권·컴퓨터프로그램저작권 등의 무체재산권 ④ 유체동산·선박·자동차·건설기계·항공기의 공유지분권 ⑤ 합명회사·합자회사·유한회사의 사원권 ⑥ 농업협동조합·축산업협동조합·수산업협동조합의 조합원 지분권 ⑦ 민법상의 조합원 지분권 ⑧ 환매권·구체적 신주인수권·공유수면매립면허권 등을 들 수 있다.

(2) 절 차

기타 재산권에 대한 강제집행도 우선 이를 압류함으로써 그 처분을 금지시키고 이어서 경매 기타의 방법으로 이를 환가한 후 그 환가대금을 채권자에게 교부 또는 배당하는 순서로 실시하는 점은 다른 재산권에 대한 강제집행의 경우와 다르지 않다.

그러나 그 구체적인 집행절차에 있어서는 이들 기타 재산권이 그 내용과 행사방법에 있어서 다양하고 독특한 관계로 그에 관한 공통적인 집행방법이 마련되어 있지 않다는 점에서 다른 재산권에 대한 강제집행의 경우와 다르다.

그런데 이들 기타 재산권은 무형의 재산이라는 점에서 채권과 유사한 면이 있다. 여기에서 민사집행법은 이들 재산권에 대한 강제집행에 관하여 그 성질이 허용하는 한 채권에 대한 강제집행의 규정을 준용하도록 하되 기타 필요한 사항에 관하여 별도의 특칙을 두고 있다.

(3) 양 식

채권압류 및 추심명령 신청서

채 권 자: 김 00(500003-1000003)　　　　　　　　(우-20003)
　　　　　인천광역시 남0구 만00로5005,1103동4004호
　　　　　(만0동1005-1,향촌000아1단지아파트)
　　　　　010-7009-7003

채 무 자: 김 00(600002-100002)　　　　　　　　(우-40003)
　　　　　대구광역시 0구 달000로20051,B동10003호
　　　　　(계0동2가1000,신0000아파트)

제3채무자: 대구은행주식회사(170111-0000141)　　　　(우-41593)
　　　　　대구광역시 북구 옥산로111(칠성동2가 2-4)
　　　　　대표이사 박 0 0

청 구 취 지

1. 채권자는 채무자에 대하여 가지는 위 청구 채권의 집행보전을 위하여 채무자가 제3채무자
   에 대한 별지목록기재에 대한 채권을 압류 한다.
2. 제3채무자는 채무자에 대하여 위의 지급을 하여서는 아니 된다.
3. 채무자는 위 채권의 처분과 영수를 하여서는 아니 된다.
4. 위 압류된 채권은 채권자가 추심할 수 있다.
   라는 결정을 구함.
청구채권 및 그 금액 : 별지 목록 기재와 같음

채무명의의 표시

채권자와 채무자 사이의 인천지방법원 2006가단1003 매매대금 판결정본.

청구채권의 표시

금삼천사백만원정(₩34,000,000)인천지방법원2006가단1003매매대금
금61,516,712원 2006.9.14.-2015.9.30.(3303일)연20%지연이자
금13,301,918원 2015.10.1.-2018.5.10.(952일)연150%지연이자
금612,700원 집행비용(인지대4,000원,송달료27,000원,부동산등기사항전부증명서1,200원,

주민등록초본500원,서기료300,000원,제출료30,000원,여비150,000원,일당100,000원)
계: 금일억구백사십삼만일천삼백삼십원(₩109,431,330)

신 청 이 유

1. 채권자는 채무자에 대하여 인천지방법원 2006가단1003 매매대금 판결정본에 기한 위 청구채권 표시의 채권을 가지고 있으나 채무자가 그 지급을 하지 아니하므로, 채무자가 제3채무자에 대하여 가지고 있는 별지목록 기재의 채권에 대한 압류 및 추심명령을 하여 주시기 바랍니다.

2. 서기료는 〈민사소송비용규칙 제2조 제3항〉에 의하여 법무사 보수규직에 의한 비용에 대하여 채권자가 변호사사무실에 지급하고 건네받은 영수증으로써 청구 합니다.

첨 부 서 류

1. 집행력 있는 판결정본   1통
2. 송달,확정증명원   1통
3. 채무자 주민등록초본   1통
4. 제3채무자 법인등기사항전부증명서   1통
5. 변호사 사무실 서기료 영수증사본   1통

2018 . 8 . 10 .
채권자   김 00(날인 또는 서명)
대구지방법원 귀중

별 지 목 록

청구채권(피보전권리) 및 그 금액:

금삼천사백만원정(₩34,000,000)인천지방법원2006가단1003매매대금

금61,516,712원 2006.9.14.-2015.9.30.(3303일)연20%지연이자

금13,301,918원 2015.10.1.-2018.5.10.(952일)연150%지연이자

금612,700원 집행비용(인지대4,000원,송달료27,000원,부동산등기사항전부증명서1,200원,
주민등록초본500원,서기료300,000원,제출료30,000원,여비150,000원,일당100,000원)

계: 금일억구백사십삼만일천삼백삼십원(₩109,431,330)

압류할 채권의 종류 및 수액:

1.채무자 김 00 { (600002-100002) 대구광역시 0구 달000로20051,B동10003호(계0동2가
1000,신0000아파트) } 이 제3채무자 주식회사 대구은행(본점 및 전지점)에 대하여 가지는 보
통예탁금(사업용계좌),보통예금, 자유저축예금, 저축예금, 종합예금, 당좌예금, 신탁예금, 수
시입출금식예금, 어음수탁증서, 기업예금,외화예금,별단예금,청약저축,청약예금,정기예금,정
기적금,기업자유예금,채권형예금,양도성예금증서,MMF,MMDA, 채권 중 다음에서 기재한 순
서에 따라 장래에 입금되는 예금을 포함 예금이 많은 것부터 순차적으로 금일억구백사십삼만
일천삼백삼십원(₩109,431,330)에 이르기까지의 금원.

- 다 음 -

가. 압류되지 않는 예금과 압류된 예금이 있는 때에는 다음 순서에 의하여 압류한다.

   (1) 선행압류,가압류가 되지 않는 예금

   (2) 선행압류,가압류가 된 예금

나. 압류결정문 송달당시 예금이 많은 것을 우선으로 압류한다.

다. 여러 종류의 예금이 있는 때에는 다음 순서에 의하여 압류한다.

(1) 보통예탁금,(2) 자유저축예금,(3) 저축예금, (4)종합예금,(5) 당좌예금,(6) 신탁예금, (7)수
시입출금식예금, (8)어음수탁증서,(9)기업예금,(10)별단예금

같은 종류의 예금이 여러 계좌 있는 때에는 계좌번호가 빠른 예금부터 압류한다.

(끝).

그 밖의 압류할 채권의 기재방법 예시

○ 임금 및 퇴직금

금   원

채무자가 제3채무자로부터 매월 수령하는 급여채권(급료, 상여금, 그 밖에 이와 비슷한 성질을 가진 급여채권)에서 제세공과금을 뺀 잔액의 1/2씩 위 청구금액에 이를 때까지의 금액[다만, 국민기초생활보장법에 의한 최저생계비를 감안하여 민사집행법 시행령이 정한 금액에 해당하는 경우에는 이를
제외한 나머지 금액, 표준적인 가구의 생계비를 감안하여 민사집행법 시행령이 정한 금액에 해당하는 경우에는 이를 제외한 나머지 금액] 및 위 청구금액에 달하지 아니한 사이에 퇴직한 때에는 퇴직금에서 제세공과금을 뺀 잔액의 1/2 중 위 청구금액에 이를 때까지의 금액

※ 대법원 홈페이지(http://www.scourt.go.kr)에서 민사집행법 시행령이 정하는 금액을 확인할 수 있습니다.

○ 대여금

청구금액 :   원

채무자가 제3채무자에 대하여 가지는 20 . . . 대여한 금   원의 반환채권

○ 매매대금, 공사대금

청구금액 :   원

○ 채무자가 제3채무자에게 20 . . . 매도한 다음 물건에 대한 금   원의 매매대금채권

○ 채무자와 제3채무자 사이의 20 . . .자 택지조성공사 도급계약에 따른 채무자의 금   원의 공사대금채권 중 위 금액

○ 임대차보증금

청구금액 :   원

채무자가 제3채무자로부터 20 . . . 서울 ○○구 ○○동 번지(또는 도로명 주소) ○○아파트 ○동 ○호를 임차함에 있어 제3채무자에게 지급한 임대차보증금 반환채권 중 위 금액
단, 「주택임대차보호법」 제8조 및 같은 법 시행령의 규정에 따라 우선변제를 받을 수 있는 금액이 있을 경우 이를 제외한 나머지 금액

○ 공탁금 출급·회수청구권

◇ 공탁금 출급청구권

청구금액 :　　　원

채무자가 제3채무자에 대하여 가지는 20 ．．．공탁자가 아래 물건의 매매대금으로서 ○○지방법원 20　년 금제　호로 공탁한 금　원의 출급청구권(공탁 후 발생한 이자 전부 포함) 중 위 금액

◇ 공탁금 회수청구권

청구금액 :　　　원

○ 채무자가 제3채무자에 대하여 가지는 20 ．．．피공탁자를 ○○○으로 하여 아래 물건의 매매대금으로서 ○○지방법원 20　년 금제　호로 공탁한 금　원의 회수청구권(공탁 후 발생한 이자 전부 포함) 중 위 금액

○ 채무자가 ○○지방법원 20　카단(합)　가처분신청사건의 담보로서 ○○ 지방법원 20　년 금제　호로 공탁한 금　　원의 회수청구권(공탁 후 발생한 이자 전부 포함) 중 위 금액

☞ 공탁금에는 이자가 발생하므로, 이자를 포함하여 압류하고자 할 경우 이를 명확히 표시하여야 합니다. 이자를 명확하게 표시하지 아니할 경우, 이자는 (가)압류에서 제외될 수 있습니다.

○ 수용보상금

◇ 현금인 경우

청구금액 :　　　원

채무자가 제3채무자로부터 받을 아래 부동산에 대한 손실(또는 수용)보상금청구채권 중 위 청구금액에 이를 때까지의 금액

◇ 채권(債券)인 경우

청구금액 :　　　원

채무자가 제3채무자로부터 아래 부동산에 대한 손실(또는 수용)보상으로 지급받을 유가증권 중 위 청구금액에 이를 때까지의 유가증권에 대한 인도청구권

☞ 수용보상금은 기업자가 현금 또는 채권(債券)으로 보상하는데, 보상방법에 따라 압류 및 집행방법도 다름을 유의하시기 바랍니다.

○ 예 금

금   원   채무자가 제3채무자(지점)에 대하여 가지는 보통예금채권(제   번)   금   원 및 20 . . . . 만기의 정기예금채권(제 번) 금   원
금   원 채무자가 제3채무자에 대하여 가지는 채무자 발행의 아래 약속어음 1매에 대한 사취신고 의 담보로 채무자가 별단예금한 금   원의 반환청구채권
금   원   채무자가 제3채무자에 대하여 가지는 정기예금·정기적금·보통예금·당좌예금·별단예 금 중 적힌 순서로, 같은 종류의 예금에 있어서는 예금액이 많은 것부터 순차로(또는 계좌 번호순으로, 만기가 빠른 것부터 순차로, 계약일이 빠른 것부터 순차로 등) 청구채권액에 달할 때까지, 다만 이미 압류 또는 가압류가 되어 있는 경우에는 그것이 되어 있지 아니한 것부터 순차로 청구채권액에 달할 때까지 금액(장래 입금되는 예금을 포함)

청구금액 :   원
  채무자(-   )가 제3채무자에 대하여 가지는 아래 예금채권(장래 입금되는 예금
을 포함) 중 위 청구 금액에 이를 때까지의 금액
 1. 압류되지 않은 예금과 압류된 예금이 있을 때에는 다음 순서에 의하여 압류한다
   가. 선행 압류, 가압류가 되지 않은 예금
   나. 선행 압류, 가압류가 된 예금
 2. 여러 종류의 예금이 있을 때에는 다음 순서에 의하여 압류한다.
   가. 보통예금 나. 당좌예금 다. 정기예금 라. 정기적금 마. 저축예금
   바. 자유저축예금 사. 기타 모든 예금
 3. 같은 종류의 예금이 여러 계좌가 있을 때에는 계좌번호가 빠른 예금부터 압류한다.

◆ 압류가 금지된 채권

○ 민사집행법 제246조(압류금지채권) 제1항
 1. 법령에 규정된 부양료 및 유족부조료(遺族扶助料)
 2. 채무자가 구호사업이나 제3자의 도움으로 계속 받는 수입
 3. 병사의 급료
 4. 급료·연금·봉급·상여금·퇴직연금, 그 밖에 이와 비슷한 성질을 가진 급여채권의 2
  분의 1에 해당하는 금액. 다만, 그 금액이 국민기초생활보장법에 의한 최저생계비를
  감안하여 대통령령이 정하는 금액에 미치지 못하는 경우 또는 표준적인 가구의 생계
  비를 감안하여 대통령령이 정하는 금액을 초과하는 경우에는 각각 당해 대통령령이
  정하는 금액으로 한다.
 5. 퇴직금 그 밖에 이와 비슷한 성질을 가진 급여채권의 2분의 1에 해당하는 금액
 6. 「주택임대차보호법」 제8조, 같은 법 시행령의 규정에 따라 우선변제를 받을 수 있는
  금액
 7. 생명, 상해, 질병, 사고 등을 원인으로 채무자가 지급받는 보장성보험의 보험금(해약
  환급 및 만기환급금을 포함한다). 다만, 압류금지의 범위는 생계유지, 치료 및 장애
  회복에 소요될 것으로 예상되는 비용 등을 고려하여 대통령령으로 정한다.
 8. 채무자의 1월간 생계유지에 필요한 예금(적금·부금·예탁금과 우편대체를 포함한
  다). 다만, 그 금액은 「국민기초생활보장법」에 의한 최저생계비, 제195조제3호에서
  정한 금액 등을 고려하여 대통령령으로 정한다.
  ※ 7호 및 8호는 2011. 7. 6.부터 최초로 접수된 압류명령 신청 및 취소사건부터 적용.

○ 기타 법률이 정하는 채권
 − 공무원연금법 제32조에 의한 급여(동법 제32조)
 − 국가유공자등 예우 및 지원에 관한 법률에 의한 보상금(동법 제19조)
 − 사립학교교직원연금법에 의한 급여(동법 제40조)
 − 국민연금법에 의한 각종 급여(동법 제58조)
 − 각종 보험법에 의한 보험급여(고용보험법 제38조 등)
 − 형사보상청구권(형사보상법 제22조)
 − 생명·신체의 침해로 인한 국가배상금(국가배상법 제4조) 등

제3채무자에 대한 진술 최고 신청서

사 건 2018타채   채권압류 및 추심명령

채 권 자: 김 00(500003-1000003)   (우-20003)
　　　　　 인천광역시 남0구 만00로5005,1103동-4004호
　　　　　 (만0동1005-1,향촌000아1단지아파트)
　　　　　 010-7009-7003

채 무 자: 김 00(600002-100002)   (우-40003)
　　　　　 대구광역시 0구 달000로20051,B동-10003호
　　　　　 (계0동2가1000,신0000아파트)

제3채무자: 대구은행주식회사(170111-0000141)   (우-41593)
　　　　　 대구광역시 북구 옥산로111(칠성동2가 2-4)
　　　　　 대표이사 박 0 0

위 당사자 사이의 귀원 2018타채   호 채권압류 및 추심명령 사건에 관하여, 채권자는 민사
집행법 제291조, 제237조에 의하여 제3채무자로 하여금 채권을 인정하는지의 여부 및 인정
한다면 그 한도, 채권에 대하여 지급할 의사가 있는지의 여부 및 의사가 있다면 그 한도, 채권
에 대하여 다른 사람으로부터 청구가 있는지의 여부 및 청구가 있다면 그 종류, 다른 채권자
에게 채권을 압류 당한 사실이 있는지의 여부 및 그 사실이 있다면 그 청구의 종류 등에 관하
여 진술할 것을 귀원에서 최고하여 주실 것을 신청합니다.

2018 . 8 . 10 .

채권자　김 00(날인 또는 서명)

대구지방법원 귀중

(제출)위 임 장

채 권 자: 김 00(500003-1000003)　　　　　　　(우-20003)

　　　　　인천광역시 남0구 만00로5005,1103동4004호

　　　　　(만0동1005-1,향촌000아1단지아파트)

　　　　　010-7009-7003

채 무 자: 김 00(600002-100002)　　　　　　　(우-40003)

　　　　　대구광역시 0구 달000로20051,B동10003호

　　　　　(계0동2가1000,신0000아파트)

제3채무자: 대구은행주식회사(170111-0000141)　　　　(우-41593)

　　　　　대구광역시 북구 옥산로111(칠성동2가 2-4)

　　　　　대표이사 박 0 0

위임 받는자

성　　　　명: 변호사 주 희응

주　　　　소: 서울시 서초구 서초대로53길 25(서초동1698-6)티유빌딩4층

위에 적은 사람에게　다음의 서류 제출을 위임합니다.

다　음

1. 채권압류 및 추심명령신청서 작성제출 및 수령과 관련한 일체의 행위

2018 . 8 . 10 .

채권자　김 00(날인 또는 서명)

대구지방법원 귀중

재판기록 열람·복사/출력·복제 신청서				허	부

신 청 인	성 명	김 00	전화 번호	010-0000-0000
			담당사무원	
	자 격	채권자	소명자료	

신 청 구 분	☑ 열람 ☑ 복사 □ 출력 □ 복제
사 용 용 도	채권추심

대 상 기 록	사 건 번 호	사 건 명	재 판 부
	2018타채4004	채권압류 및 추심명령	제2사법보좌관

복사/출력· 복제할 부분	제3채무자 진술서 (복사/출력 매수 매) (복제용량 메가바이트)
복사/출력방법	☑ 법원 복사기 □ 변호사단체 복사기 □ 신청인 복사설비 □ 필사

이와 같이 신청하고, 신청인은 열람·복사/출력·복제에 관련된 준수사항을 엄수하며, 열람·복사/출력·복제의 결과물을 통하여 알게 된 개인정보, 영업비밀 등을 개인정보 보호법 등 관계법령상 정당한 용도 이외로 사용하는 경우 민사상, 형사상 모든 책임을 지겠습니다.
2018년 8월   일   신청인   김 00 (서명 또는 날인)

비 고 (재판장 지정사항 등)	
영 수 일 시	2018 . 8 . . :	영 수 인	김 00
신 청 수수료	□ 500 원 □ 면 제		
복사/출력· 복제 비용	원	(수 입 인 지 첩 부 란)	

※ 준수사항 및 작성요령

1. [개인정보 보호법 제19조] 개인정보처리자로부터 개인정보를 제공받은 자는 다음 각 호의 어느 하나에 해당하는 경우를 제외하고는 개인정보를 제공받은 목적 외의 용도로 이용하거나 이를 제3자에게 제공하여서는 아니 된다. 1. 정보주체로부터 별도의 동의를 받은 경우 2. 다른 법률에 특별한 규정이 있는 경우

2. [민사소송법 제162조 ④항] 소송기록을 열람·복사한 사람은 열람·복사에 의하여 알게 된 사항을 이용하여 공공의 질서 또는 선량한 풍속을 해하거나 관계인의 명예 또는 생활의 평온을 해하는 행위를 하여서는 아니 된다.

3. 신청인·영수인란은 서명 또는 날인하고, 소송대리인·변호인의 사무원이 열람·복사하는 경우에는 담당사무원란에 그 사무원의 성명을 기재

4. 신청수수료는 1건당 500원(수입인지로 납부). 다만, 사건의 당사자 및 그 법정대리인·소송대리인·변호인(사무원 포함)·보조인 등이 그 사건의 계속 중에 열람하는 때에는 신청수수료 면제

5. 법원복사기/프린터로 복사/출력하는 경우에는 1장당 50원의 비용을 수입인지로 납부 (다만, 100원 단위 미만 금액은 이를 계산하지 아니함)

6. 매체를 지참하여 복제하는 경우에는 700메가바이트 기준 1건마다 500원, 700메가바이트 초과 시 350메가바이트마다 300원의 비용을 수입인지로 납부(매체를 지참하지 아니한 경우 매체 비용은 별도)

7. 복사/출력·복제할 부분 란에 복사대상(기록의 일부를 복사/출력·복제하는 경우에는 대상을 열거하여 특정하여야 함) 및 복사/출력을 정확하게 기재하여야 함

8. 열람·복사 담당 법원공무원의 처분에 대하여 불복하는 경우에는 이의신청을 할 수 있음

제3채무자 진술서

사건번호 2018타채4964 채권압류 및 추심명령
채권자
채무자
제3채무자

위 사건에 관하여 아래와 같이 진술서를 제출합니다.

아 　　　　　 래

1. 채권을 인정하는지의 여부 및 인정한다면 그 한도

채무자 　　　　는 전혀 알지도 못하고 . 세입자도 아닙니다 -
　　　　　　　　　　　 세 입자는 　　　　　　　입니다 ,,

2. 채권에 대하여 지급의사가 있는지 여부 및 의사가 있다면 그 한도

3. 채권에 대하여 다른 사람으로부터 청구가 있는지의 여부 및 청구가 있다면 그 종류

4. 다른 채권자에게 채권을 압류 당한 사실이 있는지 여부 및 그 사실이 있다면 그 청구의
종류

25020 　　　 2018 . 4 . 16 .

위 제3채무자 　　　　　　　 (서명 또는 날인)

대구지방법원 귀중

채권압류 및 전부명령 신청서

대한민국
수입인지
4000원

채 권 자   (이름)   (주민등록번호   –   )
            (주소)
채 무 자   (이름)   (주민등록번호   –   )
            (주소)
제3채무자   (이름)   (주민등록번호   –   )
            (주소)

신 청 취 지

채무자의 제3채무자에 대한 별지 기재의 채권을 압류한다. 제3채무자는 채무자에게 위 채권에 관한 지급을 하여서는 아니 된다. 채무자는 위 채권의 처분과 영수를 하여서는 아니 된다. 위 압류된 채권은 지급에 갈음하여 채권자에게 전부한다.
라는 결정을 구함

청구채권 및 금액
(별지 예시 참조)

신 청 이 유
채무자가 판결을 송달받고도 채무를 변제하지 아니함.

첨 부 서 류
1. 집행력 있는   정본 1통
2. (판결 등의 채무자에 대한) 송달증명 1통

20   .   .   .

채권자   (인) (서명   )

(연락처 :   )

지방법원   귀중

◇ 유 의 사 항 ◇
1. 채권자는 연락처란에 언제든지 연락 가능한 전화번호나 휴대전화번호(팩스번호, 이메일 주소 등도 포함)를 기재하기 바랍니다.
2. 집행력 있는 집행권원은 "확정된 종국판결, 가집행선고 있는 종국판결, 화해·인낙·조정조서, 확정된 지급명령, 확정된 이행권고결정, 확정된 화해권고결정, 공정증서, 확정된 배상명령" 등이 있습니다.
3. 예금채권이나 임금(또는 퇴직금)채권을 압류하고자 할 경우 채무자의 주민등록번호 등 채무자를 특정할 수 있는 사항을 기재하시기 바랍니다.
4. 이 신청서를 접수할 때에는 당사자 1인당 3회분의 송달료를 송달료수납은행에 예납하여야 합니다.

청 구 채 권

금   원 (대여금)

금   원 (위 금원 중   원에 대한 20 . . .부터 20 . . .까지의
            이자 및 지연손해금)

   금   원 (집행비용 : 신청서 첨부 인지대   원, 송달료 금   원)

합계 금   원

※ 청구금액은 집행권원에 따라 계산합니다.

※ 집행비용 : 4,000원 (압류명령 2,000원 + 전부명령 2,000원)

 * 집행권원이 2건일 경우 : (압류 2,000원 × 2건) + 전부명령 2,000원 = 6,000원

압류할 채권의 종류 및 액수

청구금액 :   원

채무자가 제3채무자에 대하여 가지는 ○○○채권 중 위 청구금액에 이를 때까지의 금액

   ☞ 채권별 기재방식은 아래 사례별 예시 참조

출자증권 압류명령 신청서

채권자: 임 00(500002-1000004)   (우-00005)
       서울시 00구 0000로200가길7,2층(002동 2009-1001)
       010-9007-1007

채무자: 00건설 주식회사 (110111-3113828,109-81-94712)   (우-21567)
       서울시 강서구 강007길 200-302,9004호(화0동,인00000스텔)
       대표이사 최 00

제3채무자: 전문건설공제조합 (소관:영등포지점)   (우-07071)
         서울시 동작구 보라매로5길15(신대방동 395의70)전문건설회관
         위 법률상의 대표자 이사장 이 0 0의 직무대행자 손 0 0

신 청 취 지

1.채무자의 제3채무자에 대한 별지 기재의 출자증권에 기한 조합원지분을 압류한다.
2.제3채무자는 채무자에게 위 지분에 관하여 이익금의 배당, 출자금의 전환, 잔여재산의 분배를 하여서
  는 아니 된다.
3.채무자는 위 지분의 처분과 영수를 하여서는 아니 된다.
4.위 압류된 지분은 지급에 갈음하여 채권자가 지정하는 집행관에게 인도하여야 한다.
   라는 결정을 구함.

채무명의의 표시

채권자와 채무자 사이의 서울남부지방법원2008가소100006물품대금 사건의 집행력 있는 판결정본.

청구채권의 표시

일천삼백오십칠만구천원정(₩13,579,000)서울남부지방법원2008가소100006물품대금판결정본
금1,367,201원 이자금(금13,579,000원에대한2017.12.12.-2018.8.13.까지(245일)연15%)
금438,400원 집행비용(인지대4,000원,송달료:27,000원,법인등기사항전부증명서:2,400원,서기료
300,000원,제출료25,000원,여비30,000원,일당50,000원)
계:일천오백삼십팔만사천육백일원(₩15,384,601)

압류할 채권의 표시

금일천오백삼십팔만사천육백일원(₩15,384,601) 채무자가 제3채무자(소관:영등포지점:서울특별
시 영등포구 영중로 27신한은행빌딩2층)의 회원으로 가입하여 출자한 출자증권(55좌,1좌당금액
(2018.07.30 현재 1좌당 출자지분액은 916,230원)중 위 청구채권 금액에 이를때 까지의 출자증권.
채무자가 제3채무자에 대하여 가지고 있는 조합으로 가입하여 출자한 출자증권 관련한 일체의 채권.

신 청 이 유

1. 채권자는 채무자에 대하여 서울남부지방법원2008가소1000006물품대금 사건의 집행력있는 판결정본에 기한 위 청구채권 표시의 채권을 가지고 있고, 채무자는 제3채무자에 대하여 위 압류할 채권 표시의 채권을 가지고 있습니다.
2. 이에 채무자의 제3채무자에 대한 위 출자증권을 압류하고, 나아가 채권자가 지정한 집행관에게 이를 인도받고자 본건 신청에 이른 것입니다.
3. 서기료는 〈민사소송비용규칙 제2조 제3항〉에 의하여 채권자가 변호사사무실에 지급하고 건네받은 영수증으로써 청구 합니다.

첨 부 서 류

1. 집행력 있는 판결정본   1통
2. 송달증명원   1통
3. 법인등기부등본   각1통
3. 서기료영수증   1통

2018 . 8 . 13 .
채권자   임 00 (날인 또는 서명)

서울남부지방법원 귀중

별지목록

일천삼백오십칠만구천원정(₩13,579,000)서울남부지방법원2008가소100006물품대금판결
정본
금1,367,201원 이자금(금13,579,000원에대한2017.12.12.-2018.8.13.까지(245일)연15%)
금438,400원 집행비용(인지대4,000원,송달료:27,000원,법인등기사항전부증명서:2,400원,
서기료300,000원,제출료25,000원,여비30,000원,일당50,000원)
계:일천오백삼십팔만사천육백일원(₩15,384,601)

압류할 채권의 표시

 채무자(00건설 주식회사 (100001-300008,100-80-90002),(우20007) 서울시 강서구 강
007길 200-302,9004호(화0동,인00000텔),대표이사 최 00)가 제3채무자(소관:영등포지점:
서울특별시 영등포구 영중로 27신한은행빌딩2층)의 회원으로 가입하여 출자한 출자증권{55
좌,1좌당금액 (2018.07.30 현재 1좌당 출자지분액은 916,230원)}및 앞으로 출자하는 출자증
권을 포함 금일천오백삼십팔만사천육백일원(₩15,384,601)에 이를때 까지의 출자증권.
끝.

제3채무자에 대한 진술최고신청서

사　건 2018타채　　출자증권 압류 명령
채권자:임 00(500002-1000004)　　　　　　　(우-00005)
　　　서울시 00구 0000로200가길7, 2층(002동 2009-1001)
　　　010-9007-0000

채무자:00건설 주식회사 (110111-0000000,109-81-00000)　　(우-00000)
　　　서울시 강서구 강007길 200-302, 000호(화0동,인00000스텔)
　　　대표이사 최 00

제3채무자:전문건설공제조합 (소관:영등포지점)　　　　　(우-00000)
　　　서울시 동작구 보라매로5길15(신대방동 395의70)전문건설회관
　　　위 법률상의 대표자 이사장 0 0 0 의 직무대행자 0 0 0

위 당사자 사이의 귀원 2018타채　　호 출자증권압류사건에 관하여, 채권자는 민사집행법 제 291조, 제237조에 의하여 제3채무자로 하여금 채권을 인정하는지의 여부 및 인정한다면 그 한도, 채권에 대하여 지급할 의사가 있는지의 여부 및 의사가 있다면 그 한도, 채권에 대하여 다른 사람으로부터 청구가 있는지의 여부 및 청구가 있다면 그 종류, 다른 채권자에게 채권을 압류 당한 사실이 있는지의 여부 및 그 사실이 있다면 그 청구의 종류 등에 관하여 진술할 것 을 귀원에서 최고하여 주실 것을 신청합니다.

2018 .8 . 13 .
채권자　임 00(날인 또는 서명)

서울남부지방법원　귀중

인천지방법원 부천지원
결   정

사   건   2014타채2000 출자증권 압류명령
채   권   자   000 (400000-0000000)
               서울 관악구 은천로35다길
               송달장소 : 서울 송파구 성내천로
               금호어울림1차아파트

채   무   자   예은토건 주식회사 (00000-1439242)
               경기 부천시 원미구 부흥로
               송달장소 : 서울 광진구 뚝섬로
               000 씨댁내
               대표이사 000

제 3 채 무 자   전문건설공제조합
               서울 동작구 보라매로5길
               대표자 이사장 이   (소관 : 부천지점)

주   문

1. 채무자가 제3채무자에 대하여 가지는 별지목록 기재 출자증권에 기한 조합원 지분을 압류한다.
2. 제3채무자는 채무자에게 위 지분에 관하여 이익금의 배당, 출자금의 반환, 잔여재산의 분배를 하여서는 아니된다.
3. 채권자의 위임을 받은 집행관은 채무자로부터 위 출자증권을 수취하여 보관하여야 한다.

청구금액

별지 목록 기재와 같음.

이   유

채권자는 위 청구금액을 변제받기 위하여 서울중앙지방법원 2013가소   장비 임대료 사건의 집행력 있는 판결 정본에 터잡아 이 사건 신청을 하였고, 이 사건 신청은 정당하므로 주문과 같이 결정한다.

2014. 2. 28.
사법보좌관   유   호   찬

정본입니다
2012016 -02-24
인천지방법원부천지원
법원주사보 김 민

별지목록

금일천이백칠십육만원(₩12,760,000)서울중앙지방법원2013가소   호장비임대료판결
정본
금1,973,780원 금12,760,000원에 대한 2010.8.21.-2013.3.19.(942일)연6%지연이자
금2,412,164원 금12,760,000원에 대한 2013.3.20.-2014.2.26.(345일)연20%지연이자
집행비용331,250원(인지대4,000원,송달료21,300원,법인등기부등본2,400원,우표3,550
원,서기료300,000원)

계:금일천칠백사십칠만칠천일백구십사원(₩17,477,194)

압류할 채권의 표시

 채무자(예 토건주식회사(110,111-1439242,207-81-   )가 제3채무자(소관:
부천지점 032-346-1433/4 경기도 부천시 원미구 심곡1동   )의 회
원으로 가입하여 출자한 출자증권(188좌,1좌당금액 1,300,000원)및 앞으로 출
자하는 출자증권을 포함 위 청구채권금일천칠백사십칠만칠천일백구십사원
(₩17,477,194)에 이를때 까지의 출자증권.

끝.

① 신 청 서	신청인은 ●로 표시된 부분을 기재합니다

●사　　건	2014타채 2005호 출자증권압류명령
●채 권 자	노 00
●채 무 자	00토건주식회사
●제3채무자	전문건설공제조합

위 사건에(판결, 결정, 명령, 화해조서, 인낙조서, 조정조서, 기타 :　　　　　) 에 대한 아래
의 신청에 따른 제증명을 발급하여 주시기 바랍니다.

2018 ． 8 ． 10 ．

전화번호 : 010-3007-1007
● 신청인 : 채권자..........노 0 0............. (날인 또는 서명)

**신청할 제증명 사항을 신청번호에 ○표하시고,
필요한 통수와 발급 대상자의 성명을 기재 합니다.**

신청 번호	발급 통수	신청의 종류	발급 대상자의 성명 (※주) 재판서의 당사자 모두에 대하여 신청할 경우에는 기재하지 아니함)	인지 붙이는 곳
1		**집행문 부여**		**수수료: 각 1통당 500원** (단 ,재판서·조서의 정본·등본·초본은 1통당 1,000원) 사무실 내에 위치한 신한은행에서 구입
2	1	**송 달 증 명**		
3		**확 정 증 명**		
4		**승계송달증명**		
5		**재판서·조서의 정본·등본·초본**		

인천지방법원 부천지원 귀중

위 증명 문서를 틀림없이 수령 하였습니다.	2018.8.0.	●수령인 성명:　　　(날인 또는 서명)

송 달 증 명 원

사　　　건 : 인천지방법원 부천지원　2014타채　　　출자증권 압류명령

채 권 자 : ○ ○ ○

채 무 자 : 예○토건 주식회사

증명신청인 : 채권자 ○ ○ ○

위 사건에 관하여 아래와 같이 송달되었음을 증명합니다.

제3채무자 전문건설공제조합　2014.　3.　3.　채권압류명령정본 송달.
끝.

2016.　2.　24.

인천지방법원 부천지원

법원주사보 김 민 수

본 증명(문서번호:기타집행문건부 5122)에 관하여 문의할 사항이 있으시면 02-2192-1256로 문의하시기 바랍니다.

인천지방법원 부천지원

강 제 집 행 신 청 서

○○지방법원 ○○지원 집행관사무소 집행관 귀하

<table>
<tr><td rowspan="4">채 권 자</td><td>성 명</td><td>노○○</td><td>주민등록번호
(사업자등록번호)</td><td>400000-
2000009</td><td>전화번호</td><td>011-7000-4006</td></tr>
<tr><td></td><td></td><td></td><td></td><td>우편번호</td><td></td></tr>
<tr><td>주 소</td><td colspan="5">서울시 관0구 온0035다길46(봉0동 4001번지)</td></tr>
<tr><td>대리인</td><td colspan="2">성명 (최 명 칠)
주민등록번호
(600009-1000006)</td><td>전화번호</td><td colspan="2">011-7000-7000</td></tr>
<tr><td rowspan="3">채 무 자</td><td rowspan="2">성 명</td><td rowspan="2">00토건주
식회사</td><td>주민등록번호
(사업자등록번호)</td><td>100001-
1000002</td><td>전화번호</td><td></td></tr>
<tr><td></td><td></td><td>우편번호</td><td></td></tr>
<tr><td>주 소</td><td colspan="5">경기도 부0시 원0구 부00 368(심01동 3008-107)</td></tr>
</table>

집행목적물 소재지	경기도 부천시 원미구 장말로 376(심곡1동355-1) 성보빌딩9층 전문건설공제조합부천지점
집 행 권 원	인천지방법원 부천지원2014타채2005 출자증권압류명령
집행의 목적물 및 집 행 방 법	동산압류, 동산가압류, 동산가처분, 부동산점유이전금지가처분, 건물명도, 철거, 부동산인도, 자동차인도, 기타(출자증권압류)
청 구 금 액	일천칠백사십칠만칠천일백구십사원(₩17,477,194)(집행권원과같음) 및 지연이자

위 집행권원에 기한 집행을 하여 주시기 바랍니다.

※ 첨부서류

1. 집행권원 결정정본　　　1통　　　　　2018. 8 . 10 .
2. 송달 증명서　　　　　　1통　　　채권자　 노00　　 (인)
3. 위임장　　　　　　　　1통　　　대리인　 최 명칠　　 (인)
4. 채무자 법인등기부등본　1통

※특약사항

1. 본인이 수령할 예납금잔액을 본인의 비용부
   담하에 오른쪽에 표시한 예금계좌에 입금하
   여 주실 것을 신청합니다.
   　　　　채권자 노00 (인)

예금계좌	개설은행	
	예 금 주	
	계좌번호	

2. 집행관이 계산한 수수료 기타 비용의 예납통지 또는 강제집행 속행의사 유무 확인 촉구
   를 2회 이상 받고도 채권자가 상당한 기간내에 그 예납 또는 속행의 의사표시를 하지 아
   니한 때에는 본건 강제 집행 위임을 취하한 것으로 보고 종결처분하여도 이의 없습니다.
   　　　　채권자 노00 (인)

주 1. 굵은 선으로 표시된 부분은 반드시 기재하여야 합니다.(금전채권의 경우 청구금액
　　　포함).
　　2. 채권자가 개인인 경우에는 주민등록번호를, 법인인 경우에는 사업자등록번호를
　　　기재합니다.

청구금액계산서

내 용	금 액
인천지방법원 부천지원2014타채2005 출자증권압류명령 지연이자 압류 및 경매비용	일천칠백사십칠만칠천일백구십사원 (₩17,477,194) 미정 미정
합 계	원

집행목적물 소재지 약도

건설금융의 Best Value Partner

전 문 건 설 공 제 조 합

우 420 - 824 경기 부천시 원미구 심곡1동 355-1성보빌딩9층/전화 :032-346-1433/4/전송 :0502-284-6636/담 당 : 허인태

문서번호	부천 541 - 208	선결			지시		
시행일자	2014. 3. 7.	접수	일자 시간		결재 · 공람		
수 신	000		번호				
참 조			처리과				
제 목	출자증권 압류에 대한 회신		담당자				

1. 2014-타채-   출자증권 압류결정 관련입니다.

2. 우리조합 조합원인 예 토건(주)의 출자증권 압류통지에 대해 조속한 해결을 축구 하였음을 알려드리오며, 동사의 출자증권은 우리조합과의 제반업무거래에 대한 담보료 질권설정하여 점유하고 있으며 피담보채권이 존재하고 있음을 알려드리니 업무에 참고하시기 바랍니다. 끝.

전문건설공제조합 부천지점장

건설금융의 Best Value Partner

전 문 건 설 공 제 조 합

우 (14633) 경기도 부천시 원미구 장말로 376 성보빌딩 9층/전화 :032-346-1433/4/전송 :0502-284-6636/담 당 : 박종석

문서번호	부천 541 - 341		선결			지시	
시행일자	2016. 3. 31.		접수	일자 시간		결재 · 공람	
수 신	000 귀하			번호			
참 조				처리과			
제 목	출자증권 압류에 대한 회신			담당자			

　1. 2016-타채-　) 출자증권 압류결정 관련입니다.

　2.　토건(주)의 출자증권 압류통지에 대해 조속한 해결을 촉구 하였음을 알려드리오며,

　3. 아울러, 우리조합 출자증권에 대한 압류는 건설산업기본법 제59조에 의거 "지분의 압류 또는 가압류는 민사집행법 제233조의 규정에 의한 지시채권의 압류 또는 가압류 방법"에 의하도록 되어있음을 통보하오니 업무에 참고하시기 바랍니다. 끝.

전문건설공제조합　부천지점장

건설금융의 Best Value Partner

전 문 건 설 공 제 조 합

우 (14633) 경기도 부천시 원미구 장말로 376 성보빌딩 9층/전화 :032-346-1433/4/전송 :0502-284-6636/담 당 : 박종석

문서번호	부천 541 - 458	선결			지시		
시행일자	2016. 04. 26.	접수	일자시간		결재 · 공람		
수 신	000 귀하		번호				
참 조		처리과					
제 목	출자증권 인도 예정 통보	담당자					

　　　1. 귀하의 사업이 번창하시길 기원합니다.

　　　2. 귀하께서 우리조합에 압류 통지한　　토건(주)의 출자증권에 대하여 압류채권자인 귀하의 요청으로 인천지방법원 부천지원에 출자증권을 인도할 예정임을 통보하오니 업무에 참고하시기 바랍니다. 끝.

전문건설공제조합　부천지점장

건설금융의 Best Value Partner

전 문 건 설 공 제 조 합

우420-824/경기도 부천시 원미구 장말로376(심곡동,성보빌딩 9층) /032-346-1433/전송:0502-284-6636/담당:박종석

문서번호 부천 541 - 1551

시행일자 2015. 12. 30.

수   신 ㅇㅇㅇ 귀하

참   조

제   목 출자증권 인도 통지

선결			지시	
접수	일자 시간	· · :	결재 · 공람	
	번호			
처리과				
담당자				

  1. 부천 541-1336호(2015.12.16)와 관련입니다.
  2. 위호에 의거 출자증권 인도예정 통보한 예 건㈜(대표자 : 최   )의 출자증권을 2015.12.30.자로 인천지방법원 부천지원에 다음과 같이 인도하였기 통지하오니 업무에 참고하시기 바랍니다.

다   음

○ 출자증권 내역

조합원 번호	상 호	대표자	출자증권 내역				채권자
			권종	증권번호	매수	좌수	
27769	예 건㈜	최	10좌권	다27582호 다13605호	2	20	노
			계		2매	20좌	

끝.

전 문 건 설 공 제 조 합 부 천 지 점 장

인천지방법원 부천지원

출자증권 압류조서

사   건   2013본 000 호   (1부)

채 권 자   0 0 0

채 무 자   0 0 토건(주)

제 3 채 무 자   전문건설공제조합

집 행 권 원   인천지방법원 부천지원 2014타채2595

집 행 장 소   부천시 원미구 장말로 376 성보빌딩9층

      위 집행권원에 의한 채권자의 위임에 의하여 위 집행장소에서 제 3 채무자 건설공제조합 부천지점 0 0 0 대리를 면대하고 위 집행 권원에 의하여 압류된 출자증권이 있는가를 묻자 있다고 하여 집행관에 게 인도해 줄 것을 요구하자 질권설정 여부를 확인한뒤 제출하므로 출 자증권(일십좌권2장 출좌증권번호 다제13605.27582호) 20좌은 수취하 여 집행관이 점유하고 집행 완료하였다.

위 절차는 2015.12.30. 11:10에 시작하여 같은날 11:18에 종료하였다

2015 . 12 . 30 .

집 행 관 이 환 규

채 권 자   불 참
제3채무자 직원 박 종 석 참여

인천지방법원 부천지원

출자증권 권종	매 수	출자증권 번호	소 계
1좌권(가)			
5좌권(나)			
10좌권(다)	2매	다27582호, 다13605호	20좌
15좌권(라)			
30좌권(마)			
50좌권(바)			
100좌권(사)			
500좌권(아)			
계	2매		20좌

성 및 건설 공제 조합 출자 증권

금삼백칠십오만원정

일십좌권

27582 호

다체

제93회 발행

1. 조 합 의 명 칭 전 문 건 설 공 제 조 합
1. 조합의 설립년월일 서기 1988년 4월 25일
1. 출 자 일 좌 의 금 액 금 삼 십 오 만 원 정
1. 출 자 년 월 일 서 기   년   월   일

◎출자증권은 기명식으로 하되 이사장의 승인을 얻음.

본 증권은 단조합 정관에 의한 출자인심좌에 의한 출자주임을 증하기 위하여 이편기명자에게 교부함.

전문건설공제조합

이사장 이상길

XII 강제집행절차 **359**

집행조서등본신청서

채 권 자 노 00

채 무 자 00토건주식회사

위 당사자간 2006본1002본 출자증권압류사건의 집행조서 등본을 아래와
같이 교부하여 주실 것을 신청합니다.

　등본의 구별 출자증권압류조서
　청 구 통 수 　　　1통

2018. 8. 10 .

신청인 노 00 대리인 최 명칠 (인)

인천지방법원 부천지원 집행관 귀하

특별현금화(매각)명령신청서

채권자: 노 00 (400000-2000009)　　　　　　　(우-00007)
　　　　서울시 관0구　은00350길 406(봉0동 401번지 3007호)
　　　　송달주소: 서울시 송0구 성000로 2005 (마02동-005)
　　　　　　　　금00001차아파트1001동10002호　박00씨댁내
　　　　010-3005-4006

채무자: 00토건주식회사(100001-100002,200-80-4001) (우-00004)
　　　　경기도 부0시 원0구 00로 3008 (심01동 3008-100)
　　　　송달주소:서울 광0구 000로306길409-70(자0동-4007-60)최00씨댁내
　　　　대표이사 최 00

제3채무자: 전문건설공제조합　(소관:부천지점)　　　　(우-07071)
　　　　서울시 동작구 보라매로5길15(신대방동 395의70)전문건설회관
　　　　위 법률상의 대표자 이사장 이 0 0

청구채권의 표시

금일천이백칠십육만원(₩12,760,000)서울중앙지방법원2003가소80004호장비임대료판결정본
금1,973,780원　금12,760,000원에 대한 2010.8.21.-2013.3.19.(942일)연6%지연이자
금2,412,164원 금12,760,000원에 대한 2013.3.20.-2014.2.26.(345일)연20%지연이자
집행비용331,250원(인지대4,000원,송달료21,300원,법인등기부등본2,400원,우표3,550원,서기료300,000원)
계:금일천칠백사십칠만칠천일백구십사원(₩17,477,194)

압류 및 특별환가할 채권의 표시

별지목록 기재와 같음

신 청 취 지

1. 귀원 2004타채2005호 출자증권압류명령에 의하여 압류된 별지목록 기재의 채권을 추심에 갈음하여 매각할 것을 명한다.
2. 채권자의 위임을 받은 집행관은 유체동산경매에 관한 절차에 따라 매각하여야 한다.
　라는 재판을 구합니다.

신 청 이 유

1. 채권자는 귀원에서 2004타채2005호 출자증권압류명령을 받아 채무자가 제3채무자에 대하여 가지는 별지목록 기재 채권을 압류하였습니다.

2. 그런데 위 피압류채권은 채무자가 장차 공사를 완성하여야 제3채무자로부터 변제 받을 수 있기 때문에 지금 당장은 추심하기 어렵습니다.

3. 그러므로 민사집행법 제241조 제1항에서 정한 특별환가방법으로서 귀원 소속 집행관으로 하여금 별지목록 기재 채권을 추심에 갈음하여 매각하도록 명령하여 주실 것을 신청합니다.

첨 부 서 류

1. 채권압류명령   1통
1. 송달료납부서   1통

2018. 8. 10.
위 채권자 노 00 (서명 또는 날인)

인천지방법원 부천지원 귀중

인천지방법원 부천지원
결   정

<table>
<tr><td>사   건</td><td>2017타채 ㅣ) 특별현금화(매각)명령</td></tr>
<tr><td>채 권 자</td><td>ㅇㅇㅇ (ㅇㅇㅇㅇㅇ -2067719)</td></tr>
</table>

사   건   2017타채 ㅣ) 특별현금화(매각)명령

정본입니다.
2017.10.24
법원주사보 나성엽

채 권 자   ㅇㅇㅇ (ㅇㅇㅇㅇㅇ -2067719)
              서울 관악구 은천로35다길
              송달장소   서울 송파구 성내천로 245, 101동
              (마천동,   아파트)

채 무 자   예· 건 주식회사 (110111-   )
              부천시 부흥로
              송달장소   서울 광진구 뚝섬로36길 19, 801동

              대표자 감사 ㅇㅇㅇ

제 3 채 무 자   전문건설공제조합
              서울 동작구 보라매로5길 15 (신대방동)
              대표자 이사장 이   의 직무대행자 손

주   문

1. 위 당사자 사이의 인천지방법원 부천지원 2017타채   출자증권압류명령에 의하여
   압류된 별지 목록 기재 채권을 추심에 갈음하여 매각할 것을 명한다.
2. 채권자의 위임을 받은 집행관은 유체동산 경매에 관한 절차에 따라 매각하여야 한다.

이   유

  민사집행법 제241조 제1항에 의한 채권자의 이 사건 신청은 이유 있으므로 주문과
같이 결정한다.

2017. 10. 24.

판사   정우혁

2017-0104775929-4D78C   위변조 방지용 바코드 입니다.   1 / 2

별지목록

금일천이백칠십육만원(₩12,760,000)서울중앙지방법원2013가소   호장비임대료판결
정본
금1,973,780원 금12,760,000원에 대한 2010.8.21.-2013.3.19.(942일)연6%지연이자
금2,412,164원 금12,760,000원에 대한 2013.3.20.-2014.2.26.(345일)연20%지연이자
집행비용331,250원(인지대4,000원,송달료21,300원,법인등기부등본2,400원,우표3,550
원,서기료300,000원)

계:금일천칠백사십칠만칠천일백구십사원(₩17,477,194)

압류할 채권의 표시

 채무자(토건주식회사(110,111-1439242,207-81-   )가 제3채무자(소관:
부천지점 032-346-1433/4 경기도 부천시 원미구 심곡1동   )의 회
원으로 가입하여 출자한 출자증권(188좌,1좌당금액 1,300,000원)및 앞으로 출
자하는 출자증권을 포함 위 청구채권금일천칠백사십칠만칠천일백구십사원
(₩17,477,194)에 이를때 까지의 출자증권.

끝.

① 신 청 서	신청인은 ●로 표시된 부분을 기재합니다

●사　　건	2007타채 2005호 특별현금화(매각)명령
●채 권 자	노 00
●채 무 자	00토건주식회사
●제3채무자	전문건설공제조합

　위 사건에(판결, 결정, 명령, 화해조서, 인낙조서, 조정조서, 기타 :　　　　) 에 대한 아래
의 신청에 따른 제증명을 발급하여 주시기 바랍니다.

2018 . 8 . 10 .

　전화번호 : 010-0000-1007
● 신청인 : 채권자.........노 0 0............. (날인 또는 서명)

**신청할 제증명 사항을 신청번호에 ○표하시고,
필요한 통수와 발급 대상자의 성명을 기재 합니다.**

신청 번호	발급 통수	신청의 종류	발급 대상자의 성명 (※주) 재판서의 당사자 모두에 대하여 신청할 경우에는 기재하지 아니함)	인지 붙이는 곳
1		**집행문 부여**		수수료: 각 1통당 500원 (단 ,재판서 · 조서의 정본 · 등본 · 초본은 1통당 1,000원) 사무실 내에 위치한 신한은행에서 구입
2	1	**송 달 증 명**		
3	1	**확 정 증 명**		
4		**승계송달증명**		
5		**재판서 · 조서의 정본 · 등본 · 초본**		

인 천 지 방 법 원　부 천 지 원　귀 중

위 증명 문서를 틀림없이 수령 하였습니다.	2018.8.10.	●수령인 성명　노 0　(날인 또는 서명)

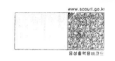

송 달 증 명 원

사   건 : 인천지방법원 부천지원 2017타채   특별현금화(매각)명령

채 권 자 : 000

채 무 자 : 00토건 주식회사

증명신청인 : 채권자 000

위 사건에 관하여 아래와 같이 송달되었음을 증명합니다.

채권자 노   2017. 11. 1. 결정정본 송달
채무자 예   건 주식회사 2017. 10. 27. 결정정본 송달
제3채무자 전문건설공제조합 2017. 10. 27. 결정정본 송달. 끝.

2017. 11. 14.

인천지방법원 부천지원

법원주사보 최 태 준

본 증명(문서번호:기타집행문건부 22319)에 관하여 문의할 사항이 있으시면 032-320-1124 로 문의하시기

바랍니다.

2017-0106309920-6NCE2   위변조 방지용 바코드 입니다.   1 / 1

확 정 증 명 원

사　　　건 : 인천지방법원 부천지원　2017타채　　특별현금화(매각)명령

채 권 자 : ○○○

채 무 자 : ○○토건 주식회사

증명신청인 : 채권자 ○○○

위 사건에 관하여 2017. 11. 9. 자로 확정되었음을 증명합니다.　끝.

2017. 11. 14.

인천지방법원 부천지원

법원주사보　최 태 준　

본 증명(문서번호:기타집행문건부 22320)에 관하여 문의할 사항이 있으시면 032-320-1124 로 문의하시기
바랍니다.

2017-0106310567-3K948　　　　　위변조 방지용 바코드 입니다.　　　　　1 / 1

인천지방법원 부천지원

강 제 집 행 신 청 서

○○지방법원 ○○지원 집행관사무소 집행관 귀하

<table>
<tr><td rowspan="4">채 권 자</td><td>성 명</td><td colspan="2">노 0 0</td><td>주민등록번호
(사업자등록번호)</td><td>400000-
2000009</td><td>전화번호</td><td>011-7000-4006</td></tr>
<tr><td colspan="4"></td><td>우편번호</td><td></td></tr>
<tr><td>주 소</td><td colspan="6">서울시 관0구 온0035다길46(봉0동 401번지)</td></tr>
<tr><td>대리인</td><td colspan="2">성명 (최 명 칠)
주민등록번호
(600009-1000006)</td><td>전화번호</td><td colspan="3">011-7000-7000</td></tr>
<tr><td rowspan="2">채 무 자</td><td>성 명</td><td colspan="2">00토건주
식회사</td><td>주민등록번호
(사업자등록번호)</td><td>100001-
1000002</td><td>전화번호</td><td></td></tr>
<tr><td colspan="4"></td><td>우편번호</td><td></td></tr>
<tr><td>주 소</td><td colspan="7">경기도 부0시 원0구 부00 368(심00동 3008-107)</td></tr>
<tr><td colspan="2">집행목적물
소재지</td><td colspan="7">경기도 부천시 원미구 장말로 376(심곡1동355-1) 성보빌딩9층
전문건설공제조합부천지점</td></tr>
<tr><td colspan="2">집 행 권 원</td><td colspan="7">인천지방법원 부천지원2007타채1008특별현금화 매각명령</td></tr>
<tr><td colspan="2">집행의 목적물 및
집 행 방 법</td><td colspan="7">동산압류, 동산가압류, 동산가처분, 부동산점유이전금지가처분, 건물명도,
철거, 부동산인도, 자동차인도, 기타(출자증권경매)</td></tr>
<tr><td colspan="2">청 구 금 액</td><td colspan="7">일천칠백사십칠만칠천일백구십사원(₩17,477,194)(집행권원과같음) 및
지연이자</td></tr>
</table>

위 집행권원에 기한 집행을 하여 주시기 바랍니다.

※ 첨부서류

1. 집행권원 결정정본   1통   2018 . 8 . 10 .
2. 송달 증명서   각 1통   채권자 노 00   (인)
3. 위임장   1통   대리인 최 명칠   (인)
4. 채무자 법인등기부등본   1통

※특약사항

<table>
<tr><td rowspan="3">
1. 본인이 수령할 예납금잔액을 본인의
비용부담하에 오른쪽에 표시한 예금계
좌에 입금하여 주실 것을 신청합니다.
채권자 노00 (인)
</td><td rowspan="3">예
금
계
좌</td><td>개설은행</td><td>신한</td></tr>
<tr><td>예 금 주</td><td>노 0 0</td></tr>
<tr><td>계좌번호</td><td>351-0071-3539-63</td></tr>
</table>

2. 집행관이 계산한 수수료 기타 비용의 예납통지 또는 강제집행 속행의사 유무 확인 촉구를 2회 이상 받고도 채권자가 상당한 기간내에 그 예납 또는 속행의 의사표시를 하지 아니한 때에는 본건 강제 집행 위임을 취하한 것으로 보고 종결처분하여도 이의 없습니다.

채권자 노00 (인)

주 1. 굵은 선으로 표시된 부분은 반드시 기재하여야 합니다.(금전채권의 경우 청구금액 포함).

2. 채권자가 개인인 경우에는 주민등록번호를, 법인인 경우에는 사업자등록번호를 기재합니다.

청구금액계산서	
내 용	금 액
인천지방법원 부천지원2007타채1008특별 현금화 매각명령 지연이자 압류 및 경매비용	일 천 칠 백 사 십 칠 만 칠 천 일 백 구 십 사 원 (₩17,477,194)(집행권원과같음) 및지연이자 미정 미정
합 계	원
집행목적물 소재지 약도	

서울시 관악구 온천로35다길 46(봉천동)

000

─────────────────────────────

인천지방법원부천지원
출자증권매각기일통지서

사 건 번 호 : 2016본   (2부)
채 권 자 : 000
채 무 자 : 00토건(주)
제3채무자 : 전문건설공제조합
집행권원 : 인천지방법원부천지원 2016타채   특별현금화(매각)명령

　　위 당사자 간 인천지방법원 부천지원 2014타채2   집행력있는 출자증권압류명
결정 정본에 의한 2015년 12월 30일 수취한 출자증권에 대하여 아래와 같이 매각
기일이 다음과 같이 지정되어 통지합니다.

매 각 일 시 : 2016년 06월 20일   16:00부터
매 각 장 소 : 경기도 부천시 원미구 상일로129 인천지방법원부천지원 151호 법정
최저(일괄)매각가격 : 12,556,586원

2016. 06. 13
집 행 관   이 환 규

─────────────────────────────

*응찰자격은 일반건설업자로 제한 함.
*매각대금은 현장에서 대금전액을 납부하여야 하므로(예외:민사집행규칙 제149조
2항의 경우)매각참가자는 충분한 대금 (현금 또는 금융기관 발행 자기앞수표)를
지참하여 매각에 참가하여야 합니다.(채무자는 참가할 수 없음)

인천지방법원 부천지원

채권배당기일통지서

사   건   2017타배33 집행관의 배당액 공탁사유 신고

채 권 자   ○ ○ ○ (부천지원 2016타채   )

채 무 자   ○○보건 주식회사(110111·   )

제3채무자   전문건설공제조합

배 당 기 일   2017.06.21. 10:00 151호 법정

위와 같이 배당기일이 지정되었음을 통지합니다.

2017. 5. 22.

법원주사보 육 현 우   직인생략

주의 : 1. 채권자는 송달받은 날로부터 7일 내에 귀하가 청구하는 채권의 원금, 이자, 비용 기타 부대채권의 계산서를 제출하시기 바랍니다. 다만, 채권의 변제 등으로 채권금액에 변동이 있는 경우 외에는 채권계산서 제출이 필요하지 않고 제출하지 않았다는 이유만으로 권리를 잃거나 배당에서 제외되지 않습니다.
2. 배당금을 수령하기 위해서는 다음의 서류 등을 지참하시기 바랍니다. 인감증명서는 발급일부터 3월 이내의 것을 제출하여야 합니다.
○ 채권자가 개인인 경우 : 인감증명 2통(용도:법원제출용), 인감도장, 신분증(주민등록증, 운전면허증, 여권 등), 대리인이 출석할 때에는 위임장 및 위임자의 인감증명 각 2통, 위임받은 사람의 신분증
※주소지 변경이 있는 경우 주민등록초본(주소 변동사항 포함) 2통
○ 채권자가 법인인 경우 : 법인인감증명 2통, 법인인감도장 또는 법인인감도장을 날인한 위임장 2부, 법인등기부등본 2통, 위임받은 자의 사원증사본이나 재직증명서, 신분증, 도장(대리인)
· 3. 가압류채권자는 집행권원이 있으면 집행력있는 집행권원 정본과 정본송달/확정증명서를 첨부하여 배당금지급신청서를 제출하시기 바랍니다.
(가압류채권자는 집행권원이 없으면 배당금을 수령할 수 없습니다)
4. 채권자 및 대리인은 신분증 앞,뒷면을 복사해서 2통을 지참하시기 바랍니다.
5. 채무자는 송달받은 날부터 10일 이내에 주민등록번호(개인인 경우) 또는 사업자등록번호(법인인 경우)를 기재한 서면을 제출하시기 바랍니다. 제출하지 않을 경우에는 배당재단에서 이자소득세가 과다 지급될에 따라 배당으로 소멸되는 채무액이 줄어 들 수 있습니다.
6. 배당기일통지서를 받은 채권자일지라도 배당순위에 따라서는 배당금이 없는 경우도 있습니다. 배당금 유무는 배당기일 3일 전부터 집행계에서 확인할 수 있습니다.
7. 배당이의는 배당기일 당일에 한하여 구술로만 가능합니다.
(단 채무자는 배당기일 3일전부터 서면으로도 가능)
8. 배당이의를 한 경우에는 배당기일로부터 7일 이내에 배당이의의소제기증명서를 집행계에 제출하셔야 합니다.
9. 사건진행에 관하여 안내를 받고자 하는 경우에는 자동응답전화(ARS)를 이용할 수 있습니다. 자동응답전화번호는 지역번호없이 1588-9100 입니다. 자동응답전화를 하신 후 곧바로 사건진행 안내를 받으려면 '1'+'9'+[열람번호 000241 2017 301 33]+'*'를 누르시면 됩니다.

인천지방법원 부천지원
배 당 표

등본입니다.
2018. 03. 27.
법원주사보 최유진

2017타배441　　배당절차

배당할금액	금	14,303,526원

명 세	매각대금 (공박금)	금	14,300,000원
	이 자	금	3,526원

집 행 비 용	금	0원

실제배당할 금　　액	금	14,303,526원

매각목적물 (공탁번호)	2018 - 800152		
채 권 자	○○○	○○○	○○토건 주식회사
채권금액 원 금	443,700원	10,913,277원	3,278,849원
이 자	0원	0원	0원
비 용	0원	0원	0원
계	443,700원	10,913,277원	3,278,849원
배 당 순 위	1	2	3
이 유	집행비용	추심권자 부천지원 (2017타채 6703)	채무자 (잉여금)
배 당 비 율	100.0%	100.0%	100.0%
배 당 액	443,700원	10,913,277원	2,946,549원
잔 여 액	13,859,826원	2,946,549원	0원

2018. 3. 28.

사 법 보 좌 관 　 최 기 정

16 유체동산에 대한 강제집행

(1) 의 의

금전채권 신청 방식 및 요건, 압류의 효과 신청방법 동산집행에 있어서는 집행관이 집행기관이 됩니다. 따라서 채권자는 압류할 대상을 정한 다음 집행문이 부여된 집행권원과 송달증명서를 구비하여 집행목적물이 소재하는 지방법원소속 집행관에게 서면으로 집행신청을 하여야 합니다.

신청서에는 채권자, 채무자 및 대리인의 표시, 집행권원의 표시, 강제집행의 목적물인 유체동산의 소재장소 등을 기재하여야 합니다. 신청서는 집행관 사무실에 비치하고 있습니다.

채권자가 집행관에 대하여 집행위임을 하면 집행관은 채무자소유의 유체동산 중 압류가 금지되는 물건(민사집행법 제195조에서 규정하고 있음)을 제외하고 압류를 실시한 후 압류물을 경매방법으로 또는 적의 매각의 방법으로 환가하여 영수한 매득금을 채권자에게 인도하는 방법으로 진행합니다.

(2) 대상목적물

원칙적으로 민법상의 동산이 유체동산에 대한 강제집행의 목적물이 된다.

그러나 예외적으로 민법상의 동산이면서도 유체동산집행방법을 취하지 않는 것이 있는가 하면, 민법상의 동산이 아니면서도 유체동산집행방법을 취하는 것이 있다.

첫째로 다음의 것은 민법상의 동산이나 유체동산집행방법을 취하지 않는다.

① 등기할 수 있는 선박 - 선박 집행방법으로 집행한다.

② 등록자동차 - 자동차 집행방법으로 집행한다.

③ 등록건설기계 - 건설기계 집행방법으로 집행한다.

④ 등록항공기 -항공기 집행방법으로 집행한다.

둘째로 다음의 것은 민법상의 동산은 아니나 유체동산집행방법을 취한다.

① 등기할 수 없는 토지의 정착물로서 독립하여 거래의 객체가 될 수 있는 것.

② 토지에서 분리하기 전의 과실로서 1월내에 수확할 수 있는 것.

③ 유가증권으로서 배서가 금지되지 아니한 것.

(3) 압류절차

가. 집행의 위임

유체동산의 압류는, 압류하고자 하는 유체동산의 소재지를 관할하는 지방법원에 소속되어 있는 집행관에 대한, 채권자의 서면에 의한 강제집행의 위임이 있어야 실시된다.

집행관에 대한 강제집행의 위임은 그 실질이 집행기관에 대한 강제집행의 신청에 속한다. 집행위임(즉 집행신청)을 함에 있어서, 채권자는 집행관수수료규칙이 정하는 바에 따라, 집행관에 대한 수수료와 집행에 필요한 비용을 지급하여야 한다.

나. 압류의 실행

(가) 압류의 의의

유체동산의 압류는 집행관이 목적물을 점유함으로써 한다. 집행관이 목적물을 점유한다는 것은, 목적물에 대한 채무자의 사실상의 지배를 박탈하여, 집행관에게 옮기는 것을 말한다.

집행관은 채무자 소유의 유체동산에 대하여만 압류할 수 있는 것이 원칙이다. 그러나 집행관에게는, 압류하려는 유체동산의 실체적인 권리관계에 관하여 조사할 권한이 없기 때문에, 목적물의 점유로써 그 소유관계를 추정할 수밖에 없다. 따라서 집행관은 채무자가 직접 점유하고 있는 동산 즉, 채무자가 소지하고 있는 물건 또는 채무자의 주거나 사업장 내에 있는 물건에 대해서는, 일단 채무자의 소유로 보고 압류할 수 있다.

(나) 압류의 방법

① 압류할 물건의 선택

집행관이 압류할 물건을 선택하는 때에는 채권자의 이익을 해하지 아니하는 범위안에서 채무자의 이익을 고려하여야 한다. 따라서 집행관은 환가가 용이한 것 또는 채무자의 일상생활에 타격을 주지 않는 것부터 압류하여야 하나, 구체적으로 어떤 것을 압류할 것인지는 그 재량으로 판단하며, 채권자나 채무자의 의사에 구속받지 않는다.

② 압류에 있어서의 강제력행사 등

집행관은 집행하기 위하여 필요한 경우에는, 채무자의 주거·창고와 기타 장소를 수색하고 잠근 문과 기구를 여는 등 적절한 조치를 할 수 있다.

집행관이 행하는 채무자의 주거수색 등에 대하여 채무자 등이 저항을 하는 때에는, 집행관은 경찰의 원조를 청구하여 이를 배제시킬 수 있고, 경찰력으로 그 배제가 어려운 때에는, 법원에 신청하여 국군의 원조를 받아 이를 배제시킬 수 있다. 집행관으로부터 원조의 청구를 받은 경찰은 이에 응하여야 한다.

집행관은 집행하는데 저항을 받거나 채무자의 주거에서 집행을 실시하려는데 채무자나 사리를 분별할 지능이 있는 그 친족·고용인을 만나지 못한 때에는 성년 두 사람이나 특별시·광역시의 구 또는 동 직원, 시·읍·면 직원(도농복합형태의 시의 경우 동지역에서는 시 직원, 읍·면지역에서는 읍·면 직원) 또는 경찰공무원 중 한 사람을 증인으로 참여하게 하여야 한다. 또한 공휴일과 야간에는 법원의 허가가 있어야 집행행위를 할 수 있다.

③ 압류물의 보관

압류물은 집행관이 스스로 현실의 점유를 하여 보관하는 것이 원칙이다. 그러나 집행관은 채권자의 승낙이 있거나 압류물의 운반이 곤란한 때에는, 봉인 그 밖의 방법으로 압류물 임을 명확히 하여 채무자에게 보관시킬 수 있다.

압류물을 집행관이 직접 보관하지 않고, 채무자나 채권자 또는 제3자로 하여금 보관하게 한 경우에는, 압류물에 대해 봉인 기타의 방법으로 압류의 표시를 명확하게 하여야 한다.

집행관이 압류표시를 명확히 하는 것은 압류의 성립요건이다.

따라서 명확하지 않은 압류표시에 의한 압류는 불성립 내지 무효이므로, 집행채권자로서도 압류표시가 명확한지 확인해 볼 필요가 있다.

권한 없이 압류의 표시를 손상한 자는 공무상비밀표시무효죄로서 형사처벌을 받게 된다.

④ 압류물의 점유회복

압류집행 후 그 압류가 실효되거나 취소되는 등 해제됨이 없이, 제3자가 압류물을 점유하게 된 경우에도 집행관은 자력구제(自力救濟)의 방법으로 직접 압류물의 점유를 회복할 수 없다. 따라서 이 경우 채권자는 법원에 제3자를 상대로 압류물의 집행관에 대한 인도명령을 신청하여, 집행관으로 하여금 그 인도명령을 집행권원으로 해서 강제집행의 방법으로 점유를 회복하게 하여야 한다.

인도명령의 신청은 채권자가 압류물을 제3자가 점유하고 있는 것을 안 날로부터 1주일 이내에 하여야 한다. 그리고 인도명령의 집행은 인도명령이 상대방에게 고지되기 전에도 할 수 있으나, 신청인에게 고지된 날로부터 2주일이 지난 때에는 할 수 없게 된다.

(다) 압류의 제한
① 압류금지동산
(ㄱ) 민사집행법상의 압류금지동산

채무자의 소유에 속하는 유체동산이라 할지라도, 채무자의 최저생활의 유지나 생업의 보장 기타 사회적·경제적·문화적 관점에서 정책적으로 법이 압류를 할 수 없도록 하고 있는 것이 있는 바, 그 구체적인 내용은 민사집행법 제195조에 열거되어 있다.

법원은 당사자가 신청하면, 채권자와 채무자의 생활형편 그 밖의 사정을 고려하여, 민사집행법상 압류가 금지되지 아니하는 유체동산에 행하여진 압류의 전부 또는 일부의 취소를 명하거나(압류금지물의 확대), 민사집행법상 압류가 금지되는 물건의 압류를 명하는(압류금지물의 축소) 재판을 할 수 있고, 또한 위 대판이 있은 뒤에 그 이유가 소멸하거나 사정이 바뀐 때에는, 직권 또는 당사자의 신청에 따라 위 재판을 취소하거나 바꿀 수 있다.

(ㄴ) 특별상의 압류금지물

· 마약류 관리에 관한 법률상의 마약, 대마(大麻), 향정신성의 약품.

· 신탁법에 의한 신탁재산에 대하여는 수탁자의 채권자가 이를 강제집행하거나 경매
  하지 못한다.

· 공장저당법 제4조와 제5조의 규정에 의하여 저당권의 목적이 되는 물건은 토지 또는
  건물과 같이하지 아니하면 압류할 수 없다. 또 공장재단 및 광업재단을 구성하는 물건
  도 재단과 같이하지 아니하면 압류하지 못한다.

· 공적인 보호, 원호 등으로 지급된 금품 등.

· 의료법상의 의료기재 등

② 채무자 이외의 자가 점유 중인 유체동산의 압류제한

집행채권자가 채무자의 물건을 임차물·수치물로서 또는 유체권·질권의 목적물로서
직접 점유하고 있는 경우에는, 집행채권자가 이를 집행관에게 제출하여 압류할 것을 요
구할 수 있다.

집행채권자와 집행채무자를 제외한 제3자가, 집행채무자의 유체동산을 단독 또는 집
행채권자나 집행채무자와 공동으로 점유하고 있는 경우에는, 그 제3자가 압류를 승낙하
여 제출을 거부하지 아니하는 때에 한하여, 압류할 수 있다. 집행채권자의 권리보호를
위하여 그 물건에 대한 제3자의 점유권이 침해되어서는 아니되는 것이기 때문이다.

다만 채무자와 그의 배우자가 공유 및 공동 점유하는 유체동산에 대하여는 압류할 수
있다.

③ 초과압류의 금지

유체동산집행은 채권회수를 위하여 행하여지는 것이므로 집행력 있는 정봉에 적은 청구
금액의 번제와 집행비용의 변상에 필요한 한도 안에서 하여야 한다.

초과압류란, 압류한 여러 개의 유체동산 중 일부의 압류만으로도 청구채권의 변제와
집행비용의 변상을 받기에 충분한 경우를 말하는 것이므로, 달리 적당한 물건이 없어
청구 채권자의 집행비용 합계액을 훨씬 초과하는 가치를 갖는 불가분적인 1개의 물건을
압류하는 것은 초과압류가 아니다.

④ 무익한 압류의 금지

압류물을 매각하여도 집행비용 외에 남을 것이 없는 경우에는, 그 물건에 대한 집행절차의 진행은 채권회수에 도움이 되지 못하는 무익한 것이므로, 집행관은 이를 압류하지 못한다.

또한 법률에 명문의 규정은 없으나, 압류물의 매각대금으로 압류채권자에 우선하는 배당요구채권, 교부청구한 조세채권 및 집행비용에 충당하고 나면, 압류채권자를 위하여 남는 것이 생길 가능성이 없는 경우에도, 압류할 수 없는 것으로 보아야 한다.

(라) 압류의 효력

압류가 있으면 채무자는 목적물의 사용·수익을 할 수 없는 것이 원칙이다. 그러나 집행관이 압류물에 압류표시만을 붙이고, 압류물의 보관을 채권자의 승낙이나 운반의 곤란을 이유로 채무자에게 맡긴 경우에는, 채무자는 압류물을 집행관의 허락 하에 압류표시를 훼손하지 않는 한도에서 통상의 용법에 따라 사용할 수 있다.

또한 압류가 있으면, 채무자는 압류물에 대한 처분권을 빼앗겨 그 물건을 처분할 수 없게 되어, 압류물을 처분하더라도 당해 집행절차상으로는 무효인 것으로 취급된다. 다만 이 무효는 절대적인 것은 아니므로 압류의 취소가 있으면 유효한 것으로 된다.

(마) 압류의 경합

압류 또는 가압류한 물건을, 다시 다른 채권자가 압류 또는 가압류하는 것을, 압류의 경합 또는 경합압류라고 한다.

이미 압류 또는 가압류된 유체동산에 대하여, 다른 채권자가 다시 압류 또는 가압류를 하려면, 선압류 물건에 대한 경매 기일 전에 압류 또는 가압류의 집행위임을 하여야 한다.

채권자로부터 강제집행의 위임을 받은 집행관은, 대상목적물에 먼저 한 압류가 있으면, 그 이외에 더 압류할 물건이 있을 경우 이를 압류하여, 추가압류조서를 작성한 다음 이 추가압류조서와 경합압류채권자가 제출한 집행 위임서를 먼저 압류한 집행관에게 교부하여야 한다.

다음에 이를 교부받은 먼저 압류한 집행관은, 그가 작성한 압류조서에 뒤에 강제집행을 신청한 모든 채권자를 위하여 다시 압류한다는 취지를 덧붙여 적고, 아울러 추가압류조서에는 먼저 압류한 채권자를 위하여 다시 압류한다는 취지를 덧붙여 적어야 한다.

경합압류채권자의 집행위임은 먼저 압류한 집행관에게 이전되어, 처음부터 먼저 압류한 집행관에게 집행위임한 것과 같이 된다.

그리고 이에 의하여 먼저 압류한 집행관은, 스스로 압류한 물건과 뒤에 압류한 집행관이 추가압류한 물건 모두를, 모든 집행채권자를 위하여 압류한 것으로 보아 현금화절차를 실시하게 된다.

따라서 먼저 한 압류가 취소되어 소멸하더라도, 먼저 한 압류물도 추가 압류한 물건과 일체가 되어 집행목적물이 된다. 다만 이 경우에도 초과압류금지의 원칙에 따라, 집행채무자가 일부 목적물에 대하여 강제집행의 취소를 신청할 수 있음은 물론이다.

(4) 현금화절차

가. 현금화 방법

압류물리 금전으로서 강제통용력을 가진 내국통화인 때에는 그 성질상 현금화의 필요가 없다. 그러나 압류물이 금전이라도 외국통화이거나 금전이외의 물건인 때에는, 이를 현금화하여 내국통화인 금전으로 바꾸는 조치가 필요하다.

현금화는 일반 현금화와 특별 현금화의 두가지 방법이 있다. 일반 현금화는 집행관이 입찰 또는 호가경매의 방법으로 압류물을 매각하는 경우이고, 특별 현금화의 두가지 방법이 있다. 일반 현금화는 집행관이 입찰 또는 호가경매의 방법으로 압류물을 매각하는 경우이고, 특별현금화는 일반 현금화의 규정에 의하지 아니하고, 다른 방법이나 다른 장소에서 압류물을 매각하거나, 집행관에게 위임하지 아니하고 다른 사람으로 하여금 매각하게 하는 경우이다.

나. 매각

(가) 매각의 준비

① 압류물의 평가

집행관은 압류시 초과압류를 하지 않기 위해서 스스로 압류물을 평가할 필요가 있다. 경매할 물건 중에 값비싼 물건이 있는 때에는, 자신의 평가만으로는 부적절하므로, 적당한 감정인에게 평가하게 하여야 한다.

값비싼 물건이라 함은 일반적으로 크기와 무게에 비하여 가치가 매우 높은 물건 또는 통상인이 그 시가를 알기 어려운 물건을 말하며, 구체적으로는 사회통념에 따라 결정하는 수밖에 없다.

② 매각일과 매각장소의 지정·공고·통지

집행관은 압류실시 후 압류물의 매각일자와 매각장소를 정하여, 매각할 물건의 표시와 함께 대법원 규칙이 정하는 방법으로 공고하고, 이를 채권자·채무자 및 압류물 보관자에게 미리 통지하여야 한다.

압류일과 매각일 사이에는 1주일 이상의 기간을 두어야 한다. 다만 압류물을 보관하는데 지나치게 많은 비용이 들거나, 시일이 지나면 그 물건의 값이 크게 내릴 염려가 있는 때에는 그러하지 아니하다. 그리고 채권자와 채무자 간의 합의가 있는 경우에도, 7일 이내의 조기경매일을 정할 수 있는 것으로 해석되고 있다.

매각장소는 압류한 유체동산이 있는 시·구·읍·면(도농복합형태의 시의 경우 동지역은 시·구, 읍·면지역은 읍·면)내로 함이 원칙이나, 압류채권자와 채무자의 합의가 있으면 그 합의된 장소로 할 수 있다. 실무상은 압류물의 보관장소에서 매각하는 것이 원칙이다.

상당한 기간이 지나도 집행관이 매각하지 아니하는 때에는, 압류채권자는 일정한 기각 내에 매각할 것을 최고하거, 그 최고에 따라지 아니하는 때에는, 법원에 필요한 명령을 신청할 수 있다.

(나) 매각의 실시

매각은 집행관이 매각일에 매각기일 개시 선언을 하고, 매각 조건을 고지한 후 매수신청을 최고함으로써 시작된다.

매각조건이라 함은 압류물의 소유권을 매수인에게 취득시키는 조건을 말한다. 매각조건에는 법정매각조건과 특별매각조건이 있다. 법정매각조건은 이해관계인의 합의 또는 집행법원의 명령에 의하여 법정매각조건에 변경 또는 부가를 가한 경우의 매각조건을 말한다.

집행관이 고지하여야 하는 것은 특별매각조건이며 법정매각조건에 의한 매각의 경우는 고지를 요하지 않는다. 고지를 요하는 특별매각조건으로는 예컨대 대금지급기일, 최저매각가격, 매수신청의 보증 등을 들 수 있다.

매수 신청이란 집행관에 대하여 매수인이 될 것을 희망하는 뜻의 신청을 하는 것을 말한다. 행위능력이 있는 이상 누구든지 매수신청을 할 수 있는 것이 원칙이나, 다음과 같은 경우는 예외적으로 매수신청이 제한된다.

우선 채무자, 집행관이나 그 친족, 값비싼 물건의 감정인이나 그 친족은 매수신청을 하지 못한다. 다음에 매수신청을 하여 매수인이 된 자가, 대금을 지급하지 않아 다시 실시하는 매각절차에서는, 전의 매수인은 매수신청을 하지 못한다. 집행관의 매수신청최고에 응한 매수신청이 있으면, 그 중 최고가매수신고인의 성명과 가격을 말한 뒤, 매각을 허가한다.

압류물이 여러 개인 경우, 집행관은 유체동산의 형태, 이용관계 등을 고려하여 일괄매수하게 하는 것이 알맞다고 인정하는 때에는, 직권으로 또는 이해관계인의 신청에 따라 일괄하여 매각할 수 있다. 그러나 여러 개의 물건 중 일부의 매각대금으로 강제집행비용충당과 채권자의 채권변제에 충분하게 되면, 나머지 물건에 대하여는 즉시 경매를 중지하여야 한다.

매각물은 대금과 서로 맞바꾸어 인도하여야 한다. 그리고 매수인이 매각조건에 정한 지급기일에, 대금의 지급과 물건의 인도청구를 게을리 한 때에는, 재매각을 하여야 한다. 지급기일을 정하지 아니한 경우로서, 매각기일의 마감에 앞서 대금의 지급과 물건의 인도청구를 게을리 한 때에도, 또한 같다.

재매각의 경우에 전의 매수인은, 뒤의 매각대금이 처음의 매각대금보다 적은 때에는, 그 부족한 액수를 부담하여야 한다.

다. 적당한 방법에 의한 매각

금·은붙이도 일단은 이상 설명한 일반 현금화의 규정에 따라 매각하여야 한다. 그러나 그 매각절차에서, 시장가격 이상의 금액으로 매수하는 사람이 없는 때에는, 집행관은 그 시장가격에 따라 적당한 방법으로 매각할 수 있다.

시장가격이 있는 유가증권은, 매각하는 날의 시장가격에 따라 적당한 방법으로 매각하고, 그 시장가격이 형성되지 아니한 것은, 일반 현금화의 규정에 따라 매각하여야 한다.

적당한 방법에 의한 매각이란, 집행관의 재향에 의한 매각이라 할 것이므로, 증권업자나 중개인을 통하여 매각할 수도 있고 스스로 매수인을 물색하여 매각할 수도 있다.

라. 특별 현금화

법원은 필요하다고 인정하면, 직원으로 또는 압류채권자, 배당을 요구한 채권자 또는 채무자의 신청에 따라, 일반 현금화의 규정에 의하지 아니하고, 다른 방법이나 다른 장소에서, 압류물을 매각하게 할 수 있다. 또한 집행관에게 위임하지 아니하고, 다른 사람으로 하여금 매각하게 하도록 명할 수 있다.

특별 현금화의 방법으로 매각하는 것이 적당한 경우로는, 예컨대 총포, 도검, 독극물, 마약 등과 같이, 법령에 의하여 일정한 자격을 갖추거나 또는 허가를 받은 자가 아니면 매수할 수 없는 물건을 매각하는 경우 또는, 대량의 냉동식품을 압류하여 이를 일괄하여 전문적 도매업자에게 매각하는 경우 등을 들 수 있다.

그리고 집행관 이외의 자로 매각하게 하는 것이 적당한 경우로는, 예컨대 대량의 생선이나 말·소 등의 가축을 공설시장에서 전문경매인으로 하여금 매각하게 하는 경우 등을 들 수 있다.

(5) 배당절차

가. 개설

유체동상에 대한 강제집행에 있어서의 배당절차도 기본적으로는 부동산에 대한 강제집행에 있어서의 배당절차와 다르지 않다. 따라서 여기에서는 부동산에 대한 강제집행에 있어서와 다른 부분에 대하여서만 간략히 설명하기로 한다.

나. 배당요구

(가) 배당요구를 할 수 있는 채권자

타인의 집행위임에 의하여 진행되고 있는 유체동산에 대한 강제집행절차에 있어서는, 민법·상법 그 밖의 법률에 따라 우선변제청구권이 있는 채권자만이, 매각대금으로부터 배당을 요구할 수 있다.

우선변제청구권이 있는 채권자가 아닌 일반채권자는, 비록 집행력 있는 정본을 소지하고 있는 자라 할지라도, 다른 채권자가 취하고 있는 강제집행절차에서 배당을 요구하지 못한다.

다만 집행력 있는 정본의 소지자는, 자신이 독자적으로 대상목적물에 강제집행절차를 취할 수 있으므로, 스스로 강제집행위임을 하여 압류의 경합을 가져오게 하면, 그 경합압류의 효력으로써 배당요구채권자로 다루어지게 된다.

(나) 배당요구의 시기

강제집행의 대상이 금전인, 경우에는, 집행관이 압류에 의하여 그 금전의 점유를 취득할 때까지만, 배당요구를 할 수 있다.

압류물을 매각에 의하여 현금화하는 경우에는, 집행관이 그 매각대금을 영수할 때까지, 배당요구 할 수 있다.

압류의 목적물이 어음·수표 그 밖의 금전의 지급을 목적으로 하는 유가증권으로써, 매각절차를 취하지 않고 추심을 하는 경우에는, 집행관이 그 지급을 받을 때까지 배당요구를 할 수 있다.

집행정지 중에 압류물을 즉시 매각하지 아니하면 값이 크게 내릴 염려가 있거나, 보관에 지나치게 많은 비용이 드는 때에는, 그 집행관은 그 물건을 매각하여 그 매각대금을 공탁할 수 있는데, 이 경우의 공탁금에 대하여는 그 정지가 풀려서 그 집행을 계속하여 진행할 수 있게 될 때까지 배당요구 할 수 있다.

가압류물을 즉시 매각하지 아니하면 값이 크게 떨어질 염려가 있거나, 그 보관에 지나치게 많은 비용이 드는 경우에는, 집행관은 그 물건을 매각하여 매각대금을 공탁하여야 하는데, 이 경우의 공탁금에 대하여는, 가압류채권자가 본 집행에의 이행으로써 본 압류신청을 하거나 또는 가압류물에 대한 다른 채권자의 본 압류신청이 있어야 유체동산집행이 속행되게 되므로, 이러한 본 압류의 신청이 있을 때까지 배당요구를 할 수 있다.

(다) 배당요구의 절차

우선변제청구권이 있는 채권자의 배당요구는, 이유를 밝혀 집행관에게 하여야 한다.

압류가 경합된 경우와 실체법상 우선변제청구권이 있는 자의 배당요구가 있는 경우에는, 집행관은 그 사유를 배당에 참가한 채권자와 채무자에게 통지하여야 한다.

통지는 민사집행법 제11조 및 제12조의 규정에 따라 하면 된다. 따라서 채무자가 외국에 있거나 있는 곳이 분명하지 아니한 때에는 통지를 하지 아니하여도 된다.

다. 집행관의 배당실시

(가) 배당요구채권의 전액변제를 할 수 있는 경우

채권자가 한 사람인 경우 또는 채권자가 두 사람 이상으로서 매각대금 또는 압류금전으로 각 채권자의 채권과 집행비용의 전부를 변제할 수 있는 경우에는 집행관은 채권자에게 채권액을 교부하고, 나머지가 있으면 채무자에게 교부하여야 한다.

다만 배당을 받을 채권자의 채권이 ① 정지조건 또는 불확정기한이 붙어 있는 채권인 때 ② 가압류 채권자의 채권인 때 ③ 강제집행의 일시정지를 명한 취지를 적은 재판의 정본 또는 담보권 실행을 일시 정지하도록 명한 재판의 정본이 제출되어 있는 채권인 때에는 집행관은 그 배당액에 상당하는 금액을 공탁하고 그 사유를 법원에 신고하여야 한다.

(나) 배당요구채권의 전액변제를 할 수 없는 경우

압류금전이나 매각대금으로 각 채권자의 채권과 집행비용의 전부를 변제할 수 없는 경우에는 집행관은 매각 허가된 날로부터 2주일 안의 날을 배당협의기일로 지정하고 각 채권자에게 그 일시와 장소를 서면으로 통지하여야 한다. 이 통지에는 매각대금 또는 압류금전, 집행비용, 각 채권자의 채권액 비율에 따라 배당될 것으로 예상되는 금액을 적은 배당계산서를 붙여야 한다.

배당협의기일까지 채권자 사이에 배당협의가 이루어진 때에는 집행관은 그 협의에 따라 배당을 실시하여야 한다. 이 경우 채권자 사이에 배당협의기일 통지서에 첨부한 배당계산서와 다른 협의가 이루어진 때에는 집행관은 그 협의에 따라 배당계산서를 다시 작성하여야 한다. 다만 이 때에도 배당을 받을 채권자의 채권이 위 배당요구채권의 전액변제를 할 수 있는 경우의 공탁사유에 해당하는 때에는 집행관은 그 배당액에 상당하는 금액을 공탁하고 그 사유를 법원에 신고하여야 한다.

배당협의기일까지 배당협의가 이루어지지 아니한 때에는, 집행관은 바로 민사집행법 제222조에 의하여 압류금전이나 매각대금을 공탁하고, 집행법원에 그 사유를 신고하여야 한다.

라. 집행법원의 배당실시

집행관에 의한 압류금전 또는 매각대금의 공탁이 있으면 법원이 배당절차를 개시한다. 배당절차는 공탁의 신고를 받아야 하는 집행법원이 실시한다. 따라서 유체동산집행에 있어서는 집행절차를 실시한 지를 관할하는 지방법원이 집행법원으로서 배당을 실시하게 된다.

집행법원은 채권자들에게 1주일 내에 원금·이자·비용, 그 밖의 부대채권의 계산서를 제출하도록 최고하여야 하고, 이 채권계산서의 제출기간이 끝난 뒤에는 배당표를 작성하여야 한다. 이 경우 채권계산서의 제출기간을 지키지 아니한 채권자의 채권은, 배당요구서와 사유신고서의 취지 및 그 증빙서류에 따라 계산하며, 채권자는 다시 채권액을 추가하지 못한다.

집행법원은 배당을 실시할 기일을 지정하고 채권자와 채무자에게 이를 통지하여야 한다. 다만, 채무자가 외국에 있거나 있는 곳이 분명하지 아니한 때에는 통지하지 아니한다. 그밖에 배당표의 작성, 배당표에 대한 이의 및 그 완결과 배당표의 실시에 대하여는 부동산에 강제집행의 배당절차에 준하는 것으로 보면 된다.

(6) 특수한 경우

가. 부부공유 유체동산에 대한 강제집행

부부 중 어느 일방에 대하여 채권을 가지고 있는 자가 부부가 공유하고 있는 유체동산에 대하여 강제집행을 하는 경우에는 채무자 아닌 다른 배우자의 공유지분권 내지 공동점유권을 침해하는 결과를 가져오게 되므로 민사집행법은 그 배우자에 대하여 「우선매수권」과 「지급요구권」이라는 권리를 주어 보호하고 있다. 우선매수권이란 부부 일방에 대한 집행권원에 의하여 압류한 부부공유 유체동산을 경매하는 경우에 채무자가 아닌 배우자가 매각기일에 출석하여 최고가매수 신고가격과 동일한 가격으로 우선매수할 것을 신고할 수 있는 권리를 말하며, 이 신고가 있으면 집행관은 최고가매수신고인을 배제하고 그 배우자를 매수인으로 결정하여야 한다.

지급요구권이란 부부 일방에 대한 집행권원에 의하여 압류한 부부 공유 유체동산을 현금화하는 경우에 채무자 아닌 배우자가 그 매득금 중 자신의 공유지분에 해당하는 금액의 지급을 요구할 수 있는 권리를 말한다.

나. 기명식유가증권에 대한 강제집행

권리이전에 배서를 요하는 유가증권이나 권리이전의 대항요건으로서 명의개서를 요하는 유가증권에 대한 강제집행에 있어서는 일반의 현금화절차 이외에 매수인에 대한 채무자의 배서나 명의 개서를 강제할 수 있는 절차가 마련되어 있어야만 그 현금화의 실효성을 확보할 수 있다.

배서는 「민사집행법 제211조의 규정에 의하여 채무자 ○○○에 갈음하여 매수인 ○○○을 위하여 배서한다」와 같이 집행관이 민사집행법 제211조에 의하여 배서한다는 취지를 명백히 하고 그 직위를 표시하여 기명날인 하는 방법으로 한다.

그리고 명의개서는 집행관이 그 청구서를 회사에 제출하는 방법으로 한다. 명의개서청구서에는 배서에 준하여 매수인의 성명과 주소를 표시하고 민사집행법 제211조에 의하여 집행관이 양도인인 채무자를 갈음하여 명의개서를 청구한다는 취지를 기재하고 집행관의 직위를 표시한 후 기명날인하여야 한다.

다. 양도담보권의 실행

양도담보설정자가 점유하고 있는 양도담보목적물에 대하여 양도담보권의 실행을 하여면 그에 앞서 설정자로부터 그 점유를 빼앗아 담보권자에게 이전시킬 필요가 있다.

물론 담보목적물을 설정자의 점유 하에 두고서도 담보권의 실행을 할 수 없는 것은 아니나 설정자가 점유하고 있는 상태에서의 담보권 실행은 담보권자가 매수인에게 직접 인도할 수가 없어 그 매각이 용이하지 않을 것이기 때문이다. 인도받은 유체동산에 대하여는 양도담보권자가 이를 적절한 방법으로 매각 또는 평가해서 피담보채권의 변제에 충당하면 된다. 매각해서 피담보채권의 변제에 충당하는 것을 매각청산 또는 처분청산이라 하고, 평가해서 피담보채권에 충당하는 것을 평가청산 또는 취득청산이라고 한다.

매각 또는 평가금액이 피담보채권을 초과하는 경우에는 양도담보권자는 그 초과액을 설정자에게 반환하여야 하고, 피담보채권액에 미달하는 때에는 그 부족분이 미회수채권으로 남게 된다.

(7) 유체동산압류를 실시하여 얻을 수 있는 것

· 채무자의 재산상태를 파악 할 수 있다.
· 채무자의 채권관계를 파악 할 수 있다.
· 심리적인 압박 감에 의하여 채권회수가 빨라 질 수 있다.

(8) 양식

○○지방법원 ○○지원

동 산 경 매 신 청 서

○○지방법원 ○○지원 집행관사무소 집행관 귀하

채권자	성 명		주민등록번호 (사업자등록번호)		전화번호	
					우편번호	□□□-□□□
	주 소					
	대리인	성명 ( )		전화번호		

채무자	성 명		주민등록번호 (사업자등록번호)		전화번호	
					우편번호	□□□-□□□
	주 소					

집행목적물 소재지	□ 채무자의 주소지와 같음
	□ 채무자의 주소지와 다른 경우
	소재지 :

집 행 권 원	

집행의 목적물 및 집 행 방 법	☑ 동산가압류 □ 동산가처분 □ 부동산점유이전금지가처분
	□ 건물명도 □ 철거 □부동산인도 □ 자동차인도
	□ 금전압류 □ 기타 ( )

청 구 금 액	원(내역은 뒷면과 같음)

위 집행권원에 기한 집행을 하여 주시기 바랍니다.

※ 첨부서류

1. 집행권원   1통   20 . . .
2. 송달증명서   1통   채권자   (인)
3. 위임장   1통   대리인   (인)

※ **특약사항**

1. 본인이 수령할 예납금잔액을 본인의 비용부담하에 오른쪽에 표시한 예금계좌에 입금하여 주실 것을 신청합니다.
    채권자   (인)

예금계좌	개설은행	
	예 금 주	
	계좌번호	

2. 집행관이 계산한 수수료 기타 비용의 예납통지 또는 강제집행 속행의사 유무 확인 촉구를 2회 이상 받고도 채권자가 상당한 기간 내에 그 예납 또는 속행의 의사표시를 하지 아니한 때에는 본건 강제집행 위임을 취하한 것으로 보고 완결처분해도 이의 없음.
    채권자   (인)

* 굵은 선으로 표시된 부분은 반드시 기재하여야 합니다.(금전채권의 경우 청구금액 포함)
* 1) 주민등록번호가 없는 재외국민과 외국인의 경우에는 부동산등기법 제49조제1항제2호 또는 제4호에 따라 부여받은 부동산등기용등록번호를 기재 합니다.

수원지방법원 성남지원

강 제 집 행 신 청 서

수원지방법원 성남지원 집행관사무소 집행관 귀하

<table>
<tr><td rowspan="4">채권자</td><td>성 명</td><td>노 0 0</td><td>주민등록번호
(사업자등록번호)</td><td>400000-
2000009</td><td>전화번호</td><td>011-7000-40006</td></tr>
<tr><td></td><td></td><td></td><td></td><td>우편번호</td><td>00000</td></tr>
<tr><td>주 소</td><td colspan="5">서울시 관악구 봉천동 41번지 357 8/1</td></tr>
<tr><td>대리인</td><td colspan="3">성명 (최 명 칠)
주민등록번호
(600009-1000006)</td><td>전화번호</td><td>011-7000-7000</td></tr>
<tr><td rowspan="2">채무자</td><td>성 명</td><td>신 0 0</td><td>주민등록번호
(사업자등록번호)</td><td>500001-
2000001</td><td>전화번호</td><td></td></tr>
<tr><td></td><td></td><td></td><td>우편번호</td><td>00000</td><td></td></tr>
<tr><td colspan="2">주 소</td><td colspan="5">경기도 부0시 원0구 부00 368(심00동 3008-107)</td></tr>
<tr><td colspan="2">집행목적물
소재지</td><td colspan="5">경기도 하0시 00로 1006번길500(00동5001)꿈0000아파트4002동8004</td></tr>
<tr><td colspan="2">집 행 권 원</td><td colspan="5">서울중앙지방법원 2002차 60000공사대금등</td></tr>
<tr><td colspan="2">집행의 목적물 및
집 행 방 법</td><td colspan="5">동산압류, 동산가압류, 동산가처분, 부동산점유이전금지가처분, 건물명도,
철거, 부동산인도, 자동차인도, 기타(   )</td></tr>
<tr><td colspan="2">청 구 금 액</td><td colspan="5">삼천사십팔만오천원정(₩30,485,000)(집행권원과 같음) 및지연이자</td></tr>
</table>

위 집행권원에 기한 집행을 하여 주시기 바랍니다.

※ 첨부서류

1. 집행권원 결정정본	1통	2018. 8 . 10 .	
2. 송달 증명서	각 1통	채권자 노 00	(인)
3. 위임장	1통	대리인 최 명칠	(인)
4. 채무자 법인등기부등본	1통		

※특약사항

1. 본인이 수령할 예납금잔액을 본인의 비용부담하에 오른쪽에 표시한 예금계좌에 입금하여 주실 것을 신청합니다.
   채권자 노0 0 (인)

<table>
<tr><td rowspan="3">예금계좌</td><td>개설은행</td><td>신한</td></tr>
<tr><td>예 금 주</td><td>노 0 0</td></tr>
<tr><td>계좌번호</td><td>100000-000-00000</td></tr>
</table>

2. 집행관이 계산한 수수료 기타 비용의 예납통지 또는 강제집행 속행의사 유무 확인 촉구를 2회 이상 받고도 채권자가 상당한 기간내에 그 예납 또는 속행의 의사표시를 하지 아니한 때에는 본건 강제 집행 위임을 취하한 것으로 보고 종결처분하여도 이의 없습니다.

채권자 노0 0 (인)

주 1. 굵은 선으로 표시된 부분은 반드시 기재하여야 합니다.(금전채권의 경우 청구금액 포함).

2. 채권자가 개인인 경우에는 주민등록번호를, 법인인 경우에는 사업자등록번호를 기재합니다.

청구금액계산서	
내 용	금 액
서울중앙지방법원 2002차 60000공사대금등 지연이자 압류 및 경매비용	30,485,000 미정 미정
합 계	원

집행목적물 소재지 약도

위 임 장

채 권 자: 노 00(400000-2000009)   (우-10008)
　　　　서울시 관0구 봉00동 4001번지 3007호
채 무 자1: 신 00(500000-2000001)   (우-40001)
　　　　경기 하0시 00로1160번길5009(창0동5201)0000아파트41002동8004호
채 무 자2: 최 00(50000-1000005)   (우-40001)
　　　　경기 하0시 00로1160번길5009(창0동5201)0000아파트41002동8004호
채 무 자3: 주식회사 00개발(100001-000003,100-80-20005)(우-4000)
　　　　경기도 성남시 분0구 00로2403번길103, 4003(관0동6003-30)
　　　　대표이사 신 0 0
 집 행 권 원 서울중앙지방법원 2002차 60000호 공사대금등
　채권자는 위 집행권원에 기하여 위 채무자에 대한 강제집행을 다음 사람에게
위임하고 아래 권한을 부여합니다.

1. 수 임 자
　성　　　명 : 최 명칠
　주민등록번호 : 600000-1000000
　주　　　소 : 서울시 영등포구 신길로 250

2. 위임사항　　　가. 집행관에게 위임하는 일.
　　　　　　　　나. 집행현장안내 및 입회하는 일.
　　　　　　　　다. 경매기일 지정신청 및 촉구하는 일.
　　　　　　　　라. 변제금 및 경매대금을 수령하는 일.
　　　　　　　　마. 집행권원의 송달을 위임하는 일.
　　　　　　　　바. 특별송달을 위임하는 일.
　　　　　　　　사. 집행해제 및 취하,정본수령하는행위
　　　　　　　　아. 기타 채권자로서 할 수 있는 일체의 권한
위 와 같 이 위 임 합 니 다.
　　　　　　　　　2018.　8 .　　.
　　　　　　　　위임인(채권자)　노 00　(인)

본인은 민원24(www.minwon.go.kr)에서도 신청할 수 있습니다.

주민등록표 열람 또는 등·초본 교부 신청서

※ 뒤쪽의 유의사항을 읽고 작성하여 주시기 바라며, [ ]에는 해당되는 곳에 √표를 합니다.   (앞 쪽)

( )	성명 최 명칠 (서명 또는 인)	주민등록번호 600000-0000000
	주소 서울시 동00 00로100(000동 3005)	
	대상자와의 관계 채권자대리인	전화번호 011-7000-0000
	수수료 면제 대상 [ ]국민기초생활수급자 [ ]국가보훈대상자 [ ]그 밖의 대상자( )	

신청인 (법인)	기관명	사업자등록번호		
	대표자 (서명 또는 인)	대표전화번호		
	소재지			
	방문자 성명	주민등록번호	직위	전화번호

열람 또는 등·초본 교부 대상자	성명 신00	주민등록번호 500000 2000001
	주소 경기노 광0시 노0면 00로5번길5007-10, 2002호(000맨션)[:도0면)	

신청 내용			
	열 람	[ ]등본사항 [ ]초본사항	

※ 개인정보 보호를 위하여 아래의 등·초본 사항 중 필요한 사항만 선택하여 신청할 수 있습니다.
  선택사항을 표시하지 않는 경우에는 "포함"으로 굵게 표시된 사항만 포함하여 교부해 드립니다.

신청 내용	등본 교부 [ ] 통	1. 과거의 주소변동 사항	[ ]전체 포함 [ ]최근 5년 포함 [ ]미포함
		2. 세대구성 사유	[ ] [ ]미포함
		3. 세대원의 세대주와의 관계	[ ]포함 [ ]미포함
		4. 세대원의 전입일 / 변동일, 변동 사유	[ ]포함 [ ]미포함
		5. 교부 대상자 외 다른 세대원의 이름	[ ]포함 [ ]미포함
		6. 교부 대상자 외 다른 세대원의 주민등록번호 뒷자리	[ ]포함 [ ]미포함
		7. 동거인	[ ]포함 [ ]미포함
		8. 외국인 배우자	[ ]포함 [ ]미포함
	초본 교부 [2] 통	1. 개인 인적사항 변경 내용	[ ]포함 [ ]미포함
		2. 과거의 주소변동 사항	[*]전체 포함 [ ]최근 5년 포함 [ ]미포함
		3. 과거의 주소변동 사항 중 세대주의 성명과 세대주와의 관계	[*]포함 [ ]미포함
		4. 병역사항	[ ]포함 [ ]미포함

용도 및 목적		제출처 수원지방법원 성남지원
증명자료	,강제집행신청서,재산명시신청서	

「주민등록법 시행령」 제47조와 제48조에 따라 주민등록표의 열람 또는 등·초본 교부를 신청합니다.

2018년 8월 10일

· 군수·구청장 또는 읍·면·동장 및 출장소장 귀하

210mm×297mm[일반용지 60g/㎡(재활용품)]

인천지방법원
압류물점검조서

사　　　　건 : 2017본1931 （2부）

채　권　자 :　토목중기(주)

채　무　자 : (주)　　　산업개발

집 행 권 원 : 수원지방법원 안산지원 광명시법원 2015가소2240호

보　관　자 : (주)　　　산업개발

점 검 일 시 : 2018.07.18 11:40

점검장소(보관장소) : 인천광역시 부평구 장제로 196-1, 301호(부평동)

1. 압류 채권자의 신청에 의하여 별지목록 기재 압류물의 보관상황을 점검한바, 그 결과는 다음과 같다.

　가. 점검결과

　　압류물품 모두없음

　나. 조치내용

　　없음

2. 이 절차는 같은 날 11:50에 종료하였다.

이 조서는 현장에서 작성하여 집행참여인에게 읽어(보여)주었다.

　※ 현거주자 창의개발 직원 최재근 진술에 의하면 채무자는 금년 3월경에 이사갔다고 함

2018.07.18

집 행 관 : 서진태　　　（서명）

채　권　자 : 대리인 최

채　무　자 : 불 참

보 관 자 성 명 : (주)아이월

　　　　주　소 : 인천광역시 부평구 장제로 196-1, 301호(부평동)

참 여 자 성 명 :

　　　　주　소 :

참 여 자 성 명 :

　　　　주　소 :

등본입니다.
2018.07.20
인천지방법원
집행관 서진태

201700024002118　　　　　　　< 1 / 2 >　　　　　　2018/07/20 14:20 - D

압 류 목 록

번호	압류물	규격	수량	평가액	보관장소 (압류물소재)	압류표 시 방법	비고	변경
1	컴퓨터 및 모니터 (HP)	LCD:삼성 BX2050	1대	250,000	경기도 광명시 소하로 88 청학프라자 (소하동)	압류표		
2	컴퓨터 및 모니터 (조립 etiang)	LCD:S23B 30D	1대	250,000	상동	압류표		
3	컴퓨터 및 모니터 (삼성)	LCD:삼성 S24C230 L	1대	250,000	상동	압류표		
4	컴퓨터 및 모니터 (삼성)	LCD:Reeg en	1대	250,000	상동	압류표		
5	컴퓨터 및 모니터 (조립(검은색))	LCD:LUCO MS	1대	250,000	상동	압류표		
6	컴퓨터 및 모니터 (삼성)	LCD:삼성 2230	1대	250,000	상동	압류표		
7	컴퓨터 및 모니터 (삼성)	LCD:S24C 230L	1대	250,000	상동	압류표		
8	컴퓨터 및 모니터 (삼성)	LCD:S22B 300	1대	250,000	상동	압류표		
9	컴퓨터 및 모니터 (HANYANG)	LCD:Ueee	1대	250,000	상동	압류표		
10	컴퓨터 및 모니터 (삼성)	LCD:S24C 230L	1대	250,000	상동	압류표		
11	컴퓨터 및 모니터 (삼성)	LCD:주연 테크 JT201WDB	1대	250,000	상동	압류표		
12	컴퓨터 및 모니터 (삼성)	LCD:삼성 SA300	1대	250,000	상동	압류표		
13	복합기(HP 7610)		1대	150,000	상동	압류표		
14	소파및 테이블(회장 실)		1조	200,000	상동	압류표	공시서	
15	책상및의자		15조	750,000	상동	압류표	공시서	
	【합계금액】			4,100,000				

17 압류금지채권(물건)

(1) 급여압류가능 금액 정산

2011. 7. 6.부터 개정 민사집행법 및 동법 개정 시행령의 시행으로 인하여 채무자의 급여 중 1/2 금액을 압류하던 종래의 규정이 변경되었습니다.

우선, 월급여가 150만 원 이하인 경우에는 전액 압류할 수 없습니다.

월급여가 150만 원을 초과하고 300만 원까지는 150만 원을 제외한 나머지 금액을 압류할 수 있고, 월급여가 300만 원을 초과하고 600만 원까지는 월급여의 1/2을 초과하는 금액을 압류할 수 있으며, 월급여가 600만 원을 넘는 경우에는 "300만 원 + [{(급여/2) – 300만 원}/2]"을 제외한 나머지 금액을 압류할 수 있습니다.

또한, 채무자가 여러 직장을 다니는 경우에는 모든 급여를 합산한 금액을 기준으로 계산합니다.

따라서 A 직장에서 150만 원, B 직장에서 150만 원의 월급여를 받는 경우 합산한 300만 원이 기준이 되고, 압류가능금액은 300만 원에서 150만 원 제외한 150만 원이 됩니다.

(2) 금전채권 신청방식 및 요건

압류의 효과 급여액 100 150 200 250 300 400 500 600 700 800 900 1000
압류 가능 금액 0 0 50 100 150 200 250 300 375 450 525 600
채무자 교부액 100 150 150 150 150 200 250 300 325 350 375 400

18 채무자의 재산도피에 따른 대응방안

(1) 의 의

강제집행을 하려고 채무자의 재산을 찾아내다 보면, 얼마 전까지 채무자의 소유로 되어 있던 부동산이 타인의 소유로 바뀌어 있고, 그 밖에 채무자가 다른 재산을 보유하고 있지 않은 경우를 볼 수 있다. 이와 같은 경우라도 그 부동산의 소유명의 변경이 정상적인 거래관계에 기하여 이루어진 것이라면 채권자로서는 어찌할 수가 없다.

그러나 그와 같은 소유명의 변경이, 채권자로부터 가압류를 비롯한 강제집행을 회피할 목적으로, 채무자가 타인과 짜고서 한 허위양도계약에 기하여 이루어진 것이라면, 채권자는 채무자가 타인과 짜고서 한 허위양도계약을 취소하고, 그 부동산의 소유명의를 채무자에게로 복귀시켜, 강제집행절차를 취할 수 있을 뿐만 아니라, 서로 짜고서 허위 양도한 채무자와 타인의 형사처벌까지도 구할 수가 있다.

이와 같이 채무자가 타인과 짜고서 하는 재산도피행위를 사해행위라고 하고, 이러한 사해행위를 취소하여 강제집행의 대상이 되는 채무자의 재산으로 복귀시킬 수 있는 채권자의 권리를 사해행위취소권 또는 채권자취소권이라고 한다. 그리고 이러한 사해행위를 한 채무자와 타인을 형사처벌하는 경우 그 죄명을 강제집행면탈죄라고 한다.

채권자취소권은 채권자가 채권자라는 자격에서 자기의 이름으로 채권자취소소송을 제기하는 방법으로 행사하여야 한다. 이 채권자취소소송의 피고는 언제나 현재의 소유자이고 전소유자인 채무자를 피고에 포함시키지 못한다. 그리고 채권자 취소권은 채권자가 취소원인을 안 날로부터 1년 사해행위가 있은 날로부터 5년내에 행사하여야 한다

(2) 양 식

소 장

원 고 ○○○ (주민등록번호)

　　　　○○시 ○○구 ○○로 ○○(우편번호 ○○○-○○○)

　　　　전화·휴대폰번호:

　　　　팩스번호, 전자우편(e-mail)주소:

피 고 ◇◇◇ (주민등록번호)

　　　　○○시 ○○구 ○○로 ○○(우편번호 ○○○-○○○)

　　　　전화·휴대폰번호:

　　　　팩스번호, 전자우편(e-mail)주소:

사해행위취소 청구의 소

청 구 취 지

1. 피고 와 소외 송**, 송00 사이에 별지 목록 기재 부동산에 관하여 2013. 4. 25. 체결한 매매 계약은 12,700,000원의 한도에서 이를 취소한다.
2. 피고는 원고에게 12,700,000원 및 이에 대한 소장 부본 송달일 다음날부터 다 갚는 날까지 연 20%의 비율에 의한 금원을 지급하라.
3. 소송비용은 피고가 부담한다.
4. 제2항은 가집행할 수 있다.

라는 판결을 구합니다.

청 구 원 인

1. 당사자들 간의 관계

소외 한0범은 피고의 부친으로 소외 송**, 송00으로부터 이 사건 부동산에 관한 건축공사를 맡아 공사를 진행한 자이고, 원고는 서울 관악구 봉천동 6350-2007 소재 건축공사 현장에서 건설기계인 굴삭기를 사용하고 발생한 공사대금을 지급받지 못한 자인바, 소외 한0범은 이 사건 사해행위 취소의 소에 있어서 채무자로서 사해의사로 피고에게 자신의 소유가 되어야 할 별지 목록 기재 부동산을 딸인 피고 명의로 소유권을 이전하여 주었고, 피고는 위 한기범이 건축주인 소외 송**, 송00으로부터 받아야할 별지 목록 기재 부동산의 소유권을 이전받은 자입니다.

2. 소외 한0범의 원고에 대한 채무

가. 공사대금 발생에 관하여

　원고는 소외 한0범으로부터 원고 소유 서울02바5009호 08W 굴삭기를 임대하여 달라는 부탁을 받고 2011.8.5~2011.8.24.까지 17회에 걸쳐 소외 송00 및 소외외 송** 소유 서울시 관악구 봉천동 6350-9400 주택신축공사를 하면서 발생된 건설기계장비임대료 이천오십만원(₩20,500,000),공사인부인건비 일백팔십만원(₩1,800,000)등 공사비 총이천이백삼십만원(₩22,300,000)중 2011.11.22. 9,600,000원을 지급하고 잔여금 일천이백칠십만원(₩12,700,000)을 미지급하고 있는 사실이 있습니다.

나. 공사대금 미지급에 관하여

   소외 한0범은 건물건축이 완료되어 건축주인 송**, 송00으로부터 대금을 수령하였음에도 원고에게 위 대금을 지급하지 않았습니다. 이에 원고는 소외 한)범을 상대로 2014.12.9. 서울남부지방법원 2014차100007공사대금 청구의 지급명령신청을 제기하였고, 위 지급명령은 2014.12.24. 결정 되어 2015. 1. 14.에 확정되었습니다(갑제1호증 지급명령 참조).

3. 사해행위

가. 소외 한0범이 별지 목록 기재 부동산을 피고 명의로 소유권 이전을 경료 할 당시 소외 한0범에게는 별지 목록 기재 부동산 이외에는 아무런 재산이 없었고, 위 행위로 인하여 소극재산이 적극재산보다 많아지게 되어 일반 채권자를 위한 공동담보의 부족을 초래하게 하였으므로, 피고 명의로 소유권이전을 한 것은 채권자인 원고를 해하는 사해행위에 해당하고, 소외 한0범의 사해의사는 소유권이전 행위 당시의 사정 등에 비추어 보면 넉넉히 추인할 수 있으며, 수익자인 피고의 사해의사는 당연히 추정된다고 할 것입니다.

나. 즉, 이 사건 계약에 의하여 원고에게 채무를 부담하고 있던 위 한0범은 원고에게 변제하여야 할 채무를 면탈하고자 하는 의사를 가지고 자신의 유일한 재산인 별지 목록 기재 부동산의 소유권을 피고에게 이전하여 준 것입니다.

4. 결 어

   따라서 피고와 소외 송**, 송00 사이에 별지 목록 기재 부동산에 관하여 2013. 4. 25. 체결한 매매계약은 채권자인 원고를 해하는 사해행위이기에 원상회복의 방법으로서 12,700,000원의 한도에서 취소되어야 할 것이고, 피고는 원고에게 12,700,000원 및 이에 대한 소장 부본 송달일 다음날부터 다 갚는 날까지 소송촉진 등에 관한 특례법이 정한 연 20%의 비율에 의한 금원을 지급하여야 할 의무를 부담한다고 할 것입니다.

입 증 방 법

1. 갑제1호증　지급명령문
1. 갑제2호증　부동산등기사항전부증명서

첨 부 서 류

1. 위 입증방법　　　　　각 1부
1. 영수필확인서　　　　1부
1. 납부서　　　　　　　1부

2015.　9.　.

원고 ○○○ (인)

서울중앙지방법원 귀중

목 록

(1동의 건물의 표시)

서울 동작구 상0034가길 140-600 (상도동) 지상 철근콘크리트구조 평스라브지붕 5층 공동
주택(다세대주택)

1층 12.48㎡

2층 165.36㎡

3층 161.3㎡

4층 117.47㎡

5층 100.66㎡

옥탑1층 11.7㎡(연면적제외)

(대지권의 목적인 토지의 표시)

서울 동작구 00동 2900-6200 대 293㎡

(전유부분의 건물의 표시)

제5층 제501호 철근콘크리트구조 42.28㎡

(대지권의 표시)

소유권대지권 293분의 25.714. 끝.

고 소 장

고 소 인 ○ ○ ○
　　　　○○시 ○○길 ○○번지

피고소인 △ △ △
　　　　○○시 ○○길 ○○번지

고 소 사 실

피고소인 △△△은 20○○년부터 건축업을 목적으로 ○○건설주식회사를 설립하여 이 회사 대표이사로 있는 자로서 지급능력이 없으면서 거액의 어음을 고소인에게 남발하였고,

위 피고소인은 약속어음의 지불기일이 되자 고소인등이 피고소인의 재산에 압류 등 강제처분을 할 것을 우려한 나머지 자기 소유재산인 ○○건설주식회사를 허위로 양도하는 등 고소인의 강제집행을 면할 것을 기도하고 ○○건설주식회사 대표 □□□와 공모하여 20○○년 ○월 ○일경 위 ○○건설주식회사 주식 13,000주를 금 6,000만원으로 평가하여 그 중 7,000주를 대금 3,500만원에 매도하였음에도 불구하고 주식 전체를 위 ○○건설주식회사 대표 □□□에게 매도한 것처럼 서류를 만들고 내용적으로 전 주식의 70%만 피고인에게 양도한다는 비밀합의서를 만든 다음 그 일체에 필요한 서류를 교부하여 주었습니다.

그리고 그 후 20○○년 ○월 ○일 ○○시 ○○길 ○○번지 소재 ○○빌딩 ○호에서 피고소인 △△△은 동 회사주식 13,000주를 □□□에게 양도하는 이사회를 개최 만장일치로 승낙한 것처럼 의사회의록도 만들었고 13,000주를 □□□에게 완전히 배서하여 줌으로써 동 주식 30% 해당분 2,500만원 상당을 강제집행 불능케하여 이를 면탈한 것입니다.

이에 고소인은 위와 같은 사실로 피고소인을 고소하오니 철저히 조사하여 법에 의거 엄벌하여 주시기 바랍니다.

20○○.　○.　○.
고 소 인　○ ○ ○ (인)

○ ○ 경 찰 서 장(또는 ○ ○ 지 방 검 찰 청 검 사 장) 귀 중

고 소 장

고 소 인(피해자) ○ ○ ○
　　　　　　○○시 ○○구 ○○길 ○○
　　　　　　전화번호 ○○○ – ○○○○
피고소인(가해자) △ △ △
　　　　　　○○시 ○○구 ○○길 ○○
　　　　　　전화번호 ○○○ – ○○○○

공무상비밀표시무효죄

고 소 취 지

고소인은 피고소인을 공무상비밀표시무효의 혐의로 고소하오니 철저히 조사하여 엄중히 처벌하여 주시기 바랍니다.

고 소 사 실

1. 고소인은 피고소인에게 금 ○○○만원을 대여하였으나, 피고소인이 변제기가 지나도 이를 변제하지 않아, 피고소인을 상대로 ○○지방법원에서 위 대여금의 지급을 구하는 청구소송을 제기하여 확정판결을 받은 바 있습니다.
2. 고소인은 확정판결을 받은 후에도 피고소인의 임의변제를 기다렸으나, 피고소인이 막무가내로 변제를 거부함에 따라 20○○. ○. ○. ○○:○○부터 같은 날 ○○:○○경까지 사이에 ○○지방법원 소속 집행관(○○○)에게 집행을 위임하여 ○○시 ○○구 ○○길 ○○ 소재 피고소인의 유체동산에 대한 압류집행을 실시하였습니다.
3. 이러한 압류집행을 실시한 후에 피고소인이 집행관이나 고소인인 채권자의 동의나 허락을 받음이 없이 집행관과 고소인인 채권자에게 일방적으로 위 압류물의 이전을 통고한 후 ○○지방법원 소속 집행관의 관할구역 밖인 ○○장소로 압류표시 된 물건을 이전함으로써 위 집행관이 실시한 압류표시의 효용을 해하였습니다
4. 피고소인의 이러한 행위는 형법 제140조(공무상비밀표시무효) 제1항 "공무원이 그 직무에 관하여 실시한 봉인 또는 압류 기타 강제처분의 표시를 손상 또는 은닉하거나 기타 방법으로 그 효용을 해한 행위"에 해당한다고 사료됩니다.
5. 따라서 피고소인을 철저히 조사하여 이와 같은 행위가 재발하지 않도록 법에 따라 엄벌하여 주시기 바랍니다.

소 명 방 법

1. 판결문사본
1. 기타 조사시 자세히 진술하겠습니다.

20○○년 ○월 ○일
위 고 소 인 ○ ○ ○ (인)

○ ○ 경 찰 서 장(또는 ○ ○ 지 방 검 찰 청 검 사 장) 귀 중

채권의 소멸원인

1 대물변제

(1) 의 의

대물변제는 채무자가 부담하고 있는 본래의 급부(給付)에 갈음하여, 다른 급부를 현실적으로 함으로써 채권을 소멸시키는 채권자와 변제자 사이의 계약을 말한다.

(2) 효 력

대물변제는 변제와 같은 효력이 있다(민법 제466조). 따라서 대물변제가 있으면 채권은 소멸하고 이를 담보하는 담보권도 소멸한다. 이 한도에서 변제에 관한 규정은 대물변제에도 적용되게 된다.

그러나 대물변제는 변제 그 자체가 아니라 대물변제계약의 효력이므로 특약에 의하여 위와 다른 효력을 생기게 할 수도 있다.

2 상 계

(1) 상계의 방법

상계는 상계적상에 있는 양채권의 당사자 일방이 상대방에 대하여 상계의 의사표시를 하는 방법으로 하여야 한다.

상계의 의사표시는 상대방에 대하여 일방적으로 하면 되며, 상대방의 동의를 요하지 않는다. 상계의 의사표시를 하는 방식에는 아무런 제한이 없다. 재판외에서는 물론이고 재판상으로도 행사할 수 있으며 명시적으로는 물론이고 묵시적으로도 행사할 수 있다. 다만 상계의 의사표시에는 조건 또는 기한을 붙이지 못한다.

상계의사표시의 상대방은 상계의 의사표시를 하는 시점에서 상계적상에 있는 수동채권을 가진 자이다. 주채무자의 예금과 상계하는 경우에는 주채무자, 연대보증인의 예금과 상계하는 경우는 연대보증인을 상계의사표시의 상대방으로 하여야 한다. 예금주가 미성년이거나 금치산자 또는 한정치산자인 경우는 그 법정대리인을 상대방으로 하여야 한다. 예금주가 법인인 경우에는 그 대표자에게 통지하여야 한다. 대표자가 여러 명인 경우에는 각자대표이건 공동대표이건 그 중 어느 한 대표자에게 통지하면 된다.

(2) 상계의 효력

상계가 있으면 당사자 쌍방의 채권은 그 대등액에서 소멸하게 된다. 양 채권의 액수가 동일하지 않은 때에는 일부의 상계가 있게 되고 다액의 채권은 그 차액만이 남게 된다. 상계자가 여러 개의 상계적상에 있는 자동채권을 가지고 있고 수동채권이 그 전부를 소멸케 하는데 부족한 때에는 변제충당의 경우에 준하는 것으로 보면 된다.

상계에 의한 채권소멸의 효력은 상계적상이 있었던 때까지 소급한다. 그러나 이와 같은 상계의 효력을 발생시키려면 상계의 의사표시를 상대방에게 도달시킬 수 없으면 상계의 효력도 발생시킬 수가 없다.

3 채권양도 채무인수

(I) 채권양도

가. 의의

채권양도란 채권을 그 동일성을 유지하면서 양도인으로부터 양수인에게 이전시키는 법률행위를 말한다.

나. 양도금지채권

(가) 양도금지의 유형

채권의 양도가 금지되는 경우로는, 채권의 성질이 양도를 허용하지 않는 경우와 채권·채무의 당사자가 특약에 의하여 양도를 금지한 경우 및 법률에 의하여 양도가 금지되는 경우의 3가지를 들 수 있다.

(나) 성실상의 양도금지

채권의 성질이 양도를 허용하지 않는 경우란, 채권자가 변경되면 채권의 동일성을 잃거나 또는 채권의 목적을 달성할 수 없게 되는 경우를 말한다. 금전채권으로서 성질상의 양도금지채권에 해당하는 것으로는 종신정기금채권 및 상호계산에 산입되는 채권 등을 들 수 있다.

종신정기금채권은 민법에서 규정하는 종신정기금계약에 의하여 발생한다. 종신정기금계약이란 당사자 일방(종신정기금채무자)이 자신이나 상대방 또는 제3자가 사망할 때까지 정기로 금전 기타의 물건을 상대방 또는 제3자에게 지급할 것으로 약정함으로써 그 효력이 생기는 계약을 말한다. 그리고 상호계산이란 상인간 또는 상인과 비상인간에 상시 거래관계가 있는 경우에 일정한 기간의 거래로 인한 채권채무의 총액에 관하여 상계하고 그 잔액을 지급할 것을 약정하는 계약을 말한다.

장래에 발생할 채권이 성실상의 양도금지채권인지 여부가 문제로 된다. 그러나 이에 관하여는 경우를 나누어 장래에 발생할 채권으로서 양도 시점에서 채권의 내용을 특정할 수 없는 것과 특정할 수 있는 것이라도 가까운 장래에 채권이 발생할 것임을 상당한 정도 기대할 수 있으면 양도할 수 있다고 보는 것이 일반이다. 대법원의 판례도 같다.

(다) 특약에 의한 양도금지

성질상 양도가 가능한 채권이라도 당사자가 양도금지특약을 한 경우에는 양도금지채권이 된다. 그러나 당사자는 이 양도금지특약을 가지고 선의의 제3자에게 대항하지 못한다. 따라서 양도금지특약이 있는 채권의 채권자는, 채무자에 대한 관계에 있어서는 그 채권을 제3자에게 담보취득 당시에 채권자(담보제공자)와 채무자 사이에 양도금지특약이 있었음을 알지 못한 때에는 유효하게 담보취득하게 된다.

문제가 되는 것은 양도금지특약을 가지고 대항할 수 없는 선의의 제3자는 동시에 무과실이어야 하는지이다. 이에 관하여는 무과실이어야 한다는 견해와 무과실이어야 할 필요는 없지만 중대한 과실이 있는 경우는 악의와 동일하게 다루어도 무방할 것이라는 견해가 있다. 그러나 민법이 선의·무과실로 규정하지 않고, 선의라고 규정하고 있는 점에 비추어 후자의 견해가 타당하다. 대법원 판례도 후장의 견해를 채택하고 있다. 그리고 이 경우 제3자의 악의 또는 중과실에 대한 입증책임은, 양도금지특약의 효력을 주장하여 채권양도의 효력을 부인하는, 채무자가 부담한다는 것이 통설·판례이다.

(라) 법률에 의한 양도금지

성질상 양도가 가능하고 당사자 사이에 양도금지특약이 없다 하더라도, 법률이 양도나 담보제공을 금지하고 있는 채권도 담보제공을 할 수 없다. 이와 같은 채권을 열거해 보면 다음과 같다.

첫째, 양도와 압류를 금지하고 있는 채권으로는, 약혼해제로 인한 위자료청구권, 이혼으로 인한 위자료청구권, 파양(罷養)으로 인한 위자료청구권, 부양청구권, 근로기준법에 의한 보상을 받을 권리, 산업재해보상보험법에 의한 보험급여를 받을 권리, 선원의 실업수당 퇴직수당· 송환수당 재해보상을 받을 권리, 국민건강보험법상의 보험급여를 받을 권리, 생활보호법에 의한 피보호자의 급여청구권, 체신예금·보험에 관한 법률에 의한 보험금 또는 환급금을 받을 권리, 국가배상청구권, 형사보상청구권 등이 있다. 둘째, 양도와 압류 및 담보제공을 금지하고 있는 채권으로는, 국민연금법에 의한 급여를 받을 권리, 군인보험법에 의한 보험금청구권, 노인복지법에 의한 경노연금수급권, 각종의 연금법에 의한 급여를 받을 권리, 국가유공자 등 예우 및 지원에 관한 법률에 의하여 보상금을 받을 권리, 별정우체국법에 의한 급여를 받을 권리 등이 있다.

다. 채권양도의 방법과 효력

(가) 개설

채권의 양도는 양도인과 양수인이 채권양도계약을 체결하고, 양수인이 양도인으로부터 채권증서의 양도를 받는 이외에, 채무자와 제3자에 대한 대항요건으로 채권양도사실을 확정일자 있는 증서로 채무자에게 통지하거나 채무자로부터 채권양도에 대한 승낙서를 받아 그 승낙서에 확정일자를 받아두는 방법으로 설정한다.

(나) 채권양도계약과 채권증서의 점유이전

채권양도를 하려면 우선 양도인과 양수인이 채권양도계약을 체결하여야 한다. 그리고 채권에 관하여 채권증서가 있으면 양수인은 양도인으로부터 당해 증서를 교부받아 점유하여야 한다(민법 제347조). 그러나 채권에 있어서 그 채권증서는 단순한 채권의 증거방법에 지나지 않고 채권의 실체를 좌우하는 것이 아니므로, 증서의 교부는 점유개정의 방법으로 해도 무방하다는 것이 통설이다. 다만 실무상으로는 양수채권 행사의 편의를 위하여 양수인이 증서를 교부받아 계속 점유하는 것이 좋다. 한편 채권증서가 없는 경우에는 단순한 합의만으로는 양도가 가능한 것으로 보아야 한다. 존재하지 않는 채권증서를 교부할 수 없는 것이기 때문이다.

(다) 대항요건의 구비

① 대항요건제동의 필요성

채권양도는 양도인과 양수인 사이의 계약으로 이루어진다. 따라서 양도에 관여하지 않는 채무자나 제3자는, 양도의 사실을 알지 못하기 때문에, 뜻하지 않은 손해를 입을 염려가 있다. 여기에서 민법은 이들 채무자나 제3자를 보호하기 위하여, 이들에 대항하기 위한 특별한 요건을 정하고 있는바, 이를 채무자에 대한 대항요건과 제3자에 대한 대항요건으로 나누어 설명하기로 한다.

② 채무자에 대한 대항요건

채무자에 대한 대항요건은 채무자에 대한 통지 또는 채무자의 승낙이다. 통지는 채권양도의 사실을 알리는 행위이며, 승낙은 채권양도의 사실에 대한 인식을 표명하는 채무자의 행위이다. 채권양도의 내용을 채무자에게 구속시킨다는 점에서는, 채무자의 승낙이 훨씬 확실한 수단이라고 할 수 있다. 그러나 채무자는 승낙을 해 주어야 할 의무가 없으므로, 채무자와는 관계없이 행할 수 있는 통지가 인정되어 있는 것이다.

통지는 양도인이 채무자에 대하여 하여야 한다. 즉 양도인만이 유효한 통지를 할 수 있고, 양수인이 하는 통지는 효력이 없으며 또한, 양수인이 양도인을 대위하여 통지하여도 효력이 없으므로 주의를 요한다. 다만 양수인이 양도인으로부터 통지의 대리권을 수여받아 양도인의 대리인으로서 통지하는 것은 무방하다. 그리고 양수인이 연대채무자 전원에 대한 채권을 양도하는 경우에는 연대채무자 전원에 대하여 통지하여야 한다. 그러나 주채권에 대한 질권 설정으로 보증채권이 수반하는 경우에는, 주채권자에게 통지하는 것으로 충분하며, 보증인에게는 통지하지 않더라도 대항 할 수 있다.

③ 채무자 이외의 제3자에 대한 대항요건

양수인이 채권양도의 효력을 채무자 이외의 제3자에게 대항하려면 통지 또는 승낙을 확정일자 있는 증서로 하여야 한다. 어떠한 경우에 확정일자가 되느냐에 관하여는 민법 부칙 제3조가 규정하고 있다. 즉 사문서에 공증인 또는 법원서기가 일정한 절차에 따라 확정일자인을 찍은 경우의 일자, 그리고 공정증서에 기입한 일자와 공무소에서 사문서에 어느 사항을 증명하고 기입한 일자(예컨대 내영증명우편의 발송일자)등이 확정일자에 해당된다.

채권양도의 통지 또는 승낙을 확정일자 있는 증서로써 하게 하는 것은, 채권양도의 일자를 명확하게 함으로써, 채권자와 채무자가 통정하여 채권양도의 일자를 소급시켜, 제3자의 권리를 해하는 것을 방지하려는데 그 목적이 있다.

통지나 승낙을 확정일자 없는 증서로 한 경우에, 후에 그 증서에 확정일자를 받으면, 그 일자로부터 대항력을 취득하게 된다. 그리고 여기에서 제3자에게 대항한다는 것은, 동일한 채권에 관하여 서로 양립할 수 없는 법률상의 지위를 취득한 자 상호간에 있어서 즉, 채권의 양수인, 이중양수인, 질권자 및 압류채권자 등과의 사이에서, 그 우열을 결정한다는 것을 의미한다. 예컨대 제1의 채권양도와 제2의 채권양도가 경합하는 경우에, 제1의 채권양도에 관하여는 단순한 통지를 하고, 제2의 채권양도에 관하여는 확정일자 있는 증서에 의한 통지를 하였다면, 제2의 채권양도의 효력이 우선하게 되어, 제

2의 양수인은 제1의 양수인 및 채무자에 대하여 자기의 채권취득을 주장할 수 있다. 그 결과 제1의 양수인은 채무자에 대하여서도 대항할 수 없게 되며, 일단 취득한 채권을 취득하지 않았던 것으로 보게 된다.

그러나 양수인이 확정일자로부터 제3자에 대한 대항력을 취득하는 것은, 양도인의 채무자에 대한 채권양도통지서나 채무자의 채권양도승낙서 상에 붙여진 확정일자가 채권양도통지서의 채무자에 대한 도달일 또는 채무자의 채권양도승낙일보다 후의 일자인 경우이고, 채권양도통지서나 또는 채권양도승낙서 상에 붙여진 확정일자가 그 도달일 또는 승낙일보다 앞서는 경우에는 그 도달일 또는 승낙일로부터 제3자에 대한 대항력을 취득하는 것으로 보아야 한다. 채권양도통지서가 채무자에게 도달하지 않았다거나, 채무자가 아직 채권양도의 승낙을 하지 않는 동안에는 제3자에 대한 대항력 자체가 발생되지 않는 것이기 때문이다.

(2) 채무인수

가. 의의

채무인수란 채무의 동일성을 상실시키지 않으면서 채무를 계약에 의하여 인수인이게 이전시키는 것 또는 그러한 계약을 말한다.

나. 채무인수의 요건

(가) 채무의 이전성

채무인수가 성립하기 위해서는 채무가 유효하게 존재하여야 하고 또 그 채무가 이전할 수 있는 것이어야 한다. 채무의 이전성은 채무의 성질과 당사자의 의사표시에 의하여 제한을 받는다.

채무의 성질이 인수를 허용하지 아니하는 것으로는 예컨대 비대체적 작위채무와 같이 채무자가 변경되면 급부의 내용이 전혀 달라지는 채무와 고용· 위임· 임치 등과 같이 채무자가 변경되면 채무의 이행에 차이가 생기는 채무 및 상호계산에 계입된 채무 등을 들 수 있다.

채권자와 채무자가 채무인수 금지의 특약을 한 경우에도 채무인수가 허용되지 않는다. 그러나 이러한 특약은 선의의 제3자에 대하여는 대항하지 못한다.

(나) 채무인수계약의 당사자

채무인수는 채권자·채무자·제3자(인수인)사이의 3면 계약으로 하는 것이 보통이나 채권자·제3자(인수인)사이의 계약 또는 채무자·제3자(인수인)사이의 계약으로도 할 수 있다. 다만 채권자·제3자(인수인)사이의 계약에 의한 채무인수는 채무자의 의사에 반하여 할 수 없으며(민법 제453조 제2항), 채무자·제3자(인수인)사이의 계약에 의한 채무인수는 채권자의 승낙이 있어야 그 효력이 생긴다.

채무자 제3자(인수인)사이의 계약에 의한 채무인수에 채권자의 승낙을 요하도록 한 것은 채무자가 누가 되느냐에 하는 것은 책임재산의 변동 등 채권자에게 중대한 이해관계가 있기 때문에 채권자를 보호하기 위한 것이다. 그리고 이 경우 채권자의 승낙 또는 거절의 상대방은 채무자 또는 제3자이다. 제3자나 채무자는 상당한 기간을 정하여 승낙 여부의 확답을 채권자에게 최고할 수 있고, 채권자가 그 기간내에 확답을 발송하지 아니할 때에는 거절한 것으로 간주된다.

다. 채무인수의 효력
(가) 채권자·인수인 사이의 효과
① 채무의 이전

채무인수가 있으면 채무는 그 동일성을 유지한 채로 본래의 채무자로부터 인수인이게 이전한다. 따라서 본래의 채무자는 채무를 면하는 대신에 인수인이 그 채무를 부담하게 된다. 주채무에 종속된 채무(예컨대 이자채무·위약금채무)도 원칙적으로 이전한다.

채무이전의 효과는 채무인수계약이 효력을 발생하는 때에 생긴다. 채무자와 제3자 사이의 채무인수계약은 채권자가 승낙을 한때에 그 효력이 생기지만 그 채무이전의 효과는 인수계약이 성립한 때로 소급하여 발생한다. 다만 그 소급효로 제3자의 권리를 해하지는 못한다.

② 항변권의 이전

인수인은 본래의 채무자가 가지고 있던 항변(예컨대 채무의 불성립·무효·취소·동시이행의 항변 등)으로 채권자에게 대항할 수 있다. 다만 계약의 취소권·해제권은 인수인이 행사할 수 없다. 이러한 권리는 계약당사자만이 행사할 수 있는데 인수인은 단순한 채무의 특정승계인으로서 계약당사자가 아니기 때문이다.

③ 담보의 존속여부

채무자가 제공한 담보는 인수계약이 채권자 인수인 사이에서 이루어진 경우에는 소멸하고, 채무자·인수인 사이에서 이루어진 경우에는 존속한다는 것이 통설이다.

제3자가 제공한 보증이나 담보는 채무인수로 인하여 소멸하는 것이 원칙이다. 채무자가 누구인가는 보증인이나 제3자로서 담보제공한 자에게는 매우 중요한 사항이기 때문이다. 그러나 보증인이나 제3자로서 담보제공한 자에게는 매우 중요한 사항이기 때문이다. 그러나 보증인이나 제3자로서 담보제공한 자가 채무인수의 동의한 때에는 소멸하지 않고 존속한다.

한편 유치권·법정질권·법정저당권 등과 같은 법정담보권은 특정의 채권을 보전하기 위하여 법률이 정책적으로 인정한 것이기 때문에 채무인수와는 관계없이 존속한다는 것이 통설이다.

④ 채무자·인수인 사이의 효과

인수인은 채무자에 대하여 채무를 면책시킬 의무를 부담한다. 한편 인수인이 채권자에게 변제 기타 출연을 한 경우에 채무자에 대한 구상권의 유무와 그 범위는 인수인·채무자 사이의 내부관계에 의하여 결정된다.

라. 병존적 채무인수

제3자가 채무관계에 가입해서 채무자가 되어, 종래의 채무자와 더불어 새로이 동일내용의 채무를 부담하는 계약을 말하며, 중첩적·부가적·첨가적·확보적 채무인수라고도 부른다.

병존적 채무인수를 면책적 채무인수와 비교하여 보면, 후자에 있어서는 채무의 이전이 있으나, 전자에 있어서는 그러한 채무의 이전이 없다는 데에, 근본적인 차이가 있다. 따라서 면책적 채무인수에 있어서는 종래의 채무자는 채무를 면하고, 인수인만이 전채무자가 부담하고 있던 것과 동일한 채무를 부담하게 될 뿐이나, 병존적 채무인수에 있어서는 종래의 채무자가 채무를 면함이 없이 채무자·인수인이 함께 같은 내용의 채무를 부담하게 된다.

　　병존적 채무인수는, 종래의 채무자에 더하여 새로운 채무자가 더 늘어나게 됨으로써, 일종의 인적담보로서의 기능을 하게 되는데, 바로 이 점 때문에 현실의 거래에 있어서, 면책적 채무인수와 더불어 병존적 채무인수도 많이 이용되고 있다.

(3) 양 식

채 권 양 도 계 약 서

채무자 주식회사 000000과 채권자 △ △ △ 는 채무자가 채권자에 대하여 현재 및 장래 부담할 채무의 담보를 위하여 채무자가 2011년7월 26일자 각서에 의거 제 3 채무자에게 가지고 있는 공사대금 채권을 아래 조건으로 채권자에게 양도하기로 한다.

제1조: 【채권양도 통지의무】 채무자는 제 3 채무자에 대하여 내용증명우편을 통하여 발송 한다.
제2조: 【담보책임】 채무자는 본건 양도채권에 대하여 제 3 채무자로부터 채무자에 대항할 사유가 없음을 보증함. 채무자는 제 1 조에 의한 통지의 효력발생에 이르기까지 채권자의 권리행사를 방해하는 행위를 할 수 없다.
제3조: 【통지의무】 채무자는 제 3 채무자와의 사이에 체결된 계약에 의하여 본건 대금채권의 변제기가 도래할 때는 즉시 채권자에게 통지하여야 한다.
제4조: 【실행·충당】 채권자가 변제기 후 본건 대금 채권을 추심한 때는 상기 금액은 별지약정에 따라 보증금으로서 담보제공한다. 단, 상기금액의 일부 또는 전부를 보증금에 합산치 아니할 수 있다. 이 때 합산하지 않는 금액에 해당하는 채무자의 채권자에 대한 채무는 소멸한다.
제5조 【채권의 반환】 본건 대금채권의 변제기 전에 채권자·채무자 간의 거래가 완료하고 채무자가 채무의 전부를 변제한 때 채권자는 지체없이 본건 채권을 채무자에게 무상양도하고, 제 3 자에게 즉시 확정일자 있는 증서로써 채권양도의 통지를 하여야 한다. 상기 통지에 소요된 비용은 채무자가 부담한다.

-첨부서류-

1. 제3채무자의 각서   1부
2. 제3채무자의인감증명서   1부
3. 채무자의법인인감증명서   1부

2018년 8 월 10 일

주 소 : ○○시 ○○구 ○○로 ○○(우편번호 ○○○○○)
양도인 : 주식회사00000 대표이사 000   (인)
주 소 : ○○시 ○○구 ○○로 ○○(우편번호 ○○○○○)
양수인 : △ △ △   (인)

수신: 0000주식회사

　　　○○시 ○○구 ○○로 ○○(우편번호 ○○○○○)

　　　대표이사 000

　　　전화·휴대폰번호:

　　　팩스번호, 전자우편(e-mail)주소:

발신: 주식회사00000

　　　○○시 ○○구 ○○로 ○○(우편번호 ○○○○○)

　　　대표이사 000

　　　전화·휴대폰번호:

　　　팩스번호, 전자우편(e-mail)주소:

제목: 채권양도양수통고서

1. 귀사의 무궁한 발전과 귀사 임직원 및 그 구성가족들의 건강과 행복을 기원드립니다.

2. 당사가 귀사로부터 받을 공사대금에 대하여 　양수인 : △　△　△{(주민등록번호:000000-0000000,○○시 ○○구 ○○로 ○○(우편번호 ○○○○○),전화·휴대폰번호: 010-0000-0000,팩스번호, 전자우편(e-mail)주소:02-000-0000,123@naver.com)} 에게 채권을 양도하였으니 양수인에게 지급하시기 바랍니다.

3. 해당내용의 　정산에서부터 지급에 이르기 까지 모든 권한을 양수인에게 위임 　양도하였으니 앞으로는 양수인△　△　△과 협의하시고 지급하시기 바랍니다.

4. 귀사의 건승을 기원 드립니다.

-첨부서류-

1. 채권양도양수계약서	1부
2. 거래내역서	1부
3. 양도인인감증명서	1부

2018.8.13.
양도인 겸 통보권자 0000주식회사 대표이사 000드림

※ 반드시 내용증명우편으로 발송하시고 인터넷우체국에 가셔서 국내우편(소포)배달조회에서 조회 후 출력하여 보관하십시오.

XIV

결손처리

1 대손세액공제

(1) 의의

사업상 대손(貸損)이 발생하는 경우 대손이 확정된 과세기간의 부가가치세 신고시 부가가치세를 공제하여 주는 제도

(2) 범위

가. 소멸시효(민법상 단기소멸시효 3년)가 완성된 채권

세금계산서 발행일로부터 3년, 단 잔여재산여부 및 채권추심노력을 입증해야함.(상대 채무자로 부터 대금을 회수 할 수 없는 경우 이미 세금계산서를 발급하여 부가가치세신고를 하였다면 판결문과 집행관 사무실의 불능조서를 세무서에 제출하면 결손처리로 하여 부가가치세는 환급 되고 종합소득세부분은 차기년도 신고시 해당부분 만큼 매출을 줄여 소득세 경감효과를 볼 수 있음.)

나. 부도발생일로부터 6개월이 경과한 경우

다. 부도가 발생한 어음(6개월 ~ 1년)이나 수표(6개월)의 소멸시효가 완성된 경우

라. 회수불능채권

– 파산(화의조건에 따라 배당결정 후 잔여채권)

- 강제집행(미충당채권)
- 형의 집행
- 사업의 폐지
- 사망, 실종, 행방불명
- 국세 결손처분을 받은 채무자의 채권
- 회사정리계획의 인가 또는 법원의 면책결정에 따라 회수불능으로 확정된 채권

(3) 잔여재산이 없다는 입증이 필요한 경우

채무자의 파산, 강제집행, 형의 집행, 사업의폐지, 사망, 실종, 행방불명등의 경우 무재산입증이 필요(폐업만으로는 입증이 안됨)

(4) 대손사유의 발생에 관한 입증만으로 가능한 경우

소멸시효완성채권, 대손승인채권, 국세결손처분채권, 경매취소압류채권, 부도어음·수표

(5) 대손세액공제시 제출서류

가. 유형별 첨부서류

- 파산, 강제집행 (매출세금계산서 사본, 채권배분계산서)
- 사망, 실종 (매출세금계산서 사본, 채권배분계산서, 가정법원 판결문)
- 회사정리계획인가 (매출세금계산서 사본, 법원이 인가한 회사정리계획안)
- 부도어음 및 매출채권 (매출세금계산서 사본, 부도어음 원본)
- 소멸시효완성 (매출세금계산서 사본, 기타거래사실을 확인할 수 있는서류 (거래대금청구내역, 내용증명등))

나. 기타

- 매출세금계산서 사본, 회수불능 채권임을 입증할 수 있는자료(채권관리부의 조사보고서 등)

(6) 기타요건

– 공급일로부터 5년이내에 대손이 확정되어야 함. 따라서 5년이 경과하여 대손이 확정되는 경우는 제외
– 대손이 부가가치세 신고시 매출로 신고되어 있어야만 함
– 대손이 확정된 날의 확정신고시에만 가능

(7) 신고방법

판결문,지급명령, 유체동산압류시 집행관의 불능조서를 매년1월,7월 부가가치세 확정신고시 대손세액가감 금액으로 표시한 후 관련서류를 첨부하여 접수하면 됩니다.

(8) 양 식

일반과세자 부가가치세	□예정 ☒확정 □기한후과세표준 □영세율 등 조기환급　신고서	처리기간

| 관리번호 □□□□□-□□□□□ | 신고기간 | 2018 년 2 기(4월 01 일 ~6월 30일) | 즉　　시 |

사업자
상 호 (법인명)		성 명 (대표자명)		사업자등록번호	-　-
주민(법인) 등록번호		전화번호	사업장	주소지	휴대전화
사업장주소			전자우편 주소		

신 고 내 용

구 분				금 액	세율	세 액
과세표준 및 매출세액	과세	세금계산서교부분	①	50	$\frac{10}{100}$	5
		매입자발행세금계산서	②	0	$\frac{10}{100}$	0
		신용카드·현금영수증발행분	③	0	$\frac{10}{100}$	0
		기타(정규영수증외매출분)	④	0	$\frac{10}{100}$	0
	영세율	세금계산서교부분	⑤	0	$\frac{0}{100}$	
		기 타	⑥	0	$\frac{0}{100}$	
	예 정 신 고 누 락 분		⑦	0		0
	대 손 세 액 가 감		⑧			-1,000,000
	합 계		⑨	50	㉮	-999,995
매입세액	세금계산서 수취분	일반매입	⑩	60		6
		고정자산매입	⑪	0		0
	예 정 신 고 누 락 분		⑫	0		0
	매 입 자 발 행 세 금 계 산 서		⑬	0		0
	기 타 공 제 매 입 세 액		⑭	0		0
	합 계 (⑩+⑪+⑫+⑬+⑭)		⑮	60		6
	공제받지못할매입세액		⑯			0
	차 감 계 (⑮-⑯)		⑰	0	㉯	6
납부(환급)세액 (매출세액㉮-매입세액㉯)					㉰	-1,000,011
경감 공제 세액	기타경감·공제세액		⑱			0
	신용카드매출전표등발행공제등		⑲			0
	합 계		⑳		㉱	0
예 정 신 고 미 환 급 세 액			㉑		㉲	0
예 정 고 지 세 액			㉒		㉳	0
금지금 매입자 납부특례 기납부세액			㉓		㉴	0
가 산 세 액 계			㉔		㉵	0
차가감하여 납부할 세액(환급받을 세액)(㉯-㉱-㉲-㉳-㉴+㉵)					㉕	-1,000,011
총괄납부사업자 납부할 세액(환급받을 세액)						-1,000,011

❷ 국세환급금계좌신고	거래은행	은행 지점	계좌번호	
❸ 폐 업 신 고	폐업일자		폐업사유	

❹ 과세표준명세

업 태	종 목	업종코드	금 액
㉖			
㉗			
㉘			
㉙ 수입금액제외			
㉚ 합 계			

세무대리인	성 명	사업자등록번호	전화번호

부가가치세법」 제18조·제19조 또는 제24조와 「국세기본법」 제45조의3에 따라 위의 내용을 신고하며, 내용을 충분히 검토하였고 신고인이 알고 있는 사실 그대로를 정확하게 적었음을 확인합니다.

2018년 7 월 25 일

신고인: (서명 또는 인)

세무대리인은 조세전문자격자로서 위 신고서를 성실하고 공정하게 작성하였음을 확인합니다.

세무대리인: (서명 또는 인)

세무서장 귀하

구 비 서 류	뒤 쪽 참 조

210㎜×297㎜[일반용지 60g/㎡(재활용품)]

2 관할관청을 통한 해결

(1) 관할관청 진정(행정처분) 및 신고

진정(陳情)이란, 건설기계 임대사업가 수급인인 건설사를 상대로 건설기계 관련법의 위반사항을 관할관청에 알리고 관련조치를 취해줄 것을 요구하는 행위이다.

관할지자체는 건설산업기본법 제81조(시정명령 등), 제82조(영업정지 등)에 의거하여 시정명령 및 영업정지 또는 과징금 대상이 되며, 시정 명령을 응하지 않을 경우 제99조(과태료) 8호에 의거하여 과태료 처분을 받는다.

※ 진정사건의 처리과정
    접수 → 출석요구 → 조사 → 과태료 등 시정지시 → 입건송치

가. 접수 및 관할

(가) 진정사건의 접수

건설공사 불법, 불공정 하도급, 대금미지급, 임금체불 등 하도급 부조리로 인한 하도급자, 건설자재, 장비대여업자 및 건설현장 근로자들의 권익침해를 구제하기 위해 17개 광역시도, 자치시군구, 산하공사, 공단 34개 하도급 부조리 신고센터를 운영하고 있는 지자체가 많다. 사전 숙지하여 적극 활용하는 것이 좋다.

관할 지자체 진정은 원칙상 문서, 구두, 전화, 우편 등의 방법으로 접수할 수 있으나 현실적으로는 문서(진정서)를 제출해야 한다. 진정서는 자유로운 형식으로 근로자가 미리 작성하여 제출할 수도 있고, 관할 지자체의 간단한 진정서 양식이 비치되어 있어 직접 작성할 수도 있다.

(나) 진정사건의 접수처

사업장(회사), 건설현장을 관할하는 시군구 지자체, 또는 광역시도, 때에 따라서는 국토교통부에 직접 진정서를 제출한다.

나. 진정 및 신고대상

(가) 관할 지자체 관급공사

본청, 본부, 사업소, 자치구, 산하 공사, 공단 발주 건설공사의 불법 불공정도급, 하도급대급 미지급, 장비, 자재대금 미지급, 임금체불 등

(나) 관할구역 내 민간공사

관할지자체 구역 내 민간 건설공사의 불법, 불공정 하도급, 하도급대금 및 장비, 자재대금 지급의무위반 등 [건설사업기본법] 위반행위

※ 민간공사 임금체불의 경우 고용노동부(1350) 신고사항임

다. 조사

진정사건이 관할 지자체에 접수되면 대개 10일~20일내 건설기계 임대사업자와 사업주를 상대로 사실조사를 진행한다. 조사는 우선 신고인(건설기계 임대사업자)의 요구사항을 세밀하게 조사한다. 이후 하도급 사용자에 대한 조사를 진행하며 조사를 위해 필요한 경우 참고인의 출석을 요구할 수도 있다. 조사과정에서 건설기계 임대사업자는 자신의 주장을 입증할 수 있는 각종 자료를 준비하여 조사에 응하는 것이 좋다.

라. 조사결과의 처리

관할지자체 담당자는 당사자 서로 화해를 권하거나 사용자에게 시정명령을 내려 이를 이행토록 할 수 있다. 당사자간에 서로 화해하거나 시정명령이 이행되는 경우 진정사건을 내사를 종료하고 시정명령이 이행되지 아니하면 건설기계 관련법에 의거하여 처벌 받는다.

마. 처리기한

1차적으로 사건 접수일로부터 20일 이내에 처리한다(단, 고소 고발사건은 2개월이내에 수사를 완료하여 검찰에 송치함). 부득이한 사유로 20일 이내에 사건을 처리하기 곤란하다고 인정하는 경우에는 연장할 수 있다.

(2) 관할지자체 조사과정에서 유의할 점

가. 관할관청에서 진술할 내용을 사전에 정리·메모한다.

일반인이 관공서에서 조사를 받는다는 것이 쉬운일만은 아니다. 때론 가슴이 두근거리기도 해서 하고 싶은 말을 제대로 하지 못하는 경우도 있고, 하고 싶은 말을 너저분하게 내질러 오히려 제지를 당하는 경우도 있다.

이런 경우에 대비하여 조사당일 담당자 앞에서 진술 내용을 일목요연하게 메모하여 메모지를 봐가면서 진술하는 지혜가 필요하다. 다툼이 되는 임금의 성격이 어떤 것인지, 언제부터 체불된 것인지, 처음 체불되기 시작할 때를 회상하면서 하도급 회사측의 태도가 어떠했는지 어떤 식으로 답변할 것인지 등 설명할 사항을 미리 점검해보는 것이 좋다.

나. 소명자료는 명확하게 정리하여 충분히 제시한다.

체불을 다투는 경우 대개 관할지자체 담당자는 최근 3개월치의 작업일보 등 대여업자가 입증할 수 있는 관련 소명자료를 요구한다. 이러한 경우 가급적이면 소명자료가 될 수 있겠다고 판단되는 자료를 일목요연하게 정리하여 제시하는 것이 좋다.

다. 각종 상담 기관을 활용한다.

법률적 이해가 부족한 일반 건설기계 대여업자는 진정서 제출이전 뿐만아니라 진정서 제출이후 관할관청에서 조사를 받는 기간에도 각종 무료노동법률상담기관을 방문하여 자문을 구할 필요가 있다.

라. 관련 법령내용을 사전에 숙지한다.

체불은 어쩔 수 없는 것이 아니라 부도덕한 하도급 업체 측의 범죄행위이다. 따라서 이를 금하는 건설기계 관련법 내용을 숙지할 필요가 있다. 아울러 사전에 건설기계 관렵법의 내용을 이해하기 어렵거나 자문이 필요한 경우에는 주위에 잘 아는 사람과 상의하여 대처 하는 것도 바람직하다.

마. 사건처리의 매듭을 확실하게 주문한다.

진정서를 제출하고 조사를 받다보면 1~2차례의 조사만으로 사건처리가 매듭지어지는 경우도 있지만, 처리기간이 연장되는 경우도 종종 있다. 이렇게 사건처리기간이 연장되는 경우라도 관할관청 담당자의 출석요구가 있을 때까지 무조건 기다릴 것이 아니라 담당감독관에게 전화로 문의하여 신속한 사건처리를 주문해야 한다.

바. 끝매듭은 확실하게 한다.

사건조사 도중이나 매듭이 되어갈 즈음, 하도급사가 체불임금 해결의 의지를 일정정도 보인다고 해서 무조건 사건을 취하하기 보다는 하도급업체의 처리태도를 지켜보며 결정하겠다. 고 답변하는 것이 좋다.

사용자가 체불금해소 시정명령을 제대로 이행하지 않을 것으로 보인다면 하도급 업체를 의법 조치해 달라고 주문해야 한다.

아울러 감독관에 대해 사법처리와는 별도로 체불임금확인원을 0월 0일까지 발급해달라고 주문하시는 것이 좋다.

사. 공사대금 및 장비임대료 미지불시 관할 허가관청에 내용증명우편으로 민원을 제기하면 준공검사 전, 사전 협의 사항에서 이를 해결하여야 준공검사 또는 사용허가서를 발급 하는바 적절히 이용한다.

(가) 준공검사의 대상

(ㄱ) 다음의 개발행위허가를 받은 자가 개발행위를 완료한 때에는 건설교통부령이 정하는 바에 따라 특별시장, 광역시장, 시장 또는 군수의 준공검사를 받아야 한다 (동법 제62조 제1항, 제56조 제1항 제1호 내지 제3호).

① 건축물의 건축 또는 공작물의 설치

② 토지의 형질변경(경작을 위한 토지의 형질변경 제외)

③ 토석의 채취

(ㄴ) 다만, 건축물의 건축 또는 공작물의 설치 행위에 대하여 건축법에 의한 건축물의 사용승인을 얻은 경우에는 그러하지 아니하다(동법 제62조 제1항).

(나) 준공검사 등의 의제

(ㄱ) 준공검사의 의제 : 준공검사를 받은 때에는 특별시장, 광역시장, 시장 또는 군수가 동법 제61조에 의하여 의제되는 인, 허가 등에 따른 준공검사, 준공인가 등에 관하여 관계 행정기관의 장과 협의한 사항에 대하여는 당해 준공검사, 준공인가 등을 받은 것으로 본다(동법 제62조 제2항).

(ㄴ) 관련 서류의 첨부 : 준공검사, 준공인가 등의 의제를 받고자 하는 자는 준공검사의 신청을 하는 때에 해당 법률이 정하는 관련 서류를 함께 제출하여야 한다(동법 제62조 제3항).

(ㄷ) 사전협의 : 특별시장, 광역시장, 시장 또는 군수는 준공검사을 함에 있어서 그 내용에 동법 제61조에 의하여 의제되는 인, 허가 등에 따른 준공검사, 준공인가 등에 해당하는 사항이 있는 때에는 미리 관계 행정기관의 장과 협의하여야 한다(동법 제62조 제4항).

(3) 양 식

진 정 서

진정인 : 박○○
　　　○○시 ○○구 ○○로 ○○(우편번호 ○○○○○)
　　　전화·휴대폰번호:
　　　팩스번호, 전자우편(e-mail)주소:

피진정인 : 0000주식회사
　　　○○시 ○○구 ○○로 ○○(우편번호 ○○○○○)
　　　대표이사 전○○
　　　전화·휴대폰번호:
　　　팩스번호, 전자우편(e-mail)주소:

1. 진정요지

건설기계(굴삭기) 대여 사용료 체불

2. 진정내용

1) 당사자 간의 지위

위 진정인 000은 2018년 1월 1일부터 2018년 8월말까지 피진정인 0000주식회사 에서 신축중인 경기 00택지개발지역 00APT 신축현장에서 피진정인 회사와 계약을 체결한 건설기계 굴삭기 임대 사업자이며, 피 진정인은 건설업체이자 임차인입니다.

2) 진정에 이르게 된 경위 및 진정내용

진정인은 피진정인 회사와 건설기계(굴삭기) 임대차 계약서를 작성한 후 2018년 1월 1일부터 2018년 8월말까지 피진정인이 신축중인 경기 00택지개발지역 00APT 신축현장에서 맡은 바 열심히 일했습니다.

진정인은 공사현장에서 맡은바 일이 다 끝나고 피 진정인에게 건설기계 임대료 표준 계약서 갑과 을이 계약 체결한 계약 내용에 따라 총 5개월간 3,000,000만원의 건설기계 임대료를 지급 해 주 것을 지난 2018년 6월부터 구두상으로 여러차례 정중하게 독촉 및 요청을 하였습니다.

하지만 피 진정인은 진정인의 동의도 없이 일방적으로 건설기계(굴삭기)임대료를 지금까지 체불을 하고 있습니다.

건설산업기본법 제32조(하수급인 등의 지위), 제34조(하도급 대금의 지급 등) 및 제35조(하도급 대금의 직접지급)에 의거하여 건설기계 대여업자 등과 계약을 체결한 건설업자는 건설기계 대여와 관련된 기성금 또는 준공금을 받을때에는 15일 이내에 건설기계 대여업자에게 대여금을 현금으로 지급해야 합니다. 하지만 피 진정인은 진정인의 동의나 양해도 없이 건설기계 대여대금 지급을 계속 미루고 있는 바 이는 명백한 불법행위입니다.

이러한 사유로 진정인은 피 진정인이 특정한 이유없이 건설기계(굴삭기) 임대료를 지금까지 청산하고 있지 않고 있기에 별첨과 같이 굴삭기 임대료 체불금액 총 3,000,000원을 받기 위해 진정에 이르게 된 것입니다.

따라서 진정인은 건설기계 임대차 표준계약서, 체불금 산정내역서, 5개월간의 작업일보 등을 증거자료로 총 5개월간의 체불금 3,000,000원에 대해 그 지급 청구를 위한 진정서를 제출하오니, 관련법에 의거하여 이를 철저히 조사하시어 진정인을 포함한 건설기계 임대사업자들에게 일체의 피해가 없도록 조치해주시기 바랍니다.

3) 첨부서류
① 건설기계 임대차 표준계약서
② 체불금 산정내역서
③ 5개월간 작업일보

2010년 00월 00일

위 진정인   박○○   (인)

경기도지사귀하

(4) 체불금확인원의 발급청구

전반적인 경제상황의 경색과 그에 따른 기업의 지불능력 저하가 장기간 지속되면서 건설사가 관할관청의 체불금 청산을 촉구하는 시정지시(행정지시)에도 불구하고 이를 이행치 않는 경우 자주 발생한다.

시정지시를 건설사가 이행하지 않을 경우 체불금 죄로 검찰에 형사입건 조치하는 것 외에 별다른 방도가 없기 때문에 체불금 사건의 해결능력이 떨어지는 것이 최근의 추세이다.

체불금 진정사건이 해결하지 못하는 경우 (건설사가 시정지시를 이행하지 않는 경우), 건설기계 임대 사업자의 민사소송의 편의를 돕기 위해 관할관청 담당 감독관은 체불금확인원를 발급한다. 이 문서들은 건설기계 임대사업자의 민사소송과 가압류, 배당 신청 등에 유용히 활용되는 문서로서 이들 문서를 통해 법적절차를 진행하면 편리하다.

체불금확인원은 사용자의 체불사실이 최종적으로 확인되는 때 발급해줄 수 있다. 따라서 건설사의 체불금사실이 관할관청에 의해 최종적으로 확인되기 전이라도 급박한 상황(압류된 건설사의 재산이 경매처분된 경우)에 놓여 있는 경우라면 건설기계 임대사업자 체불 건설사로부터 체불금사실 및 그 내역서 등을 발부받아 관할관청에 제출하면 건설사를 조사하지 아니하고 발급을 받을 수 있다.

▶ 체불금 확인원은 다음과 같은 경우 등 다양하게 사용할 수 있는 장점이 있다.
- 민사소송 전 사용자의 재산에 가압류신청을 할 때, 가압류신청 금액을 입증하는 자료로 쓰이며,
- 법원에 민사소송(소액재판, 지급명령신청)을 신청할 때, 임금채권의 내역 및 액수를 입증하는 자료이며,
- 건설기계 임대사업자가 모르는 사이 사용자의 재산권이 경매 처분되어 급박하게 그 배당금을 청구해야할 때, 배당요구액을 소명하는 자료 등으로 쓰인다.

3 집회 및 시위를 통한 압박과 채권회수

(1) 집 회

다수인이 일정한 공동목적을 달성하기 위하여 일정한 장소에 일시적으로 집합하는 것을 말한다. 따라서 다수인이 각기 다른 목적을 가지고 일정장소에 집합한 경우 그것은 집회일 수 없다. 집회 및 시위에 관한 법률이 규제하는 것은 실외집회이다.

이 법에서 실외집회라 함은 천정이 없거나 사방이 폐쇄되지 않은 장소에서의 집회를 가리키는데, 실외집회라 하더라도 확성기의 설치 등으로 주변에서의 실외참가를 유발하는 집회는 실외집회로 간주하고 있다. 집회와 시위는 집회와 시위에 관한 법률에 의해 규제되고 또한 보호를 받는다.

가. 집회의 종류

(가) 1인시위

1인이 피켓이나 현수막, 어깨띠 등을 두르고 혼자 하는 나홀로 시위를 말한다. 1인 시위는 외교기관의 100미터 이내에서는 집회를 할 수 없다.

"집회는 2인 이상을 말한다."는 '집회와 시위에 관한 법률(집시법)'을 이용해 이러한 규제에서 벗어나기 위해 시도된 시위 문화다. 1인 시위는 집시법의 적용을 받지 않기 때문에 때와 장소를 가리지 않고 자유롭게 시위를 할 수 있다.

집시법 제11조 규정인 외국대사관이 입주한 건물이나 입법기관 주변 100m 이내에서는 집회를 할 수 없다. 는 현행법 때문에 시위가 어려워지자 집시법 제2조에서 집회의 개념을 다수인으로 규정한 것을 이용, 나홀로 피켓을 들고 서있는 1인 시위를 감행하게 되었다.

여기에 20m 이상 떨어진 장소는 동일장소로 보지 않는다. 는 집시법의 틈새를 이용하여 여러 명이 20m 이상 간격을 두고 시위를 하거나, 다수가 모여서 1명씩 교대로 하는 변형된 릴레이 1인 시위를 하기도 하며 1인 시위는 주로 유동인구가 많거나 상대에게 의견을 전달할 수 있는 곳에서 이뤄진다.

> **집회 및 시위에 관한 법률**
>
> 제10조(옥외집회와 시위의 금지 시간)
>
> 누구든지 해가 뜨기 전이나 해가 진 후에는 옥외집회 또는 시위를 하여서는 아니
> 된다. 다만, 집회의 성격상 부득이하여 주최자가 질서유지인을 두고 미리 신고한
> 경우에는 관할경찰관서장은 질서 유지를 위한 조건을 붙여 해가 뜨기 전이나 해가
> 진 후에도 옥외집회를 허용할 수 있다.

(나) 문화행사 집회

집회 및 시위에 관한 법률(이하 집시법)상 일몰 후에는 집회 및 시위가 금지되어 있다. 하지만 문화행사 등을 예외로 하는 것을 이용해 문화제 등의 명목으로 촛불시위가 진행되었다.

문화제는 노래 등에 대한 대중공연의 형식이 가능하며 구호를 외치거나 피켓을 드는 것은 원칙적으로 불가능했다. 2008년 대한민국의 촛불 시위이후 야간 집회 금지 사건에 대한 헌법 불합치 결정으로 인하여 야간 집회가 허용되면서 집회의 형태로 야간에도 이루어진다. 그러나 야간 시위가 금지되어 있어 비폭력, 평화적인 방식으로 이루어져야 한다. 즉, 사전 집회 신고를 하지 않아도 된다.

> **집회 및 시위에 관한 법률**
>
> 제15조(적용의 배제)
>
> 학문, 예술, 체육, 종교, 의식, 친목, 오락, 관혼상제(冠婚喪祭) 및 국경행사(國慶
> 行事)에 관한 집회에는 제6조부터 제12조까지의 규정을 적용하지 아니한다.

(다) 옥외집회

다수인이 일정한 공동목적을 달성하기 위하여 일정한 장소에 일시적으로 2인이상 집합하는 것을 말한다. 따라서 다수인이 각기 다른 목적을 가지고 일정장소에 집한한 경우 그것은 집회일 수 없다.

집회 및 시위에 관한 법률이 규제하는 것은 실외집회이다. 이 법에서 실외집회라 함은 천정이 없거나 사방이 폐쇄되지 않은 장소에서의 집회를 가리키며, 집회와 시위는 집회와 시위에 관한 법률에 의해 규제되고 또한 보호를 받는다.

나. 집회신고서 작성

집회 용어정리

▶집회란?

– 2인 이상이 공동목적을 위하여 일시적으로 일정한 장소에 회합을 하는 것이다.

▶ 시위란?

– 2인 이상이 도로, 광장, 공원 등 공중이 자유로이 통행할 수 있는 장소를 진행함으로써 불특정 다수인의 의견에 영향을 주거나 제압을 가하는 행위이다.
공중이 자유로이 통행할 수 있는 장소 여부를 불문하고, 위력 또는 기세를 보여 불특정 다수인의 의견에 영향을 주거나 제압을 가하는 행위다.

▶행진이란?

– 2인 이상이 공동의 목적을 가지고 공중이 자유로이 통행할 수 있는 장소를 진행하는 것으로 행진은 시위와 달리 멈춰 서서 연좌하거나 집회 등을 하지 않고 계속 진행하는 것만을 말한다.

다. 양식

■ 집회 및 시위에 관한 법률 시행규칙 [별지 제1호서식]

옥외집회(시위·행진) 신고서

(앞 쪽)

접수번호	접수일자		처리기간	즉시

신고인	성 명(또는 직책)		생년월일	
	주 소 (전화번호 :)			

집회 (시위· 행진) 개요	집회(시위·행진) 명칭
	개최일시 년 월 일 시 분 ~ 년 월 일 시
	개최장소
	개최목적

관련자 정보	주최자	성명 또는 단체명	생년월일	
			직업	
		주소 (전화번호 :)		
	주관자	성명 또는 단체명	생년월일	
			직업	
		주소 (전화번호 :)		
	주최단체의 대표자	성명	생년월일	
			직업	
		주소 (전화번호 :)		
	연락 책임자	성명	생년월일	
			직업	
		주소 (전화번호 :)		
	질서유지인			명

참가 예정 단체· 인원	참가예정단체
	참가예정인원

210㎜×297㎜[백상지 80g/㎡(재활용품)]

시위 방법 및 진로	시위 방법(시위 대형, 구호제창 여부, 그 밖에 시위방법과 관련되는 사항 등)
	시위 진로(출발지, 경유지, 중간 행사지, 도착지, 차도・보도・교차로의 통행방법 등)
참고 사항	준비물(차량, 확성기, 입간판, 주장을 표시한 시설물의 이용여부와 그 수 등)

「집회 및 시위에 관한 법률」 제6조제1항 및 같은 법 시행규칙 제2조제1항에 따라 위와 같이 신고합니다.

년   월   일

신고인   (서명 또는 인)

경찰서장(지방경찰청장)   귀하

| 첨부서류 | 1. 집회 및 시위에 관한 법률 시행규칙」 별지 제2호 서식의 신고서(주최자, 주관자, 참가예정단체가 둘 이상이거나 질서유지인을 두는 경우만 해당합니다)
2. 시위・행진의 진행방향 등을 표시한 약도(시위와 행진을 하는 경우만 해당합니다)
3. 재결서 사본 또는 판결문 사본(「집회 및 시위에 관한 법률 시행령」 제10조에 따라 이의신청에 대한 재결 등이나 행정소송을 거쳐 새로 신고하는 경우만 해당합니다) | 수수료 없음 |

1. 참고사항에는 아래의 사항도 기재하여 주시기 바랍니다.
  가. 「집회 및 시위에 관한 법률」 제6조제5항 단서, 제9조제3항 단서에 따라 인용재결 또는 금지통고의 효력 상실 후 재신고 하는지 여부
  나. 집회시위의 제한・금지에 대한 행정소송 승소 후 재신고 하는지 여부
2. 이 신고서의 기재사항에 미비한 점이 있는 경우에는 보완통고를 받게 되므로 정확히 기재하시기 바랍니다.
3. 신고한 집회를 개최하지 않을 경우에는 사전에 관할 경찰관서장에게 통지해 주시기 바랍니다.

처리절차

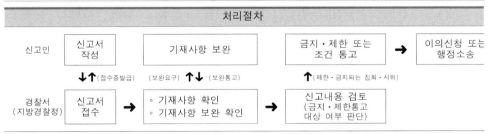

(가) 주최자

자기명의로 자기책임아래 집회 또는 시위를 개최하는 사람 또는 단체를 말하며 연령·자격 등의 제한은 없다. 단체의 경우에는 일정한 목적과 조직으로 결합된 사람의 단체이면 법인격 유무를 불문 한다.

(나) 주관자

주최자의 위임을 받아 집회 또는 시위의 실행을 맡아 관리하는 사람. 이 때 주관자는 그 위임의 범위 안에서 주최자와 동일한 자격이 있다.

대체로 주최자가 단체(대표)인 경우 주관자는 사무처장이나 집행위원장이 되는 경우 많다.

(다) 질서유지인

주최자가 자신을 보좌하여 집회 또는 시위의 질서를 유지하게 할 목적으로 임명한 사람이다. (통상 전체 참가자 수의 10% 정도 임명, 집시법상은 적정 인원)

(라) 신고서 제출방법 (방문제출 원칙 - 민원실 또는 정보과)

신고서 작성 안내, 기재사항 보완과 질서유지를 위한 상호협력 등 신고서 작성과정에서 상호 의견 교환이 필요하므로 직접 방문 제출 원칙이다.

신고자 : 주최자 또는 주관자

다만, 주최자가 아닌 연락책임자가 신고할 경우에는 위임장을 첨부하여 경찰관서에 신고한다.

(마) 신고서 제출시한

집회개최 720시간 전부터 48시간 전에 관할 경찰관서장에게 신고하여야 함 불복신청 후 재신고의 경우 주최자가 금지통고에 불복하여 이의신청·행정심판·행정소송 등을 거쳐 집회신고가 적법하다는 인용결정을 받았으나, 집회일이 이미 경과되었을 경우에는 새로이 일시를 정하고, 재결서 판결문 사본 첨부하여 24시간 전에 신고서를 제출하면 됨 집회신고를 여러 날 개최할 경우, 매회 마다 별도의 신고서류를 제출함이 원칙이고, 신고서 양식도 1회 1건을 전제로 한다.

(바) 신고 내용

신고서에는 집회·시위의 목적, 일시, 장소, 주최자(단체 대표자), 주관자, 연락책임자, 질서유지인의 주소, 성명, 직업, 연락처, 참가 예정단체 및 예정인원, 시위방법(약도 포함)을 구체적으로 기재하여야 한다.

공설운동장, 학교운동장 등 공공장소에 집회신고를 하는 경우, 공물관리청 또는 시설주(관리 책임자)의 시설사용승낙서를 첨부 한다.

(사) 신고 대상에서 제외되는 집회

순수한 학문, 예술, 체육, 종교, 의식, 친목, 관혼상제 및 국제행사에 관한 집회는 문화행사로 보아 집시법상 신고 대상이 아니다. 다만, 이 경우에도 행진이 포함되면 신고를 해야 함 통상 집회 성격을 명확히 규정하기 곤란한 경우가 많으므로 반드시 관할 경찰관서에 집회신고 대상 여부를 문의해야 한다.

위반시 제재

옥외집회 또는 시위를 신고하지 않으면 2년이하의 징역또는 200만원이하의 벌금
옥외집회 또는 시위를 거짓으로 신고하면 6개월 이하의 징역 또는 50만원이하의 벌금, 구류, 과태료가 처해짐

---

(2) 집회시 사전 준비사항

가. 집회 프로그램 작성

· 국민의례는 생략해도 된다.
· 집회 대오 정열과 더불어 집회 시작을 알리고 체불관련 경과보고를 한다(사회자)
· 간단한 구호와 함께 다시한번 대오를 정열하며, 집회 참석자 각 지역별 개인별 집회 참석자를 소개한다.
· 집회 총 책임자는 강한 투쟁사를 연설한다.
· 집회 참석 시군 임원들의 연대 투쟁사를 진행한다.

- 중간중간 지루함을 달래기 위해 율동 및 투쟁가 노래를 삽입해도 좋다.
- 집회 참석자 희망에 의해 자유 투쟁사를 진행한다.
- 유사단체 및 연대단체 참석시 투쟁연대사를 진행한다.
- 집회대상자(즉 관공서, 도는 건설사)에 보낼 항의서한 낭독 및 투쟁을 결의한다.
- 항의서한 전달과 면담을 요청한다.
- 항의서한 전달 및 면담 시간중 집회참석자를 대상으로 주요사업 보고 등 이후 방향 등을 설명하는 것이 좋다.
- 이후 투쟁계획을 밝히고 집회를 마무리 한다.

나. 사전 준비사항

- 집회 프로그램, 개인용 피켓, 현수막, 방송장비, 천막, 모자, 단체복, 몇 가지 구호, 연설문 원고, 필요에 따라 대국민 선전용 홍보, 항의서한, 이후 투쟁계획 등
- 집회 참석자를 위한 식음료 등 간식을 충분히 준비한다.
- 사전 지역 언론사에 집회관련 당위성을 알리는 보도자료를 배포하는 것이 좋다.
- 필요에 따라 별도의 전단지를 제작하여 대국민 상대 홍보 배포도 효과 적이다.

다. 집회시 팀웍에 의한 역할 분담

- 집회시 총 사회를 맡은 사회자를 선임한다.
- 방송장비 각종 집회관련 부대시설을 맡을 책임자를 선임한다.
- 조직대오를 정비 및 질서유지를 위해 조직담당자를 선임한다.
- 집회는 일사불란하게 진행되어야 하므로 팀웍이 필요하다. 사전 리허설 및 철저한 준비를 해야 한다.

라. 사전 참석자 독려로 대규모 인원 참석이 중요

옥외 집회의 무기는 참석자 수에 달여 있다. 즉, 집회시 소수인원 참석은 오히려 역효과가 나온다. 그래서 사전 집회 참석 독려로 많은 인원 참석으로 집회를 진행해야 하며, 소수 인원 시 전술을 바꾸어 1인시위 체제로 장기화 투쟁을 하는 것이 바람직하다.

(3) 대중집회 요령, 구호, 연설문

가. 집회요령

(가) 누가보아도 집회의 목적이 정확히 알려져야 한다.

관공서 및 건설사를 상대로 집회를 할 때 제3자 입장에서 모여 있는 사람들만 보고도 곧바로 집회의 목적이 알 수 있도록 하여야 한다. 즉, 집회의 목적과 요구사항이 담긴 현수막, 1인용 피켓, 내용을 전달하기 위한 홍보 수단 등 각종 방법을 동원하여 집회의 목적과 요구사항을 바로 알 수 있도록 해야만 충분히 전달되고 관철되는 것이다.

(나) 모든 참가자가 일사불란해야 한다.

대중적인 집회를 하면 우선 보는 사람들이 많다. 제일 가깝게는 일반시민들이 볼것이며, 집회 대상회사나 관공서, 경찰은 모인사람들의 숫자를 셀만큼 관심을 둔다. 또한 모든 판단의 근거는 몇 명이 모였냐가 아니고 소수의 인원이 동원되었더라도 얼마만큼 조직적이고, 체계적으로 진행 되는가를 따지기 마련이다. 요구안을 관철하기 까지는 집회 총 사회자의 진행에 일사불란하게 진행되어야 하며, 진행요원들의 통제가 필요하다.

(다) 정확한 사실에 입각하여 진행 한다.

집회중 대중연설시 연설자의 흥분, 동원된 대중들의 호응에 의해 극해지기 마련이다. 하지만 어떠한 경우도 흥분과 거짓, 비방, 추측성 발언은 자제해야 한다. 즉, 경찰 등 집회대상 관계자들은 카메라, 녹음기 등으로 감시와 관찰을 하기 때문이다. 역으로 거짓, 비방 선전등으로 명예훼손 또는 허위사실 유포 등으로 소송에 휘말리기 때문이다. 그래서 정확한 사실에 입각하여 요구사항을 알리고 목적을 전달하는 기술이 필요하다.

(라) 개인 인신공격성 비하, 폄하 발언을 자제한다.

주로 모든 집회의 대상은 관공서, 회사 또는 법인체다. 더욱이 우리는 우리의 권리와 권익향상을 위해 우리스스로 만든 단체다. 집회는 국민을 포함한 대중을 상대로 요구안을 관철하기 위한 대중적인 언론매체와 최종적인 집단행동의 한 수단이기 때문에 집회를 보고 있는 국민을 의식하고, 집회대상 회사 또는 관공서 소속 직원들을 배려하는 것이 필요하다. 때로는 인신공격성 발언도 필요하지만 국민과 소속 직원들에게 불쾌감을 주는 인신공격성 비하 폄하 발언은 자제해야 한다는 것이다.

(마) 끝마무리는 말끔하게 한다.

즉, 집회 마무리는 흔적을 남기지 않아야 한다는 것이다. 집회해산 시 지정된 장소의 청소, 각종 집회 준비물 수거 부착물 등의 철거 등이 말끔하게 이루어져 시민들이나, 집회대상 회사 또는 관공서가 집회 해산 후 뒤 마무리 하지 않아도 될 만큼 정리가 필요하다. 온갖 쓰레기 더미에 이곳저곳 부착물 등으로 마무리가 지저분하면 오히려 일반시민들의 분노와 집회대상에게 역효과를 작용하여 목적 달성에 해가 되는 족으로 작용하기 때문이다.

나. 집회시 구호

구호는 집회 대상에게 동원된 전체 인원이 하나의 목소리로 요구안을 전달하는 매체로 활용된다. 즉, 일치된 단결력과 조직력을 보여주기 때문이다. 그래서 구호는 짧고 명확해야 하며 애매모호한 단어 일상에서 잘 사용하지 않는 어구는 금물이다.

집회 진행 동안 10개 이내로 준비하여 중간 중간 삽입하여 구호를 제창하는 것이 좋다. 여러 가지 종류와 너무 많은 구호는 오히려 요구안의 본질을 흐리고 같이 구호를 제창하는 동원된 인원들도 혼동을 가져 올 수 있기 때문에 가급적 10개 이내로 준비하여 구호를 제창한다.

체불금 해결을 위한 집회 시 구호 예제

▶ 000도지사는 장비임대료를 체불하는 00건설을 처벌하라!

▶ 00건설 체불로 장비 임대사업자 다 죽는다! 00도지사는 체불금을 해결하라

▶ 죽도록 일시키고 체불이 웬말이냐! 00건설은 장비 임대료를 지급하라!

▶ 우리는 영세 장비 임대사업자다! 체불을 일삼는 00건설을 처벌하라!

▶ 00건설이 불법이면! 우리는 투쟁이다. 끝까지 투쟁한다!

▶ 영세 임대사업자 서민을 등쳐먹는 00건설은 각성하라!

▶ 일해놓고 돈 받으러 왔는데 푸대접이 웬말이냐! 00건설은 각성하라!

다. 집회시 연설문

　대중연설은 논리와 감성에 호소하는 연설로 국민과 집회대상, 집회에 동원된 사람들에게 직접적인 커뮤니케이션 기회로써 여론 촉발 및 촉매제 역할을 한다.

　국민과 정부, 관공서, 집회대상 회사에게 올바른 정보를 제공할 뿐 만 아니라 요구안을 설득하고 해결을 위한 동기를 부여한다.

(가) 연설문 작성

· 참석자, 청중의 특징과 관심사항, 청중들이 듣고 싶어 하는 애기가 무엇인지를 파악한다. 즉 연설을 통해 전달 하고자 하는 핵심적인 메시지를 정한다.

어디에 어떤 방법으로 배치할 것인지를 정하여 일반적으로 서두와 결론은 감성적인 방법으로 본론은 논리적인 방법으로 구성한다.

즉, 문장의 전체 틀을 구상하고 이를 요약한 후 서론, 본론, 결론의 고전적인 형태로 연설 초기의 90초를 키 포인트로 청중의 주의를 환기시키고 연설에 집중시킬만한 서두를 준비해야 한다(청중들의 가슴에 와 닿는 질문을 던진다든가, 인용문을 소개한다든가, 논란이 될 만한 문제를 제기하든가, 분위기에 따라 유머로 시작하는 것도 좋다. 결론을 먼저 말하는 것도 좋다).

· 본론 부분에서는 핵심 메시지 포인트들을 정하고 관련 근거와 자료, 사례, 은유나 비유법 등을 동원해서 비교적 논리적으로 이야기를 전개한다. 상투적이고 애매모호한 표현 보다 이야기 하듯이 살아있는 표현으로 작성해야 하며 문장은 가급적 짧게 이야기 하듯이 단문으로 구성한다.

· 문법에 꼭 맞추려고 애쓸 필요는 없다. 적극적인 표현을 사용한다.

· 결론 부분에서는 전달하고자 하는 핵심 메시지들을 다시 한번 정리하고, 청중들이 꼭 기억할 만한, 기억해 주었으면 하는 문구를 정하고 드라마틱하게 표현한다.

· 인사말, 예의를 표현하는 내용들은 아주 간단히 처리한다. 즉 청중들은 이부분에 그다지 관심을 두지 않기 때문이다. 서두나 결론 부분에 의례적인 인사말을 장황하게 하는 것은 메시지와 청중의 감동을 흐릴 수도 있기 때문이다.

(나) 연설시 준비 사항

· 연설문은 연사가 보기 좋도록 큰 글씨로 준비하여 전해주거나 연단에 비치한다. 원고는 종이 상단에만 작성하여 연사가 고개를 많이 숙이지 않도록 한다.

· 사회자는 연사의 프로필을 미리 소개를 한다.

(다) 연설문 작성 과정

· 연설자가 전하고자 하는 핵심 메시지 - 청중의 생각과 인식, 의견과 태도 설정

· 연설의 주제 설정(1~2개 단어로 축약)

· 자료 및 정보 수집

· 연설문 초안 작성, 연설자와 협의, 검토, 수정 보완

· 연설문 2차 초안 작성, 수정 보완

· 연설자 1차 리허설 실시

라. 집회시 주의사항 및 관련 판례

(가) 공무원의 직무 수행에 대한 비판이나 시정 등을 요구하는 집회·시위 과정에서 음향을 발생시킨 행위가 공무집행방해죄에서의 폭행에 해당하는지 여부(한정 적극) 및 그 판단 기준

【판결요지】

민주사회에서 공무원의 직무수행에 대한 시민들의 건전한 비판과 감시는 가능한 한 널리 허용되어야 한다는 점에서 볼 때, 공무원의 직무 수행에 대한 비판이나 시정 등을 요구하는 집회·시위 과정에서 일시적으로 상당한 소음이 발생하였다는 사정만으로는 이를 공무집행방해죄에서의 음향으로 인한 폭행이 있었다고 할 수는 없다. 그러나 의사전달수단으로서 합리적 범위를 넘어서 상대방에게 고통을 줄 의도로 음향을 이용하였다면 이를 폭행으로 인정할 수 있을 것인바, 구체적인 상황에서 공무집행방해죄에서의 음향으로 인한 폭행에 해당하는지 여부는 음량의 크기나 음의 높이, 음향의 지속시간, 종류, 음향발생 행위자의 의도, 음향발생원과 직무를 집행 중인 공무원과의 거리, 음향 발생 당시의 주변 상황을 종합적으로 고려하여 판단하여야 한다.

(출처 : 대법원 2009.10.29. 선고 2007도3584 판결【공무집행방해(피고인1,2에대하여일부인정된죄명:업무방해)·명예훼손·모욕·집회및시위에관한법률위반】[공2009하,2046])

(나) 집회 및 시위에 관한 법률이 옥외집회나 시위를 주최하려는 자로 하여금 일정한 사항을 사전에 관할 경찰서장에게 신고하도록 규정한 것은 관할 경찰서장이 그 신고에 의하여 옥외집회나 시위의 성격과 규모 등을 미리 파악하여 적법한 옥외집회나 시위를 보호하는 한편 옥외집회나 시위를 통하여 타인이나 공동체의 이익이 침해되는 것을 방지하여 공공의 안녕질서를 유지하기 위한 사전조치를 마련하도록 하고 있는 것으로서(대법원 2004. 4. 27. 선고 2002도315 판결 등 참조), 옥외집회 또는 시위를 통하여 나타내고자 하는 의견이 정당한 것이라고 하여 위와 같은 신고의무가 면제되는 것이라고는 할 수 없다(대법원 1990. 8. 14. 선고 90도870 판결 등 참조).

(다) 집회 및 시위에 관한 법률이 신고제도를 둔 취지에 비추어, 현실로 개최된 옥외 집회 또는 시위가 위 법 제16조 제4항 제3호에서 정한 "신고한 목적, 일시, 장소, 방법 등의 범위를 뚜렷이 벗어나는 행위"에 해당하는지 여부는 그 집회 또는 시위가 신고에 의해 예상되는 범위를 뚜렷이 벗어나서 신고제도의 목적 달성을 심히 곤란하게 하였는지 여부에 의하여 가려야 하고, 이를 판단할 때에는 집회·시위의 자유가 헌법상 보장된 국민의 기본권이라는 점, 집회 등의 주최자로서는 사전에 그 진행방법의 세부적인 사항까지 모두 예상하여 빠짐없이 신고하기 어려운 면이 있을 뿐 아니라 그 진행과정에서 방법의 변경이 불가피한 경우 등도 있을 수 있는 점 등을 염두에 두고, 신고 내용과 실제 상황을 구체적·개별적으로 비교하여 살펴본 다음 이를 전체적·종합적으로 평가하여 판단하여야 한다 (대법원 2008. 10. 23. 선고 2008도3974 판결 참조).

(라) 집회시 주의하여야 할 형법 법규

제283조(협박, 존속협박)
① 사람을 협박한 자는 3년 이하의 징역, 500만원 이하의 벌금, 구류 또는 과료에 처한다. 〈개정 1995.12.29〉
② 자기 또는 배우자의 직계존속에 대하여 제1항의 죄를 범한 때에는 5년 이하의 징역 또는 700만원 이하의 벌금에 처한다. 〈개정 1995.12.29〉
③ 제1항 및 제2항의 죄는 피해자의 명시한 의사에 반하여 공소를 제기할 수 없다. 〈개정 1995.12.29〉

제284조(특수협박)
단체 또는 다중의 위력을 보이거나 위험한 물건을 휴대하여 전조제1항, 제2항의 죄를 범한 때에는 7년 이하의 징역 또는 1천만원 이하의 벌금에 처한다. 〈개정 1995.12.29〉제307조(명예훼손)
① 공연히 사실을 적시하여 사람의 명예를 훼손한 자는 2년 이하의 징역이나 금고 또는 500만원 이하의 벌금에 처한다. 〈개정 1995.12.29〉

② 공연히 허위의 사실을 적시하여 사람의 명예를 훼손한 자는 5년 이하의 징역, 10년 이하의 자격정지 또는 1천만원 이하의 벌금에 처한다. 〈개정 1995.12.29〉

제313조(신용훼손)
허위의 사실을 유포하거나 기타 위계로써 사람의 신용을 훼손한 자는 5년 이하의 징역 또는 1천500만원 이하의 벌금에 처한다. 〈개정 1995.12.29〉

제314조(업무방해)
① 제313조의 방법 또는 위력으로써 사람의 업무를 방해한 자는 5년 이하의 징역 또는 1천500만원 이하의 벌금에 처한다. 〈개정 1995.12.29〉
② 컴퓨터등 정보처리장치 또는 전자기록등 특수매체기록을 손괴하거나 정보처리장치에 허위의 정보 또는 부정한 명령을 입력하거나 기타 방법으로 정보처리에 장애를 발생하게 하여 사람의 업무를 방해한 자도 제1항의 형과 같다. 〈신설 1995.12.29〉

제366조(재물손괴등)
타인의 재물, 문서 또는 전자기록등 특수매체기록을 손괴 또는 은닉 기타 방법으로 기 효용을 해한 자는 3년이하의 징역 또는 700만원 이하의 벌금에 처한다. 〈개정 1995.12.29〉

소송비용에 산입할 변호사보수의 기준

소송비용에 산입할 변호사보수의 기준(2018. 3. 7. 개정)

소송목적의 값	소송비용에 산입되는 금액
2,000만원까지 부분	[소송목적의 값 x 10/100]
2,000만원 초과 5,000만원까지	[200만원 + (소송목적의 값 − 2,000만원) x 8/100]
5,000만원 초과 1억원까지	[440만원 + (소송목적의 값 − 5,000만원) x 6/100]
1억원을 초과 1억5,000만원까지	[740만원 + (소송목적의 값 - 1억원) x 4/100]
1억5천만원 초과 2억원까지	940만원 + (소송목적의 값 − 1억5천만원) x 2/100]
2억원 초과 5억원까지	[1,040만원 + (소송목적의 값 - 2억원) x 1/100]
5억원 초과	[1,340만원 + (소송목적의 값 − 5억원) x 0.5/100

예를 들어 청구금액이 3,000만원인데, 변호사 착수금으로 400만원을 지급한 경우
--200만원+(3,000만원-2,000만원) x 8/100=280만원

예를 들어 청구금액이 3,000만원인데, 변호사 착수금으로 200만원을 지급한 경우
--200만원+(3,000만원-2,000만원) x 8/100=280만원이지만 실제 지급한 비용을 한도로 하여 200만원

공편저 | 김 병 수
- 연세대학교 정치외교학과 졸업
- 제37회 사법시험 합격
- 前) 법무경영 평생교육원 채권추심 강사
- 現) 굿모닝 법률사무소 대표변호사

주 희 용
- 연세대학교 사회학과 졸업
- 제50회 사법시험 합격
- 前) 한국노동경제교육원 노동법 강사
- 現) 전국 건설기계연합회 채권추심 강사
- 現) 법률사무소 희명 대표변호사

최 명 칠
- 국립 목포대학교 졸업
- 한국방송통신대학교 법학과 수료
- 現) 월간 문화유산 발행인 겸 대표
- 現) 법무법인 이촌, 정산, 법률사무소 광개토, 희명 채권추심팀장(2000년~2018년)
- 現) 전국 건설기계연합회 채권추심 강사

나홀로 채권추심

초 판 인 쇄	2018년 8월 29일	
초 판 발 행	2018년 9월 4일	공편저와 협의하여 인지는 생략합니다.
공 편 저	김병수 주희용 최명칠	
발 행 인	정상훈	
발 행 처	考試界社	

서울특별시 관악구 봉천로 472
코업레지던스 B1층 102호

대 표 817-2400   팩 스 817-8998
考試界·고시계사·미디어북 817-0418~9
www.gosi-law.com
E-mail : goshigye@chollian.net

파본은 바꿔드립니다. 본서의 무단복제행위를 금합니다.

정가 25,000원   ISBN 978-89-5822-566-9 93360

법치주의의 길잡이 63년 月刊 考 試 界